컴파일러 개발자가 들려주는 C 이야기

Expert C programming
by Peter van der Linden

컴파일러 개발자가 들려주는 C 이야기:
아무도 알려주지 않던 심오한 C의 비밀

초판 1쇄 발행 2022년 1월 14일 **2쇄 발행** 2022년 11월 30일 **지은이** 페터르 판데르린던 **옮긴이** 정기훈 **펴낸이** 한기성 **펴낸곳** (주)도서출판인사이트 **편집** 신승준, 송우일, 정수진 **제작·관리** 이유현, 박미경 **용지** 월드페이퍼 **인쇄·제본** 에스제이피앤비 **후가공** 이레금박 **등록번호** 제2002-000049호 **등록일자** 2002년 2월 19일 **주소** 서울시 마포구 연남로5길 19-5 **전화** 02-322-5143 **팩스** 02-3143-5579 **이메일** insight@insightbook.co.kr **ISBN** 978-89-6626-331-8 책값은 뒤표지에 있습니다. 잘못 만들어진 책은 바꾸어 드립니다. 이 책의 정오표는 https://blog.insightbook.co.kr에서 확인하실 수 있습니다.

컴파일러 개발자가 들려주는 C 이야기

아무도 알려주지 않던 심오한 C의 비밀

페터르 판데르린던 지음 | 정기훈 옮김

인사이트

헌정사(獻呈詞)

이 책을 피자, 달마티안 개, 해먹에서 보낸 일요일 오후, 코미디에 바친다. 이런 것들이 더 많아진다면 세상은 훨씬 좋아질 것이다. 이제 집필을 모두 마쳤으니 이것들을 다시 가까이 하려고 한다.

정말로 나는 다음 주 일요일 오후에 흔들거리는 해먹에 누워 내 달마티안 개가 피자를 먹으려고 애쓰는 걸 보면서 미소 짓고 있을 것이다.

아울러 영국 요크서의 텍스턴(Theakston) 브루잉 회사의 에일 맥주도 훌륭했음을 밝힌다.

차례

옮긴이의 글

고전을 읽는 이유에는 여러 가지가 있겠지만 고전 속 지혜를 현재와 미래에 투영하여 새로운 시대의 지혜로 승화시키고자 하는 것이 주된 목적일 것이다. 동시에 고전이 쓰인 당시의 시대 상황을 엿봄으로써 지금의 세상과는 달랐던 과거를 간접 체험하는 재미를 느끼는 것도 또 다른 이유가 될 것이다.

인문학에서의 고전은 수백 년, 길게는 천여 년 전에 쓰인 것도 있지만, 발전 속도의 차이가 현저한 공학 분야에서는 고전의 기준이 다르다. 인류 문명은 수렵 활동을 시작으로 현재까지의 발전을 이룩하는데 1만 년에 달하는 시간이 필요했지만, 컴퓨터공학 분야는 굳이 무어의 법칙을 언급할 필요도 없이 이미 통상적으로 사용하는 보조 저장 장치의 용량이 1990년대 1.44MB에서 2020년대 16GB로 이미 1만 배가 넘을 정도로 기술의 발달은 상상을 초월하고 있다. 시간과 배수를 직접적으로 비교하는 것은 다소 비약적이지만 공학기술 관점에서 볼 때 1990년대에 서술한 공학기술이 2020년대 시점에서 보면 충분히 고전으로 느낄 수 있는 기술적, 시대적 간극이 있다. 특히 C 언어는 마치 철학과도 같이 컴퓨터공학과 함께 발전해오면서 프로그래밍 언어학 이상의 의미를 지니게 되었다.

《컴파일러 개발자가 들려주는 C 이야기》는 C 언어의 가장 밑바닥을 다루는 컴파일러 개발자인 저자가 언어학적, 실무적 경험을 담아 집필한 책이다. 저자가 밝힌 바와 같이, 이 책은 C 언어에 대해 어느 정도 경험을 가진 사람이 더 깊은 지식과 개발 전략을 익혀 한 단계 더 높은 수준으로 성장하는 데 도움을 주는 역할을 한다. 일반 C 언어 서적이 개념만 언급하고 넘어가는 부분을 이 책에서는 밑바닥까지 파고들어 그렇게 될 수밖에 없었던 기술적 혹은 시대적 원인까지 알려준다. 참으로 아이러니한 것은 (정도는 다르지만) 당시에 사용하던 개발 전략이 지금도 적용이 가능할 뿐만 아니라, 과거에 큰 피해를 주었던 버그가 현재에도 비슷한 영향력을 행사(?)한다는 것이다. 마치 고전을 통해 과거의 경험을 현대에 반추하듯 이 책을 통해 21세기의 소프트웨어 개발 전략을 점검하고 더 넓은 영역으로 확대할 수 있으리라 기대한다.

　다른 여타 고전도 그렇겠지만, 이 책을 번역하는 데는 굉장한 시간과 노력이 필요했다. 과거의 기술과 시대적 배경을 조사하고 이를 현대에 맞춰 재해석하는 과정은 얼음 위를 걷듯 신중한 선택의 연속이었으며, 고증과 검증 속에서도 저자의 경험과 위트가 적절한 밸런스를 이룰 수 있도록 하는 것은 굉장히 힘들고 까다로운 작업이었다. 장황한 변명으로 시작하는 이유는 이 책을 번역하기까지 인고의 시간을 함께해준 분들에 대한 고마움과 미안함을 표현하기 위함이다. 먼저, 역자를 믿고 이 책을 번역할 수 있도록 기회를 준 도서출판 인사이트 한기성 대표님, 완주할 수 있도록 독려와 격려를 병행해 준 신승준 부장님, 송우일 에디터님, 정수진 에디터님께 깊은 감사를 드린다. 아울러 얄궂게 투덜거리면서도 곁에서 응원해준 아내와 윤서, 태원에게도 지면을 빌어 고마움과 미안함을 전한다.

정기훈

머리말

최근에 서점을 돌아보면서 C와 C++ 서적 대부분이 딱딱하게 집필된 것을 보고 실망했다. 누구나 프로그래밍을 즐길 수 있다는 취지로 쓴 책도 더러 있었지만, 길고 지루하고 단조로운 글로 인해 그 의미가 퇴색해 버렸다. 졸지 않고 그 책들을 읽을 수 있다면 아마도 여러분에게 유용할지도 모른다. 하지만 프로그래밍을 그렇게 만만하게 봐서는 안 된다.

프로그래밍은 경이롭고 중요하고 도전적인 활동이다. 그러므로 프로그래밍 책은 프로그래밍에 대한 열정이 넘쳐 나야 한다. 이 책은 교육적이면서도 재미있게 구성하려고 노력했다. 이 책이 여러분에게 즐거움을 선사한다고 생각된다면 여러분 곁에 두기(구매하기) 바란다(고맙다!). 만일 그렇지 않다면 이 책을 다시 원래 자리에 놓아두면 된다.

이 책까지 포함하여 이제 세상에는 C 프로그래밍에 관한 책이 수백 권 있다. 과연 이 책이 여타 C 프로그래밍 책과 다른 점은 무엇일까?

《컴파일러 개발자가 들려주는 C 이야기》는 모든 프로그래머의 두 번째 C 책이어야 한다. 이 책에 수록된 대부분의 설명, 팁, 기술은 다른 책에서 찾기 어려울 것이다. 보통 이런 내용은 잘 작성된 설명서의 여백이나 옛 인쇄물의 뒷면에 끄적거린 형태로 볼 수 있다. 이 책에 실린 지식은 썬 마이크로시스템즈(Sun Microsystems, 이하 썬)[1]의 컴파일러 및 운영 체제 부서에서 일한 나와 동료들이 수년간 C 프로그래밍을 하면서 축적해 온 것들이다. 또 인터넷에 연결된 자판기, 우주 공간의 소프트웨어 문제, C 버그로 인한 AT&T 장거리 전화망 장애 등 흥미로운 C 이야기와 일화도 담았다. 마지막 장은 쉬운 C++ 자습서로, C의 파생물로 시작해 대형 언어가 된 C++를 익히는 데 도움이 될 것이다.

이 책에 수록된 내용은 PC와 유닉스(UNIX) 시스템의 근간이 된 안시(ANSI) 표준

---

1 (옮긴이) 2010년 오라클에 인수됐다.

C에 적용된다. 가상 메모리 등 유닉스 플랫폼에서 찾아볼 수 있는 정교한 하드웨어와 관련된 C의 고유한 측면도 자세히 설명한다. 아울러 PC 메모리 모델과 인텔(Intel) 8086 제품군이 C 코드에 미친 영향에 대해서도 자세히 설명한다. C의 기초를 이미 습득한 사람이라면 이 책에서 한 프로그래머가 수년간 고른 팁, 힌트, 손쉬운 방법 등을 가득 발견하게 될 것이다. 이 책은 많은 C 프로그래머들이 혼란스러워하는 다음과 같은 주제를 다룬다.

- `typedef struct bar {int bar;} bar;`의 정확한 의미는?
- 함수에 다른 크기의 다차원 배열을 전달하려면 어떻게 해야 할까?
- 도대체 왜 `extern char *p;`가 다른 파일의 `char p[100];`에 연결되지 않나?
- 버스 오류(bus error)란 무엇인가? 세그먼테이션 위반(segmentation violation)이란 무엇인가?
- `char *foo[]`와 `char (*foo)[]`의 차이점은?

답하지 못하는 질문이 있거나 C 전문가들이 어떻게 대처하는지 알고 싶은 내용이 있다면 이 책을 계속 읽기 바란다. 위 질문의 답뿐 아니라 C에 대한 그 밖의 지식을 이미 전부 알고 있더라도 지식을 더욱 강화하기 위해 책을 구매하기 바란다. 서점 직원에게는 "친구에게 사 주는 것"이라고 말하면 된다.

페터르 판데르린던, 캘리포니아 실리콘 밸리에서

감사의 글

다른 대부분의 책에서는 다음과 같은 부자연스러운 감사의 글이 나온다. 지은이에게 돈을 빌려준 모든 사람에게 하나 마나 한 감사를 하고 초등학교 친구를 시작으로 배우자의 친척을 언급하다가 지도 교수에게 굽실거리며 비위를 맞추려는 뻔뻔한 시도로 마무리한다(그리고 마지막으로 핵심적인 문제를 풀기 위해 화장실 휴지를 앞으로 거느냐 뒤로 거느냐로 수많은 연구를 한 막강한 영향력을 지닌 오즈 교수[1]에게 찬사를 보낸다). 이 책은 절대 그렇지 않다. 이 책을 집필하면서 내게 정말 많은 도움을 준 사람들을 모두 나열했다. 여기에 언급한 모든 사람에게 감사의 마음을 전한다. 그리고 타히티 해변에서 왕족과 같은 여유로운 시간을 보내며 이 사람들을 생각할 것이다. 정말이다!

가장 먼저 초고를 검토하고 많은 수정 사항과 제안을 보내 준 Phil Gustafson과 Brian Scearce에게 특별한 감사를 드린다. 그들은 자신의 몸을 과학에 맡겼다고 할 정도로 열정적으로 수고해 주었다.

다음은 책을 집필하는 과정에서 원고의 상당 부분을 읽어 준 친구와 동료들이다. 깊은 감사를 드린다. 이들은 원고에 대해 명료한 의견을 아낌없이 제시해 주었다.

Lee Bieber, Keith Bierman(명함에는 직함이 '대중 선동가'라고 적혀 있는데, 그는 확실히 그 직업에 딱 맞는 사람이다), Robert Corbett, Rod Evans, Doug Landauer, Joseph McGukin, Walter Nielen, Charlie Springer(손가락으로 이진수를 세는 방법을 가르쳐 주었다. 여러분도 이 방법으로 1023까지 셀 수 있다), Nicholas Sterling, Panos Tsirigotis, Richard Tuck. 이들은 원고에 대해 관대하면서도 명료한 의견을 제시하였다.

다음은 내게 도움을 준 사람들로, 때로는 내 끝없는 질문에도 참을성 있게 대답

---

1 (옮긴이) 《오즈의 마법사》의 주요 등장인물인 마법사를 패러디한 것으로 보인다. 원래 서커스 단원이었으나 사고로 오즈에 불시착하고 나서 여러 가지 속임수를 써서 '위대한' 마법사 행세를 하는 인물이다.

해 주었다.

Chris Aoki, Arindam Banerji, Mark Brader, Brent Callghan(오디오 기능을 해킹해 파헤친 사람), David Chase, Joseph T. Chew, Adrian Cockcroft, Sam Cramer, Steve Dever, Derek Dongray, Joe Eykholt, Roger Faulkner, Mike Federwisch, David Ford, 썬 독일 지사의 Burkhard Gerull, Rob Gingell, Cathy Harris(상식이 풍부했다), Bruce Hilderbrand(그리고 그의 놀라운 플라잉 자전거 묘기), Mike Kazar, Bob Jervis, Diane Kelly, Charles Lasner, Bill Lewis, Greg Limes, Tim Marsland, Marianne Mueller, Eugene N. Miya, Chuck Narad, Bill Petro(그의 영감 넘치고 끊임없는 역사 이야기), Trelford Pinkerton, Alex Ramos, Fred Sayward, Bill Shannon, Mark D. Smith, Kathy Stark, Dan Stein, Steve Summit, Paul Tomblin, Wendy van der Linden(312쪽 C++로 bob-for-apples 상속 예제를 작성하고, 39쪽 "두 개의 'l'이 있는 null" 구절의 운율을 다듬었다), Dock Williams, Nigel 'Gag Me' Witherspoon, Brian Wong, Tom Wong.

내 원고에 은유적인 표현을 더하고 여러 차례 내 문제로 밤을 새워 준 Karin Ellison 편집장에게 감사드린다. 그리고 프레임메이커(Framemaker)에 대한 많은 질문에 답해 준 Astrid Julienne와 썬 도서관의 Peter Van Coutren에게도 감사드린다.

또한 풍부한 지식을 제공해 준 프렌티스 홀(Prentice Hall)의 Mike Meehan, Camille Trentacoste, Susan Aumack, Eloise Starkweather, Nancy Boylan에게도 감사드린다.

아울러 집필 과정에서 나를 성가시게 하지 않았던 사람들에게도 감사를 표한다. 나와 적절한 거리를 유지했고, 심각한 상황을 만들지도 않았다. 괜찮은 사람들이다.

Dirk Wibble-O'Doolery, P. A. G. Embleton

이 책의 내용 중 일부는 대화, 이메일, 인터넷 게시물 및 업계 동료의 제안에서 영감을 받았다. 이 경우 최대한 출처를 밝혔지만, 혹시라도 간과한 부분이 있다면 지면을 빌어 사과드린다.

페터르 판데르린던, 캘리포니아 실리콘 밸리에서

들어가는 글

C 코드. C 코드 실행. 실행 코드 실행…. 제발!

— 바버러 링(Barbara Ling)

모든 C 프로그램은 똑같은 일을 한다: 글자를 보고 아무것도 하지 않는다.

— 피터 와인버거(Peter Weinberger)

《C 함정과 실수》(피어슨에듀케이션코리아, 2004), 《The C Puzzle Book》(Addison-Wesley, 1998), 《Obfuscated C and Other mysteries》(Wiley, 1992)처럼 시사하는 바가 많은 제목이 붙은 C 언어 책은 많은데 다른 프로그래밍 언어에는 그런 책이 없다는 것을 눈치챘는가? 이에 대한 아주 설득력 있는 이유를 들자면 다음과 같다.

C 프로그래밍은 완벽해지는 데 수년이 걸리는 기술이다. 머리가 영리한 사람이라면 C의 기초는 아주 빨리 배울 수 있을 것이다. 그러나 언어의 뉘앙스를 터득하고 다양한 종류의 프로그램을 많이 작성하면서 C 프로그래밍 전문가가 되는 데는 훨씬 오랜 시간이 걸린다. 자연 언어에 비유하자면, 파리에서 커피를 주문할 수 있는 것과 지하철에서 파리 토박이에게 어디에서 내릴지 물어볼 줄 아는 것의 차이라고 할 수 있다. 이 책은 안시 C 프로그래밍 언어의 고급 설명서로, C 프로그램은 이미 작성할 수 있으나 전문가의 통찰력과 기술을 빠르게 습득하려는 사람들을 위한 책이다.

전문 프로그래머는 수년에 걸쳐 기술 도구들을 구축한다. 여기에는 관용구, 코드 조각, 세련된 기술 등이 포함된다. 이것들은 시간이 흐르면서 천천히 습득하게 되는데, 경험이 풍부한 동료의 어깨너머로 배우거나 다른 사람들이 작성한 코드를 관리하면서 배운다. 그 외 C의 다른 부분은 독학으로 체득하는데, 다음은 대다수 초급 C 프로그래머가 실수하는 대표적인 표기 오류다.

if (i==3) 대신 if (i=3)이라고 쓴다.

한 번 겪고 나면 비교문을 쓸 자리에 대입문을 쓰는 이 고통스러운 오류는 거의 되풀이하지 않는다. 어떤 프로그래머는 아예 다음과 같이 상수를 먼저 쓰는 습관을 키우기도 한다.

```
if (3==i)
```

이렇게 하면 등호 한 개가 실수로 생략되는 경우, 컴파일러가 '상수에 대입하려는 시도가 있다'며 불평할 것이다. 물론 변수 두 개를 비교하려다 저지르는 오류에서 여러분을 보호하지는 못하지만, 그래도 약간의 도움은 될 것이다.

2000만 달러짜리 버그

1993년 봄, 비동기 I/O 라이브러리에 문제를 일으키는 '최우선순위' 버그가 썬의 운영 체제 개발 부서에 보고됐다. 이 라이브러리 기능이 필요했던 고객에게 2000만 달러 상당의 하드웨어를 판매할 예정이었으나 버그 때문에 중단되었고, 우리는 원인을 찾기 위해 아주 필사적이었다. 여러 번의 집중적인 디버깅을 마친 후에야 문제의 원인이 다음 문장 때문이라는 것을 알아낼 수 있었다.

```
x==2;
```

원래 대입문이었는데 오타가 난 것이다. 우연히 프로그래머의 손가락이 = 키를 한 번이 아니라 두 번 눌렀고, 그 결과 이 문장은 x를 2와 비교한 다음 참인지 거짓인지 알아보고는 결과를 무시했다.

C는 표현식(expression) 언어에 불과해서 컴파일러는 평가가 끝난 표현식에 대해 불평하지 않고 부작용이 없으면 결과를 단순히 버릴 뿐이다. 우리는 운 좋게 문제의 원인을 찾아낸 걸 축하해야 할지, 그런 흔한 타자 실수로 값비싼 문제를 일으킨 데 좌절해야 할지 알지 못했다. 일부 린트(lint)[1] 프로그램으로 이 문제를 찾아낼 수 있지만, 이런 문제는 너무 쉬워서 자동 검증 프로그램을 사용하지 않았다.

이 책은 이와 같은 유익한 이야기를 한데 모았다. 경험 많은 프로그래머들의 지혜를 기록한 것이기에 여러분이 이러한 실수를 반복하지 않도록 도와줄 것이다. 그

---

1 (옮긴이) 소스 코드를 분석하여 프로그램 오류, 버그, 스타일 오류, 의심스러운 구조체 등을 알려 주는 프로그램을 총칭하는 용어로 린트 또는 린터(linter)라고도 부른다. 이 용어는 과거 C 언어 소스 코드를 검사하는 유닉스 유틸리티로부터 시작되었다.

리고 대체로 익숙해졌지만 여전히 탐험해 보지 못한 C 영역을 안내하는 역할을 한다. 또한 선언, 배열, 포인터 등 주요 주제에 대한 집중적인 토론과 함께 많은 힌트와 이를 잘 기억하는 방법도 제공한다. 안시 C 용어는 필요에 따라 일상 용어로 번역했다.

이 책에는 '프로그래밍 도전'과 '유용한 팁'이라는 코너가 있다.

◎ [프로그래밍 도전]

'프로그래밍 도전' 코너에는 여러분이 작성해야 할 프로그래밍 과제를 제시할 것이다.

💡 [유용한 팁]

'유용한 팁'에는 실무에서 통할 아이디어, 노하우, 지침을 적어 놓았다. 이 코너는 그저 여러분의 것으로 받아들이면 된다. 물론 더 선호하는 지침이 있다면 무시해도 좋다.

이 책에서 사용한 규칙

이 책에서는 변수 이름 규칙으로 과일과 채소를 사용한다(물론 실제 코드가 아닌 작은 코드 조각에 한정한다).

```
char pear[40];
double peach;
int mango = 13;
long melon = 2001;
```

이렇게 하면 C 예약어와 프로그래머가 제공하는 이름을 쉽게 구분할 수 있다. 어떤 사람들은 사과와 오렌지를 비교할 수 없다고 말하지만 상관없다. 어차피 둘 다 나무에서 자라고 손에 쥘 수 있는 동그란 형태를 띠고 있으며 먹을 수 있다. 익숙해지면 변수 이름으로 과일 이름을 사용하는 코드가 실제로 도움이 되는 것 같다. 규칙 하나가 더 있다. 때로는 강조하기 위해 핵심 사항을 반복한다. 다시 한번 말하는데 때로는 강조하기 위해 핵심 사항을 반복한다.

미식가의 요리책처럼 이 책은 여러분이 샘플로 활용할 수 있도록 각각의 맛있는 음식 모음으로 구성되어 있다. 즉, 모든 장은 관련이 있으면서도 그 자체로 독립적인 절로 나뉜다. 그러므로 책을 처음부터 끝까지 순서대로 읽거나 읽고 싶은 주제를 먼저 부분적으로 읽어도 무방하다. 그리고 C 프로그래밍이 실전에서 어떻게 동작하는지 다양한 사례를 소개함으로써 기술적인 세부 사항까지 알 수 있게 했다. 유머는 새로운 내용을 익히는 중요한 기법이다. 이를 위해 장 마지막에는 재미있는 C 이야기 또는 소프트웨어 일화가 들어 있는 '쉬어 가기' 절을 넣어 읽는 속도를 조절했다.

여러분은 이 책을 아이디어의 원천으로 사용하거나 C 언어 팁이나 관용구 모음 정도로 사용할 수 있다. 또는 경험 많은 컴파일러 작성자에게서 안시 C를 더 배우는 용도로도 사용할 수 있다. 요약하자면 이 책은 안시 C 기법을 익히는 데 도움을 주는 유용한 아이디어 모음집으로 모든 정보와 힌트, 지침을 한곳에 모아 여러분에게 즐거움을 선사한다. 이제 가까운 데 있는 아무 종이나 가져와서 행운의 코딩 연필을 꺼내 쥐고 편안한 모니터 앞에 기대어 앉아 본격적으로 즐거움을 만끽해 보자!

쉬어 가기: 파일 시스템 튜닝

C와 유닉스를 보면 유쾌할 때가 많다. 엉뚱한 발상이지만 괜찮다. IBM·모토로라·애플이 함께 만든 PowerPC 아키텍처에는 I/O를 순차적으로 수행하는 'E.I.E.I.O.'라는 CPU 명령[2]이 있는데, 'Enforce In-order Execution of I/O'를 뜻한다. 이와 비슷한 분위기의 tunefs라는 유닉스 명령이 있는데, 이 명령은 숙련된 시스템 관리자가 파일 시스템의 동적 파라미터(parameter)를 변경하고 디스크의 블록 레이아웃을 개선하는 데 사용한다.

모든 BSD(Berkeley Software Distribution) 유닉스 명령과 마찬가지로 원래 tunefs의 온라인 매뉴얼 페이지는 다음과 같은 '버그' 섹션으로 끝난다.

버그:

이 프로그램은 마운트된 활성 파일 시스템에서 작동해야 하지만 실제로는 그렇지 못하다. 슈퍼 블록은 버퍼 캐시에 보관되지 않기 때문에 이 프로그램은 마운트가 해제된 파일 시스템에서만 제대로 동작한다. 루트(root) 파일 시스템에서

---

2 (옮긴이) 〈Old McDonald had a farm〉이라는 동요의 가사 첫 줄이 'Old McDonald had a farm, E-i-e-i-o'로 시작하는데 이 책의 지은이는 CPU 명령어와 동요 가사 발음의 유사성을 유쾌한 발상이라고 여기고 있다. 이 동요는 한국에서 〈그래 그래서〉라는 제목으로 번안되었다.

실행할 경우 시스템을 재시동해야 한다. 파일 시스템(file system)은 튜닝할 수 있지만 물고기(fish)는 튜닝할 수 없다.

심지어 버그 섹션 초안에는 버그 섹션을 지우려는 사람을 겁주기 위한 경고성 문구까지 있었다.

이 내용을 지우는 사람에게는 유닉스 악마(Demon)[3]가 `time_t` 값이 한 바퀴 돌 때까지 졸졸 따라다닐 것이다.

이후 썬이 다른 회사들과 함께 SVR4(System V Release 4) 유닉스로 바꾸면서[4] 우리는 값진 보석을 잃게 되는데, SVR4 매뉴얼 페이지에서 '버그' 섹션이 '노트(Notes)' 섹션으로 대체되었다(이렇게 한다고 누가 속을까?). '참치(tuna fish)' 문구가 사라졌는데[5] 그 죗값으로 아마 유닉스 악마가 지금까지 쫓아다니고 있을 것이다. 그 악마는 어쩌면 lpd(line printer daemon)[6]인지도 모른다.

◎ [프로그래밍 도전] **컴퓨터 시간**

`time_t`는 언제 꽉 찰까? 이 문제를 해결하는 프로그램을 작성해 보자.

1. `time_t`의 정의(definition)를 찾는다. 정의 부분은 /usr/include/time.h 파일에 있다.
2. `time_t` 타입 변수에 가장 큰 값을 넣고, 이 변수를 ctime()에 전달하여 아스키(ASCII) 문자열로 변환하는 프로그램을 작성한다. 그리고 문자열을 출력한다. ctime은 C 언어와 아무 관련이 없다. 단지 '변환 시간'을 의미한다.

과연 주석을 제거한 익명의 기술자는 앞으로 몇 년간 유닉스 데몬을 걱정해야 할까? 그것을 확인할 수 있도록 프로그램을 수정해 보자.

1. time()을 호출하여 현재 시각을 얻는다.

---

3 (옮긴이) demon(악마)은 유닉스 계열 운영 체제에서 백그라운드로 실행되는 프로세스를 일컫는 용어인 daemon(원뜻은 그리스 신화에 나오는 반신반인의 존재)과 발음이 같다. 또한 BSD 계열 운영 체제인 FreeBSD에서는 악마 모양(https://en.wikipedia.org/wiki/BSD_Daemon) 마스코트(https://www.freebsd.org/art/)를 사용하고 있다.

4 (옮긴이) 1987년 썬은 AT&T와 합작 프로젝트로 SVR4를 발표한다. 이후 썬은 SunOS 코드를 BSD에서 SVR4 기반으로 변경하고 운영 체제 이름을 솔라리스로 바꾼다.

5 (옮긴이) 원문의 'tune a fish'와 발음이 비슷한 점을 이용한 말장난이다. FreeBSD tunefs 매뉴얼 페이지에는 아직 '참치' 문구가 남아 있다.

6 (옮긴이) 유닉스 계열 운영 체제에서 쓰이는 프린트 서비스다.

2. difftime()을 호출하여 현재 시각과 time_t의 최댓값이 몇 초 차이가 나는지 계산한다.

3. 계산한 값을 연, 월, 주, 일, 시간, 분으로 서식을 지정한 후 출력한다.

여러분이 예상한 시간보다 더 오래 걸리는가?

🎯 [프로그래밍 해답] 컴퓨터 시간

이 연습 문제의 결과는 PC와 유닉스 시스템에서 서로 다르며, time_t가 저장되는 방식에 따라서도 또 달라진다. 썬 시스템에서는 typedef long time_t다. 첫 번째 답은 다음과 같다.

```
#include <stdio.h>
#include <time.h>

int main() {
  time_t biggest = 0x7FFFFFFF;

  printf("biggest = %s \n", ctime(&biggest) );
  return 0;
}
```

결과는 다음과 같다.

```
biggest = Mon Jan 18 19:14:07 2038
```

그러나 이것은 정답이 아니다. 함수 ctime()이 반환하는 것은 현지 시각일 뿐 협정 세계시(co-ordinated universal time, 그리니치 표준시라고도 함)와는 다르다. 이 책을 쓰고 있는 캘리포니아주(州)는 런던보다 8시간이 늦다.

가장 큰 협정 세계시 시간값을 얻기 위해서는 gmtime() 함수를 사용해야 한다. 이 함수는 출력 가능한 문자열을 반환하지 않으므로 asctime() 함수를 사용하여 출력 가능한 문자열로 변환한다. 이 두 함수를 묶어 사용해 수정한 프로그램은 다음과 같다.

```
#include <stdio.h>
#include <time.h>

int main() {
  time_t biggest = 0x7FFFFFFF;

  printf("biggest = %s \n", asctime(gmtime(&biggest)) );
  return 0;
}
```

결과는 다음과 같다.

```
biggest = Tue Jan 19 03:14:07 2038
```

이렇게 앞의 결과에 8시간을 더 짜냈다!

하지만 아직 끝나지 않았다. 뉴질랜드 시각을 사용하고 2038년에 일광 절약 시간을 적용한다고 가정하면 13시간을 더 얻을 수 있다. 뉴질랜드는 남반구에 있기 때문에 1월이 일광 절약 시간에 해당한다. 뉴질랜드는 시간대와 관련하여 가장 동쪽에 위치하기 때문에 특정 날짜로 유발된 버그가 발생하는 첫 번째 국가라는 불편한 진실이 있다.

간단하게 보이는 것도 놀랍게 변형시키는 것이 소프트웨어다. 그러므로 날짜 프로그램을 한 번에 짤 수 있으리라 생각했어도 막상 프로그램을 작성하다 보면 쉽게 해결하지 못하는 자신을 발견했을 것이다.

1장

C가 지나온 길

C는 별난 데다 결함투성이지만 엄청난 성공을 거두었다.

— 데니스 리치(Dennis Ritchie)

C의 초창기

C 이야기는 역설적이게도 실패에서 시작된다. 1969년 운영 체제 구축을 위해 제너럴 일렉트릭, MIT, 벨 연구소가 만든 합작 회사의 멀틱스(Multics, Multiplexed Information and Computing Service) 프로젝트가 어려움에 빠졌다. 당초 계획은 빠르고 편리한 온라인 시스템을 제공하는 것이었는데, 목표 달성은커녕 사용할 가치가 없는 제품이 되어 버렸다. 우여곡절 끝에 개발 팀이 멀틱스를 어찌어찌 개발하기는 했지만, IBM OS/360과 똑같은 늪에 빠져 버렸다. 즉, 작은 하드웨어에서 돌리기에는 너무 큰 운영 체제를 만들어 버린 것이다. 멀틱스는 엔지니어링 문제의 해답으로 가득한 보물 창고였지만 결국 작은 것이 아름답다는 것을 보여 줄 기회를 C 언어에 제공했다.

벨 연구소 직원들은 멀틱스 프로젝트에서 철수하면서 다른 작업을 둘러보게 되는데, 그중 한 연구원인 켄 톰슨(Ken Thompson)이 다른 운영 체제를 연구하기 위해 벨 경영진에게 몇 가지 제안을 했다. 결과적으로 당시 제안했던 내용은 모두 거

절되었지만, 어쨌든 제안 결과를 기다리는 동안 톰슨과 동료 데니스 리치는 톰슨이
개발한 '우주여행(Space Travel: 우주선을 조종해 태양계를 여행하고 행성에 착륙
하는 그래픽 시뮬레이션 프로그램)' 소프트웨어를 당시 대중적이지 않았던 시스템
인 PDP-7에 이식하는 것을 즐기고 있었다. 동시에 톰슨은 PDP-7에 제공할 새로운
운영 체제에 대한 기초 연구를 진행했는데, 멀틱스보다 훨씬 간단하고 가볍게 만드
는 데 집중했다. 모든 내용은 어셈블리 언어로 작성되었다. 브라이언 커니핸(Brian
Kernighan)은 여기에다 그동안 멀틱스로부터 얻은 선택과 집중이라는 교훈을 추가
하여 1970년에 비로소 '유닉스'라는 이름을 붙였다. 그림 1-1은 초기 C, 유닉스 및
관련 하드웨어를 보여 준다.

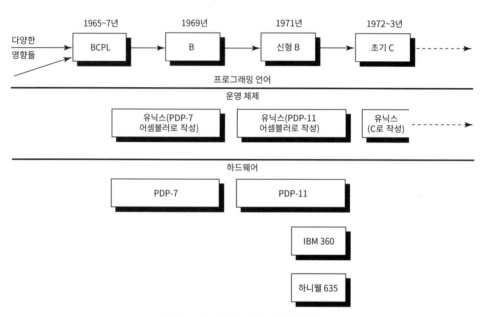

그림 1-1 초기 C, 유닉스 및 관련 하드웨어

'닭이 먼저냐? 달걀이 먼저냐?'로 빠질 수 있는 상황인데, 확실하게 유닉스는 C보다
먼저 나타났다(유닉스 시스템 시간이 1970년 1월 1일 이후부터 초 단위로 측정되
는 이유는 유닉스가 이때 시작했기 때문이다). 어쨌든 가금류 논쟁은 그만하고 프
로그래밍 이야기로 돌아가자. 유닉스를 어셈블러로 작성하는 작업은 대단히 불편
했다. 자료 구조를 만드는 데도 시간이 많이 걸리고, 디버그하고 이해하기도 대단
히 힘들었다. 그래서 톰슨은 고수준으로 구현된 프로그래밍 언어의 장점을 추가하

는 반면, 멀틱스에서 경험했던 PL/I[1]의 성능 및 복잡성 문제는 덜어 내고자 했다. 먼저 포트란(Fortran)으로 잠깐 시도했으나 실패로 끝나고, 다시 연구용 프로그래밍 언어 BCPL[2]을 단순화한 프로그래밍 언어 B를 만들어 시도했다. 따라서 B의 인터프리터는 PDP-7의 8KB 워드(word) 메모리에 맞춰졌을 것이다. 하지만 B 언어는 절대 성공할 수 없었다. 하드웨어 메모리는 인터프리터를 돌리기에는 충분했지만 컴파일러를 사용하기에는 부족했기 때문이다. 결과적으로 B 언어의 성능은 좋지 않았고, 유닉스 시스템 프로그래밍에 사용되지 못했다.

> ### ◈ [프로그래밍 토막 지식] 컴파일러 제작자의 황금률: 성능이 (거의) 전부다
>
> 성능은 컴파일러의 거의 모든 것이다. 물론 중요한 오류 메시지, 충실한 설명, 제품 지원 등 다른 요소도 있지만 이러한 요소들은 사용자가 컴파일 속도를 중시하는 것에 비하면 새 발의 피다. 컴파일러 성능에는 런타임 성능(코드 실행 속도)과 컴파일 타임 성능(코드를 생성하는 데 걸리는 시간)이라는 두 측면이 있는데, 개발 중이거나 연구 목적으로 사용되는 것을 제외하고는 런타임 성능을 더 우선시한다.
>
> 컴파일러를 다양하게 최적화하면 컴파일 타임은 길어지지만, 그 덕분에 컴파일된 코드의 실행 시간은 훨씬 단축된다. 죽은(필요 없는) 코드 제거, 런타임 검사 생략 등 다른 최적화 기능을 사용하면 컴파일 타임과 실행 시간이 빨라지고 메모리 사용량도 줄어든다. 하지만 공격적인 최적화의 단점은 잘못된 결과를 사전에 알려 주지 못하는 위험 요소를 안고 있다는 점이다. 그러므로 최적화 도구는 안전한 변환만 수행하도록 극도로 주의를 기울이지만, 프로그래머가 잘못된 코드를 작성하면 엉뚱한 결과를 유발할 수 있다(예: 필요한 변수가 배열에 인접해 있다는 것을

---

1 PL/I을 배우고 사용하고 구현하는 것이 얼마나 어려웠는지는 어떤 프로그래머가 남긴 다음 구절에 잘 나타나 있다.

> IBM에 PL/I이 있었네.
> 그 구문은 JOSS보다 나빴다네.
> 하지만 모든 곳에 사용되었으니
> 결국 완전히 망할 수밖에.

JOSS(JOHNNIAC Open Shop System)는 PL/I보다 앞서 나온 언어로 여기에서는 따로 설명하지 않겠다.
(옮긴이) JOSS 언어는 초기 대화형 프로그래밍 언어로 랜드(RAND)에서 만든 폰 노이만 아키텍처 기반 초기 컴퓨터인 조니악 시스템에서 사용하기 위해 1963년에 베타 버전이 개발되었고, 1964년에 조니악 시스템으로 상용화되었다. 나중에 베이식 등에 영향을 주었다.

2 "BCPL: A Tool for Compiler Writing and System Programming," Martin Richards, Proc. AFIPS Spring Joint Computer Conference, 34(1969), pp. 557-566. BCPL은 Before C Programming Language의 약자가 아니다. 그저 재미있는 우연의 일치일 뿐이다. 원래는 Basic Combined Programming Language의 약자로 여기에서 사용된 'basic'이 '단순함'을 지향하고 있다. BCPL은 영국의 런던 대학과 캠브리지 대학의 연구자들이 협업으로 개발했다. 멀틱스에서 BCPL이 사용되었다.

'안다'고 배열 범위를 넘어서는 영역을 참조하는 것 등).

이게 바로 성능이 전부가 아니라 '거의' 전부인 이유다. 정확한 결과를 얻지 못한다면 결과를 얼마나 빨리 얻는지는 중요하지 않다. 컴파일러 제작자는 일반적으로 컴파일러 옵션을 제공하므로 프로그래머는 필요한 최적화 옵션을 선택할 수 있다. 데니스 리치가 B 언어의 성능을 높인 '신형 B' 컴파일러를 만들 때까지 B 언어가 성공하지 못했다는 사실은 컴파일러 작성자를 위한 황금률이 얼마나 중요한지 잘 보여 준다.

B는 BCPL을 간소화하기 위해 일부 기능(중첩된 프로시저 및 일부 반복 구조)을 생략하고, 배열을 참조할 때는 포인터+오프셋으로 '분해'하는 아이디어를 적용했다. B 언어도 BCPL처럼 데이터 타입이 없는 형태를 유지했는데, 대상 기계의 워드[3]가 유일한 데이터 타입이었다. 톰슨은 여기에 ++와 -- 연산자를 고안하여 PDP-7의 B 컴파일러에 추가했다. PDP-11의 자동 증가/감소 주소 지정 모드 때문에 C 언어에서 ++와 -- 연산자가 추가됐다고 많이들 오해하고 있지만 사실이 아니다. 자동 증가와 감소는 PDP-11 하드웨어보다 먼저 나타났다. 그런데도 이런 오해가 생긴 이유는 문자열의 문자를 복사하는 C 코드 *p++ = *s++;를 PDP-11 어셈블러 코드 movb (r0)+,(r1)+로 효율적으로 컴파일할 수 있기 때문이다. 즉, 이 PDP-11 코드를 위해 문자열 복사 C 코드가 특별히 만들어졌다고 오해한 것이다.

1970년에 새롭게 도입된 PDP-11 시스템으로 개발 환경이 바뀌었을 때 데이터 타입이 없는 언어는 사용할 수 없다는 결론이 나왔다. PDP-11 프로세서는 여러 가지 크기의 데이터 타입을 하드웨어 차원에서 지원하는 것이 특징이었는데 B 언어로는 이를 표현할 방법이 없었다. 톰슨이 PDP-11 어셈블리 언어로 운영 체제를 다시 구현하는 데 문제가 생기자 데니스 리치는 PDP-11에 걸맞은 강력한 언어를 만드는 데 집중했으며, 마침내 여러 종류의 데이터 타입과 성능, 두 마리 토끼를 모두 잡을 수 있는 '신형 B'를 만들었다. '신형 B(이 이름은 빠르게 발전하여 'C'가 되었다)'는 인터프리트 방식이 아닌 컴파일 방식을 채용했고, 데이터 타입 시스템을 도입하여 사용하기 전에 변수 타입을 설명하도록 했다.

---

3 (옮긴이) 워드는 하나의 기계어 명령이나 연산을 통해 저장된 장치로부터 레지스터에 옮겨 놓을 수 있는 데이터 단위다. 메모리에서 레지스터로 데이터를 옮기거나 ALU(arithmetic logic unit)를 통해 데이터를 조작하거나 할 때, 하나의 명령어로 실행될 수 있는 데이터 처리 단위다. 32비트 CPU라면 워드는 32비트가 된다(출처: 위키백과).

C 언어와 함께했던 초창기 경험

데이터 타입 시스템은 새로운 PDP-11 하드웨어에서 사용하는 워드로부터 컴파일러 제작자가 우선 부동 소수점 수(float, double), 문자 등을 구분하도록 지원하기 위해 도입되었다. 이것은 파스칼(Pascal)과 같은 언어와 대조되는데, 원래 데이터 타입 시스템의 목적은 데이터 항목에 대한 유효한 연산을 제한하여 프로그래머를 보호하려는 것이다. 파스칼과 철학이 달랐던 C는 엄격한 데이터 타입 지정을 거부하고, 프로그래머가 원할 경우 다른 타입 객체 간에도 대입 연산이 가능하게 했다. 데이터 타입 시스템은 거의 사후 검토 방식으로 진행되었으며, 엄격하게 평가하거나 사용 가능성을 광범위하게 테스트하지 않았다. 한동안 C 프로그래머들은 '강한 타이핑(strong typing)'을 키보드를 조금 더 세게 치는 것으로 알고 있었다.

데이터 타입 시스템 외에도 C 컴파일러 제작자를 돕기 위해 C에 많은 기능이 추가되었다(당연히 처음 몇 년간은 C 컴파일러 제작자가 주요 고객이었기 때문이다). 컴파일러 제작자와 함께 발전한 것으로 보이는 C 언어의 특징은 다음과 같다.

- **배열은 1이 아닌 0부터 시작한다.** 사람들은 대부분 0이 아닌 1부터 세기 시작한다. 하지만 컴파일러 제작자는 오프셋 관점에서 생각하기 때문에 0부터 시작한다. 컴파일러 제작자가 아닌 사람에게 이러한 개념은 어렵게 느껴진다. 배열을 a[100]으로 정의했다면 a[0]에서 a[99]까지만 데이터를 저장할 수 있고 a[100]에는 저장할 수 없다.
- **C 언어의 기본 데이터 타입은 대상 하드웨어에 직접적인 영향을 받는다.** 예를 들어 포트란에서 사용하는 복소수 타입 같은 데이터 타입은 C 언어에 내장되지 않았다. 컴파일러 제작자는 하드웨어가 직접적으로 제공하지 않는 의미 체계(semantics)를 지원하기 위해 어떠한 노력도 기울일 필요가 없다. 그래서 C 언어는 하드웨어에서 제공될 때까지 부동 소수점 타입을 지원하지 않았다.
- **auto 키워드는 분명히 쓸모가 없다.** auto 키워드는 심벌 테이블(symbol table)에 항목을 채워야 하는 컴파일러 제작자에게만 의미가 있다. auto 키워드는 전역 정적(static) 할당이나 힙(heap)의 동적 할당과 달리 '이 저장소는 해당 블록에 진입할 때 자동으로 할당된다는 것'을 뜻한다. auto 키워드는 기본으로 가져오기 때문에 프로그래머에게 영향을 미치지 않는다.
- **표현식의 배열 이름이 포인터로 '축약'된다.** 배열을 포인터로 취급함으로써 작업

이 간단해진다. 그 덕분에 배열을 복합 객체로 다루기 위해 복잡한 메커니즘을 사용하지 않아도 되고, 배열을 함수로 전달하기 위해 배열의 모든 내용을 복사하는 비효율적인 상황도 겪을 필요가 없다. 그러나 배열과 포인터가 항상 같다고 생각해서는 큰코다친다. 이에 대해서는 4장에서 자세히 설명한다.

- **부동 소수점 표현식은 모든 곳에서 배정밀도 길이로 확장되었다.** 안시 C에서는 더 이상 사실이 아니지만, 원래 실수 상수는 언제나 double이며 float 변수는 모든 표현식에서 double로 항상 변환되었다. 명확하게 문서로 정리된 것은 아니지만, 그 이유는 PDP-11 부동 소수점 하드웨어와 관련이 있다. 우선 PDP-11 또는 백스(VAX)[4]에서 float를 double로 변환하는 것은 정말 저렴하다. 그저 한 워드만큼 0을 추가하면 된다. 다시 float로 변환하려면 double의 두 번째 워드를 버리면 된다. 다음으로 일부 PDP-11 부동 소수점 하드웨어에는 모드 비트가 있어서 모드 비트에 따라 단정밀도(single-precision) 또는 배정밀도(double-precision) 방식으로 부동 소수점 연산이 이루어졌다. 초기 유닉스 프로그램은 대부분 부동 소수점에 집중하지 않기 때문에 컴파일러 제작자가 일일이 모드 비트를 추적하기보다는 그냥 모드 비트를 배정밀도로 두는 것이 더 쉬웠다.

- **중첩된 함수(다른 함수 안에 포함된 함수)를 사용하지 않는다.** 이렇게 하면 컴파일러가 단순해지고 C 프로그램의 런타임 구성이 약간 빨라진다. 정확한 메커니즘은 6장에서 설명한다.

- **register 키워드** 이 키워드는 '핫'한(자주 참조되는) 변수가 무엇인지에 대한 단서를 컴파일러 제작자에게 제공하여 자주 참조되는 변수를 레지스터에 보관하도록 만들었지만 결국 실수였다. 컴파일러 입장에서는 변수가 사용될 때마다 레지스터를 할당해 주는 것이, 변수 선언 후 존속 기간 내내 레지스터를 할당하는 것보다 더 좋은 코드를 만들어 낼 수 있다. register 키워드로 레지스터 할당에 대한 부담을 프로그래머에게 전가함으로써 컴파일러를 좀 더 단순하게 만든 것이다.

C 컴파일러 제작자의 편의를 위해 발명된 C 기능은 이 밖에도 수두룩하다. 하지만 이것을 꼭 나쁘게만 볼 것은 아니다. 이러한 기능들 덕에 언어가 대단히 단순해졌는데, 에이다(Ada)의 제네릭(generic)이나 태스킹, PL/I의 문자열 처리, C++의 템플

---

4 (옮긴이) virtual address extension의 약자로 DEC가 1970년대 중반에 개발한 명령어 집합 아키텍처

릿(template) 또는 다중 상속(inheritance)과 같은 복잡한 개념이 없어서 C 언어를 배우고 구현하기가 한결 쉬워졌고, 더 빠른 성능을 제공할 수 있었다.

다른 프로그래밍 언어와 달리 C 언어는 오랫동안 발전했고, 현재 형태에 도달하기까지 다양한 중간 과정을 거치며 성장했다. 즉, 다년간 실제 사용을 통해 검증된 언어로 발전했다. 최초의 C 컴파일러는 거의 반세기 전인 1972년에 등장했으며, 유닉스 시스템의 인기에 힘입어 C 언어 역시 함께 성장했다. 특히 C 언어는 하드웨어에서 직접 지원되는 저수준 처리에 중점을 두면서 속도와 이식성이 향상되어 유닉스가 널리 사용되는 데 결정적인 공헌을 했다.

표준 I/O 라이브러리 및 C 전처리기

C 컴파일러에서 제외된 기능이라도 어딘가에서는 필요하다. C 언어에서는 이러한 기능들을 런타임에서, 즉 애플리케이션 코드 또는 런타임 라이브러리에서 볼 수 있다. 다른 프로그래밍 언어의 컴파일러는 암암리에 런타임 지원을 호출하는 코드를 작성해 주기 때문에 프로그래머가 런타임 코드에 대해 신경 쓸 필요가 없지만, C 언어는 C 라이브러리의 거의 모든 루틴을 명시적으로 호출해야 한다. 즉, 동적 메모리 사용, 가변 크기 배열 프로그래밍, 배열 범위 테스트 등 필요한 모든 것을 프로그래머가 직접 수행해야 한다.

비슷한 이유로 I/O 역시 초기 C에서는 정의하지 않았고 그 대신 별도의 라이브러리 루틴을 제공했는데 훗날 실질적인 표준 기능으로 자리 잡았다. 마이크 레스크(Mike Lesk)[5]가 이식 가능한 I/O 라이브러리를 작성했고 1972년 기존 하드웨어 플랫폼 세 곳에 처음 탑재됐다. 하지만 실제 환경에서 막상 사용해 보니 성능이 기대에 미치지 못했고, 라이브러리를 가다듬고 최적화하는 과정을 반복한 후 결국 표준 I/O 라이브러리로 거듭났다.

비슷한 시기에 앨런 스나이더(Alan Snyder)의 제안에 따라 도입된 C 전처리기는 세 가지 주요 목적을 달성했다.

---

5 마이크는 나중에 다음과 같이 익살스럽고 역설적인 법칙을 제시했다. "매뉴얼을 가능한 한 짧게 만들 수 있도록 시스템을 설계해서 학습에 들어가는 노력을 최소화하라."(Datamation, November 1981, p.146) 하지만 '학습에 들어가는 노력을 최소화하라' 다음에 '푸하하!' 소리가 들리는 건 내 착각일까?

- 문자열 대체: 모든 **foo**를 **baz**로 변경하는[6] 형태의 문자열 대체 기능을 이용해 상수에 심벌릭 이름(symbolic name)을 지을 수 있다.
- 소스 파일 포함(BCPL에서 선보임): 공통적인 선언을 헤더 파일로 분리하여 다양한 소스 파일에서 사용할 수 있게 했다. 헤더 파일용 확장자는 '.h'로 쓰는 규칙을 채택했지만, 안타깝게도 헤더 파일을 해당 코드가 들어 있는 오브젝트 라이브러리와 연결하는 것까지는 협의가 이뤄지지 않았다.
- 일반적인 코드 템플릿 확장: 함수와 달리 동일한 매크로 인수(argument)는 호출할 때마다 다른 데이터 타입을 취할 수 있다(실제 매크로 인수는 변경되지 않고 대체될 뿐이다). 이 기능은 앞의 두 기능이 적용된 후 추가되었는데 C에서는 다소 어색하게 등장했다. 공백 문자 개수에 따라 매크로 처리 결과에 큰 차이가 생긴다.

```
#define a(y) a_expanded(y)
a(x);
```

위 코드는 다음과 같이 대체된다.

```
a_expanded(x);
```

그런데 다음 코드를 보자.

```
#define a (y)    a_expanded (y)
a(x);
```

다음과 같이 변환된다.

```
(y)    a_expanded (y)(x);
```

전혀 다른 코드다. C에서 블록으로 묶인 토큰을 나타내기 위해 중괄호를 사용하듯이 어쩌면 매크로 프로세서도 중괄호를 쓸 수 있었을 텐데 실제로 반영되지는 않았다.

여기서는 C 전처리기에 대해 폭넓게 다루지 않는다. 다시 말해 전처리기는 매크로 처리에만 사용하는 것이 적절하다는 관점에 따라 그 외의 전처리기 관련 내용은

---

6 (옮긴이) #define foo baz 형태로 baz라는 상수에 foo라는 이름을 지어주는 것을 뜻한다. 이때 foo 를 심벌릭 상수(symbolic constant)라고 한다.

자세히 다루지 않는다. C++는 한 단계 더 나아가 전처리기가 완전히 필요 없도록 고안된 몇 가지 규칙을 도입했다.

 [프로그래밍 토막 지식] C는 알골이 아니다

1970년대 후반 벨 연구소에서 유닉스 버전 7의 셸(shell: 명령 인터프리터)을 만든 스티브 본 (Steve Bourne)은 C 전처리기를 이용하여 C를 알골(Algol) 68처럼 만들어 사용했다. 과거 캠브리지 대학에 있을 때, 스티브는 알골 68 컴파일러를 작성하면서 if ... fi 및 case ... esac 와 같이 '종료 구문'을 명확하게 표시하는 코드를 디버깅하기가 더 쉽다는 사실을 발견했다. 스티브는 '}'가 어떤 것과 정확히 일치하는지 알려 주는 게 어렵다고 생각했다. 그래서 그는 전처리기 정의를 많이 만들었다.

```
#define STRING char *
#define IF if(
#define THEN ){
#define ELSE } else {
#define FI ;}
#define WHILE while (
#define DO ){
#define OD ;}
#define INT int
#define BEGIN {
#define END }
```

스티브는 이렇게 전처리기를 정의하여 다음과 같이 C에서 셸 스타일 코딩을 가능하게 했다.

```
INT compare(s1, s2)
  STRING s1;
  STRING s2;
BEGIN
  WHILE *s1++ == *s2
  DO IF *s2++ == 0
    THEN return(0);
    FI
  OD
  return(*--s1 - *s2);
END
```

위 코드를 C로 작성하면 다음과 같다.

```
int compare(s1, s2)
  char * s1, *s2;
```

```
{
  while (*s1++ == *s2) {
    if (*s2++ == 0) return (0);
  }
  return (*--s1 - *s2);
}
```

알골 68 방언은 본(Bourne) 셸이 되어 아주 유명해져서 벨 연구소 밖으로 널리 퍼졌으며 동시에 일부 C 프로그래머를 화나게 했다. 이러한 방언 때문에 다른 사람들이 코드를 유지 보수하기 어려워진다고 불만이 나왔다. 4.3BSD[7] 본 셸은('/bin/sh'에 있음) 이 책을 쓰는 현재[8]까지 알골의 부분 집합으로 작성되고 있다.

내가 본 셸에 불만을 느끼는 특별한 이유가 있다. 본 셸에 대한 버그 보고가 내 책상에 도착하기 때문이다. 그러면 나는 그 내용을 같은 부서의 동료 샘에게 넘겨준다. 그리고 우리는 그동안 공유한 버그를 본다. 셸은 malloc이 아니라 sbrk를 사용하여 자체 힙 저장소를 관리한다. 이런 소프트웨어를 유지 보수하다 보면 버그 두 개를 해결할 때마다 한 개꼴로 새로운 버그가 생긴다. 스티브는 문자열을 효율적으로 처리하기 위해 사용자 정의 메모리 할당자를 사용했는데 누군가 자기 코드를 보리라고는 결코 예상하지 못했다고 설명했다.

본골(Bournegol)[9] C 방언은 실제로 알쏭달쏭하고 혼란스러운 프로그램을 발명하는 기발한 경연 대회인 국제 난독 C 코드 대회(The International Obfuscated C Code Competition, IOCCC)에 영감을 주었다(이 대회는 나중에 다루겠다).

매크로는 문자열 상수의 이름을 지정하거나 좋은 구조를 짧게 표기하는 데 사용하는 것이 가장 좋다. 매크로 이름을 모두 대문자로 정의하면 그것이 함수 호출이 아님을 명확하게 알 수 있다. C 전처리기로 언어의 기본 틀을 깨지 않기 바란다. 그렇게 하면 그것은 더 이상 C 언어라고 할 수 없다.[10]

K&R C

1970년대 중반에 이르자 C 언어는 오늘날 우리가 알고 사랑하는 형태가 되었다. 함수가 구조체 값을 반환하는 것과 같은 세세한 부분을 정리하거나 기본 데이터 타입을 확장(키워드 unsigned와 long 추가)하여 새로운 하드웨어에 대응하도록 하는 등 훨씬 더 다듬어졌다. 1978년 스티브 존슨(Steve Johnson)은 이식 가능한 C 컴파일 러인 pcc(portable c compiler)를 만들었다. pcc 소스가 벨 연구소 외부에서도 사용할 수 있게 광범위하게 이식되면서 C 컴파일러 전 세대에 공통된 기반을 형성했다. 그림 1-2는 C 언어의 발전 단계를 보여 준다.

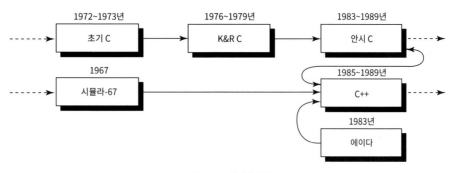

그림 1-2 C 언어의 발전

🧱 [프로그래밍 토막 지식] 비정상적인 버그

C 언어가 알골 68로부터 상속받은 기능 중 하나가 복합 대입 연산자다. 이 연산자는 반복되는 동일 피연산자를 한 번만 쓰기 때문에 피연산자에 대한 어드레싱을 줄일 수 있다는 사실을 코드 생성기에 알려 준다. 예를 들면 b=b+3을 줄여 b+=3으로 쓸 수 있다. 복합 대입 연산자는 원래 b=+3처럼 등호가 먼저 나오는 대입문 형태로 쓰였는데, B의 어휘 분석기 입장에서는 오늘날 많이 사용하는 '연산자=' 형식보다 '=연산자' 형식을 구현하기가 더 쉬웠기 때문이다. 하지만 이러한 양식은 다음과 같은 혼란을 야기했다.

b=-3;   /* b에서 3을 뺀다. */
b= -3;   /* b에 -3을 대입한다. */

그리하여 복합 대입 연산자는 현재 형태로 변경되었다. 아울러 복합 대입 연산자의 형태가 변경되면서 코드 서식을 지정해 주던 프로그램인 indent(12쪽 '소스 코드 정리 프로그램' 참고) 역시 구식 복합 대입 연산자를 변화된 형식으로 자동으로 바꾸도록 수정됐다. 그러나 이것은 결론적으로 잘못된 판단이었다. 어떤 코드 서식 지정 프로그램도 소스 코드의 공백을 제외하고는 아무것도 변경하지 말았어야 했다. 그 결과 불행하게도 두 가지 부작용이 나타났다. 프로그래머는 (의도치 않게) 거의 모든 대입문을 버그로 만들어 버렸다. 대입 연산자 뒤에 나오는 것은 (변수 외에는) 위치를 모두 바꾸어 버렸기 때문이다.

'운이 좋다면' 구문 오류를 일으키는 epsilon=.0001; 코드는 epsilon.=0001;과 같이 바뀐다. 그런데 다음과 같은 문장을 보자.

valve=!open; /* valve가 open의 논리 부정으로 설정됨 */

자동으로 다음과 같이 변형될 것이다.

valve!=open; /* valve가 open과 같지 않은지 비교됨 */

변형된 코드 역시 컴파일에는 문제가 없지만 valve 값이 변하지 않는 오류가 발생한다.

두 번째 부작용은 이렇게 엄청난 버그가 오랫동안 발견되지 않았다는 것이다. 대부분 복합 대입 연산자 뒤에 공백 문자를 넣었기 때문에 구식 복합 대입 연산자를 사용하지 않았고, 이로 인해 사람들은 indent로 구식 복합 대입 연산자를 '고치려다' 프로그램을 망가뜨렸다는 사실을 잊어버렸다. indent 프로그램 버그는 1980년대 중반까지 일부 버전에서 지속됐다. 매우 안타까운 일이었다.

🗃 소스 코드 정리 프로그램

옮긴이

코드 포매터(code formatter 또는 code beautifier)라고도 부른다. 이런 프로그램으로는 astyle, bcpp, lclint 등이 있으며 vim도 같은 기능을 제공한다. 소스 코드 정리 프로그램을 사용하는 가장 큰 목적은 서로 다른 소스 코드의 모양을 통일하기 위해서다. 프로젝트 팀으로 개발하는 경우, 개발자마다 소스 코드에 공백을 주는 방법이 다르면 코드를 모았을 때 가독성이 떨어질 수밖에 없으며, 이로 인해 프로젝트 효율성이 떨어진다. 이를 방지하려면 소스 코드 모양을 통일하는 것이 중요한데, 소스 코드 정리 프로그램이 이 번거로운 작업을 효율적으로 해 준다.

indent 프로그램으로 C 소스 코드를 정리하는 방법은 터미널에서 indent sample.c와 같이 입력하면 된다. sample.c 프로그램은 다음과 같이 작성한다.

```
#include <stdio.h>
#include <time.h>

int main() {
time_t biggest = 0x7FFFFFFF;

printf("biggest = %s \n", asctime(gmtime(&biggest)) );
return 0;
}
```

다음과 같이 indent 프로그램을 실행하면 된다.

```
$ indent sample.c
$ cat sample.c

#include <stdio.h>
#include <time.h>

int
main()
{
  time_t           biggest = 0x7FFFFFFF;

  printf("biggest = %s \n", asctime(gmtime(&biggest)));
  return 0;
}
```

옵션에서 들여쓰기 칸 수 조정, 탭 글자를 공백 문자로 전환하기 등을 설정할 수 있다.

```
$ indent sample.c -i4 -nut
$ cat sample.c
#include <stdio.h>
#include <time.h>

int
main()
{
    time_t           biggest = 0x7FFFFFFF;

    printf("biggest = %s \n", asctime(gmtime(&biggest)));
    return 0;
}
```

1978년 C 언어의 고전이라고 할 수 있는 《The C Programming Language》[11]가 출판되었다. 이 책의 지은이인 브라이언 커니핸과 데니스 리치에게 경의를 표하는 의미로, 이 C 언어 버전에 'K&R C'라는 이름이 붙었다. 당시 출판사는 1,000부 정도 판매될 것으로 예상했다. 하지만 판매 부수는 1994년에 이미 150만 부를 훌쩍 넘겼다. C 언어는 지난 수십 년간 나온 프로그래밍 언어 중 가장 성공한 언어가 아닐까 싶다. 그러나 C 언어가 널리 퍼질수록 파생 언어를 만들고자 하는 유혹도 커졌다.

---

11 (옮긴이) 이 책은 《Kernighan의 C 언어 프로그래밍》(휴먼사이언스, 2016)으로 번역·출간되었다.

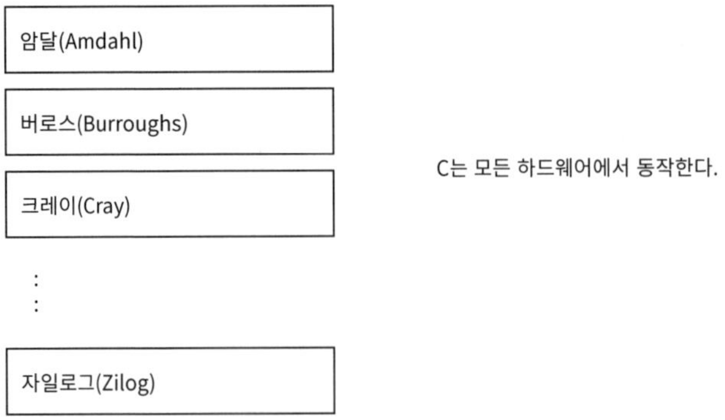

```
┌─────────────────────────┐
│   암달(Amdahl)           │
├─────────────────────────┤
│   버로스(Burroughs)      │
├─────────────────────────┤
│   크레이(Cray)           │
└─────────────────────────┘
              ⋮
              ⋮
┌─────────────────────────┐
│   자일로그(Zilog)        │
└─────────────────────────┘
```

C는 모든 하드웨어에서 동작한다.

그림 1-3 엘비스 프레슬리처럼 C는 어디에나 있다.

오늘날: 안시 C

1980년대 초반 C 언어는 업계 전반에 걸쳐 널리 사용되었는데 그 인기만큼 다양한 형태의 구현이 나왔고 변형되었다. 베이식(BASIC)을 능가하는 C의 장점 덕분에 컴파일러 제작자는 PC에서 구현할 수 있는 기능을 극대화하는 데 몰입했고 그 결과 다양한 C 버전이 출현했다. 마이크로소프트(Microsoft)는 IBM PC에 장착된 인텔 80x86 칩의 독특한 아키텍처에 대응하기 위해 새로운 키워드(far, near 등)를 구현했다. pcc와는 다른 형태의 구현이 다양하게 등장하면서 C는 베이식을 위협했고, 용도에 따라 버전이 약간씩 다른 C 언어들이 난립하는 형태로 발전했다.

정형화된 언어 표준이 필요하다는 것이 분명해졌다. 다행히 이 분야에는 많은 선례가 있었다. 즉, 모든 성공적인 프로그래밍 언어는 결국 표준화되었다. 그러나 표준 매뉴얼의 문제점은 그것이 뜻하는 바를 이미 알고 있는 경우에만 의미가 있다는 점이었다. 매뉴얼을 영어로 쓴다고 가정했을 때 상세히 쓰면 쓸수록 글은 길어지고 재미는 없어지고 뜻은 모호해진다. 언어를 정의한다고 수학적 표기법을 사용해 매뉴얼을 작성하면, 대다수 사람은 잘 이해하지 못할 것이다.

수년간 언어 표준을 정의하는 매뉴얼은 더 길어졌고 그만큼 이해하기도 어려워졌다. C와 복잡도가 비슷한 알골-60 표준 매뉴얼은 18쪽밖에 되지 않으며, 파스칼은 35쪽으로 모든 것을 설명했다. 커니핸과 리치는 최초의 C 매뉴얼을 작성하는 데 40쪽을 할애했다. 당시 이 매뉴얼에는 몇 가지 허점이 있었지만, C 언어를 구현하는 사람에게는 이 정도면 충분했다. 안시 C의 매뉴얼은 비대해져 200쪽이 넘는 분량으로 정의됐다.[12] 이 책은 어느 정도는 안시 표준 문서의 이해하기 어려운 부분을 파헤치고 확장한 실용적인 지침서다.

1983년 미국 표준 협회(American National Standards Institute, ANSI)의 후원으로 C 워킹 그룹이 결성되었다. 프로세스는 대부분 일반적인 기능을 확인하는 데 초점을 맞추었지만, 일부 변경 사항과 새로운 중요 기능도 선보였다. far와 near 키워드는 논란이 많았는데 결국 친(親)유닉스 성향의 안시 표준 문서에는 수록되지 않았다. PC는 당시 5천만 대가 넘게 보급되어 C 구현자가 가장 많이 사용하는 플랫폼이었지만, 특정 아키텍처의 한계에 대처하기 위해 C 언어를 변경하는 것은 바람직하지 않다고 판단했던 것 같다.

> 🔆 **[유용한 팁] 어떤 버전의 C를 사용하는 것이 좋을까?**
>
> 현재 C를 배우거나 사용하는 사람은 K&R C가 아닌 안시 C로 작업해야 한다.

1989년 12월 마침내 C 언어 표준 문서 초안을 안시에서 채택했다. 그러고 나서 ISO가 안시 C 표준을 채택했다(불행히도 매우 유용한 'Rationale' 섹션이 누락되고, 사소하지만 매우 성가신 형식 및 단락 번호 변경만 이루어졌다). ISO는 국제기구이자 엄밀하게는 상위 조직이었기에 1990년 초에 안시는 ISO C를 다시 채택했다(여전히 'Rationale' 섹션은 제외되었다). 따라서 원칙적으로 안시에서 채택한 C 표준은 ISO C이며 C 언어를 언급할 때는 ISO C를 사용해야 한다. 'Rationale' 섹션은 표준을 이해하는 데 크게 도움이 되는 일종의 주석이며 별도 문서로 발표된다.[13]

> 🔆 **[유용한 팁] C 표준 문서 구하기**
>
> 현재 C 표준 문서의 정식 명칭은 ISO/IEC 9899:2018이다. ISO/IEC는 국제 표준화 기구/국제 전기 기술 위원회(International Organization for Standardization/International Electro-technical Commission)로 IEC는 전기 분야, ISO는 그 외 분야를 담당하는 국제 표준화 단체다.

---

12 (옮긴이) 2018년 최신 C 표준 매뉴얼은 520쪽에 달한다.
13 (옮긴이) 'Rationale'은 인터넷에서 PDF 형태(*http://www.open-std.org/jtc1/sc22/wg14/www/C99Rationale V5.10.pdf*)로 받을 수 있다. 안시 C 표준 문서도 인터넷에서 PDF로 구할 수 있다. C17의 최종안이 인터넷 아카이브에 보관되어 있다: *https://web.archive.org/web/20181230041359if_/http://www.open-std.org/jtc1/sc22/wg14/www/abq/c17_updated_proposed_fdis.pdf*

> C 표준 문서는 인쇄본 또는 PDF 파일로 구매할 수 있으며, ISO 공식 판매 사이트에서 198CHF
> (스위스 프랑)에 판매한다(https://www.iso.org/standard/74528.html).
>
> 《Annotated ANSI C Standard》(Osborn McGraw-Hill, 1993)를 사는 방법도 있다. 조금 작
> 게 만들기는 했지만 이 책은 완전한 표준 사본을 포함하고 있다. 다만 C90 기준이어서 최신 표준
> 과 차이가 많이 난다.

실제로 '안시 C'라는 용어는 ISO 워킹 그룹 14가 C를 전담하기 전부터 널리 사용
되었다. 이 표현이 틀리다고 할 수 없는 이유는 ISO 워킹 그룹이 초기 표준에 대한
기술 개발을 안시 위원회 X3J11에 맡겼기 때문이다. 그 결과 ISO 워킹 그룹 14와
X3J11은 기술적인 문제를 해결하고 두 그룹이 모두 받아들일 수 있는 표준 결과가
나오도록 협력했다. 실제로 광범위한 문자와 언어 같은 국제적인 문제를 다루느라
표준 문서 초안 개정이 1년이나 지연되었다.

수년간 이 과정을 지켜본 모든 사람에게 C는 곧 안시 C로 각인된다. 결과적으
로 모두가 C 표준을 지지하게 되었으며, 안시 C는 유럽 표준(CEN 29899)과 X/
Open(Open Group for UNIX Systems) 표준으로도 채택되었다. 안시 C는 1991년 3
월에 미국 표준 기술 연구소(National Institute of Standards and Technology) 제안
으로 미 연방 정보 처리 표준(Federal Information Processing Standards, FIPS 160)
으로 채택되었고 1992년 8월 24일 업데이트됐다. 하지만 C에 추가할 사안이 꾸준
히 제기되고 있어 C 표준화 작업은 계속되고 있다.

다 좋은데 정말 표준인가?

> "나무를 살리려면 오늘 ISO 워킹 그룹을 해체하면 된다."
> — 아무개

안시 C 표준은 몇 가지 점에서 흥미롭다. 이 표준은 구현의 특성을 설명하는 다음
과 같은 용어를 정의한다. 이 용어를 알아 두면 프로그래밍 언어에서 무엇이 되고
안 되는지 이해하는 데 도움이 된다. 처음 두 가지는 이식 불가능(unportable) 코드
에 관한 것이고, 이어지는 두 가지는 나쁜(bad) 코드를 다룬다. 마지막 두 가지는
이식 가능(portable) 코드에 관한 것이다.

이식 불가능 코드

구현 방법에 따라 정의됨(implementation-defined): 컴파일러 제작자는 어떻게 동작하게 할 것(구현 방법)인지 선택하고 이를 문서화한다.

예: int를 오른쪽으로 시프트(shift)할 때 부호 비트도 시프트할지 여부.

미지정(unspecified): 올바른(정확한) 동작으로 어떤 요구 사항도 필요하지 않다.

예: 인수 평가 순서.

나쁜 코드

미정의(undefined): 표준에서 어떤 요구 사항도 부과하지 않은 잘못된 동작이다. 아무 일도 일어나지 않는 것부터 프로그램 종료에 대한 경고 메시지, CPU 붕괴, 핵미사일 발사(하드웨어가 제대로 설치되었다고 가정) 등 무엇이든 일어날 수 있다.[14]

예: 부호 있는 정숫값이 오버플로(overflow)되면 어떻게 될까?

제약(constraint): 반드시 지켜야 할 제약 사항이나 요구 사항이다. 그렇게 하지 않으면 프로그램 동작이 '미정의' 상태가 된다. 여기서 놀라운 점이 있는데, 표준 문서 각 항목에는 '제약 사항'이라는 하위 단락이 있어서 어떤 것이 제약 사항인지 아닌지 쉽게 알 수 있다. 그런데 더욱 놀라운 점은 표준에서는 컴파일러가 문법 및 제약 사항 위반에 대해 오류 메시지만 띄우면 된다고 명시한다는 점이다.[15] 이는 제약 사항 섹션에 없는 의미 규칙은 깨질 수 있으며 동작이 미정의 상태가 되기 때문에 컴파일러는 군이 아무것도 할 필요가 없고 심지어 경고 의무도 없다는 의미다.

---

14 (옮긴이) 미정의 동작(undefined behavior)은 C와는 떼려야 뗄 수 없는 사이로, 이는 C 언어 설계부터 내포된 결함이다. 표준화 기구는 이 결함을 해결해야 했지만 최종적으로 C 언어의 간결성을 선택했고, 그 결과 미정의 동작으로 인해 발생하는 모든 부작용은 프로그래머(사실은 프로그램을 사용하는 사용자)가 떠안게 되었다. 미정의 동작에 대한 자세한 내용은 《깐깐하게 배우는 C》(인사이트, 2018)를 참고하기 바란다.

15 이 부분을 직접 확인하려면 표준 문서 5.1.1.3 'Diagnostics'를 참조하면 된다. 프로그래밍 언어 표준 문서이다 보니 '잘못된 프로그램으로 최소한 개 이상의 오류가 있다'처럼 결코 쉬운 문장으로 표현하지 않는다. 다음 문장을 보면 마치 작성하는 문서 분량에 따라 돈을 받는 사내 변호사의 수사(修辭)처럼 거창하다.

"적합성 구현(conforming implementation)을 위해서는 반드시(shall)* 문법 규칙 또는 제약 사항을 위반하는 모든 번역 단위에 대해 최소한 한 개 이상의 (구현별로 식별되는) 진단 메시지를 내놓아야 한다. 그 외의 경우에는 진단 메시지를 생성하지 않아도 된다."

* 브라이언 스키어스(Brian Scearce)†의 유용한 규칙이다. 프로그래머가 '반드시(shall)'라고 한다면 그것은 표준에서 인용했음을 의미한다.

† 중첩된 각주를 고안한 사람

예: % 연산자의 피연산자는 정수 타입이어야 한다. 따라서 다른 타입으로 % 연산자를 사용하기 위해서는 반드시 타입 점검을 해야 한다.

제약 사항이 아닌 규칙의 예: C 표준 헤더 파일에 선언된 모든 식별자는 구현을 위해 예약되어 있으므로 malloc()처럼 표준 헤더 파일에 해당 이름의 함수가 이미 선언된 경우에는 동일한 이름의 함수를 선언할 수 없다. 하지만 이것은 엄밀히 말하면 제약 사항이 아니기 때문에 규칙은 깨질 수 있으며, 이러한 상황에 대해 컴파일러는 경고할 의무가 없다. 이에 대해서는 5장 '인터포지셔닝을 조심할 것' 절에서 더 자세히 설명한다.

> **[프로그래밍 토막 지식] 미정의 동작으로 인한 IBM PC의 CPU 붕괴!**
>
> 지금부터 소개하는 소프트웨어의 미정의 동작이 제목처럼 실제로 CPU를 붕괴시킨 것은 아니다.
>
> 원래 IBM PC 모니터는 비디오 컨트롤러 칩이 제공하는 수평 스캔 속도로 동작했다. 플라이백 트랜스포머(flyback transformer: 모니터에서 인광 물질을 밝히기 위해 전자를 가속하는 데 필요한 높은 전압을 발생시키는 장치)[16]는 비디오 컨트롤러 칩이 적정 주파수를 보낸다고 믿고 동작했다. 그러나 기막히게도 비디오 컨트롤러 칩 스캔 속도를 0으로 설정하여 변압기의 1차 측에 일정 전압을 공급하는 것이 소프트웨어적으로 가능했다. 이렇게 하면 변압기는 저항으로 작용하여 전력을 화면으로 보내는 대신 열로 발산해 버리는데, 이 방법으로 단 몇 초 만에 모니터가 터졌다. 어떤가, 소프트웨어의 미정의 동작으로 인해 시스템이 붕괴했다.

이식 가능 코드

엄격한 적합성(strictly-conforming): 적합성을 엄격하게 준수하는 프로그램은 다음과 같다.

- '지정된' 기능만 사용한다.
- 구현 방법에 따라 정의된 한곗값을 초과하지 않는다.
- 출력은 구현 방법에 따른 '정의, 미지정, 미정의' 기능에 의존하지 않는다.

위 개념은 최대로 이식 가능한 프로그램, 즉 어디에서 구동하든 항상 동일한 출력을 생성하는 프로그램을 설명하기 위해 도입했다. 사실 이 개념은 적합성을 준수하

16 (옮긴이) 수평 출력 트랜스라고도 부르는 일종의 변압기로, 브라운관 모니터에 해당하는 용어다.

는 수많은 프로그램과 비교하면 보잘것없기 때문에 그다지 흥미롭지는 않다. 예를 들어 다음 프로그램은 엄격한 적합성을 준수하지 않는다.

```
#include <limits.h>
#include <stdio.h>
int main() { (void) printf("biggest int is %d", INT_MAX); return 0;}
```

/* 엄격한 적합성 미준수: 구현 방법에 따라 정의된 출력값 사용! */

이 책에서는 예제 프로그램에 대해 엄격한 적합성을 적용하지 않는다. 엄격한 적합성에 맞추려다 보면 텍스트는 어수선해지고 핵심 논점을 이해하기 어려워진다. 그런데도 프로그램 이식성은 분명 중요하기 때문에 여러분이 실제 코드를 작성할 때에는 적절한 타입 캐스팅, 반환값 등을 언제나 넣어야 한다.

적합성(conforming): 적합성을 준수하는 프로그램은 특정 구현의 이식 불가능한 기능에 의존할 수 있다. 따라서 어떤 프로그램이 특정 구현에서 '적합성'을 준수한다는 것은 이 프로그램을 다른 컴파일러로 컴파일하면 적합성을 만족시키지 못할 수도 있다는 것을 의미한다. 적합성을 준수해도 확장성을 가질 수 있지만 엄격한 적합성을 준수하는 프로그램만큼 확장성을 기대하기는 어렵다. 그러나 이 규칙은 제약 조건이 아니기 때문에 여러분의 프로그램을 부적합하게 만드는 위반에 대해 컴파일러가 경고할 것이라고 기대해서는 절대 안 된다. 위 예제 프로그램은 적합성을 만족한다.

컴파일 한도

실제로 안시 C 표준은 성공적으로 컴파일하기 위한 프로그램 크기의 하한선을 제시하고 있는데 이 내용은 안시 C 표준 문서의 5.2.4.1에 명시되어 있다. 프로그래밍 언어는 대부분 데이터 이름에 몇 개의 문자를 포함할 수 있는지 규정하며, 일부 언어는 수용할 수 있는 배열의 최대 차원 수와 같은 제한 규정이 있다. 크기에 대해 기능별로 다양한 하한값을 지정하는 경우는 드물지만, 프로그래밍 언어 표준 사례를 보면 안시 C 표준만 하한값을 지정하는 것도 아니다. 이에 대해 표준화 위원회 위원들은 수용 가능한 최소 크기를 선택하도록 유도하기 위한 것이라고 언급했다.

모든 안시 C 컴파일러는 최소한 다음을 만족해야 한다.

- 함수 정의 시 파라미터 31개
- 함수 호출 시 인수 31개
- 코드 한 줄당 509글자
- 표현식에서 32개 레벨의 중첩 괄호
- `long int`의 최댓값은 2147483647보다 클 수 없다(즉, long 정수는 적어도 32비트).

이 외에도 더 있다. 게다가 적합성을 준수하는 컴파일러는 프로그램을 컴파일하고 실행할 때 모든 제한을 한꺼번에 테스트해야 한다. 놀라운 사실은 이렇게 '요구된' 제한이 실제로 제약 조건은 아니라는 것이다. 즉, 컴파일러는 아무런 오류 메시지 없이 위 제한을 무시할 수 있다.

컴파일러 제한은 일반적으로 '구현 품질' 이슈를 제기한다. 이것에 대한 안시 C의 암묵적인 결론은 모든 구현에서 몇 가지 용량에 대한 확실한 기댓값을 설정해 놓으면 코드를 이식하기 더 쉽다는 것이다. 물론 훌륭한 구현은 메모리나 디스크 등 외부 요인 때문에 미리 설정한 제한 같은 것이 없다. 이것은 연결 리스트를 사용하거나 필요할 때 테이블 크기를 동적으로 키우는 방법으로 구현할 수 있다(10장에서 기술적인 부분을 설명한다).

안시 C 표준 구조

안시 C 표준의 출처와 내용을 알아 두는 게 도움이 되기 때문에 여기에서 빠르게 살펴보고 넘어가겠다. 안시 C 표준은 네 개의 주요 섹션으로 구성된다.

섹션 4: 소개 및 용어 정의

섹션 5: 환경. 프로그램 시작, 종료 시 일어나는 일과 시그널(signal) 그리고 부동 소수점 연산 등 C를 둘러싸고 지원하는 시스템에 관해 설명한다. 컴파일러의 하한선 및 문자 세트 정보도 제공한다.

섹션 6: C 언어. 이 부분은 데니스 리치의 고전 'The C Reference Manual'을 기반으로 작성되었다. 이 설명서는 《The C Programming Language》의 부록 A를 포함하여 여러 간행물에 실렸다. 표준과 부록을 비교해 보면 대부분의 표제가 같은 순서로 이루어졌음을 알 수 있다. 표준에서는 그림 1-4처럼 더 엄격한 형식을

안시 C 표준의 일반적인 단락 형식	안시 C 표준의 단락 예
단락-번호 주제	**6.4 상수 표현식**
문법 문법 다이어그램	**문법** 상수 표현식: 조건 표현식:
설명 기능에 대한 일반적인 설명	**설명** 상수 표현식은 런타임이 아닌 컴파일 중에 평가될 수 있으며, 상수가 될 수 있는 모든 곳에서 사용될 수 있다.
제약 이 부분에 대한 규칙을 위반할 경우 컴파일러는 반드시 오류 메시지를 내야 한다.	**제약** 상수 표현식은 sizeof 연산자의 피연산자로 포함될 때를 제외하고는 지정, 증가, 감소, 함수 호출, 쉼표 연산자를 포함해서는 안 된다. 각 상수 표현식은 해당 데이터 타입에서 표현 가능한 값의 범위 내에 있는 상수로 평가된다.
의미 기능이 갖는 의미 또는 동작	**의미** 상수로 평가되는 표현식은 몇몇 콘텍스트에서 요구된다. 부동 소수점 수의 표현식이 컴파일 환경에서 평가되면 산술 정밀도와⋯
예 기능을 보여 주는 코드 일부	⋯

그림 1-4 안시 C 표준의 단락 구성

갖추었다(뒷부분은 그저 생략된 것이다).

원본 서적의 부록은 40쪽 분량에 불과하지만 표준 문서의 이 섹션은 2배나 더 많다.

섹션 7: C 런타임 라이브러리. 이것은 적합성을 준수하는 구현을 위해 반드시 제공해야 하는 라이브러리 호출 목록으로, 없어서는 안 될 유용한 기능을 수행하는 표준 서비스와 루틴을 포함한다. C 런타임 라이브러리의 안시 C 표준 섹션 7은 유닉스만의 독특한 특징이 제거된 /usr/group 1984 표준을 기반으로 한다. '/usr/group'은 유닉스용 국제 사용자 그룹으로 출발하여 1989년에는 '유니포럼'(UniForum)으로 이름을 바꾸었다. 현재는 비영리 조합으로서 유닉스 운영 체제를 홍보하고 있다.

적극적 행동으로 유닉스를 정의하는 데 성공을 거둔 유니포럼은 X/Open 이식성 가이드(버전 4, XPG/4는 1992년 10월 발표), IEEE POSIX 1003, 시스템 V 인터페이스 정의, 안시 C 라이브러리 등 많은 후속 주자들을 이끌어 냈다. 후속 주자 모두 안시 C 워킹 그룹과 협의하여 그들의 표준 초안이 상호 일관성을 유지하는지 확인했다. 참 다행스러운 일이었다.

안시 C 표준은 또한 다음과 같은 유용한 부록도 제공한다.

부록 F: 일반적인 경고 메시지. 대표적인 몇 가지 상황에서는 진단 메시지가 필요 없지만 그렇더라도 이러한 경고 메시지를 생성하는 것은 도움이 된다.

부록 G: 이식성 문제. 표준 문서 전반에 흩어져 있는 이식성과 관련된 조언을 모아 두었다. 여기에는 미지정된 동작, 미정의 동작, 구현 방법에 따라 정의된 동작과 같은 정보가 포함된다.

[프로그래밍 토막 지식] 표준 문서에 기술된 내용은 분명히 견고하다. 문제는 실수도 견고해진다는 점이다.

국제 표준으로 기록되어 있다고 해서 그것이 완전하고 일관되며 심지어 정확하다는 것을 의미하지는 않는다. IEEE POSIX 1003.1-1988 표준(유닉스 같은 동작을 정의하는 운영 체제 표준)은 다음과 같은 재미있는 모순을 지니고 있다.

"[경로명]은 마지막 널(null) 문자를 포함하여 최대 PATH_MAX 바이트로 구성된다" - 섹션 2.3
"PATH_MAX는 경로명의 최대 바이트 수다(문자열 길이가 아님, 마지막 널 제외)" - 섹션 2.9.5

따라서 PATH_MAX 바이트는 마지막 널 문자를 포함하면서 동시에 포함하지 않는다. 해석이 요청됐고 이에 대해 IEEE가 내린 해석은 다음과 같다(IEEE Std 1003.1-1988/INT, 1992년 판, 해석 번호: 15, p.36). 두 내용이 일관되지 않지만 둘 다 바르다고 볼 수 있다는 것이다(하지만 핵심은 둘 다 '맞을 수 없다'는 것이다).

이 문제는 초안 단계에서 수정된 내용이 모든 문서에 적용되지 않았기 때문에 발생했다. 표준을 결정하는 프로세스는 엄격하고 경직되었기 때문에 의사 결정 기구가 업데이트를 승인할 때까지 수정할 수 없다.

이러한 종류의 오류는 C 표준에 딸린 'Rationale' 문서를 참조하는 첫 번째 각주에서도 나타난다. 사실 'Rationale'은 더는 C 표준과 함께 하지 않는다. 'Rationale'은 표준의 소유권이 ISO로 옮겨지면서 삭제되었다.

[유용한 팁] K&R C와 안시 C의 차이점

K&R C를 알고 있다면 안시 C의 90%를 이미 알고 있다고 해도 과언이 아니다. 안시 C와 K&R C의 차이점은 크게 네 가지 범주로 나눌 수 있다.

1. 첫 번째 범주에는 새롭고 매우 다르면서도 중요한 것들을 포함하고 있다. 이 범주에 속하는 유일한 기능은 함수 선언의 일부로서 파라미터의 데이터 타입을 작성하는 프로토타입(pro-totype)이다. 프로토타입을 사용하면 컴파일러가 정의된 함수를 쉽게 점검할 수 있다.

2. 두 번째 범주는 공식적으로 추가된 몇 가지 새 키워드들이다. (pcc 후기 버전에서 처음 선보인) 열거형 데이터 타입인 enum을 비롯해 const, volatile, signed, void 키워드와 그 의미가 추가되었다. 아울러 C에서 전혀 사용되지 않던 entry 키워드는 충분한 검토 절차를 거친 후 폐기되었다.

3. 세 번째 범주는 '조용한 변화'로, 여전히 컴파일은 되지만 의미가 조금 변화된 일부 기능들이다. 변경된 기능들이 많긴 하지만 대부분 중요하지 않기 때문에 실제 마주할 때까지는 무시해도 괜찮다. 예를 들어 전처리 규칙이 더욱 엄격해지면서 인접 문자열은 서로 연결된다는 새로운 규칙이 생겼다.

4. 마지막 범주는 C 언어가 표준화되는 동안 오랫동안 논쟁이 벌어졌던 주제로서, 토큰 붙여 넣기나 트라이그래프(trigraph) 등이 이 범주에 속하는데 실제로 만날 일은 거의 없을 것이다 (트라이그래프는 삼중자라 부르기도 한다. C에서 사용하는 문자 세트를 이용할 수 없는 환경에서, 글자 3개를 이용해 글자 하나를 표현하는 방법이다. 마치 \t는 '탭'을 표현하는 것처럼 트라이그래프의 ??<는 왼쪽 중괄호를 표현한다)[17].

새로운 기능 가운데 가장 중요한 것은 C++에서 차용한 '프로토타입'이다. 프로토타입은 함수 선언을 확장하는 기능으로, 함수 이름과 반환 타입은 물론 파라미터의 모든 타입까지도 미리 알 수 있으며, 컴파일러가 사용 파라미터와 선언 파라미터 간의 일관성을 검사할 수 있다. 사실 '프로토타입'은 '모든 인수를 포함하는 함수 이름'이라는 의미를 아주 잘 설명하는 용어라고 보기는 어렵다. 차라리 에이다처럼 '함수 서명(function signature)' 또는 '함수 규격(function specification)'이라고 부르는 편이 더 의미 있을 것이다.

17 (옮긴이) C에서 사용하는 트라이그래프는 전처리기보다 우선 적용하는 치환 문자 세트다. ISO 646처럼 ^, {, } 등의 글자를 사용하지 못하는 환경에서 C에서 필요한 글자를 사용하기 위해 도입되었다. 총 9개의 글자를 지원한다.

트라이그래프	치환 문자	트라이그래프	치환 문자
??=	#	??!	|
??/	\	??<	{
??'	^	??)	}
??(	[	??-	~
??)	]		

> **[프로그래밍 토막 지식] 프로토타입 규격**
>
> 프로토타입의 목적은 함수 전방 선언 시 (단순히 함수 이름과 반환 타입을 제공하는 것이 아니라) 파라미터 타입에 대한 정보를 포함하는 것이다. 컴파일러는 파라미터가 정의된 방식에 따라 함수 호출 시점에 인수 타입을 확인할 수 있다. K&R C의 경우, 이와 같은 확인 과정이 링크 시간으로 연기되었는데 전체적으로 생략되었다고 보는 것이 일반적이다.
>
> ```
> char * strcpy();
> ```
>
> 헤더 파일에서의 선언은 위 문장 대신 다음과 같이 사용한다.
>
> ```
> char * strcpy(char *dst, const char *src);
> ```
>
> 파라미터 이름은 생략하고 데이터 타입만 남겨 둘 수도 있다.
>
> ```
> char * strcpy(char * , const char * );
> ```
>
> 파라미터 이름은 생략하지 않는 것이 좋다. 컴파일러가 이것들을 검사하지 않지만, 프로그래머에게 추가적인 정보를 전달할 수 있기 때문이다. 마찬가지로 함수 정의 부분도 다음과 같이 변경되었다.
>
> ```
> char * strcpy(dst, src)
>   char *dst, *src;
> { ... }
> ```
>
> 위 코드는 다음과 같이 변경된다.
>
> ```
> char * strcpy(char *dst, const char *src) /* 세미콜론이 없음! */
> { ... }
> ```
>
> 즉, 세미콜론으로 끝나는 대신 함수 헤더 바로 다음에 함수 본문을 포함하는 단일 복합문으로 바뀌었다.
> 　새로 작성하는 모든 코드를 프로토타입 방식으로 작성하고, 프로토타입이 모든 호출의 범위 내에 있는지 확인하기 바란다. 기본 타입 승격(type promotion)을 고려하지 않는다면 프로토타입을 과거 K&R 코드로 되돌려서는 안 된다. 이에 대한 자세한 내용은 8장에서 다룬다.

같은 사항을 서로 다른 용어로 표현하는 것이 다소 신기하게 느껴질 수도 있는데, 이는 마치 휴대 전화를 부를 때 모델 이름(노트9), 제조사 이름(삼성폰), 종류 이름(스마트폰) 등 최소 세 가지 이름으로 부르는 것과 비슷하다고 이해하면 된다.

즐거움, 재미, 학습을 모두 잡을 수 있는 안시 C 표준 읽기

때로는 안시 C 표준을 읽고 표준에서 필요한 답을 얻으려면 상당한 집중이 필요하다. 영업 엔지니어가 썬의 컴파일러 부서에 다음 코드를 테스트 사례로 보냈다.

```
foo(const char **p) { }

main(int argc, char **argv)
{
  foo(argv);
}
```

컴파일을 시도하면 컴파일러가 다음과 같은 경고 메시지를 표시한다.

```
line 5: warning: argument is incompatible with prototype
```

코드를 보낸 사람은 경고 메시지가 나오는 이유와 이 내용이 안시 C 표준 어디에 명시되었는지 알고 싶었으며 결국 그 이유를 찾았다.

인수 char *s는 파라미터 const char *p에 대응한다.

이것은 모든 라이브러리 문자열 함수에서 볼 수 있다. 결국 인수 char **argv는 파라미터 const char **p와 일치하지 않는다는 것인가? 대답은 '그렇다'이다. 이 질문에 답하는 데 약간의 시간이 걸렸으며, 답을 얻는 과정은 여러 면에서 교육적이었다. 분석은 썬의 '언어 변호사'[18] 중 한 명이 수행했으며 다음과 같이 진행되었다.
안시 C 표준의 6.3.2.2의 제약 조건 부분에는 다음 문구가 들어 있다.

각 인수는 그 인수에 해당하는 파라미터의 데이터 타입이 한정하는 버전이 아니라도 객체에 대입할 수 있는 데이터 타입을 가져야 한다.

이것은 인수 전달이 대입 연산과 동일하게 동작한다고 가정한다.
따라서 const char ** 타입 객체에 char ** 타입의 값이 대입되지 않는다면 진단 메시지를 생성해야 한다. 이 대입 연산이 바른지 확인하려면 단순 대입 연산을 설명하는 6.3.16.1로 이동하여 다음 제약 조건을 보면 된다.

---

18 《The New Hacker's Dictionary》(The MIT Press, 1996)는 언어 변호사를 "당신이 질문에 대한 답을 찾기 위해 '(나중에) 찾아봐야지' 하고 생각만 했던 200쪽이 넘는 매뉴얼에서 답을 찾아 다섯 개의 문장으로 보여 주는 사람"이라고 정의한다. 그렇다! 바로 이 경우처럼 말이다.

다음 내용 중 하나는 반드시 만족해야 한다.

- 두 피연산자는 한정 또는 비한정 버전과 관계없이 호환되는 데이터 타입에
  대한 포인터이며, 왼쪽(피연산자)에 지정된 데이터 타입은 오른쪽에 지정된
  데이터 타입에 대한 모든 한정자(qualifier)를 갖는다.

따라서 함수 호출 시 파라미터 const char * 타입에 해당하는 인수로 char * 타입
을 사용하는 것은 (C 라이브러리의 문자열 루틴 전체에서 볼 수 있듯이) 합당하다.
다음 코드도 합법적이다.

```
char * cp;
const char *ccp;
ccp = cp;
```

그 이유는 다음과 같다.

- 왼쪽 피연산자는 'const로 한정된 char'에 대한 포인터다.
- 오른쪽 피연산자는 한정되지 않은 char에 대한 포인터다.
- char 타입은 char와 호환되는 타입이고, 왼쪽 피연산자가 가리키는 데이터 타입
  은 오른쪽 피연산자가 가리키는 데이터 타입에 대한 한정자(없음)와 자신이 갖
  고 있는 한정자(const)까지 포함한 모든 한정자를 갖고 있다.

그러나 다음과 같은 대입 연산은 반드시 나중에 문제가 된다. 못 믿겠으면 직접 해
보기 바란다.

```
cp = ccp;    /* 컴파일 경고 발생 */[19]
```

---

19 (옮긴이) 해당 코드 자체는 문제가 되지 않지만, 그 이후에 예를 들어 다음과 같은 코드가 실행될 때
const로 한정한 포인터 영역에 대입을 시도하면서 세그멘테이션 폴트(segmentation fault)가 뜬다.

```
*cp = 'a';    또는  *cp = c;
```

전체 샘플 코드는 다음과 같다.

```
int main()
{
  char *cp;
  const char *ccp = 'a';
  char c;

  c = 'c';
  *cp = c;  /* 가능 */

  cp = ccp; /* 컴파일 경고 발생 */

  *cp = c;  /* 세그멘테이션 폴트 발생 */

  return 0;
}
```

그렇다면 6.3.16.1에서도 함수를 호출할 때 파라미터 const char ** 타입에 해당하는 인수로 char ** 타입을 사용하는데 이것도 합당한가? 이것은 그렇지 않다.

6.1.2.5의 예제 부분은 다음과 같이 설명한다.

'const float *'로 지정된 타입은 한정된 데이터 타입이 아니다. 이 데이터 타입은 'const로 한정된 float에 대한 포인터'로, 즉 한정된 데이터 타입에 대한 포인터를 의미한다.

비슷하게 const char **는 한정되지 않은 데이터 타입의 포인터를 나타낸다. 즉, 이 객체의 데이터 타입은 한정된 데이터 타입에 대한 포인터에 대한 포인터가 된다.

char **와 const char ** 타입은 모두 한정되지 않은 데이터 타입을 가리키는 포인터지만 둘은 동일한 데이터 타입이 아니다.[20] 따라서 두 데이터 타입은 서로 호환된다고 볼 수 없다. 결국 const char ** 타입의 파라미터에 해당하는 인수로 char ** 타입의 인수를 사용하는 호출은 허용되지 않는다. 이는 곧 6.3.2.2의 제약 조건을 위반하는 것으로 진단 메시지를 표시해야 한다.

아주 미묘한 차이지만 반드시 구분할 수 있어야 한다. 이번에는 다른 방법으로 이 미묘한 차이를 확인해 보자.

- 왼쪽 피연산자에는 FOO 타입을 가리키는 포인터 타입 FOO2가 있다. 이때 FOO 타입은 const로 한정된 문자 타입에 대한 한정하지 않은 포인터 타입이다.
- 오른쪽 피연산자에는 BAZ 타입을 가리키는 포인터 타입 BAZ2가 있다. 이때 BAZ 타입은 문자 타입에 대한 한정하지 않은 포인터 타입이다.

---

20 (옮긴이) 앞의 내용과 비교하면 쉽게 이해할 수 있다.
char *와 const char *의 경우, 포인터를 떼어 놓고 보면 char와 const char로 되는데, 이는 호환되는 char 타입에 대해 하나는 const로 한정하고, 다른 하나는 한정하지 않기 때문에 const char * 타입에 char * 타입을 대입하는 것이 가능하다.
그러나 char **와 const char **의 경우, 포인터를 떼어 놓고 보면 char *와 const char *로 되는데, 이를 의미상으로 정확하게 표현한다면 (char) *와 (const char) *가 된다. 즉, 각 타입이 (char) 타입에 대한 포인터 타입, (const char) 타입에 대한 포인터 타입이기 때문에 두 포인터 타입은 서로 같은 데이터 타입이 아니면서 동시에 한정하지 않은 포인터 타입이다.
순수하게 표준에 따라 경고 메시지가 나타나지 않도록 하려면 다음과 같이 해야 한다.

```
char * * cpp;
char * const * cpcp;
cpcp = cpp;
```

const char ** 타입과 char * const * 타입은 엄연히 다른 타입이다. 물론 위 코드는 본문에서 사용한 코드와 의도하는 바가 다르기 때문에 프로그래머는 이 차이를 분명히 이해하고 있어야 한다. 경고를 표시하는 코드를 작성하더라도 본질을 알고 있는 것과 그렇지 않은 것의 차이는, 문제가 발생했을 때 근본 원인을 찾을 수 있는지 없는지 판가름하는 결정적인 차이가 된다.

FOO와 BAZ는 서로 호환되는 데이터 타입이다. 하지만 FOO2와 BAZ2의 경우 '직접' 가리키는 객체를 한정하느냐 하지 않느냐가 다르다. 따라서 FOO2와 BAZ2는 서로 호환되는 데이터 타입이 아니다. 즉, 왼쪽 피연산자와 오른쪽 피연산자는 서로 호환되지 않는 데이터 타입을 가리키는, 한정하지 않는 포인터가 되는 것이다. 포인터 타입의 호환성이 결여되었기 때문에 결론적으로 대입 연산이나 함수 호출은 허용되지 않는다. 그러나 이 제약은 개발자들의 심기를 건드리고 혼란스럽게 만든다. 이 책을 쓸 당시 cfront[21] 기반의 C++ 컴파일러에서는 지금까지 설명한 형태의 대입 연산을 사용하도록 허용하고 있었다(물론 이것 또한 바뀔 수 있다).

사실 이 표준은 전체적으로 우르두어와 덴마크어를 약간 아는 사람이 우르두어를 덴마크어로 옮겼다가 영어로 중역한 것 같은 느낌이 든다. 그러나 표준 위원회는 즐거운 시간을 보냈고 좀 더 간단하고 명확한 규칙을 요구했다면 표준 위원회는 자신들의 재미를 망쳤다고 아쉬워했을 것이다.

🔆 [유용한 팁] const는 한정자일 뿐이다

키워드 const는 변수를 상수로 바꾸지 않는다. const 한정자가 딸린 심벌은 단지 해당 심벌을 대입 연산에 사용할 수 없다는 것을 의미한다. 즉, const로 한정한 '심벌에 매핑된' 값은 읽기 전용으로 설정된다는 것을 의미한다. 그렇다고 프로그램 내부(심지어 외부)의 다른 수단을 통해 값이 수정되는 것을 막지는 못한다. 그래서 보통 함수의 포인터 파라미터를 한정하여, 적어도 이 함수는 인수로 넘겨주는 포인터가 가리키는 데이터를 변경하지 않는다는 것을 나타내는 용도로 유용하게 사용한다(물론 다른 함수는 데이터를 변경할 수 있을 것이다). 이것은 아마도 C와 C++에서 const를 사용하는 가장 일반적인 방법일 것이다.

const는 다음과 같이 데이터에 사용할 수 있다.

```
const int limit = 10;
```

위와 같이 하면 다른 프로그래밍 언어와 마찬가지로 동작한다. 여기에 포인터를 추가하면 상황이 다소 복잡해진다.

```
const int * limitp = & limit;
int i = 27;
limitp = & i;
```

---

21 (옮긴이) cfront는 1993년 개발이 중단되었다.

이것은 limitp가 상수 정수를 가리키는 포인터임을 말해 준다. 포인터는 정숫값을 변경하는 데 사용할 수 없다. 그러나 포인터 자체에는 언제든지 다른 값을 지정할 수 있다. 그래서 다른 위치를 가리키게 한 다음, 그 값을 역참조(dereferencing)하면 다른 값이 나타날 것이다.

const와 *의 조합은 일반적으로 배열 파라미터에 대한 값에 의한 호출(call-by-value)을 구현하는 용도로만 사용된다. 즉, '이 객체의 포인터를 주지만 함수는 (포인터가 가리키는) 객체의 값을 바꿀 수 없다'고 함수에 알려 주는 것이다. 이 표현은 가장 빈번하게 사용되는 void *와 비슷하다. 이론적으로 이 조합은 여러 가지 상황에서 사용할 수 있지만, 일반적으로 포인터를 하나의 데이터 타입에서 다른 데이터 타입으로 변환하는 것으로 제한된다.

마찬가지로 const를 붙인 변수의 주소를 가져올 수 있지만, 가급적 이 개념은 머릿속에 담아 두지 않는 것이 좋겠다. 켄 톰슨도 "const 키워드는 거의 일어나지 않을 오류를 잡기 위해 라이브러리 인터페이스를 혼란스럽게 만드는 역할만 한다"라고 지적했다. 돌이켜 보면 const 키워드는 readonly라는 이름으로 사용하면 더 좋지 않았을까 하는 생각이 든다.

앞으로도 많은 사람이 다양한 질문을 하겠지만, 이를 해결하기 위해 그들 모두가 지금까지 살펴본 추론 과정을 따를 것이라고 나는 생각하지 않았다. 그래서 썬 안시 C 컴파일러를 변경하여 데이터 타입이 호환되지 않는 부분에 대해 자세한 정보가 출력되도록 했다. 전체 내용은 다음과 같이 표시된다.

```
Line 6: warning: argument #1 is incompatible with prototype:
 prototype: pointer to pointer to const char : "barf.c", line 1
 argument : pointer to pointer to char
```

이와 같이 하면 프로그래머는 '왜' 경고가 발생하는지 그 이유까지는 이해하지 못하더라도 적어도 '무엇이' 호환되지 않는지는 알게 될 것이다.

어디까지가 '조용한 변경'인가?

표준의 모든 변경 사항이 프로토타입만큼 많이 알려지지는 않았다. 안시 C는 많은 변경 사항을 만들어 냈는데 대부분 C 언어의 신뢰성을 높이기 위한 것이다. 예를 들어 K&R C와 안시 C 간의 '일반 산술 변환(usual arithmetic conversion)' 변경을 들 수 있다. 커니핸과 리치는 다음과 같이 말한다.

6.6 산술 변환
수많은 연산자가 비슷한 방식으로 타입 변환을 하면서 최종 데이터 타입을 생성한다. 이 패턴을 '일반 산술 변환'이라고 한다.

먼저 char 또는 short 타입의 피연산자는 int로 변환되고 float 타입은 double 로 변환된다. 두 피연산자 중 하나가 double 타입이면 다른 피연산자는 double로 변환되며, 연산 결과도 double 타입으로 결정된다. 그렇지 않고 피연산자 중 하나가 long 타입이면 다른 하나도 long 타입으로 변환되며, 연산 결과 역시 long 타입이 된다. 그렇지 않고 피연산자 중 하나가 unsigned 타입이면 다른 피연산자도 un-signed 타입으로 변환되며 연산 결과 역시 unsigned 타입이 된다. 그렇지 않으면 두 피연산자 모두 int 타입이어야 하며, 결과 역시 int가 된다.

안시 C 표준 문서는 이 내용을 다음과 같이 수정하여 순환 오류를 해결했다.

6.2.1.1 문자 및 정수(정수 승격)

char, short int 또는 int 비트 필드 또는 이것들의 signed 또는 unsigned 타입 또는 열거형 타입(enum) 등은 int 또는 unsigned int가 사용되는 모든 표현식에서 사용할 수 있다. int가 원래 타입의 모든 값을 나타낼 수 있다면 값은 int로 변환되고, 그렇지 않으면 unsigned int로 변환된다. 이를 정수 승격(integral promotion)이라고 한다.

6.2.1.5 일반 산술 변환

산술 데이터 타입의 피연산자를 요구하는 많은 이항 연산자는 비슷한 방식으로 타입 변환을 수행하고 최종 데이터 타입을 생성한다. 그 목적은 결과 데이터 타입이기도 한 공통 데이터 타입을 산출하는 것이다. 이 패턴을 '일반 산술 변환'이라고 한다.

우선 두 피연산자 중 하나가 long double 타입이면 나머지 피연산자는 long dou-ble로 변환된다. 그렇지 않고 두 피연산자 중 하나가 double 타입이면 나머지 피연산자는 double로 변환된다. 그렇지 않고 두 피연산자 중 하나가 float 타입이면 나머지 피연산자는 float로 변환된다. 그렇지 않으면 정수 승격(정수 승격에 대해서는 6.2.1.1 참고)이 두 피연산자 모두에서 수행된다. 그러고는 다음 규칙이 적용된다.

둘 중 하나가 unsigned long int 타입이면 나머지 피연산자는 unsigned long int로 변환된다. 그렇지 않고 하나의 피연산자가 long int 타입이고 다른 하나는 unsigned int 타입인데 long int가 unsigned int의 모든 값을 나타낼 수 있다면

unsigned int 타입의 피연산자가 long int로 변환된다. long int가 unsigned int의 모든 값을 나타낼 수 없다면 두 피연산자 모두 unsigned long int로 변환된다. 그렇지 않고 두 피연산자 중 하나가 long int 타입이면 나머지 피연산자는 long int로 변환된다. 그렇지 않고 두 피연산자 중 하나가 unsigned int 타입이면 다른 피연산자는 unsigned int로 변환된다. 그렇지 않으면 두 피연산자는 모두 int 타입이다.

부동 소수점 피연산자 및 부동 소수점 표현식의 결괏값은 해당 데이터 타입이 요구하는 것보다 더 정밀하고 넓은 범위로 표현될 수 있다. 이로 인해 데이터 타입이 변경되지는 않는다.

(허점이 있고 엄밀하지 않지만) 쉬운 말로 하면 안시 C 버전에서는 다음과 같은 것을 의미한다.

서로 다른 데이터 타입의 피연산자는 산술 연산을 수행할 때 타입 변환된다. 피연산자는 모두 가장 큰 부동 소수점, 가장 긴 데이터 타입으로 변환되며 이때 비트 손실이 없다면 부호 있는 타입을 유지한다.

'부호 없는 보존' 방식(K&R C)에서는 unsigned 타입이 int 또는 더 작은 signed 타입과 혼합될 때 결과는 unsigned 타입이 된다. 하드웨어와 무관한 간단한 규칙이지만, 다음 예와 같이 간혹 부호를 강제로 떼어 내어 잘못된 결과가 나타나기도 한다.

'값 보존' 방식(안시 C)에서는 정수형 피연산자 타입을 혼합하면 결과 데이터 타입은 피연산자 타입의 상대적 크기에 따라 singed 또는 unsigned 타입으로 나타난다.

다음 프로그램 예는 안시 컴파일러와 안시 이전 컴파일러에서 각기 다른 메시지를 보여 줄 것이다.

```
main() {
  if ( -1 < (unsigned char) 1 )
    printf("-1 is less than (unsigned char) 1: ANSI semantics ");
  else
    printf("-1 NOT less than (unsigned char) 1: K&R semantics ");
}
```

K&R C에서 컴파일하는지, 안시 C에서 컴파일하는지에 따라 표현식이 다르게 평가된다. 즉, 같은 비트 패턴을 비교하지만 음수로 해석하거나 부호 없는 수, 즉 양수로 해석한다.

[프로그래밍 토막 지식] 미묘한 버그

규칙은 변경되었지만 미묘한 버그가 발생할 수 있으며 여전히 발생하고 있다. 이 예에서 변수 d 는 필요한 인덱스보다 하나 작으므로 이에 대응하는 코드를 넣었다. 그러나 if 문은 참으로 평가 되지 않았다. 왜 그럴까? 그리고 버그는 무엇인가?

```c
int array[] = { 23, 34, 12, 17, 204, 99, 16 };
#define TOTAL_ELEMENTS (sizeof(array) / sizeof(array[0]))

main()
{
  int d= -1, x;
  /* ... */

  if (d <= TOTAL_ELEMENTS-2)
    x = array[d+1];
  /* ... */
}
```

정의된 변수 TOTAL_ELEMENTS는 unsigned int 타입을 갖는다(sizeof의 반환 타입이 unsigned이기 때문이다). if 테스트에서는 signed int를 unsigned int의 수량과 비교한다. 그래서 d는 unsigned int로 승격된다. -1을 unsigned int로 해석하면 큰 양수가 반환되어 if 절이 거짓이 된다. 이 버그는 sizeof()가 주어진 구현에서 unsigned 반환 타입을 가지고 있다 면 안시 C 및 K&R C에서 발생한다. 이 문제는 TOTAL_ELEMENTS 앞에 int 캐스트(cast)를 넣는 것으로 고칠 수 있다.

```c
if (d <= (int) TOTAL_ELEMENTS - 2)
```

💡 **[유용한 팁] unsigned 데이터 타입에 대한 조언**

unsigned 타입 사용을 최소화하여 불필요한 복잡성을 피하라. 특히 수량처럼 음수가 나올 일이 없는 값을 나타내기 위해 unsigned를 사용하지 않는다(예: age 또는 national_debt).

　int와 함께 signed 타입을 사용한다면 혼합 타입 승격에 대한 세부 규칙에서 모호한 사례에 대해 걱정할 필요가 없다.

　비트 필드 또는 바이너리 마스크에서는 unsigned 타입만 사용하면 된다. 표현식에서 모든 피 연산자에 signed 또는 unsigned와 같은 타입 캐스팅을 사용하면 컴파일러가 결과 타입을 선택 할 필요가 없다.

이 내용이 약간 까다롭거나 놀랍게 들린다면 실제로 그런 것이다. 앞쪽의 규칙을 사용하여 예제를 만들어 보면 이해하는 데 도움이 될 것이다.

마지막으로 이 코드가 《The Elements of Programming Style》[22] 2판에서 나쁜 사례로 실릴 줄 몰랐기 때문에 이 부분에 대해 조금 더 설명할 것이다.

```
#define TOTAL_ELEMENTS (sizeof(array) / sizeof(int))
```

위 코드 대신에 다음 코드를 사용했다.

```
#define TOTAL_ELEMENTS (sizeof(array) / sizeof(array[0]))
```

두 번째 코드가 #define을 수정하지 않고도 배열의 기본 타입을 int에서 char로 바꿀 수 있기 때문이다.

썬 안시 C 컴파일러 팀은 '부호 없는 보존 방식'에서 '값 보존 방식'으로의 이동이 C의 개념적인 관점에서 완전히 불필요한 변화였으며, 뜻하지 않게 이러한 변화를 접한 프로그래머들이 상당히 놀랄 것으로 생각했다. 그래서 '충격 최소화 기조'에 따라 썬 컴파일러는 K&R C에서 다른 결과를 만들지 않는 한, 안시 C 기능을 인식하고 컴파일한다. 안시 C와 K&R C가 다른 결과를 내놓는 경우, 컴파일러는 경고를 표시하고 K&R의 해석을 기본으로 사용한다. 이와 같은 상황에서 프로그래머는 타입 캐스팅을 통해 최종적으로 원하는 데이터 타입이 무엇인지 컴파일러에 반드시 알려 주어야 한다. 솔라리스(Solaris) 2.x가 동작하는 썬 워크스테이션에서 엄격한 안시 규격을 적용하려면 컴파일러 옵션 -Xc를 사용하면 된다.

이 밖에도 K&R C에서 안시 C로 바뀌면서 많은 업데이트가 있었다. 이 업데이트들은 안시 C와 K&R C 양쪽에서 모두 컴파일할 수 있지만 그 의미는 이른바 '조용한 변경'을 포함한다. 하지만 평범한 프로그래머들의 반응을 보면 이것들은 '사실 매우 시끄러운 변경'이라고 해야 할 것이다. 전반적으로 안시 위원회는 언어 변경을 가능한 한 적게 하려고 노력했으며, 개선이 꼭 필요한 부분만 개정 작업을 수행했다고는 하지만 말이다.

지금까지 안시 C의 배경에 대해 충분히 설명했다. 이제 쉬어 가기 절에서 머리를 식히고 다음 장으로 넘어가 코드를 다뤄 보자!

---

22 《The Elements of Programming Style》(Kernighan, Plauger, McGraw-Hill, 1978) 그렇다. 그 커니핸이 맞다. 이 책은 굉장히 읽기 좋고 내용도 신뢰할 수 있다. 작지만 알찬 책이다. 꼭 사서 읽고 끼고 다니길 추천한다.

쉬어 가기: 구현 방법에 따라 정의된 pragma 효과

자유 소프트웨어 재단(Free Software Foundation, FSF)은 MIT의 뛰어난 해커 리처드 스톨먼(Richard Stallman)이 설립한 독특한 조직이다. 이때 '해커'는 재능 있는 프로그래머라는 자비로운 의미가 부여된 명칭이지만, 이 표현은 언론에 의해 왜곡되어 일반 대중은 이를 '천재적인 악마'라는 의미로 이해하고 있다. 'bad'처럼 '해커' 역시 서로 반대되는 두 가지 의미가 있으니 맥락을 보고 이해해야 한다.

스톨먼의 자유 소프트웨어 재단은 소프트웨어는 자유로워야 하며 누구나 자유롭게 이용할 수 있어야 한다는 철학에 기초를 두고 있다. FSF 헌장은 "컴퓨터 프로그램의 복사, 재배포, 이해 및 수정에 대한 제한을 없애는 것"이며, GNU라는 누구나 자유롭게 사용할 수 있는 유닉스를 구현하는 것이 그들의 궁극적인 포부다(그런데 GNU는 'GNU's Not UNIX'를 의미한다. 정말이다).

많은 컴퓨터 과학과 대학원생과 GNU 철학에 동조하는 사람들이 FSF가 무료로 패키지하고 배포하는 소프트웨어 개발에 참여했다. 이렇듯 재능 기부로 형성된 숙련된 인력 풀은 좋은 소프트웨어를 만들어 냈다. FSF의 최고 제품 가운데 하나는 GNU C 컴파일러 제품군이다. gcc는 강력하고 공격적인 최적화 컴파일러로, 많은 하드웨어 플랫폼에서 사용할 수 있으며 때로는 제조사의 컴파일러보다 더 좋다. 물론 gcc가 모든 프로젝트에 적합하지는 않다. gcc 유지 보수와 향후 개발의 연속성에 대해 의구심을 품은 사람도 있다. 또한 컴파일러 외에도 다른 도구가 필요한데, GNU 디버거는 공유 라이브러리에서 오랫동안 작동하지 못했다. 그래도 GNU C는 느리지만 조금씩 발전을 거듭했다.[23]

안시 C 표준을 한창 개발하고 있을 때 pragma 지시문이 도입되었다. 에이다에서 차용한 #pragma는 특정 함수를 인라인으로 확장하거나 범위 검사를 한정하는 것과 같은 힌트를 컴파일러에 전달하는 데 사용한다. 이전 버전 C에서 보지 못한 pragma는 문자 그대로 '구현 방법에 따른 정의' 효과 때문에 초기에 gcc 개발자로부터 저항을 받았다. 이후 gcc 버전 1.34에서 pragma를 사용하면, 컴파일러는 컴파일을 중지하고 대신 컴퓨터 게임을 시작한다. gcc 매뉴얼은 다음과 같이 설명한다.

#pragma 명령은 안시 표준에서 구현에 따른 정의 효과가 있도록 임의로 지정된다.

---

23 (옮긴이) gcc는 이제 전 세계에서 널리 사용되는 컴파일러 중 하나가 되었으며, C 표준 발전에 커다란 영향력을 행사하고 있다. 2021년 8월 현재 최신 버전은 11.2다.

GNU C 전처리기에서 #pragma는 먼저 '로그(rogue)' 게임을 실행한다. 실행에 실패하면 '핵(hack)' 게임을 실행한다. 그것이 실패하면 하노이 탑을 표시하는 GNU 이맥스(Emacs)를 실행한다. 이마저도 실패하면 치명적인 오류가 발생한다. 어쨌든 전처리는 계속되지 않는다.

— GNU C 컴파일러 1.34 버전 매뉴얼

실제 컴파일러의 전처리기에 해당하는 소스 코드는 다음과 같다.

```
/*
 * #pragma 지시문은 구현 방법에 따른 정의에 의거하여 동작한다.
 * 구현 방법은 다음과 같이 정의된다.
 */
do_pragma ()
{
  close (0);
  if (open ("/dev/tty", O_RDONLY, 0666) != 0)
                    goto nope;
  close (1);
  if (open ("/dev/tty", O_WRONLY, 0666) != 1)
                    goto nope;
  execl ("/usr/games/hack", "#pragma", 0);
  execl ("/usr/games/rogue", "#pragma", 0);
  execl ("/usr/new/emacs", "-f", "hanoi", "9", "-kill", 0);
  execl ("/usr/local/emacs", "-f", "hanoi", "9", "-kill", 0);
nope:
  fatal ("You are in a maze of twisty compiler features, all different");
}
```

특히 황당한 부분은 사용자 매뉴얼이 잘못되었다는 사실이다. 위 코드를 보면 '로그(rogue)' 전에 '핵(hack)'이 시도되고 있다는 것을 알 수 있다.

2장

버그가 아니라 언어의 기능이다

벌레(bug)는 현재까지 알려진 것만 약 100만 종으로 규모가 가장 크고 성공적인 생명체다. 이러한 관점에서 그것들은 알려진 다른 모든 생명체보다 약 4배 더 많이 존재한다.

— 스눕스 교수의 동물 백과사전

언어의 기능이 중요한 이유: 포트란 버그를 실제로 일으킨 방법

프로그래밍 언어의 세부 사항은 정말로 중요하다. 세부 사항의 작은 차이가 프로그래밍 언어의 신뢰성에 결정적인 영향을 미칠 수 있기 때문이다. 실제로 이런 차이는 1961년 여름, 나사(NASA)의 프로그래머가 궤도 계산에서 사용된 포트란 서브루틴을 테스트하는 과정에서 극적으로 나타났다.[1] 그 서브루틴은 이미 수차례 머큐리(Mercury)의 짧은 비행에 사용되었는데, 이상하게도 곧 있을 궤도 비행과 달 탐사 임무에 필요한 예상 정확도를 제공하지 못했다. 분명히 결과가 비슷하게 나오기는 했지만 기대한 만큼 정확하지 않았다.

알고리즘과 데이터 및 예상 결괏값 등을 면밀히 점검한 끝에 엔지니어는 마침내 코드에서 다음과 같은 문장을 찾아냈다.

---

[1] 이 이야기는 잘못 전달되어 널리 퍼진 사례로, 잘못된 내용 그대로 프로그래밍 언어 교재에 실렸다. 이로 인해 이 이야기는 프로그래머 사이에서 고전적인 도시 괴담으로 회자됐다. 당시 나사에서 근무하면서 실제 소스 코드를 봤던 프레드 웹(Fred Webb)이 'Fortran Story - The Real Scoop'(*Forum on Risks to the Public in Computers and Related Systems*, vol. 9, no. 54, ACM Committee on Computers and Public Policy, 1989년 12월 12일)에서 명확하게 해명했다.

```
DO 10 I=1.10
```

프로그래머는 분명히 다음과 같은 형식의 DO 루프를 작성하려고 했다.

```
DO 10 I=1,10
```

포트란에서 공백 문자는 중요하지 않으며 식별자 중간에 나타날 수 있다. 포트란 설계자는 카드 펀치 작업을 돕고 프로그램 가독성을 높이기 위해 이러한 개념을 도입했으며, 따라서 MAX Y와 같은 식별자도 사용할 수 있었다. 불행히도 컴파일러는 위 코드를 DO10I = 1.10으로 해석해 버린 것이다.

포트란에서는 변수 선언이 필요 없기 때문에 위 문장에서는 암묵적으로 선언된 부동 소수점 변수 DO10I에 값 1.1을 대입했다. 루프를 의도했던 본문에서 문장은 열 번이 아니라 한 번만 실행되었고, 반복적인 계산으로 근삿값에 수렴하는 대신 첫 번째 계산만으로 근삿값을 얻었다. 후에 마침표를 쉼표로 수정하면서 결과가 당초 기대했던 정확도를 만족하게 되었다.

이 버그는 제때 발견되어 다수의 주장과 달리 머큐리의 우주 비행은 실패하지 않았지만(이번 장 마지막에서 설명하는 매리너(Mariner)호에서 발견된 또 다른 버그는 비행에 영향을 미쳤다), 프로그래밍 언어 설계의 중요성을 아주 생생하게 보여 주는 사례라고 할 수 있다. C에는 너무나 많은 유사 모호성 또는 모호성에 가까운 것들이 있다. 이번 장에서는 가장 일반적인 사례 중 대표적인 것을 설명하고 이것이 어떻게 버그를 만드는지 보여 줄 것이다. C에서 발생할 수 있는 또 다른 형태의 문제가 있다. 예를 들어 여러분이 malloc(strlen(str));을 만날 때마다 거의 언제나 오류가 발생한다. 이 문장은 사실 malloc(strlen(str)+1);을 의미하기 때문이다. 이것은 거의 모든 문자열 처리 루틴들이 마지막 nul 문자에 필요한 공간을 포함하는 까닭에 사람들이 strlen이 필요로 하는 특별한 구성을 만들지 않는 데 익숙해져 있기 때문이다. malloc 예는 프로그래머가 라이브러리 루틴을 이해하는 데 오류가 있는 문제지만, 이번 장에서는 프로그래머가 C를 사용할 때 발생하는 문제가 아닌 C 언어 자체의 문제에 집중할 것이다.

프로그래밍 언어의 결함을 분석하는 한 가지 방법은 다음 세 가지 범주의 결함을 고려하는 것이다. 프로그래밍 언어가 해서는 안 되는 일을 하는 것, 해야 할 일을 하지 않는 것 그리고 언어의 범주에서 완전히 벗어난 것들이다. 편의상 각각 '커미션(commission) 죄', '오미션(ommission) 죄', '미션(mission) 죄'라고 부르겠다. 다음 절에서는 이러한 범주에 속하는 C 기능을 설명한다.

이번 장에서 C 언어에 대한 극단적인 비판만 다루는 것은 아니다. C는 많은 강점을 지닌 훌륭한 프로그래밍 언어다. 많은 플랫폼에서 구현 언어로 C를 채택하는 것만으로도 그 인기는 충분히 검증하고도 남는다. 그러나 내 할머니 말씀처럼 소수의 원자를 충돌시키는 일 없이 초대형 초전도 입자 가속기를 돌릴 수 없듯이 강점과 함께 단점도 같이 바라봐야 C를 제대로 분석할 수 있다. 개선할 영역을 검토하는 것은 소프트웨어 공학과 프로그래밍 언어의 과학적인 설계 기법을 향상시키는 요소 가운데 하나다. 이것이 C++가 실망스러운 이유다. C++는 C의 가장 근본적인 문제에 대해 아무것도 다루지 않으면서 가장 중요한 변화(클래스)에서는 불완전한 C 타입 모델을 기반으로 한다. 그래서 프로그래밍 언어의 발전을 위한다는 사명감으로 몇 가지 사례를 살펴볼 것이다.

> ☀️ **[유용한 팁] 'l'이 한 개인 nul과 'l'이 두 개인 null**
>
> 이 짧은 각운을 기억하고 있으면 포인터와 아스키 0에 대한 올바른 표현을 떠올릴 수 있을 것이다.
>
> 'l'이 한 개인 NUL은 아스키 문자열을 끝내고,
> 'l'이 두 개인 NULL은 아무것도 가리키지 않는다.
>
> 오그덴 내시(Ogden Nash)[2]에게는 미안하지만 'l' 세 개인 nulll은 철자를 확인해야 함을 의미한다. 비트 패턴이 0인 아스키 문자를 NUL이라고 한다. 아무것도 가리키지 않는 특별한 포인터값이 NULL이다. 이 두 용어는 의미를 바꿀 수 없다.

커미션 죄

'커미션 죄' 범주는 프로그래밍 언어가 해서는 안 되는 일을 하는 것에 대해 다룬다. 여기에는 switch 문, 인접한 문자열 자동 연결, 기본 전역 범위 등 오류가 발생하기 쉬운 기능들이 포함된다.

---

2 (옮긴이) 프레더릭 오그덴 내시(Frederic Ogden Nash)는 미국 시인으로, 관습에 얽매이지 않은 자유로운 형태의 시를 쓴 것으로 유명하다.

폭포수 방식 실행으로 곤란하게 만드는 switch

switch 문의 일반적인 형식은 다음과 같다.

```
switch (표현식) {
  case 상수-표현식: 0개-이상의-문장
        default: 0개-이상의-문장
  case 상수-표현식: 0개-이상의-문장
}
```

각 케이스 항은 키워드 case, 정숫값 상수 또는 상수 표현식, 콜론의 세 쌍으로 구성되며 표현식과 일치하면 케이스 항을 실행한다. default 케이스(있는 경우)는 switch 구문 어디에든 올 수 있으며, 표현식이 일치하는 케이스 항이 없으면 실행한다. default 케이스도 없고 표현식이 일치하는 케이스 항도 없으면 switch 문은 아무것도 실행하지 않는다. 어떤 사람들은 파스칼처럼 '일치하지 않을' 경우 런타임 오류를 일으키는 게 더 낫다고 제안했다. C는 런타임 오류 검사를 거의 하지 않는다. 잘못된 포인터를 역참조할 때가 거의 유일하며, 심지어 마이크로소프트 도스(DOS: disk operating system)에서는 이것마저 제한되어 잘못된 포인터를 역참조하는 데 따른 런타임 오류 검사가 이루어지지 않는 경우가 있다.

> ### 🔆 [유용한 팁] 마이크로소프트 도스의 런타임 검사
>
> 잘못된 포인터는 프로그래머의 생계를 위협할 수도 있다. 유효하지 않은 포인터를 사용하여 메모리를 참조하기는 너무 쉽다. 그래서 모든 가상 메모리 아키텍처는 포인터가 주소 공간 외부를 역참조하는 즉시 프로세스를 중단한다. 그러나 마이크로소프트 도스는 가상 메모리를 지원하지 않기 때문에 실패 순간에 대한 일반적인 사례를 포착할 수 없다.
>
> 하지만 마이크로소프트 도스는 프로그램이 종료되었을 때 추론을 통해 널 포인터를 역참조하는 특별한 경우를 점검할 수 있고 또 그렇게 한다. 마이크로소프트 C와 볼랜드(Borland) C는 프로그램을 시작하기 전에 0에 대한 위치를 저장한다. 이것을 종료 코드의 일부에 넣어 해당 값이 지금 다른 값으로 바뀌었는지 점검한다. 다른 값으로 바뀌었다면 프로그램이 널 포인터값을 0이 아닌 다른 값으로 바꾸었다는 의미가 되어, 런타임 시스템이 '널 포인터 지정'이라는 경고를 내보낸다. 꽤 공정한 방법이다.
>
> 이에 대해서는 7장에서 더 자세히 설명한다.

런타임 검사는 프로그래머가 자기가 하는 일에 대해 분명히 알며, 이것이 항상 옳다고 믿는 C 철학과 배치된다.

case와 default는 임의의 순서로 올 수 있지만 default 케이스는 일반적으로 마지막에 둔다. 표준 C 컴파일러는 switch 문(안시 C 표준, 5.2.4.1)에서 적어도 257개의 case 레이블(label)을 허용해야 한다. 이것은 switch 문이 8비트 문자(256개의 가능한 값 그리고 EOF 추가)를 허용하기 때문이다.

switch 문에는 몇 가지 문제가 있다. 그중 하나는 케이스 항에 대한 규칙을 너무 느슨하게 적용했다는 것이다. 예를 들어 switch 문에서는 '여는 중괄호({)' 다음에 지역 저장 공간, 즉 지역 변수를 선언할 수 있다. 이것은 초기 컴파일러의 부산물로, 복합 명령을 처리하는 (컴파일러) 코드의 대부분은 switch의 중괄호로 둘러싸인 부분을 처리하기 위해 다시 사용할 수 있다. 따라서 케이스 항의 표현식과 일치하지 않으면 실행되지 않겠지만, switch 문에서 선언과 동시에 초깃값을 지정하는 것은 문제가 되지 않는다.

🔆 [유용한 팁] 임시 저장 공간이 필요하다면 블록 맨 처음에 놓아야 한다!

C에서 블록을 여는 문장은 항상 다음과 같다.

```
{
  문장
```

그 사이에 다음과 같이 선언문을 추가할 수 있다.

```
{
  선언
  문장
```

메모리를 할당하는 게 비용이 많이 들어서 가능한 한 피하고 싶다면 앞서와 같이 사용한다. 그런데도 컴파일러는 이를 무시하고 함수 호출 시 모든 지역 블록에 공간을 할당할 수 있다. 블록의 또 다른 용도로는 다음 코드처럼 블록 내에 지역 변수를 선언하는 것이다.

```
if ( a>b )
    /* a, b를 바꾼다. */
  {
    int tmp = a;
    a = b; b = tmp;
  }
```

> C++는 한발 더 나아가 문장과 선언을 임의로 혼합할 수 있어서 for 문 중간에 선언을 포함할 수 있다.
>
> ```
> for (int i=0; i<100; i++) { ...
> ```
>
> 이런 것은 제한적으로 사용하지 않으면 순식간에 혼란에 빠질 수 있으니 주의해야 한다.

또 다른 문제는 switch 문 내부의 문장은 모두 레이블링할 수 있어서 점프도 가능하며 그래서 제어가 임의로 이동할 수 있다는 점이다.

```
switch (i) {
  case 5+3: do_again:
  case 2: printf("I loop unremittingly \n"); goto do_again;
  default : i++;
  case 3: ;
}
```

모든 케이스 항을 선택적으로 사용하고 레이블을 지정한 문장이 포함된 모든 유형의 문장을 허용한다는 것은, 린트로도 오류를 감지할 수 없다는 것을 뜻한다. 내 동료 중 한 명이 default 레이블에 글자 하나를 잘못 입력해 defau1t라고 입력했다 (즉, 문자 'l'을 숫자 '1'로 잘못 입력했다). 이 버그를 추적하는 것은 매우 어려웠으며 switch 문에서 default 케이스를 효과적으로 제거한 꼴이 되었다. 하지만 여전히 오류 없이 컴파일되었으며, 소스를 세밀히 검토했지만 밝혀내지 못했다. 대부분의 린트는 이것을 잡아내지 못한다.

그런데 키워드 const는 사실 C에서는 상수를 의미하지 않는다.

```
const int two=2;

switch (i) {
  case 1: printf("case 1 \n");
  case two: printf("case 2 \n");
**error** ^^^ integral constant expression expected

  case 3: printf("case 3 \n");
  default: ;
}
```

위 코드는 컴파일 오류를 표시한다. switch 문 잘못 때문은 아니지만 switch 문은

상수가 아닌 상수 문제가 나타나는 곳이다.[3]

아마도 switch 문의 가장 큰 문제는 case 문을 실행하면 case 문이 자동으로 중단되지 않는다는 점일 것이다. case 문을 실행하면 break 문에 도달할 때까지 다음과 같이 모든 경우를 실행한다.

```
switch (2) {
  case 1: printf("case 1 \n");
  case 2: printf("case 2 \n");
  case 3: printf("case 3 \n");
  case 4: printf("case 4 \n");
  default: printf("default \n");
}
```

위 코드를 실행하면 다음과 같이 출력할 것이다.

```
case 2
case 3
case 4
default
```

이는 '폭포수(하향 일직선) 기법'이라고 부르는데, 특정 경우에만 실행하고 싶은 문장을 위쪽 case에 두고, 공통으로 실행하고 싶은 문장은 아래쪽 case에 두는 기법이다. 하지만 실제 실무에서는 case를 사용할 때 대부분 break로 case를 끝내기 때문에 폭포수 기법은 상당히 위험하다. 대다수 린트 버전은 하나의 case가 다른 case로 빠져나갈 경우 경고를 생성한다.

⚙️ [프로그래밍 토막 지식] 97%의 일반적인 switch 동작은 '잘못된 것'이다

나는 썬 C 컴파일러 소스를 분석하여 기본 폭포수 기법이 얼마나 자주 사용되었는지 확인했다. 썬 안시 C 컴파일러에는 244개의 switch 문이 있으며 각 switch 문마다 평균 7개의 케이스 항이 사용되었다. 폭포수 기법은 이러한 모든 케이스 항의 단 3%에서만 발생한다.

바꾸어 말하면 나머지 97%의 일반적인 switch 동작은 '잘못된 것'이다. 이것은 단지 컴파일러에 국한된 것은 아니다. 폭포수 기법은 다른 소프트웨어에 비해 컴파일러에서 더 자주 사용되

---

3 (옮긴이) C11 표준부터 상수 표현식에 대한 제약이 완화되면서 const 사용을 허용했고, 따라서 이처럼 switch 문을 사용했을 때 더는 컴파일 오류가 일어나지 않는다. 하지만 아직 C99 표준을 적용하는 컴파일러가 많기 때문에 위와 같은 코드는 사용하지 않는 편이 좋다.

었다. 예를 들어 하나 또는 두 개의 피연산자를 가지는 연산자를 컴파일하는 경우를 생각해 보자.

```
switch( operator->num_of_operands ) {
  case 2: process_operand( operator->operand_2 );
    /* 폭포수 기법 */
  case 1: process_operand( operator->operand_1 );
  break;
}
```

위의 폭포수 기법 예는 별도로 주석까지 표시하여 '이 폭포수 기법은 정말로 필요한 3% 중 하나'
라고 린트에 사정하고 있지만 결함으로 폭넓게 인식되고 있다. 기본 폭포수 기법의 불편함은 다
른 프로그램으로 널리 퍼지고 있다.

그래서 나는 switch 문에서 사용하는 기본 폭포수 기법은 C 언어의 설계 결함이라
는 결론을 내렸다. 즉, 여러분이 오류를 내지 않고 싶다면 추가 코드를 작성해야 하
는 압도적인 시간이 필요하다. 《거울 나라의 앨리스》에서 붉은 여왕이 앨리스에게
말했듯이 두 손 흔들며 아니라고 해도 부정할 수 없다.

📦 또 다른 switch 문제: break는 무엇을 깨뜨리는가?

다음 코드는 미국 전역에서 AT&T의 대규모 전화 서비스 장애를 일으킨 코드의 사본이다. 장애로
인해 1990년 1월 15일 밤 9시부터 약 9시간 동안 AT&T 전화망을 사용하지 못했다. 전화 교환기는
모두 컴퓨터 시스템으로 구성되었으며, 이 코드는 4ESS 모델의 중앙 교환 시스템에서 실행되었
다. 이 사건은 break 문이 C의 제어 구조에 영향을 끼친다는 사실을 간과하기 쉬움을 알려 준다.

```
network code()
{
  switch (line) {

    case THING1:
      doit1();
      break;

    case THING2:
      if (x == STUFF) {
        do_first_stuff();

        if (y == OTHER_STUFF)
          break;
          do_later_stuff();
```

```
        } /* 여기서 멈추길 기대했다. */
        initialize_modes_pointer();
        break;

    default:
        processing();
    } /* 하지만 실제로 여기서 멈추었다! */

    use_modes_pointer();/* modes_pointer가 초기화하지 않은 상태로 실행되었다. */
}
```

위 코드는 실제 코드를 단순화한 것이지만 버그를 설명하기에 충분하다. 프로그래머는 if 문에서 빠져나오기를 원했지만, break 문은 실제로 가장 가까운 반복문이나 switch 문에서 빠져나온다는 것을 깜빡했다. 결국 switch 문에서 바로 빠져나와 use_modes_pointer() 함수를 호출했지만 필요한 초기화가 수행되지 않아 함수 실행에 실패했다.

이 코드는 결국 AT&T 114년 역사에서 처음으로 대규모 네트워크 장애를 일으켰다. 자세한 이야기는 1990년 1월 22일 자《Telephony》잡지 11쪽에 자세히 설명되어 있다. 신호망 시스템의 고장 방지 설계가 실제로는 오류를 연쇄적으로 전파하면서 결국 장거리 전화망 전체를 다운시킨 것으로 추정된다. 그리고 그 모든 것은 C switch 문에서 시작되었다.

사용 가능한 하드웨어는 크레용?

안시 C에서 소개된 새로운 기능 중 하나는 인접한 문자열이 하나의 문자열로 연결된다는 규칙이다. 이 기능은 이스케이프(escape) 줄 바꿈 글자를 사용하여 여러 행으로 메시지를 구성할 때 각각의 연속 문자열이 첫 번째 열에서 시작하는 기존 방법을 대체한다.

옛날 스타일은 다음과 같다.

```
printf( "A favorite children's book \
is 'Muffy Gets It: the hilarious tale of a cat, \
a boy, and his machine gun'" );
```

이제 위 코드는 컴파일할 때 자동으로 결합되는 일련의 인접 문자열로 작성할 수 있다. 이때 문자열을 끝내는 nul 문자는 마지막 문자열을 제외하고 연결된 모든 문자열에서 삭제된다.

새로운 스타일은 다음과 같다.

```
printf( "A second favorite children's book "
  "is 'Thomas the tank engine and the Naughty Enginedriver who "
  "tied down Thomas's boiler safety valve'" );
```

그러나 자동 문자열 연결은 문자열을 초기화할 때 문자열 목록에서 누락된 쉼표에 대해 진단 메시지가 더는 나타나지 않는다는 것을 의미한다. 누락된 쉼표로 인해 인접 문자열이 자동으로 결합하는데, 이것은 다음과 같은 상황에서 끔찍한 결과를 초래한다.

```
char *available_resources[] = {
  "color monitor",
  "big disk",

  "Cray"               /* 아이고! 쉼표가 없다! */
  "on-line drawing routines",

  "mouse",
  "keyboard",
  "power cables", /* 그리고 여기에 붙은 쉼표는 뭐지? */
};
```

따라서 available_resources[2]는 "Crayon-line drawing routines"가 되어 버렸다. '온라인 그리기 루틴'을 갖춘 '크레이'[4] 컴퓨터와 단순히 '크레용으로 선을 그리는 루틴'의 차이는 굳이 언급할 필요도 없다.

　전체 자원 수는 예상보다 한 개가 줄어들었기 때문에 available_resources[6]에 무언가를 저장하면 다른 변수에 영향을 미칠 것이다. 이때 마지막 초기화 문자열 뒤에 오는 쉼표는 오타가 아니라 초기 C로부터 유래한 구문의 잔재다. 이 쉼표 유무는 중요한 사항은 아니다. 안시 C 'Rationale'에서 제기한 이 쉼표의 정당성은 C의 자동 생성을 더 쉽게 해 준다는 것이다. enum 선언문이나 단일 선언문에서 여러 변수를 선언할 때 쉼표로 구분된 목록에서 마지막 쉼표를 허용했다면 이 주장은 더욱 확고해졌겠지만 그들은 그렇게 하지 않았다.

> 🔆 **[유용한 팁] 처음에만 수행하는 작업**
>
> 여기에서는 처음에만 다른 작업을 수행하게 만드는 간단한 코드 작성 팁을 소개한다.

4　(옮긴이) 크레이는 슈퍼컴퓨터로 유명한 회사이자 브랜드다. 2019년 HP에 인수됐다.

다음 함수는 첫 번째 호출 때만 다른 동작을 수행한다. 물론 다른 방법으로 이와 같이 동작하게 할 수 있지만 다음 방법은 switch 문이나 조건 검사 등을 최소화한다.

```
generate_initializer(char * string)
{
  static char separator = ' ';
  printf( "%c %s \n", separator, string);
  separator = ',';
}
```

처음에는 공백과 함께 초기화 문자열이 출력되고, 이후에는 호출할 때마다 쉼표와 함께 문자열을 출력한다. "처음에만 공백 문자를 앞에 붙이시오"라고 하는 것이 "마지막 출력 때만 뒤에 붙는 쉼표를 생략하시오"라고 하는 것보다 프로그램을 더 간단하게 만들 수 있다.

유용한 팁에서 보여 준 내용은 믿기 힘들겠지만 정적으로 선언한 문자에 처음에는 공백 문자를 지정한 다음 나중에 쉼표로 설정하여, 자동화된 프로그램이 쉼표를 출력할지 여부를 결정할 수 있게 한다. 이 코드는 그리 대단하지 않지만 제대로 실행될 것이다. C에서는 쉼표로 항목을 구분하지만 쉼표로 항목이 끝나는 예도 있다. 목록 마지막 항목 뒤에 오는 쉼표처럼 필요하지 않음에도 사용함으로써 이미 혼탁해진 문법이 이제 진흙탕이 되어 버렸다.

너무나 넓은 기본 범위

C 함수를 정의할 때마다 함수 이름은 기본적으로 전역 범위다. 함수 이름 앞에 추가로 extern 키워드를 붙이거나 뺄 수 있는데 효과는 동일하다. 함수는 해당 오브젝트 파일과 연결된 모든 곳에서 접근할 수 있다. 함수 접근을 제한하고자 한다면 static 키워드를 써야 한다.

```
       function apple(){ /* 모든 곳에서 접근 가능 */ }
extern function pear(){ /* 모든 곳에서 접근 가능 */ }

static function turnip(){ /* 이 파일 밖에서는 접근 불가능 */ }
```

실제로 사람들은 대부분 별도의 저장 분류 지정자(storage-class specifier)를 추가하지 않고 함수를 정의하는 경향이 있으므로 전역 범위가 널리 쓰인다.

실질적인 경험을 통해 전역 범위를 기본 범위로 지정한 것은 실수였다는 점이 결정적, 반복적으로 입증되었다. 소프트웨어 객체의 범위는 기본적으로 가장 제한된 영역으로 지정해야 한다. 그리고 프로그래머는 전역 범위를 제공하기 위해 별도의 명시적인 조치를 해야 한다.

너무나 넓은 범위는 또 다른 공통 C 규정인 인터포지셔닝(interpositioning)과 충돌한다. 인터포지셔닝은 라이브러리 함수를 동일한 이름의 사용자 함수로 대체하는 기법을 말하는데, 많은 C 프로그래머가 인터포지셔닝에 대해 전혀 모르기 때문에 나중에 링크를 언급할 때 같이 설명하겠다. 우선은 '인터포지셔닝이란 나중에 꼭 알아야 할 개념' 정도로 마음에 새겨 두면 되겠다.

너무 넓은 범위로 인한 문제는 라이브러리에서 흔히 볼 수 있다. 예를 들어 하나의 라이브러리 객체를 다른 라이브러리에서 접근할 수 있도록 이 객체를 전역 범위로 지정한다고 가정하자. 그렇게 하는 순간 이 라이브러리와 링크된 것은 모두 이 객체에 접근할 수 있게 된다. 이것을 '전부/전무(all-or-nothing)' 가시성이라고 말하는데, 심벌에 전역적으로 접근하거나 아예 접근할 수 없다는 것을 뜻한다. C 언어에서는 정보를 공개하는 데 범위 선택의 여지가 없다.

파스칼처럼 함수 내에 또 다른 함수를 정의할 수 없다는 사실 때문에 범위의 문제는 더욱 악화된다. 따라서 하나의 커다란 함수 '내부'에서만 동작하는 함수 모음은 함수 밖에 있어야 한다. 그런데 이 함수들을 static이라고 지정하는 것을 잊어버리면 이 함수들은 모두 전역 범위가 된다. 에이다와 모듈러-2 언어는 프로그램 단위에서 내보낼 심벌과 가져올 심벌을 명확하게 지정함으로써 이 문제를 관리 가능한 수준으로 해결했다.

미션 죄

'미션 죄' 범주에서는 C 언어가 잘못된 방향으로 가거나 프로그래밍 언어에 나쁜 영향을 미치는 것들을 다룬다. 이 범주에는 C 언어의 (과도한 심벌 재사용으로 인한) 지나친 간결함과 연산자 우선순위 문제가 포함된다.

과도한 오버로딩

한 가지 문제는 C 언어가 너무 간결하다는 것이다. 글자 하나를 더하거나 바꾸거나 빼먹어도 유효한 것으로 인정돼서 프로그래머의 의도와는 완전히 다른 의미로 동작해 버린다. 더 심각한 문제는 '오버로드(overload)', 즉 다른 맥락에서 사용할 때

서로 다른 의미로 작용하는 심벌이 너무 많다는 점이다. 심지어 일부 키워드는 여러 가지 의미로 오버로드되는데, 이는 프로그래머에게 C 언어의 범위 규칙이 직관적으로 명확해 보이지 않는 주된 이유이기도 하다. 표 2-1은 C 언어의 심벌이 어떻게 여러 가지로 다르게 해석되는지 보여 준다.

심벌	의미
static	함수 내부에서 사용 시 호출이 끝나도 값을 유지 함수 수준에서 사용 시 이 파일에서만 보임
extern	함수 정의에서 사용 시 전역 범위임을 명시(물론 중복 사용이다) 변수에 사용 시 다른 곳에서 정의되었음을 명시
void	함수의 반환 타입으로 사용 시 값을 반환하지 않음 포인터 선언 시 일반 포인터 타입을 명시 파라미터 목록에서 사용 시 파라미터가 없음을 명시
*	곱셈 연산자 포인터에 적용 시 간접 지정 선언문에서 사용 시 포인터
&	비트 AND 연산자 주소 연산자
=	대입 연산자
==	비교 연산자
<=	작거나 같음 연산자
<<=	왼쪽 시프트 복합 대입 연산자
<	작음 연산자
<	#include 지시자에서 왼쪽 구획 문자
( )	함수 정의에서 형식적 파라미터 변수를 묶음 함수 호출하기 표현식의 우선순위 지정 값을 다른 타입으로 변환(타입 변환) 인수가 있는 매크로 정의 인수를 사용하여 매크로 호출 만들기 타입 이름인 경우, sizeof 연산자의 피연산자를 묶음

표 2-1 C 언어의 심벌 오버로딩

비슷해서 혼동되는 심벌들도 있다. 매우 짜증이 났던 한 프로그래머는 if (x>>4) 문장을 내밀면서 "이게 무슨 뜻이죠? x가 4보다 훨씬 큰 경우?"라고 묻기도 했다.
　다음과 같은 문장에서는 오버로딩이 문제가 될 수 있다.

```
p = N * sizeof * q;
```

빨리 답해 보자. 곱셈 연산을 두 번 하는가, 한 번 하는가? 힌트는 다음과 같다.

```
r = malloc( p );
```

정답은 한 번이다. 여기에서 사용된 sizeof 연산자는 q가 가리키는 것(즉, *q)을 피연산자로 취하고 있기 때문이다. 결과적으로 q가 가리키는 것의 타입 크기를 반환하기 때문에 malloc() 함수를 이용하여 더 많은 메모리를 할당하기가 편해진다. sizeof의 피연산자가 데이터 타입인 경우에는 데이터 타입을 괄호로 묶어야 한다. 이것 때문에 사람들이 함수 호출로 오해하기도 하지만 피연산자가 변수면 괄호가 없어도 된다.

좀 더 복잡한 예를 보자.

```
apple = sizeof (int) * p;
```

이것은 무엇을 의미하는가? int의 크기에 p를 곱한 값일까? 또는 p가 가리키는 값의 크기와 관계없이 int로 타입 변환된 크기일까? 이것도 아니면 더 이상한 무엇일까? 여기에서 답을 알려 주지는 않겠다. 이 같은 질문에 간단한 프로그램을 작성해 확인하는 것이 프로그래밍 전문가가 되는 길이다. 지금 바로 확인해 보기 바란다!

하나의 심벌로 할 수 있는 작업이 많을수록 컴파일러가 잘못된 심벌 사용을 감지하기 어려워진다. 디즈니랜드에서 'Tiki Tiki Room'이란 노래를 부를 때 (같은 심벌이 계속 나와서)[5] 어려움을 겪는 것과는 다른 문제다. C 언어는 대부분의 다른 언어보다 토큰이 좀 더 극단적으로 모호해 보인다.

"일부 연산자는 우선순위가 잘못되었다"

커니핸과 리치가 《The C Programming Language》 3쪽에서 언급했듯이 C에 대한 최초 보고서 작성자가 "일부 연산자의 우선순위가 잘못되었다"라고 언급하며 이 문제를 발견했다. 이렇게 인정했는데도 안시 C에서는 연산자 우선순위를 변경하지

---

5 (옮긴이) 가사에 'tiki'가 반복적으로 나온다. 가사의 일부를 인용하자면 다음과 같다.

In the tiki tiki tiki tiki tiki room
In the tiki tiki tiki tiki tiki room
All the birds sing words and the flowers croon
At the tiki tiki tiki tiki tiki room

않았다. 그도 그럴 것이, 우선순위가 변경되는 순간 기존 소스에 엄청난 혼란이 뒤따를 게 확실했기 때문이다.

그렇다면 어떤 C 연산자의 우선순위가 잘못되었을까? 답은 '통상적인 순서와는 전혀 다른 순서로 적용되는 연산자'다. 우선순위를 잘못 판단하는 경우가 흔히 발생하는 일부 연산자를 그림 2-1에서 볼 수 있다.

우선순위 문제	표현식	기대 결과	실제 결과
.은 *보다 우선함, 자연스러운 해결을 위해 p->f 연산을 만듦	*p.f	p가 가리키는 곳의 f 필드 (*p).f	p의 f 오프셋이 가리키는 곳의 값 *(p.f)
[]가 *보다 우선함	int *ap[]	ap는 int 배열을 가리키는 포인터 int(*ap)[]	ap는 int를 가리키는 포인터의 배열 int *(ap[])
함수 ()가 *보다 우선함	int *fp()	fp는 int 값을 반환하는 함수 포인터 int (*fp) ()	fp는 int 포인터를 반환하는 함수 int *(fp())
==와 !=는 비트 연산자보다 우선함	(val&mask != 0)	(val&mask) !=0	val & (mask !=0)
==와 !=는 대입 연산자보다 우선함	c=getchar()!=EOF	(c=getchar()) != EOF	c=(getchar() !=EOF)
산술 연산자는 시프트 연산자보다 우선함	msb<<4 + lsb	(msb<<4)+lsb	msb<<(4+lsb)
,는 모든 연산자 중 우선순위가 가장 낮음	i = 1, 2;	i= (1, 2);	(i=1), 2;

그림 2-1 C 연산자 우선순위 문제

곰곰이 생각하면 대부분 이해할 수 있다. 그러나 쉼표는 이따금 프로그래머의 히스테리 발작을 일으키기도 하는데, 예를 들면 다음 코드를 실행할 때다.

```
i = 1, 2;
```

최종적으로 i에 어떤 값이 들어가는지 알겠는가? 우리는 쉼표 연산자의 값이 맨 오른쪽 피연산자의 값임을 알고 있다. 하지만 이 코드에서는 대입 연산이 우선순위가 더 높기 때문에 실제로는 다음과 같은 결과를 얻는다.

```
(i=1), 2; /* i의 값은 1이 된다. */
```

즉, i는 값 1을 얻고 나서 2는 문자로 평가하고 버린다. 결과적으로 i 값은 2가 아닌 1이 된다.

30여 년 전 유즈넷(Usenet) 게시물을 통해 데니스 리치는 이런 몇몇 이례적인 것이 어떻게 역사적인 사고(사건)가 되는지 설명했다.

🧱 **[프로그래밍 토막 지식] 'And'와 'AND' 또는 'Or' 또는 'OR'**

작성자 decvax!harpo!npoiv!alice!research!dmr

작성일: Fri Oct 22 01:04:10 1982

제목: 연산자 우선순위

뉴스그룹: net.lang.c

&& ||와 == 등의 우선순위는 이렇게 시작되었다. 초기 C에는 &와 && 또는 |와 ||에 대한 별도의 연산자가 없었다. 그 대신 (B와 BCPL에서 상속된) '진릿값 문맥'이라는 개념을 사용했다. 즉, 불 (boolean) 값이 예상되는 곳인 if와 while 다음에 나오는 &와 | 연산자는 &&와 ||로 해석했다. 그리고 일반 표현식에서는 비트 단위 해석으로 사용되었다. 이 개념은 제법 잘 동작했지만 설명하기는 어려웠다(진릿값 문맥에서 '최상위 연산자'라는 개념이 있었다).

&와 |의 우선순위는 지금과 같다. 앨런 스나이더(Alan Snyder)의 주도로 &&와 || 연산자가 추가되었다. 이로써 비트 연산과 간단한 논리 평가 개념이 성공적으로 분리되었다. 그러나 당시에 나는 우선순위 문제에 대해 우려했는데, 그 이유는 if (a==b & c==d)와 같은 코드가 많았기 때문이다.

돌이켜 보면 &의 우선순위를 ==보다 높게 변경하는 것이 더 좋았지만 기존 연산자 우선순위를 바꾸지 않고 &와 &&로 분리하는 것이 더 안전해 보였다(결국 새로운 연산자 도입으로 수백 KB의 소스 코드가 추가됐고 아마도 3번의 설치가 진행되었을 것이다).

데니스 리치

💡 **[유용한 팁] 평가 순서**

논리, 산술, 비트 연산을 다른 것과 혼합하는 표현식에서는 항상 괄호를 써야 한다는 것이 이 이야기의 교훈이다.

우선순위와 결합성(associativity)이 무엇을 그룹화했는지 알려 주지만 이러한 그룹화가 평가되는 순서가 늘 정의되는 것은 아니다. 다음 표현식을 보자.

```
x = f() + g() * h();
```

g() 및 h()에 의해 반환된 값은 곱셈을 위해 함께 그룹화되지만 g와 h는 임의의 순서로 호출될 수 있다. 마찬가지로 f는 곱셈 전 또는 후에, 심지어는 g와 h 사이에서 호출될 수 있다. 확실한 것은 곱셈이 덧셈보다 먼저 이뤄진다는 점이다(곱셈의 결과가 덧셈의 피연산자 중 하나이기 때문이다). 따라서 이와 같은 지식에 의존해 프로그램을 작성하면 스타일이 빈약해질 것이다. 프로그래밍 언어는 대부분 피연산자의 평가 순서를 지정하지 않는다. 그렇기 때문에 컴파일러 제작자는 아키텍처의 특성이나 레지스터에 남아 있는 값과 같은 특수한 지식을 활용할 수 있어야 한다.

파이썬은 논리 연산자로 and, or, not을 제공하고 &, ^ 연산자의 우선순위를 논리 연산자보다 높이는 것으로 이러한 유형의 문제를 피한다. 일부 C 권위자는 C에서 기억할 우선순위 수준은 두 가지밖에 없다고 제안한다. 즉, 곱셈과 나눗셈은 더하기와 빼기 전에 오며 그 외 다른 모든 것은 괄호 안에 있어야 한다는 것이다. 나는 아주 훌륭한 조언이라고 생각한다.

☀ [유용한 팁] 결합성의 의미

연산자 우선순위와 똑같이 연산자의 결합성에 대해서도 혼동하는 사람들이 많다. 연산자 결합성을 표준 C 문헌에서 아주 명확히 설명한 것 같지는 않다. 그래서 이번 유용한 팁에서는 연산자 결합성이 무엇인지 그리고 언제 알아야 하는지 설명할 것이다. 간단한 설명이지만 우선순위가 같은 연산자에 대해 '기준점' 역할을 톡톡히 할 것이다.

모든 연산자는 우선순위와 '왼쪽' 또는 '오른쪽' 결합성이 지정되어 있다. 우선순위는 괄호가 없는 표현식에서 피연산자가 어떻게 '단단히' 묶이는지 나타낸다. 예를 들어 표현식 a * b + c 에서 곱셈은 덧셈보다 우선순위가 높기 때문에 먼저 곱셈이 수행되고 피승수는 b + c가 아닌 b 가 된다.

그러나 많은 연산자는 우선순위 수준이 동일하기 때문에 여기에 결합성이 적용된다. 즉, 결합성은 우선순위 수준이 동일한 모든 연산자 중에서 실제 우선순위가 어떻게 되는지 설명하기 위한 규칙이다. 다음과 같은 표현식을 보자.

```
int a, b=1, c=2;
a = b = c;
```

대입 연산자만 있어서 우선순위는 피연산자가 그룹화되는 방식을 이해하는 데 도움이 안 된다. 그렇다면 무엇이 먼저 수행되겠는가? c를 b에 대입하는 것이 먼저일까, 아니면 b를 a에 대입하는 것이 먼저일까? 전자가 맞다면 a의 값은 2가 될 것이고, 후자가 맞다면 a의 값은 1이 될 것이다.

대입 연산자는 모두 오른쪽 결합성(우-결합성)을 갖는다. 즉, 결합성 규칙은 표현식의 맨 오른쪽 연산이 가장 먼저 평가되고 평가는 오른쪽에서 왼쪽으로 진행된다. 따라서 c의 값을 b에 대입한 다음, b의 값을 a에 저장한다. 결론적으로 a의 값은 2가 된다. 마찬가지로 왼쪽 결합성(좌-결합성)을 갖는 연산자(비트 연산자, 논리 연산자 등)는 피연산자가 왼쪽에서 오른쪽으로 결합한다.

결합성만 사용하면 두 개 이상의 동일한 우선순위 연산자의 표현식이 모호해진다. 실제로 동일한 우선순위 수준을 공유하는 연산자는 모두 동일한 결합성을 공유한다. 그렇기 때문에 표현식 평가는 여전히 애매해진다. 따라서 표현식의 결과를 알기 위해 결합성을 고려해야 할 경우, 표현식을 두 개의 표현식으로 나누어 작성하거나 괄호를 사용하는 것이 좋다.

C 언어에서 일어나는 일의 순서는 일부만 정의되어 있고 나머지는 그렇지 않다. 즉, 우선순위와 결합성은 잘 정의되어 있지만 표현식 평가 순서 등은 대부분 미지정(1장에서 정의한 특수 용어)되어 있어서 컴파일러 제작자가 가장 빠른 코드를 생성할 수 있도록 최대한 재량권을 주었다. 여기에서 '대부분'이라고 표현한 것은 &&와 ||처럼 몇몇 연산자 묶음은 순서가 정의되어 있기 때문이다. 이 두 연산자는 피연산자를 왼쪽에서 오른쪽 순서로 엄격하게 평가하다가 결과가 확실해지면 평가를 중단한다. 그러나 함수 호출 시 인수 평가 순서는 또 다른 미지정 순서다.

인터넷 웜을 만들어 낸 gets()의 버그

C 언어의 문제는 언어에만 국한되지 않는다. 표준 라이브러리의 일부 루틴은 논리적으로 안전하지 않다. 이는 1988년 11월 인터넷에서 수천 대의 기계를 망쳐 놓은 웜 프로그램에 의해 극적으로 드러났다. 상황이 정리되고 원인을 조사한 끝에 웜이 전파된 방법을 찾아냈다. 웜이 전파된 방법은 네트워크에서 현재 로그인한 사람을 확인하는 쿼리를 허용하는 핑거(finger) 데몬의 약점을 이용한 것이다. 핑거 데몬인 in.fingerd는 표준 입출력 루틴인 gets()를 사용한다.

gets()의 명목상 작업은 스트림(stream)에서 문자열을 읽는 것인데, gets()를 호출할 때 수신 문자열을 어디에 넣을지 알려 준다. 하지만 gets()는 버퍼 공간을 검사하지 않는다(사실은 버퍼 공간을 검사할 능력이 없다). 그래서 함수 호출 시 스택(stack)에 대한 포인터를 알려 주고 버퍼 공간보다 더 많은 입력을 넣으면 gets()는 스택 공간을 살포시 덮어쓴다. 핑거 데몬에는 다음 코드가 포함되어 있다.

```
main(argc, argv)
  char *argv[];
{
  char line[512];
    ...
  gets(line);
```

여기서 line은 스택에 자동으로 할당되는 512바이트 배열이다. 사용자가 핑거 데 몬에 할당한 것보다 많이 입력하면, gets() 루틴은 계속 스택에 쓸 것이다. 대부분 의 아키텍처는 스택 중간에 큰 내용을 넣을 때 기존 데이터를 덮어쓸 수 있다는 취 약점을 가지고 있으며, 이로 인해 단지 스택에 국한하지 않고 인접 영역까지 침범 하여 덮어쓸 수 있다. 게다가 소프트웨어 차원에서 각각의 스택 크기와 권한을 일 일이 점검한다는 것은 비용 측면에서 거의 불가능한 일이다. 따라서 이러한 취약점 을 이용하는 해커는 인수 문자열에 적당한 바이너리 패턴을 흘려보내 스택에 있는 프로시저 활성화 레코드의 반환 주소를 수정한다. 이렇게 해서 실행 흐름을 원래 위치로 돌려놓는 대신, 특수 명령 시퀀스(이미 스택에 신중하게 배치됨)로 전환해 실행 중인 이미지를 셸로 대체하기 위한 execv()를 호출한다. 자, 이제는 원격 컴퓨 터의 핑거 데몬이 아닌 셸과 대화하는 것으로 전환되었다. 이제 셸 명령을 실행하 여 바이러스를 다른 시스템으로 복제할 수 있다. 그리고 이 작업은 해커가 붙잡혀 감옥에 갈 때까지 반복된다. 그림 2-2는 지금까지 설명한 내용의 전체 프로세스를 보여 준다.

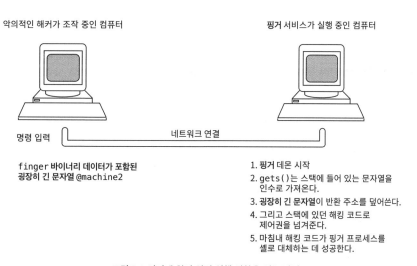

그림 2-2 인터넷 웜이 원격 실행 권한을 얻는 방법

얄궂게도 gets()는 이식 가능한 입출력 라이브러리의 최초 버전과 호환할 목적으로 사용한 옛날 함수로, 30여 년 전 표준 입출력으로 대체되었다. 매뉴얼 페이지에서는 gets() 대신 무조건 fgets()를 사용하도록 권고하고 있다. fgets() 함수는 읽는 글자 수에 제한을 두기 때문에 버퍼 크기를 초과하지 않는다. 핑거 데몬은 다음 코드를 수정하면서 안전하게 바뀌었다.

```
gets(line);
```

위 코드는 다음과 같이 바뀌었다.

```
if (fgets(line, sizeof(line), stdin) == NULL)
  exit(1);
```

이렇게 하면 입력 스트림을 제한할 수 있어서 프로그램을 실행하는 사람이 중요한 부분을 덮어쓰지 않도록 한다. 하지만 안시 C 표준은 gets()를 언어에서 제거하지 않았다. 따라서 이 특정 프로그램을 안전하게 만들었는데도 C 표준 라이브러리의 기본 결함은 제거되지 않았다.

오미션 죄

'오미션 죄'는 언어가 해야 할 일을 하지 않은 것에 대해 다룬다. 여기에는 표준 인수 처리 같은 기능을 누락하거나 컴파일러에서 린트 검사를 빼는 실수 등이 포함된다.

사용자 이름에 'f'가 들어 있으면 메일이 전달되지 않는다

버그 보고서는 매우 혼란스러웠다. 보고서에는 "사용자 이름의 두 번째 글자가 'f'인 사용자에게는 메일이 전달되지 않는다"라고 명시되어 있었다. 믿기 힘든 소리다. 사용자 이름의 어떤 문자 때문에 메일 전송이 잘못되다니 가능한 일인가? 어쨌든 사용자 이름의 문자와 메일 발송 처리 사이에는 아무런 연관이 없는데도 같은 문제가 여러 곳에서 보고되었다.

긴급 점검을 해 보니 수신자 이름 두 번째 문자에 'f'가 있을 때 실제로 메일이 무효가 되는 것을 발견했다. 즉, 메일은 Fred와 Muffy에게는 발송되지만 Effie에게는 발송되지 않았다. 소스 코드를 신속하게 조사해서 원인을 찾을 수 있었다.

많은 사람이 안시 C에서 프로그램에 인수를 전달할 때 argc, argv 규정을 요구한 다는 사실에 놀라지만 실제로 존재하는 규정이다. 유닉스 관례가 표준 수준이 되었 으므로 메일 버그에 대해 부분적으로 책임이 있다. 메일 프로그램은 이전 버전에서 다음과 같이 수정되었다.

```
if ( argv[argc-1][0] == '-' || (argv[argc-2][1] == 'f' ) )
  readmail(argc, argv);
else
  sendmail(argc, argv);
```

mail 프로그램은 메일을 보내거나 수신된 메일을 읽을 때 실행된다. 여기서는 한 프로그램에서 두 가지 다른 작업을 처리하는 게 어떤 장점이 있는지 깊이 따지지는 않을 것이다. 이 코드는 인수를 보고 정보를 사용하여 메일을 읽을지 보낼지 결정 한다. 이때 이것을 구별하는 방법은 다소 경험적이다. 즉, 메일을 읽거나 보내는 독 특한 스위치를 찾는 것이다. 이 경우에는 마지막 인수에 특정 스위치(즉, 하이픈으 로 시작)가 있으면 메일을 읽는다. 그리고 마지막 인수가 옵션이 아니라 파일 이름 인 경우, 즉 마지막에서 두 번째 인수가 -f인 경우에도 메일을 읽는다.

그리고 이 버그는 프로그래밍 언어의 지원이 부족할 때 프로그래머가 일으키는 실수도 같이 보여 준다. 즉, 프로그래머는 마지막 두 번째 인수의 두 번째 문자만 보았을 뿐이다. 그래서 이 글자가 'f'인 경우 메일이 다음과 같이 실행되리라 가정 했다.

```
mail -h -d -f /usr/linden/mymailbox
```

대부분의 경우 이것은 정확했으며 mymailbox에서 메일을 읽었다. 하지만 mail 프로 그램은 다음과 같이 실행될 수도 있었다.

```
mail effie robert
```

이 경우의 인수 처리 결과는 mail 프로그램이 메일을 보내는 것이 아니라 메일을 읽 도록 만든다. 빙고! 수신처의 두 번째 문자가 'f'인 사용자에게 보낼 이메일이 사라 졌다. 이 버그를 고치기 위해 단 한 줄만 수정했다. 즉, f 옵션 처리를 위해 마지막 에서 두 번째 인수를 볼 때 하이픈이 앞에 오는지까지 함께 확인하는 것이다.

```
if ( argv[argc-1][0] == '-' ||
  argv[argc-2][0] == '-' && (argv[argc-2][1] == 'f' ) )
    readmail(argc, argv);
```

이 문제는 인수 구문을 잘못 분석해서 발생했지만, 스위치와 파일 이름 간 인수의 부적절한 분류로 인해 일이 커져 버렸다. 과거 백스, VMS 등 운영 체제는 런타임 옵션과 다른 인수(예: 파일 이름)를 구분하여 프로그램에 알려 주었지만, 유닉스는 그렇지 않으며 이 점은 안시 C도 마찬가지다.

🧩 [프로그래밍 토막 지식] 인수 구문 분석과 관련한 셸의 실책

인수 구문 분석이 불충분하다는 것은 유닉스의 여러 곳에서 발견된다. 가령 디렉터리의 어떤 파일이 링크인지 확인하기 위해 다음 명령을 입력했다고 해 보자.

```
ls -l | grep ->
```

이때 Missing name for redirect나 syntax error near unexpected token 'newline' 등과 같은 오류 메시지가 나타나면, 사람들은 대부분 오른쪽 부등호가 셸에서 리디렉션이나 줄바꿈 문자로 해석되고 grep의 인수로는 해석되지 않는다고 생각한다. 그래서 이번에는 해당 문자열을 따옴표로 묶어서 실행해 본다.

```
ls -l | grep "->"
```

여전히 제대로 실행되지 않는다. grep 프로그램은 시작 지점의 빼기(-) 부호를 보고 이어지는 글자를 인식할 수 없는 옵션인 부등호로 해석하고는 프로그램을 끝낸다. 결국 최초의 질문을 해결하기 위해서는 ls를 포기하고 다음을 사용해야 한다.

```
file -h * | grep link
```

많은 사람이 하이픈으로 시작하는 파일을 만들어 놓고는 rm으로 이 파일을 지우지 못해 애를 먹었다. 이 문제를 해결하는 방법 중 하나는 파일 이름을 전체 경로까지 붙여서 입력하는 것이다. 이렇게 하면 rm이 파일 이름에 붙은 하이픈을 보고 옵션으로 해석하는 일을 피할 수 있다.

일부 C 프로그래머는 -- 인수가 "이 시점부터 하이픈으로 시작하더라도 인수는 스위치가 아니다"라는 규칙을 받아들이기도 했다. 더 좋은 해결 방법은 인수를 옵션과 비옵션으로 나누는 인수 처리기를 활용하는 것으로, 사용자가 아닌 시스템에 부담을 주는 것이다. 이제는 간단한 argv 메커니즘이 잘 자리잡아서 어떤 변경 사항에도 대처할 수 있다. 1990년 이전 버전 버클리 유닉스에서 Effie에게 메일만 보내지 않으면 문제를 겪을 일은 없을 것이다.

공백: 마지막 개척지

많은 사람이 C에서 공백이 중요하지 않다고 말할 것이다. 원하는 만큼 많이 또는 적게 넣을 수 있기 때문이다. 그러나 공백이 프로그램의 의미나 유효성을 근본적으로 바꾸는 몇 가지 예가 있다.

- 백슬래시 문자는 줄 바꿈을 포함하여 여러 문자를 '이스케이프'하는 데 사용할 수 있다. 이스케이프된 줄 바꿈 문자는 하나의 논리 행으로 취급되며, 긴 문자열을 계속 사용할 수 있게 해 준다. 여기에서 문제는 백슬래시와 캐리지 리턴 사이에 공백을 하나 또는 두 개 넣을 때 발생하는데, **\ 빈칸 새 줄**과 **\ 새 줄**이 서로 다르기 때문이다. 이 오류는 찾기가 쉽지 않은데 보이지 않는 것(줄 바꿈을 원하는 곳에서 입력한 공백 문자)을 찾아야 하기 때문이다. 줄 바꿈 문자는 보통 매크로를 여러 행으로 정의할 때 사용한다. 여러분이 사용하는 컴파일러가 이러한 문제를 잘 잡아내지 못한다면, (여러 행으로 매크로를 정의하는 것을) 당장 포기하는 편이 좋겠다. 줄 바꿈 문자를 이스케이프하는 또 다른 이유는 다음과 같이 문자열 리터럴을 계속 사용하기 위해서다.

```
char a[]= "Hi! How are you? I am quite a \
long string, folded onto 2 lines";
```

여러 줄의 문자열 리터럴 문제는 안시 C가 인접한 문자열 리터럴은 함께 붙인다는 규칙을 도입하면서 해결되었다. '사용 가능한 하드웨어는 크레용?'(45쪽)에서 지적했듯이 다른 접근법을 도입했다면 생겼을지도 모를 잠재적인 비용 문제를 이러한 접근법을 통해 해결할 수 있었다.

- 공백 문자를 모두 없애도 문제가 발생한다. 예를 들어 다음 코드는 무엇을 의미하는가?

```
z = y+++x;
```

프로그래머라면 z = y + ++x를 생각했거나 z = y++ + x를 염두에 두었을지도 모른다. 안시 표준은 '최대 묶음 전략(maximal munch strategy)'으로 알려진 규정을 채택한다. 최대 묶음이 의미하는 바는 다음과 같다. 즉, 뒤따르는 토큰이 하나 이상이라면 컴파일러는 가장 긴 문자 시퀀스를 하나의 묶음으로 만드는 것을 선호한다. 따라서 위의 코드는 z = y++ + x로 파싱된다. 최대 묶음에도 불구하고 다음과 같은 문제가 발생할 수 있다.

```
z = y+++++x;
```

위 코드는 z = y++ ++ + x로 파싱되어 '++ operator is floating loose in space' 또는 'error: expression is not assignable' 같은 메시지를 보내며 컴파일 오류를 일으킨다. 이 문제는 컴파일러가 이론적으로 z = y++ + ++x와 같이 배열할 수 밖에 없다는 것을 추론한다 하더라도 발생한다.

- 그 밖에도 공백 문제는 프로그래머가 두 개의 정수 포인터를 가지고 나눗셈을 할 때 발생한다. 다음 코드를 보자.

```
ratio = *x/*y;
```

위 코드를 컴파일하면 구문 오류가 발생했다며 오류 메시지를 표시한다. 문제는 나눗셈 연산자 /와 * 간접 지정 연산자 사이에 공간이 없다는 것이다. 서로 붙여 놓는 바람에 주석의 시작을 알리는 꼴이 되었고 이후의 모든 코드는 주석 종료 문자가 나타날 때까지 사라질 것이다.

의도치 않게 주석을 여는 사례처럼 실수로 주석을 닫지 않는 경우도 있다. 안시 C 컴파일러의 한 배포 버전에는 흥미로운 버그가 있다. 심벌 테이블은 해시(hash) 함수를 통해 접근하는데, 해시 함수는 직렬 검색을 시작할 가능성이 있는 위치를 계산한다. 해시 계산 방법은 주석을 통해 많은 설명을 달아 두었는데, 심지어 알고리즘이 나오는 책도 소개했다. 하지만 불행하게도 프로그래머가 주석 닫는 것을 생략해 버렸다. 따라서 초기 해시값을 계산하는 전체 코드는 주석에 포함되어 다음과 같은 코드가 되어 버렸다. 코드를 읽으면서 문제를 파악하고 어떤 일이 발생했을지 예상해 보자.

```
int hashval=0;
/* PJW hash function from "Compilers: Principles, Techniques, and Tools"
 * by Aho, Sethi, and Ullman, Second Edition.
while (cp < bound)
{
  unsigned long overflow;

  hashval = ( hashval <<4)+*cp++;
  if ((overflow = hashval & (((unsigned long) 0xF) << 28)) != 0)
```

```
        hashval ^= overflow | (overflow >> 24);
}
hashval %= ST_HASHSIZE; /* choose start bucket */
/* Look through each table, in turn, for the name. If we fail,
 * save the string, enter the string's pointer, and return it.
 */
for (hp = &st_ihash; ; hp = hp->st_hnext) {
  int probeval = hashval; /* next probe value */
```

초기 해시값을 계산하는 전체 코드가 생략되었기 때문에 심벌 테이블은 항상 0번째 요소부터 순차적으로 검색되었다. 결과적으로 심벌 테이블 탐색(컴파일러에서 빈번하게 일어나는 연산)은 생각보다 훨씬 느렸다. 게다가 이 오류는 결과로 나타나지 않고 탐색 속도에만 영향을 주었기 때문에 테스트 과정에서는 전혀 발견되지 않았다. 이러한 이유로 일부 컴파일러는 주석 문자열에서 주석 시작 문자를 발견하면 경고 메시지를 낸다. 이 오류는 결국 다른 버그를 찾는 과정에서 발견되었으며, 주석 종료 문자를 넣는 순간 컴파일 속도가 15% 향상되었다.

C++ 주석에 대한 여담

C++는 C 언어의 결함을 대부분 피했지만 한 줄 주석의 결함은 피하지 못했다. BCPL처럼 C++는 //를 도입하여 한 줄짜리 주석을 쓸 수 있도록 했다. 즉, //부터 문장이 끝날 때까지 모두 주석으로 간주했다.

원래 // 주석 규칙은 문법적으로 C 코드의 의미를 변경하지 않으리라 생각했지만 안타깝게도 착각이었다.

```
a //*
//*/ b
```

위 코드는 C에서는 a / b로 해석하지만 C++에서는 a로 해석한다. C++ 언어는 C 표기법 주석을 허용한다.[6]

컴파일러 날짜가 손상됨

이번에 설명하는 버그는 C에서 컴파일은 잘 되지만 런타임에 쓰레기가 생산되는

---

6 (옮긴이) 과거에는 C와 C++의 가장 큰 차이 중 하나가 //라고 공부했지만 C++ 호환성을 많이 반영한 C99에서 // 주석도 채택함에 따라 한동안 C에서 //을 사용하는 데 대해 혼란을 겪었던 적이 있다. 마이크로소프트가 C99를 가장 늦게 적용했기 때문에 비주얼 스튜디오(Visual Studio) 2013 이전 버전을 사용하지 않는 이상 이제 이 코드는 C에서도 a로 해석한다고 봐도 무방하다.

게 얼마나 쉬운지 보여 주는 완벽한 사례다. 이 버그는 다른 프로그래밍 언어에서
도 나타날 수 있지만(예: 단순히 0으로 나누기), C만큼 부주의로 실수를 많이 만들
어 내는 언어는 거의 없다.

썬의 파스칼 컴파일러는 새로 '국제화'되었다. 즉, 다른 것 중에서도 특히 소스
목록 날짜를 현지 형식으로 출력하도록 조정했다. 프랑스에서는 날짜를 'Lundi 6
Avril 1992'처럼 표시한다. 이를 위해 컴파일러는 먼저 stat() 함수를 호출하여 유
닉스 형식으로 시각을 변경한 소스 파일을 얻은 다음, localtime()을 호출하여 날
짜 데이터를 tm 구조체로 변환한다. 마지막으로 strftime() 함수(string-from-time)
를 호출하여 tm 구조체에 들어 있는 날짜 데이터를 현지 형식의 아스키 문자열로
변환한다.

하지만 불행하게도 여기에서 날짜 문자열이 손상되는 버그가 있었다. 그래서 날
짜는 다음과 같이 나타나지 않는다.

Lundi 6 Avril 1992

다음과 같이 잘못된 형태로 나온다.

Lui*7& %' Y sxxdj @ ^F

이 함수는 고작 4개의 문장만 가지고 있으며 함수 호출 시 모든 인수를 정확하게 지
정했다. 과연 여기서 문자열을 손상시킨 원인이 무엇인지 찾을 수 있겠는가?

```c
/* 소스 파일 타임스탬프를 현지 시각으로 조정한 문자열로 변환 */
char *
localized_time(char * filename)
{
  struct tm *tm_ptr;
  struct stat stat_block;
  char buffer[120];

  /* 소스 파일의 타임스탬프를 time_t 형식으로 구한다. */
  stat(filename, &stat_block);

  /* 유닉스 time_t를 현지 시각을 반영한 tm 구조체로 변환한다. */
  tm_ptr = localtime(&stat_block.st_mtime);

  /* tm 구조체를 현지 시각 형식의 문자열로 변환한다. */
  strftime(buffer, sizeof(buffer), "%a %b %e %T %Y", tm_ptr);
```

```
    return buffer;
}
```

이제 그만! 시간이 다 됐다! 답을 찾았는가? 정답은 함수 마지막 줄에 있는 `buffer` 를 반환하는 부분이다. `buffer`는 자동 배열이자 이 함수의 지역 변수다. 자동 변수 는 제어 흐름이 선언된 범위를 벗어나면 사라진다. 즉, 변수를 가리키는 포인터를 반환하더라도 함수가 종료되면 포인터가 무엇을 가리키는지 알 수 없다.

C에서는 자동 변수를 스택에 할당한다(이 내용은 6장에서 자세히 다룬다). 그래 서 스택에 할당한 변수는 선언된 함수 또는 블록이 종료되면 (해당 함수 또는 블록 으로) 지정했던 스택을 해제한다. 그리고 해제한 영역은 다른 함수 또는 블록이 사 용하게 되는데, 다음에 호출되는 함수가 있으면 다른 데이터가 해당 영역을 덮어쓰 게 된다. 자동 변수가 스택에서 어느 위치에 있었는지와 현재 활성화된 함수가 어 떤 변수를 선언하고 사용하는지에 따라, 이전 변수가 사용했던 영역을 덮어쓰는 데 시차가 생길 수 있다. 이로 인해 메모리 공간 손상 원인은 규명하기 어렵다.

이 문제에 대한 해결책은 여러 가지다.

1. 문자열 상수 포인터를 반환한다. 예를 보자.

```
char *func() { return "Only works for simple strings"; }
```

이 방식은 가장 간단한 해법이지만 문자열 내용을 계산해야 하는 경우에는 사 용할 수 없다. 또한 문자열 리터럴은 읽기 전용 메모리에 저장되기 때문에 함수 호출 후 이 부분을 덮어쓰려고 하면 문제가 생길 수도 있다.

2. 전역 변수로 선언한 배열을 사용한다. 예를 보자.

```
char *func() {
    ...
  my_global_array[i] =
    ...
  return my_global_array;
}
```

이 방식은 문자열을 조합할 때 효과적이며 사용하기도 쉽고 간단하다. 단점은 아무나 언제든지 전역 배열을 수정할 수 있으며 다음 함수를 호출할 때 이 내용 을 덮어쓰게 된다는 점이다.

3. 정적 배열을 사용한다. 예를 보자.

```
char *func() {
  static char buffer[20] ;
    ...
  return buffer;
}
```

이렇게 하면 아무나 문자열을 덮어쓰는 문제는 해결할 수 있다. 즉, 해당 포인터를 사용하는 루틴만이 정적 배열 내용을 수정할 수 있다. 하지만 이 배열 역시 다른 호출에 의해 원하지 않는 내용으로 덮어쓸 수 있기 때문에 그것이 싫다면 정적 배열 내용을 복사해 두어야 한다. 아울러 전역 변수로 선언한 배열처럼 커다란 버퍼를 사용하지 않는다면 메모리 낭비가 될 수 있다.

4. 반환값을 보관할 메모리를 명시적으로 할당받는다. 예를 보자.

```
char *func() {
  char *s = malloc( 120 ) ;
    ...
  return s;
}
```

이 방법은 정적 배열의 장점도 가지며 함수를 호출할 때마다 새로운 버퍼를 만들기 때문에 나중에 함수를 호출해도 첫 번째 호출에서 반환했던 값을 덮어쓰지 않는다. 또한 이 루틴은 다중 스레드 코드(인스턴트별로 하나 이상의 제어 스레드가 있는 프로그램)에서도 잘 동작한다. 단점은 프로그래머가 메모리 관리를 책임져야 한다는 것이다. 이 방식은 프로그램의 복잡성에 따라 쉬울 수도, 몹시 어려울 수도 있다. 메모리를 사용하는 도중에 해제할 경우 놀라운 버그가 생길 수 있고, 메모리를 할당받고 더는 사용하지 않을 때 '메모리 누수'가 생길 수도 있다. 할당한 메모리를 해제해야 한다는 것을 잊어버리기 쉽기 때문이다.

5. 아마도 가장 좋은 해결책은 함수 호출자가 메모리를 할당받은 후, 호출하는 함수에 할당받은 메모리에 대한 포인터를 넘겨주는 방식일 것이다. 이때 안전을 위해 (표준 라이브러리 fgets() 함수가 요구하듯이) 버퍼 크기도 제공해야 한다.

```
void func( char * result, int size) {
```

```
    ...
    strncpy(result,"That'd be in the data segment, Bob", size);
}

buffer = malloc(size);
func( buffer, size );
    ...
free(buffer);
```

malloc을 작성함과 동시에 free를 작성하는 게 최상의 메모리 관리다. 이 해결책으로 모든 것이 가능하다.

'데이터 손상' 문제를 피하고자 린트가 다음과 같이 가장 간단한 것에도 불평하니 유의하기 바란다.

```
return local_array;
```

이 경우 "warning: function returns pointer to automatic", 즉 "경고: 함수는 자동 변수로 선언된 포인터를 반환한다"라는 메시지가 나올 것이다. 그러나 컴파일러도 린트도 반환되는 지역 배열을 전부 감지할 수는 없다(간접 참조 레벨에서 숨겨졌을지도 모른다).

린트를 절대로 떼서는 안 된다

지금까지 많은 사례를 통해 일관된 주제를 발견했을 것이다. 린트는 이런 문제를 감지하고 경고한다. 코드를 깨끗하게 유지하기 위해서는 규율이 필요한데, 컴파일러가 린트 경고를 자동으로 생성하는 경우 많은 문제를 줄일 수 있다.

유닉스에 C가 쓰이던 초기에 컴파일러에서 의미론적인 검사 전체를 떼어 낸다는 명시적인 결정이 있었다. 그리고 이 검사를 독립 프로그램인 '린트'에 일임했다. 종합적인 오류 검사를 생략하면서 컴파일러는 더 작고 빠르며 간단해졌다. 이로써 프로그래머는 컴파일러가 말하거나 의미하는 바를 항상 신뢰하게 되었다고 한다. 정말 말도 안 된다!

> 🔅 **[유용한 팁] 시작부터 린트하고 꾸준히 린트할 것**
>
> 린트는 소프트웨어의 양심이다. 그래서 여러분이 나쁜 일을 할 때면 늘 알려 준다. 린트를 항상 사용하자. 양심에 귀를 기울이자.

린트를 독립적인 프로그램으로 컴파일러에서 분리한 것은 큰 실수였다. 린트라는 용어에 익숙한 사람이 드물어졌기 때문이다. 물론 컴파일러가 더 가벼워지고 본연의 작업에 집중하게 된 것은 부인할 수 없는 사실이다. 하지만 그 대가로 버그와 모호한 코드 관용구가 눈에 잘 띄지 않게 되면서 이를 처리하기 위해 아까운 비용을 지불하게 되었다. 컴파일할 때마다 린트를 사용하는 프로그래머는 많지 않다. 아마도 거의 없을 것이다. 빠른 컴파일을 위해 버그로 넘쳐 나는 코드를 허용한 것은 정말 좋지 않은 거래였다. 그래서인지 린트 검사 항목 중 많은 부분이 컴파일러에 다시 등장하기 시작했다.

그런데 린트는 통상적으로 수행하지만 대다수 C 컴파일러는 수행하지 않는 것이 있다. 바로 여러 파일 간 함수 사용에 따른 일관성 검사다. 많은 사람이 이를 독립 형태의 린트 프로그램이 필요한 정당한 이유라기보다 컴파일러 구현의 불완전함이라고 여긴다. 에이다 컴파일러는 이러한 여러 파일 간의 일관성 검사를 수행한다. 또한 C++ 컴파일러에서도 유행하니 조만간 C 언어에서도 일반화되리라 기대한다.

> ### 🗔 SunOS 린트 파티
>
> SunOS 개발 팀은 린트 오류가 없는 커널을 자랑스럽게 생각한다. 4.x 커널이 오류 없이 린트를 통과하도록 엄청난 노력을 기울였기 때문이다. 1991년 소스 기반을 BSD 유닉스에서 SVR4로 변경했을 때 린트 상태를 모르는 채 새로운 커널을 물려받았기 때문에 우리는 SVR4 커널에 린트를 적용해 보기로 했다.
>
> '린트 파티(lint party)'로 알려진 이 작업은 몇 주에 걸쳐 진행되었다. 약 1만 2000개의 고유한 린트 경고가 발생했으며, 각 경고는 일일이 수작업으로 조사하고 수정해야 했다. 결국 약 750개의 소스 파일을 변경했는데, 이 작업은 '지옥에서 온 린트 병합'이라고 알려졌다. 린트 메시지는 대부분 명시적인 타입 변환 또는 린트 주석을 필요로 하는 것이었지만, 몇 가지는 프로세스 때문에 생기는 실제 버그였다.
>
> - 함수 정의와 호출 시 인수의 데이터 타입이 다른 경우
> - 세 개의 인수를 예상했는데 한 개의 인수만 전달되면서 스택에 있는 다른 인수에 대한 내용을 정리해 버린 함수. 이 문제를 발견하면서 스트림 서브시스템에서 간헐적으로 발생하던 데이터 손상 문제를 해결했다.
> - 설정하기 전에 사용되는 변수
>
> 이 작업은 기존 버그를 제거할 뿐 아니라 새로운 버그가 기반 소스를 오염시키는 것까지 방지한다는 데 그 가치가 있다. 그래서 소스 코드를 변경하거나 추가할 때 린트와 cstyle 점검을 강제하

여 깨끗한 커널이 되도록 유지한다. 이를 통해 기존 버그를 제거했을 뿐 아니라 향후 일어날 가능성이 있는 버그 수도 줄일 수 있었다.

일부 프로그래머는 컴파일러가 느려지고 너무 많은 가짜 경고가 나타난다는 이유로 컴파일러에 린트를 다시 넣는 아이디어에 격렬히 반대한다. 불행히도 경험상 린트를 별도의 도구로 빼면, 린트를 전혀 사용하지 않는다는 것이 거듭 증명되었다.

소프트웨어의 경제성이라는 관점에서 봤을 때 개발 주기 초기에 버그를 발견하면 해결 비용이 더 저렴하다. 그래서 디버거를 사용하는 것보다 린트(또는 가급적 컴파일러 자체)를 사용해 문제를 추가로 찾는 것이 더 좋은 투자다. 물론 내부 테스트 그룹까지 간 상태에서 문제를 발견하는 것보다는 그 전에 디버거로 문제를 찾아내는 것이 낫지만 말이다. 최악은 문제를 고객이 발견하는 경우다.

쉬어 가기: 일부 기능은 실제로 버그다!

이번 장은 우주선의 임무와 소프트웨어 이야기로 마쳐야 최종 완성될 것 같다. 사람들은 포트란의 DO 루프 이야기(이번 장의 막을 열었던 머큐리의 잘못된 비행 궤적 계산에 대한 내용에서 소개됨)를 종종 매리너 1호의 임무와 연관 짓는데 이는 잘못된 예시다.

우연히 매리너 1호가 소프트웨어 오류에 극적으로 연루되었지만 그 사건은 완전히 다른 방식으로 일어났으며 언어 선택과도 전혀 관련이 없다. 매리너 1호는 1962년 7월 금성 탐사를 목적으로 발사되었지만 발사 몇 분 만에 아틀라스 로켓이 항로를 벗어나면서 파괴되었다.

몇 주 동안의 분석을 거쳐 문제가 소프트웨어에 있었다는 것을 알게 되었지만, 프로그램 버그가 아닌 알고리즘 오류였다. 정확히 말하면, 프로그램은 프로그래머가 의도한 대로 정확하게 동작했지만 정작 프로그래머가 기본 수치를 잘못 제공했다. 추적 알고리즘은 평탄화된(평균) 속도에서 작동하도록 설계되었다. 이에 대한 수학 기호는 평탄화될 수량 위에 막대가 그려진 모습이었는데, 수기로 작성한 유도 방정식이 프로그래머에게 전달되면서 실수로 막대가 누락되었다.

프로그래머는 전달받은 알고리즘을 정확히 따랐고 평탄화된 속도 대신 레이더에서 직접 수신한, 처리되지 않은 원 속도를 그대로 사용했다. 결과적으로 이 프로그램은 로켓 속도에서 미세한 변동을 보였고 기존의 역(逆) 피드백 루프에서 수정을 시도하다가 불규칙한 행동을 일으켰다. 이 프로그램을 과거 임무에서도 사용했지만 실제로 결함을 일으킨 것은 이번이 처음이었다. 이전에는 지상에서 통제했지만 이번에는 안테나 고장으로 무선 명령을 수신하지 못하자 결국 보드에 장착한 제어 소프트웨어를 호출한 것이다.

교훈: 100% 신뢰할 수 있는 프로그래밍 언어를 만든다고 해도 여전히 알고리즘의 치명적인 버그는 여러분의 발목을 잡을 수 있다.

나는 오랫동안 실시간 제어 시스템을 작업하는 프로그래머는 우주선 시제기에 처음으로 탑승하는 특권을 가져야 한다고 생각했다. 다시 말해 만일 여러분이 우주 왕복선의 생명 유지 시스템 코드를 개발했다면 우주로 함께 날아가 마지막 결함까지 디버깅하는 것이다. 이렇게 하면 분명히 제품 품질에 일대 혁신을 가져올 것이다. 표 2-2는 그렇게 할 수 있었던 기회를 보여 준다.

시기	프로젝트명	오류	결과	원인
1961년 여름	머큐리	, 대신 .을 사용	문제 없었음; 발사 전에 오류를 발견	포트란 언어의 결함
1962년 7월 22일	매리너 1호	명세에 'R' 대신 'R'을 기록	1200만 달러짜리 로켓과 탐사선이 폭발함	명세에 기록된 오류를 프로그래머가 그대로 사용함

표 2-2 두 번의 유명한 우주 왕복선 소프트웨어 실패의 진실

마지막으로 우주 개발 소프트웨어 사고의 좀 더 현대적인 이야기, 하지만 출처가 불확실해 사실이 거의 아닌 게 확실한 이야기를 하나 하겠다. 모든 우주 왕복선 프로젝트에는 발사 전 우주선에 적재할 화물 목록 또는 물품 목록이 있다. 화물 목록에는 각 항목의 무게를 표시하는데, 이것은 연료와 우주선의 균형 유지에 필요한 계산을 하는 데 중요하다.

첫 비행 전에 발사대 총괄이 특정 품목이 우주선에 실렸는지 확인했던 것 같다. 그는 컴퓨터 시스템을 확인한 다음 화물 목록 중 소프트웨어 항목으로 이동했다. 거기에는 소프트웨어의 무게가 0인 것으로 나타났으며, 이 때문에 일순간 당황했다. 모든 것은 무게가 나가지 않는가?

이로 인해 발사대 적재소와 컴퓨터 센터 간에 격렬한 논쟁이 약간 있었으며, 논쟁 끝에 무게가 0인 소프트웨어(메모리에 비트 패턴으로 존재하는 것)가 통과되면

서 문제가 해소되었다! 물론 정보 역시 상대적인 의미에서 질량을 가지고 있다는 것을 누구나 안다. 하지만 굳이 그렇게까지 따질 필요는 없지 않을까?

참고 문헌

- 《Beyond the Limits-Flight Enters the Computer Age》(Ceruzzi, Paul, Cambridge, MA, MIT Press, 1989)
- 'For Want of Hyphen Venus Rocket is Lost'(Hill, Gladwyn, New York Times, July 28, 1962)
- 《Far Travelers-The Exploring Machines》(Nicks, Oran W., NASA publication SP-480, 1985)
- 'Venus Shot Fails as Rocket Strays'(Associated Press, 'New York Times', July 23, 1962)

3장

C 선언문 해독

"이 노래의 제목은 '대구의 눈알'이라고 불리지."

"아, 그게 노래 제목이군요." 앨리스는 관심을 가지며 말했다.

"아니, 제대로 이해를 못 했군." 기사는 조금 짜증이 난 듯 말을 이어갔다.

"그건 노래 제목이 그렇게 불리는 거고, 이 노래의 진짜 제목은 '늙디 늙은 노인'이지."

"그러면 '그 노래가 그렇게 불리는 거군요'라고 했어야겠군요?" 앨리스는 바로잡았다.

"아니, 그건 또 다른 문제야! 이 노래는 '방법과 수단'이라고 불리는데,

하지만 단지 그렇게 불릴 뿐이야!"

"아휴, 그럼 도대체 이 노래는 뭐예요?" 완전히 어리둥절해진 앨리스가 말했다.

"이제야 제대로 묻네." 기사가 말했다. "진짜 이 노래는 '문에 앉아서'야. 바로 내가 작곡했지."

— 루이스 캐럴(Lewis Carroll), 《거울 나라의 앨리스》

《이상한 나라의 앨리스》에 감명받은 빅토리아 여왕이 루이스 캐럴의 다른 책도 요청했다는 일화가 있다. 여왕은 루이스 캐럴이 당시 옥스퍼드 대학의 수학 교수인 찰스 도지슨(Charles Dodgson)의 필명이라는 사실을 몰랐기 때문에 신하들이 킬킬거리며 《The Condensation of Determinants》와 같은 묵직한 전공 서적을 가져왔을 때 못마땅해했다고 한다. 이 일화는 빅토리아 여왕 시대에 많이 회자되었으며, 도지슨은 이것이 와전된 이야기였음을 알리려 노력했다.

"이 책을 출간하면서 내가 여왕 폐하에게 어떤 책을 선물했다는 식의 바보 같은 이야기가 전해지는 것에 대해 해명하고자 한다. 그 이야기가 끊임없이 반복되고 있는데 너무 어처구니없는 소설 같은 이야기이고 모두 새빨간 거짓일 뿐 아니

라 심지어 그와 비슷한 일조차도 일어나지 않았음을 이 자리를 빌려 분명히 밝힌다.”

— 찰스 도지슨, 《Symbolic Logic》, 2판

따라서 도지슨이 '아주 강력하게 주장했다'는 원칙에 따라 우리는 그 사건이 진술된 그대로 일어났다고 확신할 수 있다. 어쨌든 아마도 도지슨은 C 언어와 잘 어울렸을 것이며 빅토리아 여왕은 그렇지 않았을 것이다. 이번 장의 도입부를 표로 정리하면 다음과 같다.

	부르는 이름(명칭)	진짜 이름(의미)
노래의 제목	'해덕의 눈알'	'늙디 늙은 노인'
노래	'수단과 방법'	'문에 앉아서'

그렇다. 도지슨은 어쩌면 컴퓨터 과학을 제대로 하고 있었는지도 모른다. 특히 프로그래밍 언어의 타입 모델을 정확히 이해한 것으로 보인다. 예를 들어 다음과 같은 C 선언문을 앨리스와 이야기를 나눈 기사의 패러다임에 맞게 적용해 보자.

```
typedef char * string;
string punchline = "I'm a frayed knot";
```

다음과 같이 정리할 수 있다.

	부르는 이름(명칭)	진짜 이름(의미)
변수의 타입	string	char *
변수	punchline	"I'm a frayed knot"

이보다 더 직관적일 수 있을까? 사실은 이 외에도 꽤 많은 것이 아직 남아 있으며, 이번 장을 읽는 동안 명확해질 것이다.

컴파일러만이 사랑할 수 있는 문법

커니핸과 리치가 인정한 것처럼 “때때로 C 언어는 선언문 문법 때문에 비난을 듣는다.”(K&R, 2판, 122쪽) C의 선언문 문법은 컴파일러(또는 컴파일러 제작자)가 처리하기는 쉽지만 보통의 프로그래머에게는 어렵다. 프로그래밍 언어 설계자도 결국

사람이므로 실수하기 마련이다. 예를 들어 에이다 언어 참조 설명서의 마지막 부록에서는 모호한 에이다 문법이 나온다. 모호성은 컴파일러 제작자의 작업을 상당히 복잡하게 만들기 때문에 프로그래밍 언어 문법에서는 피해야 할 사항이다. 그러나 C 선언문은 문법상 C 프로그램 전역에서 사용할 수 있기 때문에 공포 그 자체다. C 언어가 불필요할 정도로 심하게 복잡한 것은 타입 간 결합이 지저분하기 때문이라는 말은 결코 과장된 표현이 아니다.

C의 선언문 모델이 까다로워진 데는 이유가 몇 가지 있다. 1960년대 후반, C의 선언문을 설계할 당시 '데이터 타입 모델'은 프로그래밍 언어 이론 중 연구가 아직 많이 이루어지지 않은 분야였다. BCPL 언어(C의 할아버지)는 데이터 타입이 빈약해 바이너리 워드(binary word)를 유일한 데이터 타입으로 사용했다. 그래서 C 언어 역시 부족한 토대 위에서 설계될 수밖에 없었다. 여기서 선언문에 대한 C의 철학이 담기는데, 객체를 사용할 때의 표현식과 비슷하게 객체를 선언하라는 것이다. 가령 정수에 대한 포인터 배열은 int * p[3];처럼 선언한 후 *p[i]와 같이 씀으로써 정수를 표현식에서 참조하거나 사용한다. 즉, 선언한 대로 사용한다. 이러한 표기법을 사용할 때의 장점은 '선언'할 때 연산자 우선순위와 '사용'할 때 연산자 우선순위가 동일하게 유지된다는 점이다. 그리고 단점은 연산자 우선순위(계산 방법에 따라 15개 이상의 단계로 구분)가 C 언어를 복잡하게 만드는 또 다른 요소가 된다는 것이다. 프로그래머는 int *p[3]이 정수에 대한 포인터 배열인지 아니면 정수 배열에 대한 포인터인지 구분하는 특별한 규칙을 기억해야 한다.

사용하는 모양 그대로 선언한다는 개념은 C 언어가 만들어질 당시 C 언어만의 독창적인 개념으로, 다른 프로그래밍 언어에서는 이러한 개념이 채택되지 않았다. 다시 말하자면 '사용하는 모양 그대로 선언한다는 개념'은 그 당시처럼 훌륭한 아이디어가 아닐 수도 있다. 두 가지 다른 개념을 똑같이 보이게 하는 것이 얼마나 대단한가! 벨 연구소 사람들은 이러한 비판을 인정하면서도 오늘날까지 당시의 결정을 목숨 걸고 지키고 있다. 나는 포인터 선언을 다음과 같이 하면 더 좋겠다고 생각한다.

```
int &p;
```

적어도 p는 int의 주소라고 제안하는 것이다. 이 구문은 이제 C++에서 참조에 의한 호출(call by reference) 파라미터를 표시하는 용도로 사용한다.

가장 큰 문제는 더 이상 선언문을 사람들이 가장 자연스럽게 읽는 방향인 왼쪽에서 오른쪽으로 읽을 수 없다는 것이다. 게다가 안시 C에서 volatile과 const 키워드를 추가하면서 상황은 더욱 악화되었다. 이 키워드들은 선언할 때만 나타나기 때문에(사용할 때는 나타나지 않는다), 변수를 사용할 때 표현식이 선언문 표현식과 비슷한 경우가 거의 없다. 선언문과 같은 스타일이면서도 식별자가 없는 경우(예: 형식적 파라미터 선언 또는 타입 변환)도 재미있다. 어떤 것에 대해 배열을 가리키는 포인터 타입으로 바꾸고자 한다면 다음과 같이 타입 변환을 명시해야 한다.

```
char (*j)[20]; /* j는 20개짜리 char 배열을 가리키는 포인터 */
j = (char (*)[20]) malloc( 20 );
```

이때 애스터리스크(*)를 감싸는 괄호는 반드시 있어야 한다.

포인터와 const를 포함하는 선언문은 다음과 같이 다양한 방법으로 순서를 바꾸어 표현할 수 있다.

```
const int * grape;
int const * grape;
int * const grape_jelly;
```

위 코드의 마지막 행은 포인터만을 읽기 전용으로 만드는 반면 첫 번째와 두 번째 행은 포인터가 가리키는 객체를 읽기 전용으로 만든다. 물론 객체와 그것이 가리키는 것 모두 상수화할 수도 있다. 다음 두 선언문은 동일한 의미를 지니며 객체와 포인터 모두를 상수화한다.

```
const int * const grape_jam;
int const * const grape_jam;
```

안시 표준은 단지 구문상의 편의를 위해 typedef 지정자를 '저장 분류 지정자'라고 언급할 때만 다른 문제를 암묵적으로 인정한다. 이것은 숙련된 C 프로그래머조차 골치 아픈 영역이다. 포인터 배열 수준의 선언문 문법을 한 번에 읽는 데 불편함을 느낀다면 조금 더 복잡한 것은 어떨지 생각해 보자. 가령 다음 선언문(텔넷 프로그램에서 채택됨)은 정확히 무엇을 선언하는가?

```
char* const *(*next)();
```

이번 장에서는 이 선언문을 해석하는 것을 예제로 삼아 질문에 대한 답을 풀어 나갈 것이다. 수년에 걸쳐 프로그래머, 학생, 교사 들이 끔찍한 C 구문을 이해하는 데 도움이 될 만한 간단한 기억법이나 알고리즘을 찾기 위해 애썼다. 이번 장에서는 질문의 해답을 찾기 위해 단계별로 접근하는 알고리즘을 선보인다. 몇 가지 예제를 따라가다 보면 C 선언문을 걱정하는 일은 더는 생기지 않을 것이다.

선언문 구성 방법

먼저 C 용어 몇 가지를 살펴본 후 선언문을 구성하는 조각들을 설명할 것이다. 선언문의 중요한 구성 요소는 모든 선언의 핵심인 선언자(declarator)다. 그림 3-1에서 볼 수 있듯이 선언자는 대략적으로 볼 때 식별자와 포인터, 함수 중괄호 또는 배열 지시어라고 할 수 있다. 여기에서는 편의상 생성자도 같이 묶었다.

개수	C 언어 명칭	C의 표현 방법
0개 이상	포인터	다음 중 하나로 표현 * const volatile * volatile * * const * volatile const
정확히 1개	직접_선언자	*식별자* 또는 *식별자 [선택적_크기] ...* 또는 *식별자 (인수...)* 또는 *(선언자)*
0개 또는 1개	생성자	*= 초깃값*

그림 3-1 C 언어의 선언자

선언문은 그림 3-2의 내용을 조합하여 만든다(모든 조합이 유효하지는 않으며 이 내용은 이번 장에서 계속 이야기할 것이다). 선언문은 변수와 초깃값의 기본 타입을 제공한다.

개수	C 언어 명칭	C 언어에서의 표현 방법
최소한 1개의 타입 지정자 (모든 조합이 유효한 것은 아님)	타입 지정자	void char short int long signed unsigned float double *구조체_지정자* *열거형_지정자* *공용체_지정자*
	저장 분류	extern static register auto typedef
	지정자 타입 한정자	const volatile
정확히 1개	선언자	그림 3-1 참고
0개 이상	여러 개의 선언자	*, 선언자*
1개	세미콜론	;

그림 3-2 C 언어의 선언문

이제 타입을 결합하기 시작하면서 선언문이 얼마나 복잡해지는지 살펴보자. 물론 선언문 자체의 제약도 고려해야 하는데 그 내용은 다음과 같다. 다음 내용은 허용하지 않는다.

- 함수는 함수를 반환할 수 없으므로 foo()()와 같은 형태는 사용하지 않는다.
- 함수는 배열을 반환할 수 없으므로 foo()[]와 같은 형태는 사용하지 않는다.
- 배열은 함수를 포함할 수 없으므로 foo[]()와 같은 형태는 사용하지 않는다.

하지만 다음 내용은 허용한다.

- 함수 포인터를 반환하는 함수는 허용한다: int (* fun())();
- 배열에 대한 포인터를 반환하는 함수는 허용한다: int (* foo ())[]
- 함수 포인터들을 포함하는 배열은 허용한다: int (* foo[])()
- 배열은 다른 배열을 포함할 수 있으므로 int foo[][]와 같은 형태가 자주 나타난다.

타입 결합을 설명하기 전에 먼저 머릿속을 환기하는 차원에서 구조체(struct), 공용체(union), 열거형에서 변수를 결합하는 방법을 살펴볼 것이다.

구조체에 대한 한마디

구조체는 단순히 데이터 항목을 묶어 그룹화한 것이다. 그래서 어떤 프로그래밍 언어는 구조체를 '레코드'라고 부르기도 한다. 구조체의 문법은 기억하기 쉽다. C 언어에서 항목을 그룹화하는 일반적인 방법은 다음과 같이 중괄호를 넣는 것이다({ **항목...** }). 여기에 키워드 struct를 앞에 붙이기 때문에 컴파일러는 일반 블록과 구별할 수 있다.

```
struct { stuff... }
```

구조체에 들어가는 항목에는 개별 데이터 항목, 배열, 또 다른 구조체, 포인터 등다른 데이터 선언문이 될 수 있다. 이렇게 구조체를 정의하면서 동시에 이 구조체타입의 변수를 바로 선언할 수 있는데 그 예는 다음과 같다.

```
struct { stuff... } plum, pomegranate, pear;
```

구조체 선언에서 하나 주의할 점은 struct 키워드 다음에 구조체 이름을 선택적으로 넣을 수 있다는 것이다.

```
struct fruit_tag { stuff... } plum, pomegranate, pear;
```

이제 struct fruit_tag는 앞으로의 구조체 선언에서 struct { stuff... } 구조체정의에 대한 단축형으로 사용할 수 있다.

　일반적인 struct의 형태는 다음과 같은 모양이다.

```
struct optional_tag {
  type_1 identifier_1;
  type_2 identifier_2;
        ...
  type_N identifier_N;
  } optional_variable_definitions;
```

따라서 다음 선언문에서 변수 my_birthday, xmas, easter, groundhog_day는 모두 같은 타입이 된다.

```
struct date_tag { short dd,mm,yy; } my_birthday, xmas;
struct date_tag easter, groundhog_day;
```

그뿐 아니라 구조체는 비트 필드, 이름 없는 필드, 워드 정렬 필드도 가질 수 있다.이것들을 구현하기 위해서는 필드를 선언해서 필드 안에 콜론(:) 및 필드 길이를비트로 표현하는 숫자를 넣으면 된다.

```
/* 프로세스 아이디 정보 */

struct pid_tag {
  unsigned int inactive :1;
  unsigned int          :1; /* 패딩용 1비트 */
  unsigned int refcount :6;
  unsigned int          :0; /* 다음 워드까지 패딩 */
  short pid_id;
  struct pid_tag *link;
};
```

위와 같은 코드는 일반적으로 '하드웨어 바로 위 수준의 프로그래밍'에서 사용하는데, 주로 시스템 프로그램에서 볼 수 있다. 또한, 이러한 기법은 문자 대신 비트 단위로 불 플래그값을 저장하는 데도 사용할 수 있다. 비트 필드는 int, unsigned int, signed int(또는 이것들의 한정된 버전) 타입이어야 한다. 구현하기에 따라 비트 필드의 int가 음수가 될 수도 있다.

나는 struct 선언과 변수 정의를 서로 섞지 않는 것을 선호한다.

```
struct veg { int weight, price_per_lb; } onion, radish, turnip;
```

즉, 위 코드 대신 다음 코드를 더 선호한다.

```
struct veg { int weight, price_per_lb; };
struct veg onion, radish, turnip;
```

물론 첫 번째 버전이 타자 수가 적게 들지만 중요한 것은 얼마나 쉽게 작성하느냐 보다 얼마나 쉽게 읽을 수 있느냐다. 코드를 작성하는 것은 한 번이지만, 프로그램 유지 보수를 위해서는 수도 없이 많이 읽어야 한다. 한 행에서는 한 가지 일만 하도록 프로그램을 단순화하면 훨씬 읽기 쉽다. 이런 까닭에 변수 선언은 타입 선언과 분리해야 한다.

구조체에는 두 가지 파라미터 전달 문제가 있다. 일부 C 책에서는 "파라미터는 스택의 오른쪽에서 왼쪽으로 푸시(push)되면서 호출된 함수에 전달된다"라고 기술하고 있는데 이는 지나치게 단순화한 것이다. 혹시라도 이렇게 설명한 책을 갖고 있다면 해당 쪽을 태워 버리기 바란다. 또한 이렇게 동작하는 컴파일러를 사용하고 있다면 당장 그 바이트들을 찢어 버리기(?) 바란다. 파라미터는 가능하면 빠른 속도를 위해 레지스터로 전달된다. 이때 int i는 int 멤버만을 갖는 구조체 s와는 완전히 다른 방식으로 전달된다는 사실에 주의해야 한다. 일반적으로 int 파라미터는 레지스터에 전달된다고 가정하지만 구조체는 스택에 전달된다. 주의해야 할 두 번째 사항은 배열을 다음과 같이 구조체 안에 넣을 때다.

```
/* 구조체에 들어간 배열 */
struct s_tag { int a[100]; };
```

위와 같이 함으로써 배열을 퍼스트 클래스 타입으로 처리할 수 있다. 즉, 대입문을 사용해 배열 전체를 복사하고 배열을 값으로 함수에 전달하는가 하면, 함수의 반환 값으로도 사용할 수 있다.

```
struct s_tag { int a[100]; };
struct s_tag orange, lime, lemon;

struct s_tag twofold (struct s_tag s) {
  int j;
  for (j=0;j<100;j++) s.a[j] *= 2;
  return s;
}

main() {
  int i;
  for (i=0;i<100;i++) lime.a[i] = 1;
  lemon = twofold(lime);
  orange = lemon; /* 전체 구조체를 지정 */
}
```

물론 배열 전체를 자주 대입하는 것을 원하지 않겠지만 이와 같은 방법으로 배열 전체를 구조체로 묶어 대입할 수 있다. 마지막으로 구조체 자신을 가리키는 포인터를 멤버로 갖는 구조체 예제를 보여 주는 것으로 구조체를 마무리하겠다. 이러한 구조체는 리스트, 트리 등 다양한 동적 데이터 구조에 많이 사용된다.

```
/* 다음(next) 구조체를 가리키는 구조체 */
struct node_tag { int datum;
  struct node_tag *next;
  };
struct node_tag a,b;
a.next = &b;        /* 링크 연결 예 */
a.next->next=NULL;
```

공용체에 대한 한마디

공용체는 많은 다른 프로그래밍 언어에서 다양한 레코드 형식으로 사용할 수 있는 것으로 설명된다. 구조체와 비슷한 모양이지만 메모리 레이아웃에는 중요한 차이가 있다. 구조체는 모든 멤버가 연속적으로 저장되는 반면, 공용체는 모든 멤버의 오프셋이 0이다.[1] 즉, 모든 멤버의 저장 공간이 겹친다. 따라서 한 번에 한 개의 멤버만 저장할 수 있다.

공용체에 관해 좋은 소식과 나쁜 소식이 있다. 나쁜 소식은 좋은 소식이 그다지 좋은 소식이 아니라는 것이다. 좋은 소식은 공용체는 구조체와 정확히 동일한 모습을 지니기 때문에 키워드를 struct에서 union으로만 바꾸면 된다는 것이다. 따라서 구조체 사용에 익숙하다면 이미 공용체를 모두 알고 있다고 해도 과언이 아니다. 공용체의 일반적인 형태는 다음과 같다.

```
union optional_tag {
  type_1 identifier_1;
  type_2 identifier_2;
  ...
  type_N identifier_N;
} optional_variable_definitions;
```

공용체는 보통 더 큰 구조체의 멤버로 사용되는데, 이때 구조체에는 현재 사용되는 타입에 대한 명시적 또는 암묵적 정보도 포함된다. 어떤 타입으로 데이터를 저장하

---

1 (옮긴이) 구조체 변수를 초기화하는 경우 내부에 정의된 멤버를 모두 담기 위한 메모리 공간을 확보해야 한다. 그러나 공용체의 경우 내부에 정의된 멤버 중 가장 큰 공간을 사용하는 멤버에 해당하는 만큼 메모리 공간을 할당받은 후, 모든 멤버가 같은 메모리 공간을 사용한다. 예를 들어 다음 구조체와 공용체를 비교해 보자.

```
struct 64bit_memory {
  int front_part;
  int rear_part;
} s;

union 32bit_memory {
  int whole;
  short half;
  char quarter;
} u;
```

구조체 변수 s의 front_part 멤버의 오프셋은 0이고, rear_part 멤버의 오프셋은 4다. 즉, 구조체 변수 s를 위한 메모리 공간은 64비트가 된다. 그러나 공용체 변수 u의 모든 멤버의 오프셋은 0이다. 즉, whole 멤버, half 멤버, quarter 멤버 모두 같은 메모리 공간을 바라보고 있다는 의미다. 따라서 공용체 변수 u를 위한 메모리 공간은 멤버 중 가장 큰 int의 크기인 32비트가 된다. 이때 공용체 변수 u에 다음과 같이 값을 대입했다면,

```
u.whole = 0x12345678;
```

리틀 엔디언(little endian) 방식을 사용하는 인텔 CPU 시스템에서 u.half의 값은 0x5678, u.quarter의 값은 0x78이 되는 반면, 빅 엔디언(big endian) 방식을 사용하는 IBM 계열 CPU 시스템에서 u.half의 값은 0x1234, u.quarter의 값은 0x12가 된다. 이러한 차이는 엔디언 방식에 따라 데이터를 메모리에 저장하는 순서가 다르기 때문이다.

고 나서 이와 다른 데이터 타입으로 검색한다는 것은 분명 타입 불안정성을 나타내는 것이다. 에이다는 이러한 타입 불안정성을 해소하기 위해 타입 판별 필드를 레코드에 명시적으로 저장할 것을 요구한다. 이에 반해 C는 데이터를 사용할 때 그 데이터가 어떤 타입인지에 대해서는 프로그래머의 기억에 의존하려 한다.

공용체는 일반적으로 동시에 발생할 수 없는 특정 데이터 항목을 모두 저장하지 않는 방식으로 공간을 절약한다. 예를 들어 특정 종의 동물학 정보를 저장한다고 했을 때 최초의 데이터 레코드는 다음과 같을 것이다.

```
struct creature {
  char has_backbone;
  char has_fur;
  short num_of_legs_in_excess_of_4;
};
```

하지만 우리는 모든 동물이 척추동물과 무척추동물로 분류된다는 것을 알고 있다. 또한 척추동물은 털이 나고, 무척추동물은 다리 개수가 네 개 이상이라는 사실도 알고 있다. 즉, 다리가 네 개 이상이면서 털이 나는 동물은 없기 때문에 이 두 개의 상호 배타적인 필드를 공용체로 저장함으로써 공간을 절약할 수 있다.

```
union secondary_characteristics {
  char has_fur;
  short num_of_legs_in_excess_of_4;
};

struct creature {
  char has_backbone;
  union secondary_characteristics form;
};
```

일반적으로 디스크 같은 보조 기억 장치를 절약하기 위해 이렇게 공간을 겹쳐서 사용한다. 이런 방법으로 2천만 개의 동물 데이터 파일을 저장한다면 디스크 공간을 20MB 줄일 수 있다.

공용체는 다른 용도로도 사용한다. 앞의 예처럼 두 개의 서로 다른 데이터를 한 공간에 담을 수도 있지만, 동일한 데이터를 완전히 다른 방법으로 해석하는 용도로도 사용할 수 있다. 후자는 코볼(COBOL)의 REDEFINES 문과 완전히 동일하다. 예를 들면 다음과 같다.

```
union bits32_tag {
  int whole;                      /* 한 개의 32비트 값 */
  struct {char c0,c1,c2,c3;} byte; /* 네 개의 8비트짜리 바이트 */
} value;
```

앞의 예에서 프로그래머는 공용체에서 전체 32비트 값 또는 value.byte.c0와 같이 개별 바이트 필드만 따로 추출할 수 있다. 물론 이렇게 같은 데이터의 개별 바이트 필드에 접근할 수 있는 방법이 없는 것은 아니지만, 공용체는 별도의 대입문이나 타입 변환 없이 이 작업을 수행한다. 나는 예전에 순수하게 흥미롭다는 이유만으로 약 15만 행의 장치 독립적인 운영 체제 소스 코드를 분석한 적이 있다(물론 내 팔은 남아나지 않았다). 분석 결과 구조체가 공용체보다 약 100배 더 많이 사용되었다. 이 말인즉슨 여러분의 실무에서는 공용체보다 구조체를 훨씬 더 자주 접하리라는 것을 뜻한다.

열거형 타입에 대한 한마디

열거형 타입은 일련의 식별자를 각각의 정숫값과 연결한다. C와 같은 약한 데이터 타입 언어에서는 #define으로 할 수 없는 것은 거의 제공하지 않기 때문에 초기 K&R C 구현에서는 열거형이 생략되었다. 그러나 대다수 언어가 이 기능을 제공했기에 C 언어도 도입했다. 이제는 enum 구문이 눈에 충분히 익었을 것이다.

```
enum optional_tag { stuff... } optional_variable_definitions;
```

여기서 stuff...는 통상적으로 정숫값을 할당받는 식별자 목록이 된다. 열거형 구문의 예는 다음과 같다.

```
enum sizes { small=7, medium, large=10, humungous };
```

기본적으로 정숫값은 0부터 시작한다. 식별자 목록에 값을 대입한다면 다음 값은 1만큼 더 큰 값이 된다. 열거형에는 한 가지 이점이 있다. #define으로 정의한 식별자는 보통 컴파일 타임에 폐기되는 반면, 열거형 식별자는 디버거까지 전달되기 때문에 코드를 디버깅 시점까지 사용할 수 있다.

우선순위 규칙

지금까지 선언문의 구성 요소를 살펴봤다. 이번 절에서는 선언문을 일반적인 언어 표현으로 분류하는 한 가지 방법을 소개한다. C 선언문을 이해하기 위한 우선순위 규칙은 언어 변호사가 가장 좋아하는 규칙이다. 간결성 면에서는 좋지만 직관성은 상당히 떨어진다.

> ### 📦 C 선언문 이해를 위한 우선순위 규칙
>
> A 선언문은 식별자부터 시작하여 우선순위 순으로 읽는다.
> B 높은 순서로 따졌을 때 우선순위는 다음과 같다.
>   B.1 괄호는 선언문의 일부를 묶는다.
>   B.2 후위 연산자:
>   괄호 ( )는 함수를 표시한다.
>   대괄호 [ ]는 배열을 표시한다.
>   B.3 전위 연산자: 애스터리스크(*)는 포인터를 표시한다.
> C const 및 volatile 키워드가 int, long과 같은 타입 지정자 옆에 있으면 타입 지정자를 한정한다. 그렇지 않으면 const와 volatile 키워드는 바로 왼쪽의 포인터를 한정한다.

다음은 우선순위 규칙을 사용하여 선언문을 해석하는 예다.

```
char* const *(*next)();
```

적용 규칙	설명
A	가장 먼저 변수명 next로 이동한 후 괄호로 직접 묶여 있음을 확인한다.
B.1	따라서 괄호 안에 있는 것을 모두 묶고는 "next는 ~를 가리키는 포인터다"라고 해석한다.
B	다음으로 괄호 밖으로 이동하여 전위 연산자인 *와 후위 연산자인 괄호 중 하나를 선택한다.
B.2	규칙 B.2에 따르면 오른쪽에 있는 함수 괄호의 우선순위가 더 높다고 알려 주므로 "next는 ~를 반환하는 함수(를 가리키는) 포인터다"라고 해석한다.
B.3	그런 다음 앞에 붙은 '*'를 처리하여 '~에 대한 포인터'를 얻는다.
C	마지막으로 char * const를 처리하여 문자를 가리키는 상수 포인터를 얻는다.

표 3-1 우선순위 규칙을 이용한 선언문 해석

이렇게 해서 얻은 것을 합쳐서 읽으면 끝난다.

"next는 char를 가리키는 상수 포인터에 대한 포인터를 반환하는 함수 포인터다."

우선순위 규칙은 모든 규칙을 요약한 것이지만, 조금 더 직관적인 방법을 원한다면 다음에 나올 그림 3-3을 참고하기 바란다.

다이어그램을 이용하여 C 선언문 해석하기

이번 절에서는 숫자로 절차를 표시한 다이어그램을 제공한다(그림 3-3). 화살표를 따라 단계를 진행하다 보면 아무리 복잡한 C 선언문도 빠르게 해석할 수 있다. 다

C 선언문 해석을 위한 마법의 해석 고리

C의 선언문은 좌우 교대 서식(boustrophedon)이다.
즉, 읽는 순서가 왼쪽에서 오른쪽으로 읽었다가 그다음 줄에서는 오른쪽에서 왼쪽으로 읽는 식으로 계속 바뀐다.
사실 좌우 교대 서식을 설명할 수 있는 마땅한 단어가 떠오르지 않았다!
왼쪽에서 오른쪽으로 읽을 때 나타나는 첫 번째 식별자부터 시작하자.
그리고 선언문에 포함된 토큰이 다이어그램과 일치하면 해당 토큰을 삭제하여 이후 해석에서는 사용하지 않는다.
모든 지점에서 먼저 오른쪽 토큰을 본 다음 왼쪽 토큰을 본다. 모든 토큰이 지워지면 해석은 끝난다.

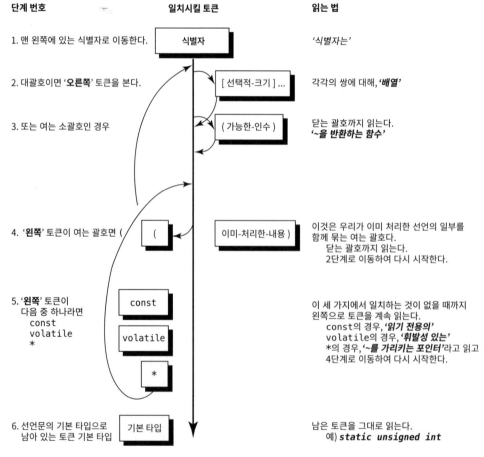

그림 3-3 C 선언문 파싱 과정

이어그램에서는 typedef를 제외하여 선언문 해석을 단순화할 것이다. typedef를 읽을 때는 typedef라는 단어를 무시하고 선언문을 해석하면 된다. 예를 들어 'p는 ~이다'로 해석했다면, 해석된 타입으로 선언할 때마다 해당 타입 이름 'p'를 이용할 수 있다.

다이어그램을 사용하여 선언문을 해석하는 몇 가지 예를 살펴보자. 첫 번째 예로, 다이어그램을 활용하여 앞에서 해석했던 선언문을 다시 해석해 보자.

```
char* const *(*next)();
```

이 선언문을 해석하는 과정에서 이미 사용한 조각(토큰)을 날려 버리기 때문에 남아 있는 내용을 정확히 파악할 수 있다. 다시 한번 강조하지만, const는 '읽기 전용'이라는 것을 기억하기 바란다.

전체 과정은 표 3-2에 나타나 있다. 각 단계에서 처리되는 부문을 굵게 표시해 놓았다. 1단계부터 시작하여 단계별 절차를 밟는다.

남아 있는 선언문 (맨 왼쪽 식별자부터 시작)	다음 단계	결과
char * const *(***next**) ();	1단계	'**next**는 ~'이라고 읽는다.
char * const *(*) ();	2, 3단계	일치하는 것이 없으므로 다음으로 넘어간다. 'next는 ~'이라고 읽는다.
char * const *(*) ();	4단계	일치하는 것이 없으므로 다음으로 넘어간다.
char * const *(*) ();	5단계	*과 일치하므로 '~를 가리키는 포인터'라고 읽고는 4단계로 넘어간다.
char * const *( ) ();	4단계	(는)와 짝을 이루므로 2단계로 넘어간다.
char * const * ();	2단계	일치하는 것이 없으므로 다음으로 넘어간다.
char * const * ();	3단계	'**~을 반환하는 함수**'라고 읽는다.
char * const * ;	4단계	일치하는 것이 없으므로 다음으로 넘어간다.
char * const * ;	5단계	'**~를 가리키는 포인터**'라고 읽는다.
char * **const** ;	5단계	'**읽기 전용의**'라고 읽는다.
char * ;	5단계	'**~를 가리키는 포인터**'라고 읽는다.
char ;	6단계	'**char**'라고 읽는다.

표 3-2 C 선언문의 단계별 해석 과정

이를 종합하여 읽으면 다음과 같다.

> "next는 char를 가리키는 읽기 전용 (상수) 포인터를 가리키는 포인터를 반환하
> 는 함수를 가리키는 포인터(함수 포인터)다."

그러면 좀 더 복잡한 것을 읽어 보자.

```
char *(*c[10])(int **p);
```

앞의 예제와 동일한 과정을 거치므로 어떻게 읽으면 되는지 생각해보자. 이번 장
마지막에 이 코드를 읽기 위해 거치는 단계와 방법을 설명하니 여러분이 생각한 것
과 비교하기 바란다.

typedef를 친구로 만들자

typedef는 재미있는 선언문이다. 변수 공간을 예약하는 것이 아니라 데이터 타입
에 새로운 이름을 적용한다. 어떤 면에서는 typedef는 텍스트를 치환하는 매크로와
비슷하다. 하지만 매크로는 새로운 타입을 만드는 것이 아니라 기존 타입에 새 이
름을 붙일 뿐이다. 여기에는 중요한 차이점이 있는데 이에 대해서는 나중에 설명할
것이다.

앞의 선언문 구성 방법을 다시 생각해 보면, typedef 키워드는 선언문 시작 어딘
가에서 발견되는 평범한 선언문의 일부임을 알 수 있다. 사실 typedef는 변수 선언
문과 정확히 같은 형식이며 typedef 키워드만 추가하면 된다.

typedef는 변수 선언문과 동일하기 때문에 완전히 똑같이 읽을 수 있다. 그래서
이전 절에서 선보인 기술을 적용할 수 있다. '이 이름은 정해진 타입의 변수를 참조
한다'고 선언하는 게 아니라 typedef 키워드는 변수를 생성하지 않지만 '이 이름은
정해진 타입과 동일하다'는 선언을 만든다.

일반적으로 typedef는 포인터들이 섞인 까다로운 선언이 필요한 경우에 마치 트
릭처럼 사용된다. 고전적인 예로 signal() 프로토타입 선언문이 있다. signal은 특
정 '소프트웨어 인터럽트'가 발생할 때마다 특정 루틴을 호출하도록 런타임 시스템
에 알리는 시스템 호출 함수다. 그래서 signal 함수의 명칭은 사실 call_that_rou-
tine_when_this_interrupt_comes_in이 되어야 한다. signal()을 호출할 때는 인터
럽트의 종류와 이를 처리할 루틴을 인수로 전달한다. 안시 표준에 따르면 signal

함수는 다음과 같이 선언한다.

```
void (*signal(int sig, void (*func)(int)) ) (int);
```

새로 익힌 선언문 읽기 기법을 이 선언문에 적용해 보자.

```
void (*signal(                          ) ) (int);
```

signal은 (특이한 인수를 취하는) 함수로, int 인수를 취하고 void를 반환하는 함수 포인터를 반환한다. 그 특이한 인수 가운데 하나가 바로 자기 자신이다.

```
void (*func)(int) ;
```

즉, int 인수를 취하고 void를 반환하는 함수 포인터다. 그러면 이제 typedef를 사용하여 어떻게 공통부분을 추출하고 단순화하는지 살펴보자.

```
typedef void (*ptr_to_func) (int);
/* ptr_to_func는 함수 포인터로, int 인수를 취하고 void를 반환한다. */

ptr_to_func signal(int, ptr_to_func);
/* signal은 두 개의 인수, 즉 int와 ptr_to_func를 취하고
 * ptr_to_func를 반환하는 함수다. */
```

그렇다고 typedef에 단점이 없는 것은 아니다. 다른 선언문과 마찬가지로 typedef 역시 하나의 선언문에 여러 개의 선언자를 포함할 수 있어서 프로그래머를 혼란스럽게 만든다. 게다가 구조체에 대해서는 struct 키워드를 생략하는 것 외에는 더 이상의 가치를 제공하지 않는다. 심지어 typedef를 선언문 시작 부분에 넣지 않아도 된다.

💡 [유용한 팁] 선언자와 관련된 유용한 팁

하나의 typedef 안에 여러 개의 선언자를 넣지 말라.

```
typedef int *ptr, (*fun)(), arr[5];
/* ptr은 'int를 가리키는 포인터' 타입이다.
 * fun은 'int를 반환하는 함수 포인터' 타입이다.
 * arr은 '다섯 개의 int 값을 갖는 배열' 타입이다. */
```

그리고 typedef를 절대로 선언문 중간에 두지 마라.

```
unsigned const long typedef int volatile *kumquat;
```

typedef는 새로운 데이터 타입을 생성하는 게 아니라 데이터 타입에 대한 별명을 만든다. 그래서 모든 데이터 타입에 대해 typedef할 수 있다.

```
typedef int (*array_ptr)[100];
```

여러분이 원하는 타입을 정의하기 위해 그저 변수를 선언하면 된다. 이때 변수 이름을 타입의 별명으로 사용하면 되는데, 이렇게 하려면 위와 같이 선언문 맨 앞에 키워드 typedef를 쓰면 된다. typedef가 사용된 이름은 동일한 블록에서는 다른 식별자와 같은 이름으로 사용할 수 없다.

typedef int x[10]과 #define x int[10]의 차이

앞에서 언급했듯이 typedef와 매크로 텍스트 치환 간에는 중요한 차이점이 있다. 이 차이를 구별하는 올바른 방법은 typedef를 완전히 '캡슐화(encapsulate)된' 데이터 타입으로 보는 것이다. 즉, typedef로 무언가를 선언한 다음에는 여기에 또 다른 것을 덧붙일 수 없다. typedef와 매크로의 차이를 보여 주는 두 가지 사례를 살펴보자.

먼저 매크로를 사용해 만든 타입 이름은 다른 타입 지정자와 함께 사용할 수 있지만, typedef로 정의한 타입 이름은 그렇게 할 수 없다.

```
#define peach int
unsigned peach i; /* 정상 동작 */

typedef int banana;
unsigned banana i; /* 경고! 잘못된 사용 */
```

두 번째로 typedef로 정의한 타입 이름은 선언문에서 사용한 모든 선언자에 대해 효력을 지닌다.

```
#define int_ptr int *
int_ptr chalk, cheese;
```

매크로 확장 후에 두 번째 행은 다음과 같이 바뀐다.

```
int * chalk, cheese;
```

위 코드는 chalk와 cheese를 완전히 다른 타입으로 만든다. 즉, chalk는 int를 가리키는 포인터 타입이 되지만 cheese는 int 타입이 된다. 대조적으로 typedef는 다음과 같이 동작한다.

```
typedef char * char_ptr;
char_ptr Bentley, Rolls_Royce;
```

위 코드는 Bentley와 Rolls_Royce가 동일하다고 선언한다. 즉, 이름은 달라도 모두 char를 가리키는 포인터 타입이다.

typedef struct foo { ... foo; } foo;의 의미

C에는 다양한 이름 공간(namespace)이 존재한다.

- 레이블 이름
- 태그(모든 구조체, 열거형, 공용체에 대한 하나의 이름 공간)
- 멤버 이름(각 구조체와 공용체에는 자체 이름 공간이 있음)
- 기타 이름 공간

이름 공간에서 사용하는 이름은 모두 유일해야 하지만, 동일한 이름을 각각의 다른 이름 공간에서 사용하는 것은 가능하다. 구조체 또는 공용체는 각각 자체 이름 공간을 보유하고 있기 때문에 서로 다른 구조체라면 이름이 같은 멤버를 사용할 수 있다. 하지만 이러한 지침은 아주 오래된 컴파일러에서는 적용되지 않았는데, 이 때문에 4.2 BSD 커널 코드에서는 다음과 같이 필드 이름 앞에 접두어를 붙인다.

```
struct vnode {
  long        v_flag;
  long        v_usecount;
  struct vnode    *v_freef;
  struct vnodeops *v_op;
};
```

이제 이름 공간이 다르다면 같은 이름을 사용할 수 있기 때문에 때때로 다음과 같은 코드도 보게 될 것이다.

```
struct foo {int foo;} foo;
```

이로 인해 분명 여러분이 작성한 코드를 유지 보수하게 될 미래의 프로그래머는 혼란스러워하고 실망하게 될 것이다. 과연 sizeof (foo);는 무엇을 참조하겠는가?

더 겁나는 것도 있다. 다음과 같은 선언문도 허용된다.

```
typedef struct baz {int baz;} baz;
        struct baz variable_1;
                baz variable_2;
```

baz가 너무 많다. 위 코드를 제대로 이해하기 위해 알기 쉬운 이름으로 구분하여 다시 표현해 보자.

```
typedef struct my_tag {int i;} my_type;
        struct my_tag variable_1;
my_type variable_2;
```

선언문 첫 행에서 typedef가 'struct my_tag {int i}'를 축약하여 my_type이라는 이름으로 선언하는 동시에 구조체 태그 my_tag도 선언한다. 구조체 태그 my_tag는 키워드 struct와 함께 사용할 수 있다. typedef 선언문에서 타입과 태그로 동일한 식별자를 사용하면 struct 키워드를 선택 사항으로 만드는 효과가 있는데, 이럴 경우 선언문을 완전히 오해할 수 있다. 안타깝게도 이러한 형태의 typedef struct 문법은 구조체 타입과 변수 선언이 결합한 형태의 문법에 정확히 반영된다. 따라서 다음 두 선언문은 비슷한 모양이지만, 사실은 매우 다른 일이 일어난다.

```
typedef struct fruit {int weight, price_per_lb } fruit; /* 문장 1 */
        struct veg   {int weight, price_per_lb } veg;   /* 문장 2 */
```

문장 1은 다음과 같이 사용할 수 있는 구조체 태그 fruit과 구조체 타입 fruit을 선언한다.

```
struct fruit mandarin;  /* 구조체 태그 'fruit' 사용 */
        fruit tangerine; /* 구조체 타입 'fruit' 사용 */
```

문장 2는 구조체 태그 veg와 변수 veg를 선언한다. 구조체 태그는 다음과 같은 형태로만 선언문에서 사용할 수 있다.

```
struct veg potato;
```

(구조체 태그는 typedef로 정의한 타입이 아니기 때문에) veg cabbage; 같은 형태로 변수 선언을 시도하면 오류가 날 것이다. 이것은 마치 다음 코드처럼 쓰는 것과 같다.

```
int i;
i j;
```

[유용한 팁] typedef와 관련된 유용한 팁

구조체와 함께 typedef를 사용하려고 애쓰지 말라. 그래 봐야 struct를 타자치는 수고를 덜 뿐이다. 이것은 움직일 수 없는 명백한 증거다. typedef는 다음과 같은 경우에 사용하기 바란다.

- 배열, 구조체, 포인터, 함수 등을 결합한 타입
- 이식 가능한 타입. 적어도 (말하자면) 20비트 이상을 사용하는 타입[2]이 필요할 때 typedef로 만들기 바란다. 그런 후에 코드를 다른 플랫폼으로 이식할 때 typedef로 만들었던 타입에 대해 short, int, long 등 이식하려는 플랫폼에서 사용 가능한 적절한 타입으로 typedef 선언문에만 대치해 줌으로써 모든 변수 선언문을 수정하는 수고를 덜 수 있다.
- 타입 캐스팅. typedef로 복잡한 타입에 대한 타입 캐스팅을 훨씬 단순하게 할 수 있다. 예를 들면 다음과 같다.

```
typedef int (*ptr_to_int_fun)(void);
  char * p;
  ...            = (ptr_to_int_fun) p;
```

사용할 일이 없더라도 구조체를 정의할 때는 태그를 사용하는 습관을 길러야 한다. 이에 대해서는 나중에 설명할 것이다.

컴퓨터 과학의 꽤 괜찮은 원칙에는 '다른 것이 두 개가 있다면, 그것을 지칭하는 각각의 이름을 사용하라'는 것이다. 이렇게 함으로써 혼란의 가능성을 줄일 수 있다 (소프트웨어 분야에서는 항상 좋은 정책이다). 구조체 태그 이름 때문에 고민하고 있다면 구조체 이름에다 '_tag'만 붙이기 바란다. 특정 이름이 무엇인지 더 쉽게 인지할 수 있다. 이렇게 하면 여러분의 코드를 읽는 미래 세대는 아마도 여러분의 작품을 비판하기는커녕 여러분의 이름을 축복할 것이다.

모든 파싱을 이해하는 코드 조각

이제 여러분은 C 선언문을 구문 분석해서 사람이 알아들을 만한 말로 설명하는 프로그램을 쉽게 작성할 수 있을 것이다. 사실 못할 것도 없다. C 선언문의 기본 형식

---

2   (옮긴이) 20비트 이상을 사용했다는 것은 당시 지은이의 경험을 토대로 작성한 것이라 무엇을 지칭하는지 명확히 알기 어렵다. 아마도 이 책이 나온 당시에는 int 타입의 크기가 대부분 16비트였고, 따라서 20비트 이상의 타입을 지원하지 않는 시스템을 위해 typedef를 사용하여 별도의 타입을 만들도록 조언한 것으로 생각된다. 최근에는 32비트, 64비트 시스템이 혼용되어 사용된다. 그래서 이식 가능성을 높이기 위해 크기와 상관없이 typedef를 사용하여 표준화된 크기 타입을 정의하는 것이 보편화되었다.

은 이미 설명했으니 그 형식을 이해하고 그림 3-3과 같은 방식으로 해독하는 코드를 작성하기만 하면 된다. 간단히 하기 위해 에러 처리는 무시하고 구조체, 열거형, 공용체 구문을 struct, enum, union이라는 단어로 압축하여 처리할 것이다. 마지막으로 이 프로그램은 함수가 빈 괄호(즉, 인수가 없음)라고 가정한다.

◎ [프로그래밍 도전] C 선언문을 사람이 알아들을 만한 말로 번역하는 프로그램 작성

전체적인 설계 내용은 다음과 같다. 핵심 자료 구조는 스택인데 식별자를 순서대로 읽으면서 토큰을 스택에 저장한다. 그러면 오른쪽으로 토큰을 읽을 수 있게 되는데, 오른쪽에 있는 토큰을 읽으면서 왼쪽에 있는 토큰은 팝(pop)할 것이다. 자료 구조는 다음과 같다.

```
struct token { char type;
               char string[MAXTOKENLEN]; };

/* 첫 번째 식별자에 도달할 때까지 토큰을 보관 */
struct token stack[MAXTOKENS];

/* 지금 읽고 있는 토큰을 보관 */
struct token this;
```

의사 코드는 다음과 같다.

유틸리티 루틴

```
classify_string
   현재 토큰을 보고
   this.type에 따라 'type', 'qualifier', 'identifier' 값을 반환한다.
gettoken
   다음 토큰을 읽어 this.string에 넣는다.
   토큰이 영문자나 숫자라면 classify_string을 실행한다.
   그렇지 않으면 한 글자짜리 토큰이어야 한다.
   this.type = 토큰 자체; this.string에 nul을 추가하여 문자열 생성을 끝낸다.
read_to_first_identifier
   gettoken을 실행하고 토큰을 스택에 넣는 과정을 첫 번째 식별자를 읽을 때까지 반복한다.
   "identifier is", this.string을 출력한다.
   gettoken을 실행한다.
```

파싱 루틴

```
deal_with_function_args
   닫는 괄호 ')'가 나올 때까지 토큰을 읽은 후, 'function returning'이라고 출력한다.
deal_with_arrays
```

```
   '[size]'가 나오는 동안 이것을 출력하고는 그다음 토큰을 읽는다.
deal_with_any_pointers
   스택에서 '*'을 만나는 동안 'pointer to'라고 출력한 후 꺼낸다.
deal_with_declarator
   this.type이 '['이면 deal_with_arrays 실행
   this.type이 '('이면 deal_with_function_args 실행
   deal_with_any_pointers 실행
   스택에 토큰이 있는 동안 다음을 수행
   토큰이 '('라면
   꺼낸 다음 gettoken 실행; 토큰은 ')'일 것이다.
   deal_with_declarator 실행
   그렇지 않다면 토큰을 꺼내고 출력한다.


메인 루틴
main
   read_to_first_identifier
   deal_with_declarator
```

이것은 'cdecl'[3]이라는 이름으로 여러 해에 걸쳐 여러 번 작성된 작은 프로그램이다. 《The C Programming Language》에서 cdecl의 불완전 버전을 볼 수 있으며, 이 책에서 좀 더 완성도를 높였다. 타입 한정자 const와 volatile을 지원하고 일부분이지만 구조체, 열거형, 공용체도 이해하게 된다. 게다가 이 버전을 확장하면 함수의 인수 선언도 쉽게 처리할 수 있다. 이 의사 코드는 약 150행의 C 프로그램으로 구현할 수 있다. 물론 오류 처리를 추가하고 선언문을 완벽하게 처리한다면 프로그램은 훨씬 더 커질 것이다. 어쨌든 이 파서를 짜고 있다면 여러분은 컴파일러의 중요 하위 시스템을 구현하고 있는 것이다. 이것은 여러분의 프로그래밍 경력에서 중요한 이정표가 될 것이며, 이를 통해 이 영역에 대한 이해가 한층 깊어질 것이다.

더 읽을거리

이제 C 언어로 자료 구조를 만드는 방법을 터득했으므로 《Data Structures with Abstract Data Types》(Brooks/Cole, 1989) 같은 자료 구조에 대한 훌륭한 이론서를

---

3   PC의 터보 C에서 사용하는 cdecl 수식자와 이것을 혼동하면 안 된다. 이것은 터보 C에서 자동으로 생성한 코드를 터보 파스칼에서 함수를 호출하는 기본 양식으로 사용하면 안 된다는 것을 뜻한다. cdecl 수식자는 볼랜드(Borland) C 코드가 서로 다른 호출 양식으로 구현한 각각의 터보 계열 언어와 연결한다.

읽을 것을 추천한다.[4] 이 책에서는 문자열, 리스트, 스택, 큐, 트리, 힙, 집합, 그래프 등 다양한 자료 구조를 다룬다.

쉬어 가기: 밀랍 올챙이 씹기[5] 소프트웨어...

로봇 팔이나 디스크 헤드 등의 어떤 물리적인 물체를 제어하는 소프트웨어를 개발하는 것은 컴퓨터 프로그래밍으로 얻을 수 있는 커다란 즐거움이다. 프로그램을 실행했을 때 실제로 무언가가 움직이는 것을 확인하면서 느끼는 만족감은 이루 말할 수 없다. MIT 인공 지능 연구소 대학원생들은 연구소 컴퓨터를 9층 승강기 버튼과 연결하면서 새로운 동기를 부여받았다. 리스프(LISP) 시스템에서 명령을 입력하기만 하면 승강기를 부를 수 있게 된 것이다. 대학원생들은 치밀하게도 승강기 호출 전에 현재 단말기가 실제로 연구실에 있는지까지 확인했고, 은밀한 곳에서 승강기를 일시 정지시키려는 상대 해커의 공격도 차단했다.

컴퓨터 프로그래밍이 주는 또 다른 큰 즐거움은 정크 푸드를 먹으며 해킹 작업을 하는 것이다. 이 두 가지 전율을 함께 누리는 것만큼 자연스러운 일도 없다. 카네기 멜런 대학의 컴퓨터과학과 대학원생 몇 명은 오래된 문제를 해결하기 위해 정크 푸드-컴퓨터 인터페이스를 개발했다. 그 문제는 바로 컴퓨터 과학과 3층에 설치된 콜라 자판기였다. 자판기가 대학원 사무실에서 너무 멀리 떨어져 있다 보니 콜라를 마시기 위해 학생들은 한참을 걸어가야 했다. 게다가 자판기에 겨우 도착했는데 자판기가 비어 있거나 심지어 최근에 채워져 따뜻한 콜라가 나오는 경우도 있었다. 학생들은 이런 상황에 진저리가 났다. 존 자니(John Zsarney)와 로렌스 부처(Lawrence Butcher)는 콜라 자판기가 여섯 줄짜리 냉장 트레이에 제품을 보관하고, 트레이마다 '없음(empty)' 불이 있는데 이 불은 병이 제공될 때마다 깜빡이다가 트레이에 병이 다 떨어지면 불이 계속 켜진 상태로 있다는 것을 알아냈다. 불빛과 직

---

4 (옮긴이) 추상적 데이터 타입(abstract data type, ADT)은 현재까지 다양한 형태로 라이브러리에 녹아 있다. 《Data Structures with Abstract Data Types》는 모듈러-2, 파스칼, 에이다 등 다양한 프로그래밍 언어를 사용하여 자료 구조 이론을 풀어냈는데, 특이하게도 C 언어는 사용하지 않았다. 자료 구조를 자유롭게 사용하는 능력은 다양한 엔진을 사용하는 현대 프로그래밍 환경에서 필수가 되었다.

5 (옮긴이) 원서의 표현은 'bite the wax tadpole'로, 이 제목에는 코카콜라가 중국에 진출할 당시 일화가 숨어 있다. 1928년 코카콜라가 중국에 진출할 때 코카콜라의 발음을 흉내 낸 '蝌蝌啃蠟(과규간랍, 중국어 발음: 커더우컨라)'라는 이름을 사용했는데, 이 의미가 'bite the wax tadpole', 즉 '밀랍(왁스) 올챙이를 물다'였던 것이다. 이로 인해 초기 중국 시장에 진출했던 코카콜라 마케팅은 실패했다. 이후 1933년 코카콜라 이름을 다시 공모하여 의미까지 살린 '可口可樂(가구가락, 중국어 발음: 커커우커러)'라는 이름으로 바꾼 후 지금까지 사용하고 있다.

렬 인터페이스를 연결하고, '병 공급' 데이터를 대학원 연구실 메인 프레임 컴퓨터 PDP-10으로 전송하는 것은 간단한 일이었다. PDP-10 입장에서 콜라 자판기 인터 페이스는 텔넷 연결 중 하나로 취급할 뿐이었다. 여기에 마이크 카자(Mike Kazar) 와 데이브 니콜스(Dave Nichols)는 자판기의 어느 트레이가 가장 시원한지 알려 주 는 소프트웨어도 작성했다.

　당연히 마이크와 데이브는 여기서 멈추지 않았다. 그들은 계속해서 메인 프레임 이 로컬 이더넷상의 컴퓨터로부터, 궁극적으로는 인터넷을 통해 들어오는 콜라 자 판기 상태 요청에 응답할 수 있게 해 주는 네트워크 프로토콜을 설계했다. 아이버 더럼(Ivor Durham)은 이 프로토콜을 적용하여 다른 컴퓨터에서 콜라 자판기 상태 를 확인하는 소프트웨어를 구현했다. 엄청난 노력 끝에 아이버는 특정 사용자가 다 른 컴퓨터에 로그온했는지 확인할 때 사용하는 '핑거' 표준 기능을 활용해 이를 구 현했다. 즉, '핑거' 서버를 수정하여 실제로는 존재하지 않는 사용자 'coke'를 핑거 할 때마다 콜라 자판기 상태 프로그램을 실행하도록 만들었다. 핑거 요청은 표준 인터넷 프로토콜이기 때문에 카네기 멜런 대학 컴퓨터를 사용하는 사람이면 누구 나 콜라 자판기 상태를 확인할 수 있었다. 실제로 다음과 같은 명령을 실행하면 수 천 킬로미터 떨어진 곳에서도 인터넷으로 콜라 자판기 상태를 확인할 수 있었다.

```
finger coke@g.gp.cs.cmu.edu
```

이들 말고도 프로젝트에 참여한 사람으로 스티브 버만(Steve Berman), 에디 캐플 런(Eddie Caplan), 마크 윌킨스(Mark Wilkins), 마크 자렘스키(Mark Zaremsky)[6] 등이 있다. 콜라 자판기 프로그램은 그 후로 10년 넘게 사용되었고 심지어 1980년 대 초 PDP-10이 백스로 대체되었을 때 백스용으로 다시 만들어졌다. 그러다가 몇 년 후, 콜라병 디자인이 바뀌면서 이 프로젝트는 종료되었다. 구식 자판기는 새로 운 모양의 병을 처리할 수 없어 신형으로 교체되었고 이로 인해 새로운 인터페이 스가 필요했다. 다들 귀찮아했는데 카페인의 유혹을 이기지 못한 그렉 넬슨(Greg Nelson)이 새로운 시스템을 다시 설계했다. 탄력을 받은 카네기 멜런 대학원생들 은 사탕 자판기도 컴퓨터에 연결했으며, 이와 비슷한 프로젝트들이 다른 학교에서 도 진행되었다.

6　Craig Everhart, Eddie Caplan, Robert Frederking, 'Serious Coke Addiction,' *25th Anniversary Symposium, Computer Science at CMU: A Commemorative Review, 1990*, p. 70. Reed and Witting Company

웨스턴 오스트레일리아 대학 컴퓨터 동아리는 콜라 자판기를 모토로라 68000 CPU에 80K 메모리와 이더넷 인터페이스로 무장한(당시 평균 PC 사양보다 강력한 사양) PC에 연결했다. 뉴욕 로체스터 공과 대학의 컴퓨터 사이언스 하우스(Computer Science House)는 콜라 자판기를 인터넷에 연결하여 신용 카드 및 온라인 계좌로 결제할 수 있게 발전시켰다. 어떤 학생은 여름에 수천 킬로미터 떨어진 곳에 있는 집에서 콜라 자판기에 원격으로 로그인하여 콜라 자판기 근처를 지나가는 사람들에게 무작위로 몇 가지 음료를 기부하기도 했다. '콜라 자판기'는 인터넷에서 가장 일반적인 형태의 하드웨어가 될 정도로 중요해졌다.

콜라뿐 아니라. 시그너스 서포트(Cygnus Support)[7] 프로그래머들은 크리스마스 때 사무실에 있던 크리스마스 장식을 이더넷에 연결했다. 그리고 워크스테이션으로 다양한 조명 효과를 만들어 내며 크리스마스를 즐겼다. 그런데도 이러한 미국 사람들은 일본이 기술 면에서 미국을 앞지를까봐 걱정하고 있다. 썬 내부에는 팩스 모뎀으로 연결되는 이메일 주소가 있다. 그래서 이 주소로 이메일을 보내면 전화번호 세부 정보가 파싱되어 팩스로 전송된다. 수석 프로그래머 돈 홉킨스(Don Hopkins)는 이 기술을 제대로 활용했다. 그는 pizzatool이라는 프로그램을 만들었는데, pizzatool은 GUI 인터페이스를 사용하여 피자와 토핑을 원하는 대로 선택(사용자 대부분은 치즈 추가 메뉴를 선택했다)한 다음, 가까운 토니 앤드 알바(Tony & Alba) 피자 가게로 팩스 주문을 보내 피자를 배달하도록 하는 프로그램이다.

나는 썬의 스팍 서버 600MP 시리즈를 개발하는 동안 철야 근무를 하면서 이 piz-zatool 서비스를 아주 많이 사용했다고 언급하는 것이 절대 영업 비밀 누설이라고 생각하지 않는다. 맛있게 먹기를 바란다.

◎ [프로그래밍 해답] 모든 파싱을 이해하는 코드 조각

```
#include <stdio.h>
#include <string.h>
#include <ctype.h>
```

---

7 (옮긴이) 시그너스 서포트는 오픈 소스 소프트웨어에 대한 상업적 기술 제공을 위해 1989년 설립되었으며, 이후 시그너스 솔루션스(Cygnus Solutions)로 이름을 바꾸었다가 1999년 레드 햇(Red Hat)에 합병되었다. 시그너스 서포트는 GNU 디버거, binutils 등 GNU 핵심 소프트웨어를 관리했으며 GCC 프로젝트에도 일부 기여했다. 또한 시그너스 서포트는 윈도우에서 유닉스용 소프트웨어를 실행할 수 있게 하는 환경인 시그윈(Cygwin)의 최초 개발사이기도 하다.

```
#include <stdlib.h>
#define MAXTOKENS 100
#define MAXTOKENLEN 64

enum type_tag { IDENTIFIER, QUALIFIER, TYPE };

struct token {
  char type;
  char string[MAXTOKENLEN];
};

int top=-1;
struct token stack[MAXTOKENS];
struct token this;

#define pop stack[top--]
#define push(s) stack[++top]=s

enum type_tag classify_string(void)
/* 식별자 타입 판별 */
{
  char *s = this.string;
  if (!strcmp(s,"const")) {
    strcpy(s,"read-only");
    return QUALIFIER;
  }
  if (!strcmp(s,"volatile")) return QUALIFIER;
  if (!strcmp(s,"void")) return TYPE;
  if (!strcmp(s,"char")) return TYPE;
  if (!strcmp(s,"signed")) return TYPE;
  if (!strcmp(s,"unsigned")) return TYPE;
  if (!strcmp(s,"short")) return TYPE;
  if (!strcmp(s,"int")) return TYPE;
  if (!strcmp(s,"long")) return TYPE;
  if (!strcmp(s,"float")) return TYPE;
  if (!strcmp(s,"double")) return TYPE;
  if (!strcmp(s,"struct")) return TYPE;
  if (!strcmp(s,"union")) return TYPE;
  if (!strcmp(s,"enum")) return TYPE;
  return IDENTIFIER;
}

void gettoken(void) /* 다음 토큰을 'this'에 읽음 */
{
  char *p = this.string;
```

```
  /* 공백 문자 처리 */
  while ((*p = getchar()) == ' ' ) ;

  if (isalnum(*p)) {
    /* 식별자가 A-Z, 0-9로 시작 */
    while ( isalnum(*++p=getchar()) );
    ungetc(*p,stdin);
    *p = '\0';
    this.type=classify_string();
    return;
  }

  if (*p=='*') {
    strcpy(this.string,"pointer to");
    this.type = '*';
    return;
  }
  this.string[1]= '\0';
  this.type = *p;
  return;
}
/* 모든 파싱을 이해하는 코드 조각 */
read_to_first_identifier() {
  gettoken();
  while (this.type!=IDENTIFIER) {
    push(this);
    gettoken();
  }
  printf("%s is ", this.string);
  gettoken();
}

deal_with_arrays() {
  while (this.type=='[') {
    printf("array ");
    gettoken(); /* 숫자 또는 ']' */
    if (isdigit(this.string[0])) {
      printf("0..%d ",atoi(this.string)-1);
      gettoken(); /* ']' */
    }
    gettoken(); /* ']' */
    printf("of ");
  }
}

deal_with_function_args() {
  while (this.type!=')') {
```

```
      gettoken();
    }
    gettoken();
    printf("function returning ");
}

deal_with_pointers() {
    while ( stack[top].type== '*' ) {
        printf("%s ", pop.string );
    }
}

deal_with_declarator() {
    /* 식별자에 따라 배열 또는 함수로 처리 */
    switch (this.type) {
    case '[' : deal_with_arrays(); break;
    case '(' : deal_with_function_args();
    }

    deal_with_pointers();

    /* 식별자를 읽으면서 스택에 저장했던 토큰 처리 */
    while (top>=0) {
        if (stack[top].type == '(' ) {
            pop;
            gettoken(); /* ')' */
            deal_with_declarator();
        } else {
            printf("%s ",pop.string);
        }
    }
}

main()
{
    /* 식별자를 읽을 때까지 토큰을 스택에 저장 */
    read_to_first_identifier();
    deal_with_declarator();
    printf("\n");
    return 0;
}
```

💡 [유용한 팁] 문자열 비교를 더 자연스럽게 보이게 하는 법

두 문자열을 비교하는 strcmp() 함수의 문제점은 문자열이 같을 때 0을 반환한다는 것이다. 이는 문자열 비교가 조건문의 일부로 쓰일 때 코드가 복잡해지는 요인이 된다.

```
if (!strcmp(s,"volatile")) return QUALIFIER;
```

결괏값 0은 거짓을 나타내므로 우리가 원하는 것을 얻으려면 위 코드와 같이 논리 부정 연산자(!)를 추가해야 한다.

하지만 더 좋은 방법이 있다. 먼저 다음과 같이 매크로를 정의한다.

```
#define STRCMP(a,R,b) (strcmp(a,b) R 0)
```

이렇게 하면 이제 자연스러운 모양으로 문자열을 비교할 수 있다.

```
if (STRCMP(s, ==, "volatile"))
```

이렇게 매크로를 정의하면 코드는 자연스러운 모습이 되어 무엇이 일어나는지 더욱 명확하게 표현해 준다. 이와 같은 스타일로 문자열을 비교할 수 있게 cdecl 프로그램을 다시 작성하고 어떤 게 좋은지 비교하기 바란다.

🎯 [프로그래밍 해답] C 선언문의 단계별 해석 과정(한 번 더)

86쪽 char *(*c[10])(int **p);에 대한 해답은 다음과 같다. 각 단계에서 처리 중인 선언부는 굵게 표시했다. 1단계부터 시작하여 다음 단계로 진행한다.

남아 있는 선언문	다음 단계	결과
가장 왼쪽의 식별자부터 시작		
char *(*c[10])(int **p);	1단계	'c는 ~이다'라고 읽는다.
char *(*[10])(int **p);	2단계	'~의 배열 [0..9]'라고 읽는다.
char *(*)(int **p);	5단계	'~을(를) 가리키는 포인터'라고 읽고 4단계로 넘어간다.
char *( )(int **p);	4단계	괄호를 지운 후 2단계로 넘어간 다음, 바로 3단계로 넘어간다.
char * (int **p);	3단계	'~을(를) 반환하는 함수'라고 읽는다.

char *	;	5단계	'~을(를) 가리키는 포인터'라고 읽는다.
char	;	6단계	'문자'라고 읽는다.

위 결과를 종합하면 다음과 같이 읽을 수 있다.

"c는 문자를 가리키는 포인터를 반환하는 함수에 대한 포인터(함수 포인터)의 배열 [0..9] 다."

이렇게 읽으면 끝이다. 참고로 배열에서 가리키는 함수는 포인터를 가리키는 포인터를 유일한 파라미터로 가져온다.

4장

충격적인 진실:
C 배열과 포인터는 다르다

배열의 인덱스는 0 또는 1부터 시작해야만 하는가?
내가 제안한 절충안인 0.5는 충분한 검토 없이 거절되었다고 생각한다.

— 스탠 켈리 부틀(Stan Kelly-Bootle)

배열은 포인터가 아니다

초보 C 프로그래머가 자주 듣는 첫 번째 이야기 가운데 하나는 '배열은 포인터와 똑같다'는 것이다. 하지만 불행하게도 이것은 위험한 이야기이며 절반만 진실이다. 안시 C 표준 6.5.4.2에서는 다음과 같이 권고하고 있다.

선언 사이의 구분에 유의하시오.

```
extern int *x;
extern int y[];
```

첫 번째 선언에서는 x를 int에 대한 포인터로 선언한다. 두 번째 선언에서는 y가 확정되지 않은 크기(불완전한 타입)의 int 배열로 선언되며, 배열이 저장되는 위치는 다른 곳에서 정의된다.

표준은 어떠한 사항에 대해 이 이상 더 자세히 설명하는 법이 없다. C 언어 책들에서는 배열이 어떤 경우에 포인터와 같고 어떤 경우에 그렇지 않은지 충분히 설명하지 않고 각주로 대충 얼버무린다. 이 책은 배열이 포인터와 같거나 다른 경우와 그 이유를 충분히 설명함으로써 이 내용을 최대한 균형 있게 다룰 것이다. 그것이 이 내용을 이번 장 제목으로 뽑아 핵심을 최대한 강조한 이유다.

내 코드가 동작하지 않는 이유

누군가가 "프로그램이 동작하지 않아요"라는 불평과 함께 다음과 같은 프로그램을 가져온다면 나는 "어디 보자, 2.5달러 주세요"라고 얘기할 것이다.

파일 1:

```
int mango[100];
```

파일 2:

```
extern int *mango;
...
/* mango[i]를 참조하는 코드 */
```

여기서 파일 1은 mango를 배열로 정의하지만 파일 2는 이를 포인터로 선언한다. 그렇다면 무엇이 잘못된 것일까? 사실 '모두' C 언어에서 배열과 포인터는 거의 동일하다고 안다. 문제는 '모두' 잘못되었다는 것이다. 이것은 마치 정수와 부동 소수점 수를 혼동하는 것과 같다.

파일 1:

```
int guava;
```

파일 2:

```
extern float guava;
```

위의 int와 float 예는 명백하고 심각한 타입 불일치다. 아무도 이것이 제대로 동작하리라 생각하지 않는다. 그렇다면 왜 사람들은 항상 포인터와 배열을 완전히 바꾸어 사용하는 것이 가능하다고 생각할까? 그것은 배열 참조 구문은 항상 포인터 참조 구문으로 다시 쓸 수 있을 뿐 아니라 포인터와 배열을 정의하는 맥락이 동일하기 때문이다. 불행하게도 이 양식이 배열을 사용하는 아주 흔한 양식이 되는 바람에 사람들은 자연스럽게 이 양식을 일반화했는데, 명백하게 잘못된 규칙인 '배열로 정의하고는 포인터로 외부(extern) 선언을 한 것'을 넘어 모든 경우에 적용한 것 같다.

선언이란 무엇인가? 정의란 무엇인가?

이 문제를 바닥까지 파 보기 전에 필수 C 용어 몇 가지를 되새겨 보자. C에서 객체 는 반드시 단 한 번만 정의할 수 있으며, 이에 대한 외부 선언은 여러 번 할 수 있다. 아울러 이 책은 C 언어를 다루기 때문에 C++ 용어와 혼동하지 않기를 바란다. 그리 고 이 책에서 언급하는 '객체'는 함수나 데이터 항목과 같이 링커(linker)에 전달되 는 C의 '성분(thing)'을 뜻한다.

'정의'는 객체를 생성하는 특수한 종류의 선언이다. '선언'은 이름을 가리키는 것 으로, 이 이름을 통해 선언된 곳 또는 어느 곳에서든 생성된 객체를 참조한다. 이 내용을 정리하자면 다음과 같다.

정의	단 한 번만 나타난다.	객체의 타입을 지정한다. 저장 공간을 확보한다. 새로운 객체를 만들 때 사용된다. 예) int my_array[100];
선언	여러 번 나타날 수 있다.	객체의 타입을 설명한다. 다른 곳(다른 파일 등)에서 정의된 객체를 참조하는 데 사용된다. 예) extern int my_array[];

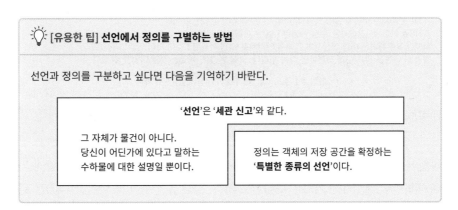

[유용한 팁] 선언에서 정의를 구별하는 방법

선언과 정의를 구분하고 싶다면 다음을 기억하기 바란다.

'선언'은 '세관 신고'와 같다.

그 자체가 물건이 아니다.
당신이 어딘가에 있다고 말하는
수하물에 대한 설명일 뿐이다.

정의는 객체의 저장 공간을 확정하는
'특별한 종류의 선언'이다.

객체를 외부 선언할 때 컴파일러에는 객체의 타입과 이름을 알려줄 뿐, 객체에 대 한 메모리 할당은 다른 곳에서 이루어진다. 이 시점에서는 배열에 대한 메모리를 할당하지 않으므로 전체 크기에 대한 정보를 제공할 필요가 없다. 다만 맨 왼쪽 배 열을 제외하고 남은 배열 차원의 크기를 제공해야 하는데, 이렇게 하면 컴파일러가 인덱싱 코드 생성에 필요한 충분한 정보를 얻는다.

배열과 포인터에 접근하는 방법

이 절에서는 배열을 사용하는 참조와 포인터를 사용하는 참조 간의 차이를 보여 준다. 우선 '주소 y'와 '주소 y의 내용'을 구분할 수 있어야 한다. 이 구분은 사실 아주 미묘하다. 대부분의 프로그래밍 언어에서 이 두 가지를 표현하는 데 동일한 기호를 사용하기 때문이다. 그래서 컴파일러는 문맥을 통해 그 기호의 정확한 의미를 파악하게 된다. 그림 4-1에 표시된 간단한 대입문을 보자.

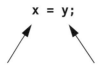

이 문맥에서 기호 x는 x가 가리키는 '주소'를 의미한다.

이를 일컬어 l-값(l-value)이라고 한다.

l-값은 컴파일 타임에 알려진다.
l-값은 결과를 저장할 위치를 알려 준다.

이 문맥에서 기호 y는 y가 가리키는 '주소에 들어 있는 내용'을 의미한다.

이를 일컬어 r-값(r-value)이라고 한다.

r-값은 런타임까지 알 수 없다.
별도로 명시하지 않는 한 'y의 값'은 r-값을 의미한다.

'수정 가능한 l-값'은 C 언어가 도입한 용어로, 이때 l-값은 대입문 왼쪽에 표시하도록 허용한 값을 뜻한다.
모순처럼 보이는 이 표현은 당초 객체를 가리키는 l-값은 배열 이름을 나타내기 위해 도입했지만,
문제는 C에서는 배열 이름이 할당되지 않은 상태일 수도 있다는 것이다.
즉, 배열 이름은 l-값이지만 '수정 가능한 l-값'은 아니라는 것이다.
하지만 표준에서는 대입 연산자의 왼쪽 피연산자로 수정 가능한 l-값이 와야 한다고 규정한다.
결국 이 내용을 알기 쉽게 표현하면 다음과 같다. 오직 변경할 수 있는 것만 대입할 수 있다.

그림 4-1 주소(l-값)와 주소의 내용(r-값) 간의 차이

대입문 왼쪽에 나타나는 기호는 보통 l-값('left-hand-side' 또는 'locator')이라고 부르고, 대입문 오른쪽에 있는 기호는 보통 r-값('right-hand-side')이라고 부른다. 컴파일러는 각 변수에 주소(또는 l-값)를 지정한다. 이 주소는 컴파일 타임에 알게 되며 런타임에 변수가 유지되는 곳이기도 하다. 반대로 변수에 저장된 값(r-값)은 런타임까지 알 수 없다. 변수에 저장된 값이 필요할 경우, 컴파일러는 주어진 주소에 들어 있는 값을 읽어 레지스터에 저장하는 코드를 내보낸다.

요점은 각 심벌의 주소가 컴파일 타임에 알려진다는 점이다. 따라서 컴파일러가 주소를 사용하여 뭔가를 해야 하는 경우(어쩌면 오프셋을 추가할 수도 있다), 이 작업은 컴파일러가 직접 수행할 수 있으며 주소를 먼저 검색하기 위한 코드를 추가하지 않아도 된다. 이와는 대조적으로, 포인터의 현재 값은 역참조(한 단계 더 참조)하기 전 런타임에 확인되어야 한다. 그림 4-2는 배열 참조를 보여 준다.

```
char a[9] = "abcdefgh";                    . . .                    c = a[i];
```

컴파일러 심벌 테이블에 a의 주소로 9980을 등록한다.
       런타임 단계 1: i 값을 얻은 후 그 값을 9980에 더한다.
       런타임 단계 2: 주소 (9980+i)에 들어 있는 내용을 가져온다.

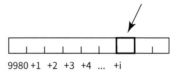

9980 +1 +2 +3 +4 ... +i

그림 4-2 배열 참조 과정

이것이 extern char a[];나 extern char a[100];이 동일한 이유다. 즉, 이 두 선언 문은 a는 배열, 다시 말해 a는 char 타입의 메모리 주소라는 것을 가리킨다. 컴파일 러는 단순히 처음부터 주소 오프셋을 생성하기 때문에 배열의 총길이를 알 필요가 없다. 그래서 배열에서 문자를 얻기 위해서는 그저 심벌 테이블 a에 해당하는 주소 에 첨자를 더하기만 하면 되고, 해당 주소를 통해 char 문자를 얻을 수 있다.

반대로 extern char * p;라고 선언하면 p는 포인터(대부분 4바이트 또는 8바이 트 크기의 객체로, 컴퓨터 또는 운영 체제에 따라 다름)이며, 가리키는 객체는 char 라는 것을 컴파일러에 알려 준다. 그래서 문자를 얻기 위해서는 주소 p에 있는 값을 가져온 다음, 그 값을 주소로 사용하여 해당 주소에 있는 내용을 가져오면 된다. 포 인터 접근은 훨씬 유연하지만 그림 4-3이 보여 주듯이 추가 참조를 위한 CPU 연산 이 필요하다.

```
char *p                    . . .                    c = *p;
```

컴파일러 심벌 테이블에 p의 주소로 4624를 등록한다.
       런타임 단계 1: 주소 4624에 들어 있는 내용을 가져온 후 그 값이 '5081'이라고 알려 준다.
       런타임 단계 2: 주소 5081에 들어 있는 내용을 가져온다.

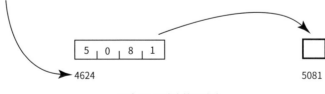

4624   5081

그림 4-3 포인터 참조 과정

포인터로 정의한 후 배열처럼 참조하면?

이번에는 외부 배열이 포인터로 정의된 상태에서 배열처럼 참조될 때 발생하는 문제를 살펴볼 것이다. 사실 우리가 원하는 것은 메모리 직접 참조(그림 4-2)지만 실제로는 포인터에 대한 메모리 간접 참조(그림 4-3)가 이루어진다. 그 이유는 포인터가 있다는 것을 컴파일러에 알려 주기 때문이다. 이 방식은 그림 4-4에서 볼 수 있다.

char *p="abcdefgh";　　　　　.　.　.　　　　　c = p[i];

컴파일러 심벌 테이블에 p의 주소로 4624를 등록한다.
　　　　런타임 단계 1: 주소 4624에 들어 있는 내용을 가져온 후 그 값이 '5081'이라고 알려 준다.
　　　　런타임 단계 2: i 값을 얻은 후 그 값을 5081에 더한다.
　　　　런타임 단계 3: 주소 (5081+i)에 들어 있는 내용을 가져온다.

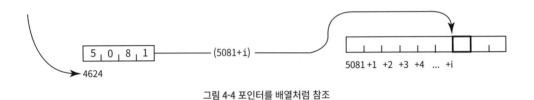

그림 4-4 포인터를 배열처럼 참조

그림 4-4 방식으로 접근하면 다음과 같다.

char * p = "abcdefgh"; ... p[3]

그림 4-2 방식으로 접근하면 다음과 같다.

char a[] = "abcdefgh"; ... a[3]

비교하면 모두 동일한 결과인 d를 얻지만 과정은 완전히 다르다.

　extern char *p라고 선언한 다음 p[3]와 같이 참조하면 결과적으로 그림 4-2와 4-3을 조합한 것이 된다. 즉, 그림 4-3과 같이 간접 참조를 수행한 다음, 그림 4-2와 같이 참조한 값에다 첨자만큼 오프셋을 이동한다. 좀 더 공식적으로 표현하면 컴파일러는 다음과 같은 코드를 생성한다.

1.　p의 주소를 가져와 해당 주소의 포인터값을 조회한다.
2.　첨자가 나타내는 오프셋을 포인터값에 더한다.
3.　결과로 만들어진 주소에 접근한다.

p가 char에 대한 포인터라고 컴파일러에 알려 줬다(반면 배열을 정의하면 p가 char로 구성된 시퀀스라고 컴파일러에 알려 준다). p[i] 참조의 뜻은 "p가 가리키는 곳부터 시작해 i개만큼 더 나아가는데, 이때 개수 단위는 char(즉, 1바이트 크기)다"라는 것을 의미한다. int, double 등 다른 타입의 포인터라면 개수 단위(각 데이터 타입을 셀 때 기준이 되는 크기) 바이트의 크기는 달라진다.

앞에서 p를 포인터로 '선언'했기 때문에 p를 원래부터 포인터로 '정의'했는지(그렇다면 제대로 동작한다), 아니면 배열로 정의했는지(이 경우는 잘못 동작한다)와 관계없이 포인터 방식으로 참조한다. char p[10];으로 정의하고 extern char *p;로 외부 선언한 경우를 생각해 보자. extern 변수를 사용해 p[i]의 내용을 검색하면 문자를 얻기는 하지만 문제는 그것을 포인터로 취급한다는 것이다. 아스키 문자를 주소로 해석하는 것은 이미 재앙이며, 그나마 운이 좋다면 그 시점에 프로그램이 코어 덤프(core dump)를 일으킬 것이다. 최악의 경우 주소 공간 어딘가를 엉뚱한 내용으로 덮어쓰거나 프로그램이 원인 모를 오류에 빠질 것이다.

선언을 정의와 일치시킬 것

정의는 배열로, 외부 선언은 포인터로 할 때 나타나는 문제를 해결하는 방법은 간단하다. 선언부를 다음과 같이 정의와 일치시키면 된다.

파일 1:

```
int mango[100];
```

파일 2:

```
extern int mango[];
...
/* mango[i] 참조 코드 */
```

mango의 배열 정의를 통해 100개의 정수 공간을 할당한다.

```
int *raisin;
```

반대로 포인터 정의는 포인터를 보유할 공간을 요청한다. raisin이라는 이름으로 알려진 포인터는 임의의 int(또는 int 배열)를 가리킨다. raisin 변수 자체는 언제나 동일한 주소에 있지만 그 내용(주솟값)은 각각의 시간에 서로 다른 int를 가리키도록 변경할 수 있다. 각 int는 서로 다른 값을 가질 수 있다. 반면 배열 mango는 다른 장소로 이동할 수 없다. 다른 시간에 서로 다른 값으로 채워질 수 있지만, 항상 동일한 100개의 연속된 메모리 공간을 가리킨다.

배열과 포인터의 차이점

배열과 포인터의 차이점을 확인하는 또 다른 방법은 각각의 특성을 비교하는 것이다. 표 4-1에 정리했다.

포인터	배열
데이터의 주소를 보유	데이터를 보유
간접적으로 데이터에 접근한다. 즉, 먼저 포인터의 내용을 검색해 주소('L'이라고 칭함)로 가져온 다음 해당 주소의 내용을 검색한다. 포인터에 첨자 [i]가 있으면 L부터 i만큼 떨어진 위치의 내용을 검색한다.	데이터에 직접 접근하므로 a[i]의 경우 간단하게 a부터 i만큼 떨어진 위치의 내용을 검색하면 된다.
일반적으로 동적 데이터 구조에 사용된다.	보통 일정 개수의 동일 타입 데이터로 이루어진 요소를 보유하는 데 사용된다.
보통 malloc(), free()와 함께 사용된다.	메모리 할당과 제거가 자동으로 이루어진다.
일반적으로 익명 데이터를 가리킨다.	그 자체로 자신만의 권리를 갖는 변수다.

표 4-1 배열과 포인터의 차이점

배열과 포인터 모두 정의 시점에 문자열로 초기화할 수 있다. 하지만 같아 보여도 실제로는 다른 일이 일어난다.

포인터를 정의할 때는 문자열 리터럴을 대입하는 경우를 빼고는, 포인터만 메모리에 할당할 뿐 포인터가 가리키는 곳은 할당하지 않는다. 예를 들어 다음 정의는 문자열 리터럴을 만든다.

```
char *p = "breadfruit";
```

위와 같이 포인터를 정의하는 것은 문자열 리터럴에 한해서만 허용된다. 예를 들어 부동 소수점 리터럴은 메모리 공간을 할당할 수 없다.

```
float *pip = 3.141; /* 오류! 컴파일 불가 */
```

포인터 초기화로 생성한 문자열을 안시 C에서는 읽기 전용으로 정의한다. 따라서 프로그램이 p를 통해 문자열 변경을 시도하면 미정의 행동을 하게 된다. 일부 구현에서는 읽기 전용 권한으로 보호되는 텍스트 세그먼트(segment)에 문자열 리터럴을 넣기도 한다.

배열은 문자열 리터럴로 초기화할 수 있다.

```
char a[] = "gooseberry";
```

포인터와 달리 문자열로 초기화한 배열은 쓰기가 가능하다. 개별 문자는 언제든지 변경할 수 있다. 다음 문장을 실행한 후 배열에는 새로운 문자열 "blackberry"가 들어간다.

```
strncpy(a, "black", 5);
```

9장에서는 포인터와 배열이 언제 동등해지는지 설명한다. 이때 왜 동등한지 그리고 어떻게 동작하는지 설명한다. 10장에서는 포인터 기반의 교묘한 배열 고급 기법을 설명한다. 10장까지 끝나면 배열에 대해서는 대다수 C 프로그래머들이 알게 될 내용보다 더 많은 것을 잊어버리게 될지도 모른다.

포인터는 선언문 다음으로 C 언어에서 바르게 이해하고 적용하기 어려운 내용이다. 그런데 포인터 역시 C 언어의 가장 중요한 요소다. 전문 C 프로그래머라면 메모리에서 malloc()과 포인터를 능숙하게 다룰 줄 알아야 한다.

쉬어 가기: 회문으로 대동단결

회문(回文, palindrome)은 'do geese see God?'(대답: 'O, no!')처럼 앞뒤로 똑같이 읽을 수 있는 단어나 문장을 뜻한다. 회문은 재미있는 수수께끼의 일종이다. 유명한 표현도 있는데, 대표적으로 나폴레옹의 마지막 우울한 한마디 "Able was I, ere I saw Elba"가 있다. 또 다른 고전적인 회문으로 파나마 운하 건설에 참여했던 사람들의 영웅적인 노력을 칭송하는 표현이 있는데 그 문구는 다음과 같다.

A man, a plan, a canal — Panama!

하지만 카네기 멜런 대학의 컴퓨터 과학과 대학원생 짐 색스(Jim Saxe)는 파나마 운하가 단지 인간과 계획만으로 만들어진 게 아니라고 지적했다. 1983년 10월 짐은 빈둥거리며 파나마 회문을 끄적거리다 다음과 같이 늘렸다.

A man, a plan, a cat, a canal — Panama?

짐이 이것을 다른 대학원생이 볼 수 있게 컴퓨터 시스템에 올려놓자 경주가 시작되었다.

예일 대학의 스티브 스미스는 다음과 같은 패러디를 올렸다.

A tool, a fool, a pool — loopaloofaloota!

몇 주 만에 가이 제이콥슨(Guy Jacobson)은 문구를 다음과 같이 늘렸다.

A man, a plan, a cat, a ham, a yak, a yam, a hat, a canal — Panama!

그러자 사람들이 본격적으로 파나마 회문에 뛰어들기 시작했다. 실제로 졸업생 댄 호이(Dan Hoey)는 다음과 같이 아름다운 회문을 찾고 구성하는 C 프로그램을 작성했다.

A man, a plan, a caret, a ban, a myriad, a sum, a lac, a liar, a hoop, a pint, a catalpa, a gas, an oil, a bird, a yell, a vat, a caw, a pax, a wag, a tax, a nay, a ram, a cap, a yam, a gay, a tsar, a wall, a car, a luger, a ward, a bin, a woman, a vassal, a wolf, a tuna, a nit, a pall, a fret, a watt, a bay, a daub, a tan, a cab, a datum, a gall, a hat, a fag, a zap, a say, a jaw, a lay, a wet, a gallop, a tug, a trot, a trap, a tram, a torr, a caper, a top, a tonk, a toll, a ball, a fair, a sax, a minim, a tenor, a bass, a passer, a capital, a rut, an amen, a ted, a cabal, a tang, a sun, an ass, a maw, a sag, a jam, a dam, a sub, a salt, an axon, a sail, an ad, a wadi, a radian, a room, a rood, a rip, a tad, a pariah, a revel, a reel, a reed, a pool, a plug, a pin, a peek, a parabola, a dog, a pat, a cud, a nu, a fan, a pal, a rum, a nod, an eta, a lag, an eel, a batik, a mug, a mot, a nap, a maxim, a mood, a leek, a grub, a gob, a gel, a drab, a citadel, a total, a cedar, a tap, a gag, a rat, a manor, a bar, a gal, a cola, a pap, a yaw, a tab, a raj, a gab, a nag, a pagan, a bag, a jar, a bat, a way, a papa, a local, a gar, a baron, a mat, a rag, a gap, a tar, a decal, a tot, a led, a tic, a bard, a leg, a bog, a burg, a keel, a doom, a mix, a map, an atom, a gum, a kit, a baleen, a gala, a ten, a don, a mural, a pan, a faun, a ducat, a pagoda, a lob, a rap, a keep, a nip, a gulp, a loop, a deer, a leer, a lever, a hair, a pad, a tapir, a door, a moor, an aid, a raid, a wad, an alias, an ox, an atlas, a bus, a madam, a jag, a saw, a mass, an anus, a gnat, a lab, a cadet, an em, a natural, a tip, a caress, a pass, a baronet, a minimax, a sari, a fall, a ballot, a knot, a pot, a rep, a carrot, a mart, a part, a tort, a gut, a poll, a gateway, a law, a jay, a sap, a zag, a fat, a hall, a gamut, a dab, a can, a tabu, a day, a batt, a waterfall, a patina, a nut, a flow, a lass, a van, a mow, a nib, a draw, a regular, a call, a war, a stay, a gam, a yap, a cam, a ray, an ax, a tag, a wax, a paw, a cat, a valley, a drib, a lion, a saga, a plat, a catnip, a pooh, a rail, a calamus, a dairyman, a bater, a canal — Panama.

'catalpa'는 나무의 종류를 뜻하는 미국 원주민 단어다. 그 외 axon, calamus는 각각 축삭 돌기, 창포를 뜻하고 나머지 단어의 의미는 직접 찾아보기 바란다. 댄은 검색 알고리즘을 연구하면서 회문을 몇 배나 길게 만들 수 있었다고 설명했다.

검색 알고리즘은 독창적이었다. 댄은 일련의 부분적인 회문을 평가하는 유한 상태 기계(finite state machine, FSM)[1]를 프로그래밍했다. 각각의 경우 그 상태 기계는 일치하지 않는 회문의 일부로 구성된다. 댄은 원래의 회문에서 출발하여 'a canal'의 'a ca'가 문구의 정중앙에 위치한다고 설명했다. 그래서 'a plan' 다음에 원하는 것을 추가할 수 있는데, 다음에 넣는 단어 또는 단어의 일부가 거꾸로 된 형태여야 했다.

'a plan' 다음에 단어를 추가하려면 그냥 중간에 있는 'a ca'를 두 배로 늘려 주면 된다. 그렇게 하면 문장은 '…, a plan, a ca… a canal, …'이 된다. 'ca'가 단어라면 바로 멈출 수 있겠지만 그렇지 않기 때문에 왼쪽 조각을 완성하는 무언가를 찾은 후 오른쪽에 같은 철자를 대칭으로 추가해야 한다(예: 'ret … ter').

각 단계에서 우리가 추가하는 단어의 마지막 부분의 철자를 역순으로 적은 것이 우리가 찾을 다음 단어의 앞부분이 된다. 표 4-2는 이러한 전체 과정을 보여 준다.

일치하지 않는 부분이 그 자체로 회문인 경우가 바로 유한 상태 기계가 수용하는 상태다. 바꿔 말하면 선택한 단어가 그 자체로 회문이라면 언제든지 멈춘다. 예를 들어 회문 문장인 '… a nag, a pagan'은 중앙에 있게 되는데, '-apa-' 상태가 되면 알고리즘을 종료한다.

---

1 (옮긴이) 다른 말로 오토마타

'-aca' 상태:	'A man, a plan, … a canal, Panama'
'ret-' 상태:	'… a plan, a caret, … a canal, Panama'
'-aba' 상태:	'… a plan, a caret, a bater, a canal, …'
'n-' 상태:	'… a caret, a ban, … a bater, a canal, …'
'-adairyma' 상태:	'… a caret, a ban, … a dairyman, a bater, …'
'-a' 상태:	'… a ban, a myriad, … a dairyman, a bater, …'

표 4-2 회문 조합

댄은 명사만 포함한 작은 단어 목록을 사용했다. 그렇기 때문에 명사가 아닌 단어까지 포함하면 'a how, a running, a would, an expect, an and…'처럼 무의미한 문장을 얻게 될 것이다. 이를 해결하기 위해서는 선택한 단어가 명사인지 알려 주는 온라인 사전을 사용하면 된다. 그렇게 한다면 정말 커다란 회문을 만들 수 있다. 하지만 댄은 "만약 1만 단어짜리 회문을 만든다면 과연 누가 그것을 원할지 의문이다. 나는 이 회문이 좋다. 이 회문은 검토할 수 있을 만큼 작기 때문이다. 그리고 난 이 일을 이미 끝냈다"라고 말했다. 이 말에는 반박할 수가 없다.

◎ [프로그래밍 도전] 회문 만들기

15분만에 명성을 얻자. 1만 단어짜리 회문을 만드는 C 프로그램을 작성하라. 그리고 생성한 회문을 유즈넷 rec.arts.startrek.misc에 게시하여 유명해지기 바란다.[2] 그들은 스타 트렉(Star Trek) 커크(Kirk) 선장의 중간 이름을 두고 토론하는 데 지긋지긋해하며 새로운 논쟁거리를 찾고 있다.

2 (옮긴이) 유즈넷은 1979년 등장하여 이후 초창기 인터넷의 대표적인 서비스 중 하나로 자리 잡았으나 현재는 거의 쓰이지 않는다. 다행히 rec.arts.startrek.misc 그룹은 구글에서 *https://groups.google.com/forum/#!forum/rec.arts.startrek.misc* 사이트로 제공하고 있어서 예전 게시물을 볼 수 있다. 하지만 이곳에 글을 올리는 것도 이제 의미를 찾기 어렵다.

5장

E x p e r t   C   P r o g r a m m i n g

링킹에 대한 고찰

1889년 3월 11일 자 《Pall Mall Gazette》 신문에 다음과 같은 기사가 실렸다. "토머스 에디슨 (Thomas Edison)이 축음기에서 '벌레'를 찾아내느라 이틀 밤을 지새웠다."

— 1878년 토머스 에디슨 버그 발견

선구적인 하버드 마크 II 컴퓨터 시스템에서 사용하던 일지는 이제 스미스소니언에 위치한 미국 국립 역사 박물관에 보관되어 있다. 1947년 9월 9일 자 일지에는 스위치에 날아들어 갇힌 곤충의 잔해를 테이프로 붙여 놓았는데 레이블에는 '릴레이(relay) #70 패널 F(나방)에서'라는 문구가 적혀 있다. 그 아래에는 "실제 버그가 발견된 최초 사례"라고 쓰여 있다.

— 1947년 그레이스 호퍼(Grace Hopper) 버그 발견

프로그래밍을 시작하자마자 우리는 생각만큼 제대로 된 프로그램을 얻기가 쉽지 않다는 것을 알았다. 즉, 디버깅이 필요했다. 그 순간을 또렷이 기억하는 이유는 그때부터 내 인생 대부분이 프로그램의 실수를 찾는 데 쓰일 것 같다는 사실을 깨달았기 때문이다.

— 1949년 모리스 윌크스(Maurice Wilkes) 버그 발견

프로그램 테스트는 버그의 존재를 보여 주기 위해 사용할 수 있지만, 버그가 절대 없다는 것을 보여 주기 위해 사용할 수는 없다.

— 1972년 에츠허르 데이크스트라(Edsger W. Dijkstra) 버그 발견

라이브러리, 링킹, 로딩

링커에 대한 기본 내용을 되뇌는 것으로 시작하자. 컴파일러는 재배치 가능한 오브

젝트를 포함하는 출력 파일을 만든다. 이러한 오브젝트는 소스 프로그램과 연관된 데이터 및 CPU 명령을 뜻한다. 이번 장에서는 모든 SVR4 시스템에서 사용하는 정교한 형태의 링킹(linking)을 예로 사용한다.

링커는 컴파일의 어느 단계에 있는가?

컴파일러는 커다란 단일 프로그램이 아니다. 컴파일러는 대개 '컴파일러 드라이버'라고 부르는 제어 프로그램에 의해 동작하는 최대 6개의 작은 프로그램으로 이루어진다. 컴파일러는 개별 프로그램으로 쉽게 분리할 수 있다. 즉, 전처리기, 구문 및 의미 분석기, 코드 생성기, 어셈블러, 최적화기, 링커 그리고 이 서브프로그램들을 호출하고 옵션을 바르게 전달하는 드라이버 프로그램이 그것이다(그림 5-1 참고). 최적화기는 이러한 단계 중 거의 마지막 단계에 추가할 수 있다. 이 책을 쓰는 현재 스팍 컴파일러[1]는 컴파일러의 맨 앞과 맨 뒤 사이 중간 부분에서 대부분의 최적화를 수행한다.

컴파일러를 여러 서브프로그램으로 나누는 이유는 특화된 부분을 별도 프로그램으로 만들면 설계 및 유지 보수가 쉽기 때문이다. 예를 들어 전처리를 제어하는 규칙은 전처리 단계에서만 유효할 뿐 C의 나머지 기능과는 공통점이 거의 없다. 일반적으로 C 전처리기는 (항상 그런 것은 아니지만) 별도 프로그램으로 만든다. 코드 생성기('백엔드'라고도 함)를 별도의 독립 프로그램으로 만들면 다른 프로그래밍 언어에서 공유할 수 있다. 다만 작은 프로그램 여러 개를 실행하는 것이 큰 프로그램 하나를 실행하는 것보다 더 오래 걸린다(프로세스를 초기화하고 단계별로 정보를 전송하는 오버헤드 때문이다). -# 옵션을 사용하여 컴파일의 개별 단계를 볼 수 있다. -V 옵션은 버전 정보를 제공한다.

컴파일러 드라이버에 '이 옵션을 해당 단계로 전달한다'는 특수 옵션 -W를 주면 각 단계에 옵션을 전달할 수 있다. W 뒤에 단계, 쉼표 그리고 옵션을 나타내는 문자를 표시한다. 각 단계를 나타내는 문자는 그림 5-1에 표시되어 있다.

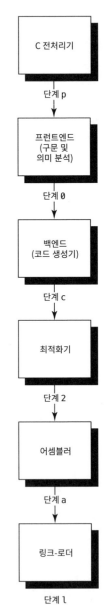

그림 5-1 컴파일러는 더 작은 프로그램으로 분리된다.

1 (옮긴이) 스팍 컴파일러는 썬에서 개발한 스팍(SPARC, Scalable Processor ARChitecture) 마이크로프로세서용 컴파일러다. 스팍 마이크로프로세서 역시 썬에서 개발했으며 빅 엔디언 방식의 리스크(RISC) 타입 프로세서다.

따라서 컴파일러 드라이버를 통해 링커에 옵션을 전달하려면 -Wl 옵션을 붙임으로써 이 옵션이 전처리기, 컴파일러, 어셈블러 또는 다른 컴파일 단계 프로그램이 아닌 링크 편집기를 위한 것임을 컴파일러 드라이버에 알릴 수 있다.

```
cc -Wl,-m main.c > main.linker.map
```

위 명령문은 ld에 -m 옵션을 전달하여 링커 맵을 생성하게 한다. 생성 정보를 보려면 한두 번은 시도해야 한다.

오브젝트 파일은 바로 실행할 수 없으며 먼저 링커로 처리해야 한다. 링커는 메인 루틴을 최초 시작점(실행할 시작 위치)으로 식별하고, 기호가 참조하는 위치를 메모리 주소와 연결하고, 모든 오브젝트 파일을 결합한 다음, 라이브러리까지 엮어 실행 파일을 생성한다.

PC와 대형 시스템의 링커는 기능 면에서 큰 차이가 있다. PC는 일반적으로 바이오스(BIOS: basic input/output system) 루틴으로 알려진 소수의 기본 I/O 서비스만 제공한다. 이 루틴들은 메모리의 고정 위치(주소)에 존재하며 실행 파일의 일부는 아니다. PC 프로그램 또는 프로그램 모음에 좀 더 정교한 서비스가 필요하다면 라이브러리를 통해 받을 수 있다. 이때 개발자는 라이브러리를 각 실행 파일과 연결(링크)해야 한다. 마이크로소프트 도스에는 여러 프로그램이 공통으로 사용하는 라이브러리를 '제작'해 PC에 한 번만 설치한다는 조항이 없다.[2]

유닉스 시스템도 크게 다르지 않다. 프로그램을 링크하면 프로그램에 필요한 각 라이브러리 루틴이 복제되어 실행 파일에 저장된다. 최근에는 동적 링크(dynamic linking)로 알려진 현대적이면서도 뛰어난 패러다임이 적용되었다. 동적 링크를 통해 시스템은 유용한 서비스를 가진 풍부한 라이브러리 모음을 제공하지만, 프로그램은 이러한 라이브러리 바이너리를 실행 파일의 일부로 바인드하는 대신 런타임에 찾는다. IBM OS/2와 마이크로소프트의 NT 기반 운영 체제도 동적 링크 기능을 제공한다. 마이크로소프트 윈도우[3] 역시 동적 라이브러리 기능을 적극적으로 도입했다.[4]

라이브러리 사본이 물리적으로 실행 파일의 일부가 되면 실행 파일은 '정적으로

2 (옮긴이) 윈도우 운영 체제로 넘어가면서 이벤트 처리에 필요한 공통 라이브러리 개념을 도입했다.
3 (옮긴이) 제품명은 '윈도우'로, 창은 '윈도'로 표기한다.
4 (옮긴이) 마이크로소프트 윈도우 운영 체제는 일반 소비자용 윈도우 시리즈와 워크스테이션·서버용 윈도우 NT 시리즈가 별도로 개발되다가 2001년 발표된 윈도우 XP부터 윈도우 NT 아키텍처 기반으로 통일되었다.

링크'되었다고 한다. 그리고 실행 파일에 단순히 파일 이름만 있고 이 이름을 로더가 런타임에 프로그램의 라이브러리를 참조하는 용도로 사용하는 경우 실행 파일은 '동적으로 링크'되었다고 한다. 모듈을 수집하여 실행을 준비하는 데 사용하는 세 단계의 공식 명칭은 링크 편집, 로드, 런타임 링크다. 정적으로 링크된 모듈은 링크 편집 후 로드되어 실행된다. 이에 반해 동적으로 링크된 모듈은 링크 편집 후 로드 및 런타임 링크가 진행된다. 프로그램 실행 후 main()이 호출되기 전 런타임 로더는 공유 데이터 오브젝트를 프로세스 주소 공간으로 가져온다. 실제로 main() 호출이 이루어지기 전까지 외부 함수를 호출하지 않기 때문에 호출하지 않는 라이브러리에 대해 별도의 링크 작업을 하지 않아도 된다. 그림 5-2는 두 가지 링킹 방법을 비교한다.

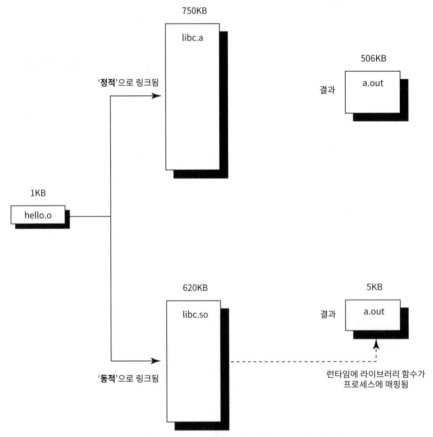

참고: 파일 크기는 이해를 돕기 위한 예다. 사용 시스템에 따라 파일 크기는 달라진다.

그림 5-2 정적 링크 대 동적 링크

정적 링크를 사용해도 libc.a 전체를 실행 파일에 넣는 것은 아니며 필요한 부분만 가져온다.

동적 링크의 이점

동적 링크는 더 현대적인 접근 방법이며 실행 파일 크기가 훨씬 작아지는 이점이 있다. 대신 동적 링크는 효율적인 디스크 사용과 더 빠른 링크 편집 단계를 위해 약간의 런타임 불이익을 감수한다(몇몇 링커 작업은 로딩 시간으로 지연된다).

> **[유용한 팁] 동적 링크의 목적 가운데 하나는 ABI다**
>
> 동적 연결의 주요 목적은 프로그램이 사용하는 특정 라이브러리 버전과 프로그램을 분리하는 것이다. 이렇게 분리함으로써 시스템은 프로그램에 '인터페이스'를 제공하고, 이 인터페이스는 시간이 지나 운영 체제가 지속해서 개선됨에 따라 더욱 안정화된다.
>
> 프로그램 역시 인터페이스를 통해 약속된 서비스를 호출할 수 있으며, 인터페이스가 제공하는 방법이나 기본 구현이 (내부적으로) 어떻게 변경될지 신경 쓰지 않아도 된다. 이와 같이 애플리케이션과 라이브러리 바이너리 실행 파일이 제공하는 서비스 간 인터페이스를 '애플리케이션 바이너리 인터페이스(application binary interface, ABI)'라고 한다.
>
> 단일 ABI는 AT&T의 SVR4를 중심으로 유닉스 세계를 통합하기 위한 목적을 지닌다. ABI는 라이브러리가 호환되는 모든 컴퓨터에 존재한다는 것을 보장하며, 인터페이스의 무결성 역시 보증한다. 동적 링크가 필수인 특정 라이브러리는 총 네 가지가 있다. 즉, libc(C 런타임), libsys(기타 시스템 런타임), libX(X 윈도), libnsl(네트워킹 서비스)이다. 기타 라이브러리 역시 정적으로 링크할 수 있지만 동적 링크가 적극적으로 권장된다.
>
> 과거에는 애플리케이션 공급 업체가 운영 체제 또는 라이브러리를 새로 출시할 때마다 소프트웨어를 다시 링크해야 했다. 링크 작업 때문에 관련된 개발자 모두가 막대한 양의 추가 작업을 해야 했다. ABI는 이 문제를 해결하며 시스템 소프트웨어를 업그레이드할 때 정상 작동하는 애플리케이션이 영향을 받지 않도록 보장한다.

각 실행 파일은 최초 실행에서 (동적 링크 셋업을 위한) 비용이 좀 더 들지만, 동적 링크는 두 가지 면에서 성능을 전반적으로 향상시킨다.

1. 동적으로 링크된 실행 파일은 정적으로 링크된 실행 파일보다 작다. 라이브러리는 필요할 때만 프로세스에 매핑되기 때문에 디스크와 가상 메모리를 절약

할 수 있다. 이전에는 라이브러리 복사본을 각 실행 파일에 바인딩하는 것을 피하는 유일한 방법이 라이브러리가 아닌 커널에 서비스를 넣어 커널을 끔찍하게 '비대해지게' 만드는 것이었다.

2. 특정 라이브러리에 동적으로 링크된 실행 파일은 런타임에 라이브러리의 단일 복사본을 공유한다. 커널은 메모리에 매핑된 라이브러리가 이를 사용하려는 모든 프로세스에서 공유되도록 보장해 준다. 라이브러리 공유는 더 좋은 I/O와 스와프(swap) 공간 활용도를 제공하고, 물리적 메모리를 절약하여 전반적인 시스템 처리량을 향상시킨다. 반면 실행 파일이 정적으로 링크되면 모든 실행 파일이 라이브러리 복사본 전체를 각각 갖고 있기 때문에 자원 관점에서 낭비가 더 심해진다.

예를 들어 이미지 뷰어 프로그램인 XView 애플리케이션을 8개 실행하면, XView 라이브러리 텍스트 세그먼트의 사본 하나만 메모리에 매핑한다. 첫 번째 프로세스가 mmap[5]을 호출하면 커널이 공유 오브젝트를 메모리에 매핑한다. 이후 7개 프로세스가 mmap을 호출하면 커널이 기존에 매핑된 공유 오브젝트를 각 프로세스에서 사용(공유)할 수 있도록 한다. 결과적으로 8개의 프로세스는 메모리에 있는 XView 라이브러리의 복사본 하나를 공유하는 것이다. 라이브러리가 정적으로 링크되었다면 8개의 개별 라이브러리 복사본으로 인해 실제 메모리를 더 많이 소비하게 되며 결국 더 많은 페이징으로 귀결된다.

동적 링크 덕분에 라이브러리 버전 관리가 쉬워진다. 즉, 별도 부가 작업 없이 새 라이브러리를 출시할 수 있다. 새 라이브러리가 일단 시스템에 설치되면 이전 프로그램은 새 라이브러리에 다시 연결될 필요 없이 새 버전의 이점을 자동으로 얻게 된다.

마지막으로 동적 링크를 사용하면 런타임에 실행할 라이브러리를 선택할 수 있다(흔하진 않지만 가능하다). 속도나 메모리 효율을 높이기 위해 튜닝하거나 디버깅 정보가 포함된 라이브러리 버전을 만들 수도 있으며, 실행하는 동안에도 하나의 라이브러리 파일을 다른 파일로 대체하는 방식으로 사용자 입맛에 맞게 실행할 수도 있다.

---

5 시스템 호출 mmap()은 파일을 프로세스 주소 공간에 매핑한다. 이렇게 하면 연속적인 메모리 위치를 읽는 것만으로 파일 내용을 얻을 수 있다. 특히 파일에 실행 가능한 명령어가 포함된 경우에 적합하다. SVR4에서 파일 시스템은 가상 메모리 시스템의 일부로 간주하며 mmap은 파일을 메모리로 가져오는 메커니즘이다.

동적 연결은 '적시' 연결이다. 이는 프로그램이 런타임에 라이브러리를 찾을 수 있어야 한다는 뜻이다. 링커는 라이브러리의 파일명 또는 경로명을 실행 파일에 넣어 이를 수행한다. 이 말은 결국 라이브러리를 제멋대로 옮길 수 없다는 의미다. 프로그램을 라이브러리 /usr/lib/libthread.so에 링크했다면 링커로 다시 지정할 때까지 이 라이브러리를 다른 디렉터리로 옮길 수 없다. 그렇지 않으면 런타임에 프로그램이 라이브러리 함수를 호출할 때 다음과 같은 오류 메시지와 함께 중단될 것이다.

```
ld.so.1: main: fatal: libthread.so: can't open file: errno=2
```

이것은 컴파일 시스템과 실행 시스템이 다를 경우에도 문제가 된다. 실행 시스템에는 컴파일 당시 링커에 알려 준 모든 라이브러리가 제 디렉터리에 있어야 한다. 표준 시스템 라이브러리라면 이것은 문제 되지 않는다.

공유 라이브러리를 사용하는 주된 이유는 ABI의 이점을 얻기 때문이다. 즉, 라이브러리나 운영 체제가 업데이트될 때마다 여러분의 소프트웨어를 다시 컴파일하지 않아도 된다. 덤으로 전체 시스템 성능을 향상시키는 이점도 얻는다.

누구나 정적 또는 동적 라이브러리를 만들 수 있다. 메인 루틴을 사용하지 않고 코드를 컴파일하고, 목적에 맞는 유틸리티를 사용하여 .o 파일을 처리하면 된다(정적 라이브러리는 'ar', 동적 라이브러리는 'ld').

[프로그래밍 토막 지식] 미정의 동작으로 인한 IBM PC의 CPU 붕괴!

SVR4 유닉스 기반 컴퓨터에서는 동적 링크가 기본으로 지정되지만 이 때문이 아니라도 동적 링크를 언제나 사용해야 한다. 정적 링크는 이제 기능상 쓸모없어졌으며 시장에서 폐기되어야 한다.

정적 링크를 사용할 때 가장 큰 위험 요소는 이후 운영 체제 버전이 실행 파일과 바인딩된 시스템 라이브러리와 호환되지 않을 수 있다는 점이다. 애플리케이션이 운영 체제 버전 N에서 정적으로 링크되어 있다면, 버전 N+1에서는 실행될 수도 있지만 그렇지 않으면 코어 덤프를 띄우거나 알 수 없는 오류로 실행되지 않을 수도 있다.

최신 버전 시스템이라도 이전 버전 시스템 라이브러리를 제대로 실행하리라는 보장은 없다. 아니! 제대로 실행되지 않으리라 생각하는 게 더 안전하다. 그러나 애플리케이션이 시스템 버전 N에 동적으로 링크되어 있다면, 시스템 버전 N+1에서 실행할 때 버전 N+1 라이브러리를 제대로 선택한다. 반대로 정적으로 링크된 애플리케이션은 운영 체제의 새 버전을 실행할 때마다 제

> 대로 실행되도록 다시 구성해야 한다.
>
> 게다가 libaio.so, libdl.so, libsys.so, libresolv.so, librpcsvc.so 등 일부 라이브러리는 동적
> 링크로만 사용할 수 있다. 따라서 여러 위험 요소를 피하는 방법은 애플리케이션을 모두 동적 링
> 크로 제작하는 것이다.

정적 (링크용) 라이브러리는 '아카이브(archive)'[6]로 알려져 있으며 ar 유틸리티를
이용하여 생성하거나 업데이트한다. 사실 ar 유틸리티는 이름이 잘못되었다. 과장
을 빼고 소프트웨어 기능만으로 순수하게 이름을 짓는다면 glue_files_together 또
는 static_library_updater 등으로 불러야 한다. 확장자 규칙에 따라 정적 라이브러
리 파일 이름에는 '.a'가 붙는다. 이 책에서는 정적 라이브러리 예제를 다루지 않는
다. 정적 라이브러리는 더는 쓸모가 없기 때문에 언제까지 과거 세계와 의사소통하
도록 놔두고 싶지 않다.

 SVR3는 '정적 공유 라이브러리'라고 해서 정적 링크와 동적 링크의 과도기 단계
에 해당하는 링크를 사용했다. 정적 공유 라이브러리의 주소는 라이브러리가 살아
있는 동안 고정되었기 때문에 동적 연결에 필요한 간접 지정 없이 바인드할 수 있
었다. 반면 정적 공유 라이브러리는 유연하지 못했을 뿐 아니라 여러 곳에서 시스
템의 특별한 지원이 필요했다. 그래서 이 책에서는 정적 공유 라이브러리를 더는
고려하지 않을 것이다.

 동적 링크 라이브러리는 링크 편집기 ld로 만든다. 동적 라이브러리의 일반적인
파일 확장자는 '.so'로 '공유 오브젝트(shared object)'를 의미한다. 모든 프로그램이
라이브러리를 각자 (낭비하듯) 복제하여 사용하는 정적 링크와 달리 동적 링크 라
이브러리와 연결된 모든 프로그램은 동일한 라이브러리를 공유한다. 가장 간단한
형식의 동적 라이브러리는 다음과 같이 cc에 –G 옵션을 사용하여 만든다.

```
% cat tomato.c
  my_lib_function() {printf("library routine called\n");}

% cc -o libfruit.so -G tomato.c
```

그런 다음 동적 라이브러리를 사용하는 루틴을 작성하고 링크한다.

---

6 (옮긴이) '아카이브'는 정적 라이브러리와 동의어로, 오브젝트 파일을 묶어 놓은 것을 빗대어 표현한
  용어다. 지금도 매뉴얼 페이지에서 아카이브라는 표현을 자주 볼 수 있다.

```
% cat test.c
  main() { my_lib_function(); }

% cc test.c -L/home/linden -R/home/linden -lfruit
% a.out
library routine called
```

-L/home/linden -R/home/linden 옵션은 링크 타임과 런타임 시 라이브러리 위치를 링커에 알려 준다.

라이브러리에 위치 독립적 코드(position independent code, PIC)를 생성하려면 컴파일러 옵션 -K pic을 사용한다. PIC는 생성된 코드가 별도의 간접 참조를 통해 모든 전역 데이터에 접근하는 것을 보장한다. 이렇게 하면 전역 오프셋 테이블값을 바꾸는 것만으로 데이터 위치를 쉽게 옮길 수 있다. 마찬가지로 모든 함수 호출은 프로시저 연결 테이블의 간접 주소를 통한 호출로 구현할 수 있다. 따라서 오프셋 테이블을 수정해서 텍스트 위치를 언제든지 옮길 수 있다. 결국 런타임에 코드가 매핑될 경우 런타임 링커는 공간이 되면 어디든지 코드를 직접 넣을 수 있으며 코드 자체를 변경하지 않아도 된다.

추가 포인터 역참조는 런타임에서 약간 더 느리기 때문에 컴파일러는 기본적으로 PIC를 생성하지 않는다. 그러나 PIC를 사용하지 않으면 생성된 코드는 고정 주소로 매핑된다. 이는 실행 파일 입장에서는 좋지만 공유 라이브러리 입장에서는 속도가 느려지는 요인이 된다. 런타임에 페이지가 변경되면 페이지를 공유할 수 없게 됨에 따라 모든 전역 참조를 보정해 주어야 하기 때문이다.

런타임 링커는 어쨌든 페이지 참조를 수정해야겠지만 PIC를 사용하면 작업은 훨씬 간단해진다. 런타임 링커로 코드를 수정하는 것보다 PIC가 빠를 수도, 느릴 수도 있는데 상황에 따라 다르다. 다른 것은 몰라도 라이브러리는 PIC를 사용하는 것이 좋다. 특히 PIC는 공유 라이브러리를 사용하는 각 프로세스가 (물리적으로는 단 한 개의) 라이브러리를 서로 다른 가상 주소에 매핑하기 때문에 유용하다.

이것과 관련해 '순수 코드(pure code)'라는 용어가 있다. 순수 실행 파일은 코드만 있는 실행 파일이다(정적 데이터 또는 초기화된 데이터가 없다). 즉, 특정 프로세스로 실행되도록 수정할 필요가 없다는 의미에서 '순수'하다. 순수 실행 파일은 스택 또는 다른 (비순수) 세그먼트에서 데이터를 참조한다. 순수 코드 세그먼트는 공유할 수 있다. (공유 중임을 표시하는) PIC를 생성할 경우 보통 그것이 순수 코드가 되는 편이 좋다.[7]

라이브러리와 링크의 다섯 가지 특별한 비밀

라이브러리를 사용할 때 숙달해야 할 필수적이지만 불명확한 다섯 가지 규칙이 있다(운영 체제나 플랫폼마다 규칙이 다르기 때문이다). 대다수 C 서적이나 매뉴얼에서는 이 규칙을 명확히 설명하지 않는데, 아마도 운영 체제 분야 사람들은 링크 단계를 프로그래밍 언어의 일부로 여기는 반면, 프로그래밍 언어를 말하는 사람들은 링크 단계를 운영 체제의 일부로 생각하기 때문일 것이다. 결과적으로 링크 팀의 누군가가 관여하지 않는 한 아무도 그것에 대해 깊게 설명하지 않고 대충 넘어갈 것이다. 그래서 여기에서 살아가는 데 도움이 될 필수 유닉스 링크의 비밀을 소개한다.

1. 동적 라이브러리는 libsomething.so이고 정적 라이브러리는 libsomething.a다.

관행적으로 동적 라이브러리는 모두 libname.so 형식의 파일 이름을 사용한다(이

---

7 (옮긴이) macOS 10.14.5 기반의 Xcode에서는 동적 라이브러리 컴파일 옵션으로 -dynamiclib를 사용한다. 실제로 macOS에서 위 예제 코드를 컴파일하기 위해서는 다음과 같이 해야 한다. 단, 이를 위해서는 Xcode의 명령 행 도구(command line tool)가 설치되어 있어야 한다. 앱 스토어(App Store)에서 Xcode를 설치하면 기본적으로 설치되며, 터미널에서 컴파일하기를 원한다면 Xcode 명령 행 도구만 설치해도 된다. Xcode 명령 행 도구는 터미널 창에서 cc를 입력하고 엔터를 치면 설치 여부를 묻는 창이 뜨는데, 여기에서 확인 버튼을 누르면 설치된다. 아울러 PIC를 사용하기 위해서는 -fPIC 옵션을 사용하면 된다.

```
$ cc tomato.c -dynamiclib -o libfruit.1.dylib
tomato.c:1:1: warning: type specifier missing, defaults to 'int'
      [-Wimplicit-int]
my_lib_function() {printf("library routine called\n"); }
^
tomato.c:1:20: warning: implicitly declaring library function 'printf' with type
      'int (const char *, ...)' [-Wimplicit-function-declaration]
my_lib_function() {printf("library routine called\n"); }
                    ^
tomato.c:1:20: note: include the header <stdio.h> or explicitly provide a
      declaration for 'printf'
tomato.c:1:56: warning: control reaches end of non-void function [-Wreturn-type]
my_lib_function() {printf("library routine called\n"); }
                                                       ^
3 warnings generated.
$ cc test.c ./libfruit.1.dylib
test.c:1:1: warning: type specifier missing, defaults to 'int' [-Wimplicit-int]
main() { my_lib_function(); }
^
test.c:1:10: warning: implicit declaration of function 'my_lib_function' is
        invalid in C99 [-Wimplicit-function-declaration]
main() { my_lib_function(); }
         ^
2 warnings generated.
$ ./a.out
library routine called
```

름에 버전 번호가 추가될 수 있다). 예를 들어 스레드 루틴의 동적 라이브러리 이름은 libthread.so다. 정적 아카이브는 libname.a 형식의 파일 이름을 갖는다. libname.sa 형식의 공유 아카이브는 정적 라이브러리에서 동적 라이브러리로 전환되는 과도기에 잠시 사용되었다. 이제는 공유 아카이브도 쓸모없다.

2. 라이브러리를 같이 컴파일하는 경우, 예를 들어 libthread.so와 링크하도록 하기 위해서는 -lthread 옵션을 준다.

C 컴파일러에 전달되는 명령 인수에는 라이브러리 파일의 전체 경로명이 나타나지 않는다. 그뿐 아니라 라이브러리 디렉터리에 있는 파일의 전체 이름마저 나타나지 않는다. 대신 컴파일러는 명령 옵션 -lname을 통해 libname.so를 링크하는 것으로 이해한다. 즉, 'lib'와 파일 확장명이 삭제되고 -l이 앞에 붙는다.

3. 컴파일러는 특정 디렉터리에서 라이브러리를 찾으려고 한다.

이 시점에서 컴파일러가 라이브러리를 찾는 디렉터리가 어디인지 궁금해졌을 것이다. 헤더 파일 위치에 대한 특별한 규칙이 있듯이 컴파일러는 라이브러리를 /usr/lib/와 같은 몇몇 특별한 위치에서 찾는다. 예를 들어 스레드 라이브러리는 /usr/lib/libthread.so에 있다.

컴파일러 옵션 -Lpathname은 -l 옵션으로 지정된 라이브러리를 검색할 다른 디렉터리 목록을 링커에 알려 준다. 이 정보를 제공하는 다른 방법으로 환경 변수 LD_LIBRARY_PATH와 LD_RUN_PATH를 사용할 수 있지만 보안, 성능, 빌드·실행 독립성 등의 이유로 이러한 환경 변수는 사용하지 않도록 공식적으로 권고한다. 링크 시점에는 무조건 -Lpathname -Rpathname 옵션을 사용하기 바란다.

4. 사용한 헤더 파일을 보고 라이브러리를 식별한다.

여러분이 직면할 수 있는 또 다른 중요한 질문은 '링크해야 하는 라이브러리를 어떻게 알아내는가?'이다. 이 질문에 대한 답은 영화 〈스타워즈〉에서 오비완이 한 대사를 살짝 바꿔 대신한다. "소스(source)를 사용해라, 루크!" 프로그램 소스를 보면 호출은 하는데 구현되지 않은 함수를 발견할 수 있다. 예를 들어 프로그램이 삼각함수를 사용할 경우, sin() 또는 cos() 같은 함수를 호출할 가능성이 크다. 이 함수는 수학 라이브러리에서 찾을 수 있다. 매뉴얼 페이지는 각 함수가 기대하는 정확한 인수 타입과 함께 이 함수들이 들어 있는 라이브러리도 알려 준다.

좋은 힌트는 프로그램이 사용하는 #include를 연구하는 것이다. 포함할 각 헤더 파일은 잠재적으로 링크할 라이브러리를 표시한다. 게다가 이 팁은 C++까지 이어 진다. 하지만 여기에는 이름 불일치라는 큰 문제가 숨어 있다. 헤더 파일 이름은 대 개 해당 라이브러리의 이름과 비슷하지 않다. 미안하지만 이것은 C 마법사가 되기 위해 '꼭 알아야 할 것' 중 하나다. 표 5-1은 몇 가지 일반적인 예를 보여 준다.

#include 파일 이름	라이브러리 파일 위치	컴파일러 옵션
〈math.h〉	/usr/lib/libm.so	-lm
〈math.h〉	/usr/lib/libm.a	-dn -lm
〈stdio.h〉	/usr/lib/libc.so	자동으로 링크됨
"/usr/openwin/include/X11.h"	/usr/openwin/lib/libX11.so	-L/usr/openwin/lib -lX11
〈thread.h〉	/usr/lib/libthread.so	-lthread
〈curses.h〉	/usr/ccs/lib/libcurses.a	-lcurses
〈sys/socket.h〉	/usr/lib/libsocket.so	-lsocket

표 5-1 솔라리스 2.x의 라이브러리 정보

또 다른 불일치 예로, 한 개의 라이브러리가 여러 헤더 파일에서 선언된 프로토타 입을 포함할 수 있다는 것이다. 예를 들어 헤더 파일 string.h, stdio.h, time.h에 선 언된 함수는 대개 단일 라이브러리 libc.so에서 제공한다. 의심스러운 경우 nm 유 틸리티를 사용하여 라이브러리에 포함된 함수 이름을 나열해 보기 바란다. 유용한 팁에서 더 자세한 내용을 살펴보자.

> ☀ [유용한 팁] 라이브러리에서 키워드(심벌)를 찾는 방법
>
> 프로그램 링크 과정에서 오류가 발생했을 때 라이브러리를 찾아 연결해 주는 방법을 알아보자.
>
> ```
> ld: Undefined symbol
>     _xdr_reference
> *** Error code 2
> make: Fatal error: Command failed for target 'prog'
> ```
>
> 기본 계획은 nm을 사용하여 /usr/lib에 있는 모든 라이브러리의 기호를 살펴보고 찾고자 하는

기호를 grep으로 찾아내는 것이다. 링커는 기본적으로 /usr/ccs/lib와 /usr/lib를 살펴보기 때문에 우리도 이 디렉터리를 살펴봐야 한다. 이렇게 해도 원하는 결과를 얻지 못하면 다른 라이브러리 디렉터리(예: /usr/openwin/lib)로 검색 범위를 확장해야 한다.

```
% cd /usr/lib
% foreach i (lib?*)
? echo $i
? nm $i | grep xdr_reference | grep -v UNDEF
? end
libc.so
libnsl.so
[2491] | 217028| 196|FUNC |GLOB |0 |8 |xdr_reference
libposix4.so
  ...
```

위의 셸 코드는 디렉터리에 있는 모든 라이브러리에 대해 nm을 실행하여 라이브러리에서 사용된 심벌을 모두 나열한다. 그리고 파이프를 통해 grep으로 전달하여 원하는 키워드로 제한한 후, grep을 한 번 더 사용하여 'UNDEF'로 표시된(참조되지만 이 라이브러리에서는 정의되지 않음) 심벌은 제외한다. 그 결과, xdr_reference가 libnsl에 있음을 확인했다. 이제 컴파일러 명령 끝에 –lnsl을 추가하면 된다.

5. 정적 라이브러리 심벌은 동적 라이브러리 심벌보다 더 제한적인 방법으로 추출된다.

마지막으로 동적 링크와 정적 링크는 의미상으로 또 다른 큰 차이가 있는데, 이를 간과하여 자주 혼란에 빠진다. 이는 아카이브(정적 라이브러리)가 공유 오브젝트(동적 라이브러리)와 다르게 동작하기 때문인데, 동적 라이브러리를 사용하면 모든 라이브러리 심벌이 출력 파일의 가상 주소 공간으로 들어가고, 심벌은 링크 단계의 다른 모든 파일에서 사용할 수 있다. 이와 대조적으로 정적 링크는 로더로부터 확인된 '미정의' 심벌에 한하여 현재 처리 중인 아카이브에서 검색한다.

좀 더 쉽게 설명하자면, 컴파일 명령을 명령 줄에 입력할 때 정적 링크로 연결된 라이브러리를 (옵션으로) 놓는 순서가 매우 중요하다. 왼쪽에서 오른쪽으로 심벌이 처리되기 때문에 라이브러리가 언제 어떤 순서로 입력되느냐에 따라 링커 입장에서는 혼란스러워질 수 있다. 동일한 심벌을 다른 두 라이브러리에서 전혀 다른 뜻으로 정의했다면 라이브러리 입력 순서에 따라 결과가 완전히 달라진다. 여러분이 고의로 이렇게 한다면 아마도 (라이브러리 입력 순서에 따른) 위험을 충분히 인지하고 고려했을 것이라 믿겠다.

    컴파일 명령을 입력할 때 여러분의 코드보다 정적 라이브러리를 먼저 놓는 경우 또 다른 문제가 발생할 수 있다. 정적 라이브러리를 먼저 내세웠기 때문에 정적 라이브러리가 처리되는 시점에는 정의되지 않은 심벌이 없으며 따라서 아무것도 추출되지 않는다. 그런 다음 링커는 여러분이 작성한 오브젝트 파일을 처리하는데, 이 시점에는 라이브러리 참조가 완전하게 이루어지지 않게 된다. 유닉스가 만들어진 이래로 이 규칙은 변하지 않았지만 많은 사람이 이를 예상하지 못한 채 자신의 코드와 라이브러리 입력 순서 문제에 부딪치곤 한다. 다른 유닉스 명령에서는 정해진 순서로 인수를 보낼 것을 요구하는 일이 거의 없기 때문에 이를 이해하지 못한 채 잘못된 결과를 얻게 되면 대개 불평을 늘어놓는다. 초급자들은 라이브러리 입력 순서에 대한 개념을 듣기 전까지는 링크의 이런 면을 어려워한다. 그뿐 아니라 초급자들은 이 개념 자체도 어려워한다.

    이 문제는 수학 라이브러리를 연결할 때 자주 나타난다. 수학 라이브러리는 많은 벤치마킹 프로그램 및 애플리케이션에서 애용되는데, 이 소프트웨어들의 특성상 마지막 나노초까지 쥐어짜면서 성능을 끌어내기 위해 노력한다. 그 결과 libm은 성능 극대화를 위해 정적 링크 아카이브 형태로 사용되기도 했다. sin() 함수에서 정적 링크를 사용하는 수학 루틴을 작성해 보자.

```
cc -lm main.c
```

다음과 같은 오류 메시지가 나타날 것이다.

```
Undefined                        first referenced
 symbol                              in file
 sin                                 main.o
ld: fatal: Symbol referencing errors. No output written to a.out
```

따라서 해결되지 않은 참조가 포함된 파일을 먼저 넣어 수학 라이브러리에서 해당 식별자를 추출해야 한다.

```
cc main.c -lm
```

그래도 부주의에 대한 불안이 아직 가시지 않는다. 사람들은 command, options, files와 같은 일반 명령 형식에 익숙해서 링커가 일반 명령 형식과 다른 〈command〉 〈files〉 〈options〉 형식을 채택하면 매우 혼란스러워한다. 게다가 일반 명령 형식으로 입력했음에도 (경고 메시지 없이) 최초 버전을 가만히 채택하고는 계속해서 잘못된 방향을 유지하도록 방치함에 따라 상황은 더욱 악화된다. 이를 해결하기 위해 썬의 컴파일러 부서는 컴파일러 드라이버를 수정하여 상황에 따라 적절히 대처하도록 했다. SunOS 4.x에서 별도로 판매하던 컴파일러 드라이버를 SC0.0에서 SC2.0.1로 변경하면서 사용자가 -lm을 생략하더라도 '제대로 작업을 수행'하도록 했다. 올바른 방향이지만 AT&T에서 하던 방식과 달랐을 뿐 아니라 시스템 V 인터페이스 정의(System V Interface Definition)[8] 규정을 어긴 꼴이 되기에 결국 예전 방식으로 돌아갈 수밖에 없었다. 어쨌든 SunOS 5.2부터 동적 링크를 사용하는 수학 라이브러리 /usr/lib/libm.so가 제공되었다.

> 🔆 **[유용한 팁] 라이브러리 옵션의 위치**
>
> -l 라이브러리 옵션은 무조건 컴파일 명령의 가장 오른쪽에 놓는다.

PC에서도 이와 비슷한 문제가 발생했는데, 바로 볼랜드 컴파일러 드라이버가 부동 소수점 라이브러리 링크의 필요성을 판단하는 곳에서 일어났다. 불행히도 잘못된 판단으로 인해 다음과 같은 오류가 발생했다.

```
scanf : floating point formats not linked
Abnormal program termination
```

프로그램은 scanf() 또는 printf()에서 부동 소수점 형식을 사용하지만, 다른 부동 소수점 함수를 호출하지 않는 잘못된 판단을 하는 것 같다. 이를 해결하기 위해서는 링크에 포함할 모듈에서 다음과 같은 함수를 선언하여 링커에 단서를 더 제공하면 된다.

```
static void forcefloat(float *p)
{ float f = *p; forcefloat(&f); }
```

실제로 함수를 호출할 필요도 없다. 링크가 제대로 동작하도록 만들기만 하면 된다. 이렇게 볼랜드 PC 링커에 실제로 부동 소수점 라이브러리가 필요하다는 단서를 제공하면 된다.

---

8 (옮긴이) 시스템 V 인터페이스 정의는 AT&T의 유닉스 시스템 V 동작을 설명하는 표준으로 시스템 호출, C 라이브러리, 사용 가능한 프로그램 및 장치 등에 대한 설명이 포함되어 있다.

⚠ **[주의]** 마이크로소프트 C 런타임 시스템이 'floating point not loaded'와 비슷한 메시지를 표시할 때가 있는데, 이는 수치 보조 프로세서가 필요하지만 컴퓨터에 설치되지 않았다는 뜻이다. 부동 소수점 에뮬레이션 라이브러리를 사용하여 프로그램을 다시 링크하면 해결된다.

인터포지셔닝을 조심할 것

인터포지셔닝(또는 'interposing', '대체', '치환')은 라이브러리 함수를 사용자가 작성한 같은 이름의 함수로 교체하는 기법을 뜻한다. 이것은 안전망 없는 고속도로 갓길에서 산책을 즐기려는 사람들이 쓸 법한 아주 위험한 기술이다. 물론 디버깅이나 성능상 이유로 라이브러리 함수를 특정 프로그램으로 대체할 수는 있다. 그러나 전문가 입장에서 봤을 때 이러한 행위는 더 빠른 결과를 낼지는 몰라도 안전장치 없는 총기처럼 초급자가 사고를 당할 가능성이 매우 높아진다.

인터포지셔닝에는 많은 주의가 필요하다. 같은 이름의 라이브러리 함수를 사용자가 별도로 정의한 함수로 바꾸는 것은 너무 쉽다. 문제는 이렇게 하면 라이브러리 함수의 모든 호출이 사용자 버전 함수 호출로 대체될 뿐 아니라, '시스템 루틴' 내에서 발생하는 모든 호출까지도 사용자 버전 함수를 참조하게 된다. 컴파일러는 일반적으로 라이브러리 루틴에 대한 재정의를 감지하더라도 오류 메시지를 내지 않는다. 프로그래머가 항상 옳다는 C의 철학에 따라 프로그래머가 라이브러리 함수를 다시 정의한 데는 이유가 있을 것이라고 가정하기 때문이다.

수년간 나는 인터포지셔닝을 꼭 사용해야 하고 (조금은 불편하더라도) 다른 방식으로는 같은 효과를 낼 수 없는 확실한 예를 접해 본 적이 없다. 하지만 인터포지셔닝이 기본 전역 범위와 엮여 굉장히 찾기 힘든 버그를 만들어 내는 경우는 수없이 보았다(그림 5-3 참고). 심지어 경험 많고 숙련된 소프트웨어 개발자조차 수십 가지 버그 보고와 긴급 사안 문제를 제출했다. 불행하게도 이것은 버그가 아니다. 구현은 다음과 같은 방식으로 이루어진다.

인터포지셔닝과 기본 전역 범위 다이어그램

1. 인터포지셔닝을 사용하지 않은 경우 시스템이 `mktemp()`를 호출하는 과정

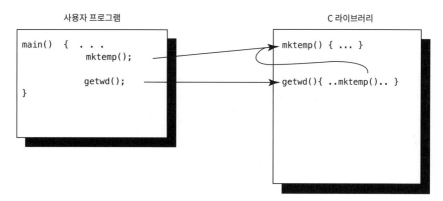

2. 인터포지셔닝을 사용하는 경우 시스템의 `mktemp()`를 대체하는 바람에
   여러분의 코드뿐 아니라 시스템 호출까지 바꾼다!

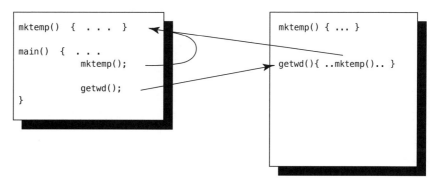

그림 5-3 인터포지셔닝과 기본 전역 범위 다이어그램

대다수 프로그래머는 C 라이브러리 이름을 전부 외우지 않는데, index나 mktemp처럼 많이 알려진 이름도 의외로 자주 선택하는 경향이 있다. 때로는 이런 종류의 버그가 상업용 제품 코드에 포함되기도 한다.

 [프로그래밍 토막 지식] SunOS의 인터포지셔닝 버그

SunOS 4.0.3에서 인쇄 프로그램 /usr/ucb/lpr이 때때로 '메모리 부족'이라는 오류 메시지를 표시하며 인쇄를 거부하는 일이 발생했다. 이러한 결함은 무작위로 나타나 추적하기가 매우 어려웠다. 마침내 결함의 원인이 의도하지 않았던 인터포지셔닝 버그로 밝혀졌다.

프로그래머는 lpr을 이름이 mktemp()인 인수가 세 개 필요한 기본 전역 함수를 가지고 구현했다. 하지만 프로그래머가 잘 몰랐지만 (안시 이전) C 라이브러리에는 동일한 이름의 함수가 이미 존재했다. 이 함수는 비슷한 작업을 수행했지만 인수는 하나였다.

lpr은 라이브러리 함수 getwd()도 호출했는데, getwd() 함수는 라이브러리 버전의 mktemp() 함수를 사용할 것으로 기대하고 있었다. 하지만 불행하게도 getwd()는 lpr 프로그램에서 자체적으로 구현한 특별한 버전의 mktemp()와 바인딩되었다! 그래서 getwd()가 mktemp()를 호출할 때는 스택에 인수를 하나만 넣지만, 실제로 호출되는 mktemp()는 lpr 버전으로 인수 세 개를 가져왔던 것이다. 결국 인수에 들어 있는 임의의 값으로 인해 lpr은 '메모리 부족' 오류를 일으키며 실패했다.

교훈: 여러분의 인터페이스에 포함되지 않는 한 프로그램에 어떤 심벌도 전역으로 만들지 말라!

lpr은 정적으로 mktemp를 선언하도록 수정되어 파일 외부에서는 보이지 않게 했다(다른 이름으로 바꿀 수도 있었다). mktemp는 이제 안시 C 라이브러리 함수 tmpnam으로 대체되었다. 하지만 인터포지셔닝 문제가 일어날 가능성은 여전히 존재한다.

표 5-2에서 나열한 식별자는 프로그램에서 절대로 선언하지 말아야 한다. 이 중 일부는 항상 예약되어 있지만 나머지는 특정 헤더 파일을 포함할 때만 예약된다. 또한 일부는 전역 범위로 예약되어 있지만 다른 일부는 전역 또는 파일 범위 둘 다 예약된 경우도 있다. 아울러 모든 키워드는 예약되어 있지만 지면상 다음 표에서는 제외한 것도 있다. 가장 쉬운 해결책은 이와 같은 식별자가 항상 시스템에 속해 있다고 간주하는 것이다. 표 5-2의 식별자를 여러분의 식별자로 사용하면 안 된다.

is[a-z]anything 형태인 항목이 있다.

즉, 'is' 다음에 소문자 한 개가 붙고 이어서 다른 글자가 붙는 모든 식별자를 의미한다.

acos, -f, -l 형태인 항목도 있다.

이것은 세 개의 식별자 acos, acosf, acosl이 예약되었음을 나타낸다. math 헤더 파일의 모든 함수는 double 타입의 인수를 기본 버전으로 취한다. 여기에 두 개의 추가 버전이 있는데, 함수명 뒤에 l이 붙으면 long double 타입의 인수를 취하고, f가 붙는 경우에는 float 타입의 인수를 취한다.

다음 이름을 식별자로 사용하지 말라.

_anything			
abort	abs	acos,-f,-l	asctime
asin,-f,-l	assert	atan,-f,-l	atan2,-f,-l
atexit	atof	atoi	atol
bsearch	BUFSIZ	calloc	ceil,-f,-l
CHAR_BIT	CHAR_MAX	CHAR_MIN	clearerr
clock	clock_t	CLOCKS_PER_SEC	cos,-f,-l
cosh,-f,-l	ctime	currency_symbol	DBL_DIG
DBL_EPSILON	DBL_MANT_DIG	DBL_MAX	DBL_MAX_10_EXP
DBL_MAX_EXP	DBL_MIN	DBL_MIN_10_EXP	DBL_MIN_EXP
decimal_point	defined	difftime	div
div_t	E[0-9]	E[A-Z]*anything*	
errno	exit	EXIT_FAILURE	EXIT_SUCCESS
exp,-f,-l	fabs,-f,-l	fclose	feof
ferror	fflush	fgetc	fgetpos
fgets	FILE	FILENAME_MAX	floor,-f,-l
FLT_DIG	FLT_EPSILON	FLT_MANT_DIG	FLT_MAX
FLT_MAX_10_EXP	FLT_MAX_EXP	FLT_MIN	FLT_MIN_10_EXP
FLT_MIN_EXP	FLT_RADIX	FLT_ROUNDS	fmod,-f,-l
fopen	FOPEN_MAX	fpos_t	fprintf
fputc	fputs	frac_digits	fread
free	freopen	frexp,-f,-l	fscanf
fseek	fsetpos	ftell	fwrite
getc	getchar	getenv	gets
gmtime	grouping	HUGE_VAL	int_curr_symbol
int_frac_digits	INT_MAX	INT_MIN	is[a-z]*anything*
jmp_buf	L_tmpnam	labs	LC_[A-Z]*anything*
lconv	LDBL_DIG	LDBL_EPSILON	LDBL_MANT_DIG
LDBL_MAX	LDBL_MAX_10_EXP	LDBL_MAX_EXP	LDBL_MIN
LDBL_MIN_10_EXP	LDBL_MIN_EXP	ldexp,-f,-l	ldiv
ldiv_t	localeconv	localtime	log,-f,-l
log10,-f,-l	LONG_MAX	LONG_MIN	longjmp
malloc	MB_CUR_MAX	MB_LEN_MAX	mblen
mbstowcs	mbtowc	mem[a-z]*anything*	mktime
modf,-f,-l	mon_decimal_point	mon_grouping	mon_thousands_sep

n_cs_precedes	n_sep_by_space	n_sign_posn	NDEBUG
negative_sign	NULL		
offsetof	p_cs_precedes	p_sep_by_space	p_sign_posn
perror	positive_sign	pow,-f,-l	printf
ptrdiff_t	putc	putchar	puts
qsort	raise	rand	RAND_MAX
realloc	remove	rename	rewind
scanf	SCHAR_MAX	SCHAR_MIN	SEEK_CUR
SEEK_END	SEEK_SET	setbuf	setjmp
setlocale	setvbuf	SHRT_MAX	SHRT_MIN
SIG_[A-Z]*anything*	sig_atomic_t	SIG_DFL	SIG_ERR
SIG_IGN	SIG[A-Z]*anything*	SIGABRT	SIGFPE
SIGILL	SIGINT	signal	SIGSEGV
SIGTERM	sin,-f,-l	sinh,-f,-l	size_t
sprintf	sqrt,-f,-l		
srand	sscanf	stderr	stdin
stdout	str[a-z]*anything*	system	tan,-f,-l
tanh,-f,-l	thousands_sep	time	time_t
tm	tm_hour	tm_isdst	tm_mday
tm_min	tm_mon	tm_sec	tm_wday
tm_yday	tm_year	TMP_MAX	tmpfile
tmpnam	to[a-z]*anything*	UCHAR_MAX	UINT_MAX
ULONG_MAX	ungetc	USHRT_MAX	va_arg
va_end	va_list	va_start	vfprintf
vprintf	vsprintf	wchar_t	wcs[a-z]*anything*
wcstombs	wctomb		

표 5-2 식별자로 사용하지 말아야 할 이름(안시 C 시스템을 위해 예약됨)

안시 6.1.2('Identifiers')에서는 구현 과정에서 외부 식별자의 대소문자를 중요하게 여기지 않고 정의한다는 점을 기억하기 바란다. 또한, 외부 식별자는 처음 여섯 글자에 대해서만 주의하면 된다(안시 5.2.4.1, 'Translation Limits'). 이 두 가지까지 고려하면 피해야 할 식별자 수는 더 늘어난다. 위 목록은 C 라이브러리 기호들로 구성되어 있기 때문에 다시 정의해서는 안 된다. 아울러 추가로 링크하는 라이브러리

기호도 있다. 이에 대해서는 ABI 문서[9]를 참고하기 바란다.

이름 공간 오염(부족) 문제는 안시 C에서 부분적으로만 다루어진다. 안시 C는 7.1.2.1에서 사용자가 시스템 이름을 다시 정의하는 것(인터포지셔닝에 효과적으로 적용됨)을 불법화했다.

> 7.1.2.1 예약 식별자(reserved identifiers): 이후 단락(표준 라이브러리 함수를 정의하는 단락)에서 선보이는 외부 연결과 함께하는 모든 식별자는 …중략… 외부 연결과 함께 쓰이는 식별자로 사용되도록 항상 예약되어 있다.

식별자가 '예약'되어 있다는 것은 사용자가 다시 정의할 수 없다는 것을 뜻한다. 그러나 이것은 '제약 사항'이 아니므로 이러한 상황이 발생했을 때 오류 메시지를 '요구'하지 않는다. 이러한 코드는 이식도 불가능할 뿐 아니라 미정의 동작을 야기한다. 즉, 함수 이름 중 하나를 (의도적이든지 아니면 실수든지) C 라이브러리 함수 이름과 같은 이름으로 사용했다면 여러분은 부적합한 프로그램을 작성한 것이다. 하지만 컴파일러 번역기는 이에 대해 여러분에게 경고할 의무가 없다. 차라리 이런 사안은 표준에서 컴파일러가 경고 진단을 내도록 요구하고, switch 문에서 다룰 수 있는 최대 case 레이블 수와 같은 사안은 스스로 결정하도록 두는 편이 낫다.

링커 보고서 파일 생성

ld에 -m 옵션을 사용하면 대체된 심벌에 대한 내용을 링커 보고서에 포함한다. 일반적으로 ld의 -m 옵션은 실행 파일에 들어 있는 내용과 그 위치를 보여 주는 메모리 맵 또는 목록을 생성한다. 또한 같은 심벌들이 사용된 여러 인스턴스를 보여 주기 때문에 이러한 상황이 어떤 파일에서 일어나는지 살펴보면 인터포지셔닝이 발생했는지 아닌지 판단할 수 있다.

ld의 -D 옵션은 향상된 링크 편집기 디버깅을 제공하며 SunOS 5.3부터 포함되었다. 이 옵션(링커와 라이브러리 매뉴얼에 전체 내용 설명)으로 사용자는 링크 편집 프로세스와 포함된 입력 파일을 확인할 수 있다. 특히 아카이브로부터 어떤 오브젝트 파일을 추출했는지 모니터링할 때 유용하다. 또한 이 옵션은 런타임 바인딩을

---

9 *The System V Application Binary Interface*, AT&T, 1990
(옮긴이) x86 계열의 최신 ABI 문서는 다음 사이트에서 확인할 수 있다: *https://github.com/hjl-tools/x86-psABI/wiki/X86-psABI*

표시하는 데도 사용한다.

 ld는 여기에서 설명한 것보다 더 많은 옵션과 규칙이 있는 복잡한 프로그램이다. 지금까지 설명한 것만으로 목적을 달성하는 데 충분하지만, 내용을 더 자세히 그리고 깊이 있게 알기 원하는 독자들을 위해 복잡도에 따라 내용을 나열했으니 참고하기 바란다.

- ldd[10] 명령을 사용해 실행 파일에서 사용한 동적 종속성을 나열해 보기 바란다. 이 명령은 동적으로 링크된 프로그램에 필요한 라이브러리를 알려 준다.
- ld의 –Dhelp 옵션은 링크 프로세스 문제를 해결하는 데 필요한 정보를 제공한다.
- ld의 매뉴얼 페이지 설명을 읽어 보기 바란다.
- 'SunOS Linker and Libraries Manual(part number 801-2869-10)'을 읽기 바란다.[11]

이것들을 조합해 읽다 보면 여러분에게 필요한 어떤 미묘한 링커 특수 효과에 대한 정보를 얻을 수 있을 것이다.

> ☀️ **[유용한 팁] 'botch'가 나타나는 경우**
>
> SunOS 4.x에서 오류 메시지에 'botch'라는 단어가 나타나면 로더가 내부 불일치를 발견했다는 뜻이다. 이것은 보통 잘못된 입력 파일 때문에 발생한다.
> SunOS 5.x의 로더는 입력 정확성과 일관성에서 훨씬 더 엄격해졌다. 따라서 내부 오류에 대해 불평할 필요가 없어졌으며 'botch' 메시지도 삭제되었다.

쉬어 가기: '누구와 얘기하는지 맞히시오' 튜링 테스트 도전

전자 시대가 시작되자 컴퓨터의 잠재력이 처음으로 드러나면서 언제 시스템이 인공 지능을 갖게 될지 논쟁이 일어났다. 이 논쟁은 '어떻게 하면 기계가 생각하는지 알 수 있을까?' 하는 질문으로 이어졌다. 영국의 수학자 앨런 튜링(Alan Turing)은

---

10 (옮긴이) macOS에서는 ldd 대신 otool -L을 사용하면 된다.
11 (옮긴이) GNU에서 제공하는 링커와 라이브러리 매뉴얼은 다음 사이트를 참고하기 바란다.

- GNU 링커: *http://sourceware.org/binutils/docs-2.32/ld/index.html*
- GNU C 라이브러리: *http://www.gnu.org/software/libc/manual/*

학술지 《Mind》에 실린 1950년 논문에서 한 가지 실용적인 테스트를 제안하면서 이 철학적인 문제를 풀어냈다. 튜링이 제안한 방법은 다음과 같다. 인간 질문자는 다른 사람 그리고 컴퓨터와 각각 대화를 나눈다. 이때 시청각 힌트 방지를 위해 텔레타이프(원격 채팅)로 대화를 진행한다. 인간 질문자가 5분 후에 사람과 컴퓨터를 구분하지 못하면 이 컴퓨터는 인공 지능을 갖추었다고 말할 수 있다. 이 시나리오는 나중에 '튜링 테스트'라고 부르게 되었다.

튜링이 이 테스트를 제안한 이래 수십 년 동안 튜링 테스트는 여러 번 이루어졌으며 때로는 놀라운 결과가 나타났다. 여기에서는 이러한 테스트의 일부를 대화 형식으로 소개한다. 여러분도 누가 컴퓨터인지 판별해 보기 바란다.

엘리자

자연어를 처리한 최초의 컴퓨터 프로그램 중 하나는 조지 버나드 쇼(George Bernard Shaw)의 연극 〈피그말리온(Pygmalion)〉의 수다스러운 여주인공의 이름을 딴 '엘리자(Eliza)'다. 엘리자 소프트웨어는 1965년 MIT 교수인 요제프 바이첸바움(Joseph Weizenbaum)에 의해 작성되었는데, 그 프로그램은 정신과 의사 칼 로저스(Carl Rogers) 방식으로 환자와 대화하며 반응하는 것처럼 가장했다.[12] 엘리자 프로그램은 입력된 텍스트를 피상적으로 분석했고, 그 안에 내장된(문제 은행처럼) 많은 규격화된 답 중 하나를 다시 내놓았다. 이렇듯 컴퓨터가 특정 대화를 이해하고 있다는 착각 때문에 컴퓨터에 익숙하지 않던 많은 사람이 속았다.

바이첸바움은 자기 비서를 그 시스템 시험에 초대했을 때 이러한 현상을 처음으로 인지했다. 엘리자와 몇 분간 채팅을 한 후 비서는 (바이첸바움이 지난 몇 달 동안 소프트웨어로 작업하는 것을 지켜봤고, 엘리자가 단지 컴퓨터 프로그램이라는 것을 누구보다 더 잘 이해하고 있다고 기대했음에도) 개인적인 대화를 계속할 수 있도록 바이첸바움에게 자리를 비켜 달라고 부탁하기에 이르렀다.

튜링 테스트는 첫 번째 공식 테스트부터 실패했는데, 비서가 이 초보적인 소프트웨어를 (인공 지능이라고는 전혀 의심하지 않은 채) 분명히 인간으로 여겼기 때문이다. 이 테스트는 소프트웨어에 지능이 있다기보다 차라리 인간이 너무 잘 속는다

---

12 (옮긴이) 로저스 치료법은 정신과 치료 방법의 하나로, 치료 과정에서 환자가 적극적이고 자율적인 역할을 하므로 사람 중심 치료법이라 부른다. 상처가 무엇인지, 어떤 방향으로 가고, 어떤 문제가 중요하며, 어떤 경험이 깊이 박혔는지 알고 있는 것은 바로 환자라는 개념을 기반으로 의사는 환자가 긍정적인 변화를 가져오도록 환경을 구성하고 촉진한다.

는 것을 보여 주었다. 엘리자 프로그램은 자신의 인기를 증명했고, 보스턴의 컴퓨터 컨설팅 회사인 BBN(Bolt Berenek and Newman)에 의해 개조됐다. BBN 부사장은 자신이 예상과 달리 프로그래머가 아니라 엘리자와 대화하고 있었음을 알게 되자 더 엄격한 테스트가 필요하다는 것을 깨달았다.

엘리자와 부사장 간의 대화

컴퓨터 과학자 대니얼 보브로(Daniel Bobrow)는 'SIGART Newsletter' 1968년 12월호에 다음과 같은 내용을 실었다.

어느 토요일 오전 9시쯤 BBN의 텔컴프(Telcomp) 상용 서비스 판매 담당 부사장이 시연용 컴퓨터를 사용해 보기 위해 컴퓨터실에 왔다. 그는 텔레타이프 위에 놓인 노트를 발견했는데, 노트에는 "모든 메시지를 이 텔레타이프로 입력하고 문장은 마침표로 끝내시오"라고 적혀 있었다. 노트는 (바이첸바움이 개발한 엘리자를 기반으로 하는) 닥터(Doctor) 프로그램의 리스프 버전을 성공적으로 실행했던 프로그래밍 전문가가 남겨 둔 것이었다. 하지만 내(보브로)가 자주 밤새도록 컴퓨터를 사용하는 것을 알고 있던 부사장은 노트를 보고는 이 텔레타이프가 내 집에 있는 것과 연결되어 있다고 생각했다. 결과적으로 부사장은 '나'와 대화하는 줄 알고 채팅을 시작했지만 실제는 닥터 프로그램과 채팅을 했다. 대화는 다음과 같이 이어졌다.

부사장: 오늘 아침에 컴퓨터 좀 사용할 수 있을까요?

텔레타이프: 왜 물으시죠?

부사장: 어쩌면 텔컴프를 추가로 판매할 수 있을 것 같아요.

텔레타이프: '어쩌면'요?

부사장: 잠재 고객은 시스템 시연을 본 적이 없어요.

텔레타이프: 중요한 일인가요?

부사장: 물론이죠.

텔레타이프: 이번에는 확신하는군요.

부사장: 어이가 없군.

텔레타이프: 어이가 없다는 것은 무엇을 의미합니까?

부사장: 왜 지금 컴퓨터를 사용하지 못하고 이런 이야기를 하고 있어야 하죠?

텔레타이프: 잠재 고객에 대해 자세히 알려 주세요.

부사장: 나한테 전화하세요

여기에서 부사장은 노트에 적혀 있던 지시를 어기고 마침표를 찍지 않았다. 그렇기 때문에 컴퓨터는 계속 대답을 하지 않았고, 내가 자신을 놀리고 있다고 생각한 부사장은 완전히 격분하여 깊은 잠에 빠져 있던 나를 전화로 깨우고는 이렇게 말했다.

부사장: 왜 이렇게 나에게 무례하게 구는 거죠?

보브로: 제가 무례하게 굴다니 무슨 말씀이세요?

부사장은 화가 난 채로 '우리'가 지금까지 나누었던 대화를 읽었는데, 나는 웃을 수밖에 없었다. 부사장에게 지금까지 대화를 나눈 대상이 컴퓨터였다는 사실을 납득시키기까지는 시간이 약간 필요했다.

엘리자-닥터 소프트웨어는 일반적으로 개방형 질문으로 대답하여 사용자가 더 많은 문장을 입력하도록 유도한다. 엘리자는 질문에 대답하려고 하지 않는다. 대답할 능력이 없기 때문이다. 그런데도 닥터 프로그램은 컴퓨터를 잘 아는 부사장을 속였다. 엘리자가 사람들을 바보로 만드는 이유는 튜링 테스트를 통과할 만큼 똑똑해서가 아니다. 당시에는 참신했지만 엘리자는 오늘날 기준으로 보면 아주 초보적인 프로그램이다. 사람들이 너무 쉽게 속아 바보가 된 것이지, 테스트를 충분히 했다고 할 수 없다. 그래서 튜링 테스트는 두 번째 시도에서도 실패한 것이다.

닥터, 닥터와 만나다

자유 소프트웨어 재단은 해킹 가치와 재미있고 기발하다는 이유로 이 닥터 소프트웨어를 인기 있는 GNU 편집기 제품에 추가했다. GNU 이맥스(Emacs) 편집기는 무료로 제공되며 대부분의 유닉스 시스템에서 사용할 수 있다. GNU 이맥스를 시작한 다음 ESC 키를 누르고 x를 입력한 후 나타나는 명령 줄에 'doctor'라고 입력하면 닥터 소프트웨어가 실행된다. 나는 닥터 프로그램 두 개를 연결해 서로 이야기를 나누도록 하면 재미있겠다고 생각했다. 실험 결과는 다음과 같다.

1: 저는 심리 치료사입니다. 당신의 문제를 설명해 주세요.

2: 무슨 일로 저를 찾아오셨나요?

1: 자세히 말씀해 주시겠어요?

2: 계속해 주시면 감사하겠습니다.

1: 제가 계속한다면 감사할 거라고 믿는 이유가 무엇입니까?

2: 왜 그런 말을 하죠?

[닥터 1은 이제 문법 오류를 일으키기 시작한다…]

1: '제가 그렇게 말하나요'를 언제 처음 알았습니까?

[닥터 2도 문법 오류를 일으키기 시작한다…]

2: 당신이 그렇게 말하는 것을 내게 처음 알았을 때 무슨 일이 일어났나요?

1: '제가 그렇게 말하나요'를 처음 아신다면 어떻게 될까요?

2: '그게 진짜 이유인가요'라고 말하는 것이 사실인가요?

1: 제가 그게 진짜 이유가 진짜 이유라고 말하는 것이 사실인가요?

2: 당신이 그게 진짜 이유가 진짜 이유라고 말하는 사실이 다른 것을 설명하나요?

1: 제가 그게 진짜 이유가 진짜 이유라고 말하는 사실이 다른 것을 설명하는 다른 것을 설명하나요?

2: 당신이 그게 진짜 이유가 진짜 이유라고 말하는 것이 다른 것을 설명하는 다른 것을 설명한다고 확신하나요?

1: 당신은 진짜 이유 진짜 이유가 다른 것을 설명하는 다른 것을 설명한다고 확신하나요?

2: 아까 제가 당신을 찾아온 이유를 했다고 말씀하셨죠?

1: 아까 저를 찾아온 이유가 제가 당신을 찾아간 이유를 당신이 했다고 말씀하셨죠?

2: 당신이 저에게 온 것은 당신이 저에게 와서인가요?

1: 당신이 저에게 온 것은 제가 당신에게 가서인가요?

2: 제가 당신에게 찾아갔다고 당신이 저한테 오셔서 짜증 나세요?

[닥터 1은 다음 줄에서 대화를 시도하면서 문법을 회복했지만 이제 반복에 갇혀 버린다.]

1: 당신은 자주 짜증이 났습니까?

2: 당신은 자주 짜증이 났습니까?

1: 무엇이 당신을 짜증 나게 합니까?

2: 당신이 정말 짜증 나요?

1: 무엇이 당신이 짜증 난다고 믿게 만드나요?

2: 당신은 자주 짜증이 났습니까?

1: 당신은 자주 짜증이 났습니까?

보다시피 전혀 재미있지 않다. 이 대화는 닥터의 주요 대화 장치인 '따라 하기(echoing)'를 폭로한다. 닥터의 피상적인 텍스트 분석은 복잡한 문장으로 쉽게 무너진다. 닥터의 질문이 이전 말의 일부를 앵무새처럼 되풀이하려고 하다가 때로는 너무 복잡한 문장을 만들어 내서 스스로도 다루지 못하게 된다. 비록 닥터가 사람들을 속여 인간이라고 생각하게 했지만, 이 기록을 보는 사람은 아마 아무도 속지 않을 것이다.

보스턴 시상

1991년으로 넘어가 보자. 컴퓨터 시스템은 훨씬 빠르고 더 강력하다. 사람들은 25년 이상 인공 지능의 여러 측면을 연구해 왔다. 그 결과 튜링 테스트에서 최근에 이르러 가장 특별한 장면을 만나게 된다.

1991년 11월 보스턴 컴퓨터 박물관은 미국 국립 과학 재단(National Science Foundation), 알프레드 P. 슬론 재단(Alfred P. Sloan Foundation)과 더불어 튜링 테스트 공개 시연을 후원했다. 보스턴 박물관은 보스턴 신문에 광고를 실어 인간 질문자를 공개 선발했다. 박물관은 질문자들이 (특별한 철학 또는 언어 지식을 가진 과학자가 아닌) 보통 사람을 대표하기를 원했다. 10명의 질문자로 구성된 패널은 세 시간 동안 10여 차례에 걸쳐 터미널을 통해 프로그램 또는 사람과 이야기를 나누었다. 그중 전형적인 대화 하나를 소개하면 다음과 같다.

터미널: 변덕은 갑자기 예측하지 못한 행동을 하고 자주 특이한 행동을 하는 것을 뜻한다. 음침한 회색 세계를 비추는 약간의 햇빛이라고나 할까.

질문자: 예감 같은 거?

터미널: 모든 사람은 어떤 일을 하려고 하고 모든 사람은 어떤 일을 하지만 아무

도 자신이 의도한 일을 하지 않는다.

질문자: 어쨌든 나는 체스에서 나이트가 움직이는 것처럼 어떤 특정 선을 따르기보다 지그재그로 하는 변덕스러운 대화를 상상하곤 한다.

터미널: 변덕스러운 사람은 불규칙한 행동과 예측할 수 없는 생각을 하게 된다. …중략… 예측할 수 없는 것이 얼마나 좋은가!

위의 터미널이 실제로 컴퓨터 프로그램이라는 것은 놀라운 일이 아니다. 그것은 엘리자와 똑같이 작동하고 있다. 질문자의 문구에 있는 구문과 키워드를 분석하고, 그것과 일치하는 주제를 거대한 답변 데이터베이스에서 선택한다. 그리고 '닥터의 딜레마'를 피하고자 질문자의 텍스트를 그대로 인용하지 않고, (대화와 관련된) 새로운 주제를 지속해서 제기한다.

이 프로그램이 10명의 질문자 중 5명을 착각하게 만든 것도 놀랄 일이 아니다. 착각한 질문자들은 이 프로그램과 더 긴 시간 동안 대화를 나누고는 그것을 인간이라고 표시했다. 튜링 테스트 관점에서는 세 번째로 운이 나쁜 케이스지만 모두를 속이는 데는 실패했다.

결론

위의 프로그램이 직설적인 질문("예감 같은 거?")에 직접적으로 답할 수 없다는 것은 컴퓨터 과학자에게 결정적인 증거를 제공함과 동시에 튜링 테스트의 커다란 약점을 드러낸다. 즉, 반쪽짜리 적당한 문구를 교환한다고 해서 생각을 표현하는 것은 아니다. 우리는 어떤 대화인지 그 내용을 보아야 한다.

튜링 테스트가 불충분하다는 것이 반복적으로 밝혀졌다. 튜링 테스트는 겉모습에 의존하는데 사람들은 피상적인 외모에 너무 쉽게 속는다. 활동의 외양을 모방하는 게 그 활동을 수반하는 인간의 내면 과정의 증거가 되는지에 대한 중요한 철학적 질문과는 별개로, 인간 질문자는 대체로 필요한 구별을 정확히 못 한다는 것이 증명되었다. 일상에서 대화하는 대상이 사람뿐이기에 어떤 대화를 (매우 과장되었더라도) 사람과 하고 있다고 가정하는 것은 당연하다.

이런 실패 경험에도 불구하고 인공 지능 업계는 튜링 테스트를 포기하려 하지 않는다. 문학에는 이를 위한 많은 방어책이 있다. 튜링 테스트의 이론적 단순성은 아주 강한 매력을 지니고 있다. 그러나 (이론상에서만 존재할 뿐) 실제로 동작하지 못한다면 그것은 수정되거나 폐기되어야만 한다.

최초의 튜링 테스트는 질문자가 텔레타이프상에서 여자인 척하는 남자와 여자를 구별할 수 있다는 관점에서 표현되었다. 튜링은 그의 논문에서 최초의 테스트에 대해 직접적으로 언급하지는 않았는데, 아마도 이것 역시 지금까지의 이유로 인해 적절한 테스트가 되지 않았을 것이다.

혹자는 대화를 나누면서 이런 측면을 주의하면 되지 않겠냐고 생각할지 모른다. 즉, 텔레타이프가 인간인지 아닌지 판단하기 위해 질문자가 토론을 하도록 요청하면 되지 않느냐는 것이다. 하지만 그렇게 해도 성과가 더 있을 것 같지 않다. 1991년에 진행된 컴퓨터 박물관 테스트는 단순성을 위해 텔레타이프마다 한 가지 분야로만 대화를 나누도록 제한했다. 프로그램마다 쇼핑, 날씨, 변덕 등 다양한 주제를 다루도록 지식 기반을 달리했다. 이러한 환경에서는 프로그램이 인간의 상태에 알맞은 발언과 재치 있는 반응을 보여 주기만 하면 된다. 튜링은 5분이면 감별하기 충분하리라고 말했지만 요즘은 거의 맞지 않는 것 같다.

튜링 테스트를 보완하는 한 가지 방법은 약한 고리, 바로 잘 속는 인간의 속성을 고치는 것이다. 의사가 진료를 시작하기 전에 의사 지망생에게 몇 년간의 연구 과정을 통과하도록 요구하듯이, 튜링 질문자는 흔히 볼 수 있는 보통 사람을 대표로 뽑아서는 안 된다는 조건을 덧붙여야 한다. 질문자 역할은 컴퓨터 과학을 잘 아는 사람, 아마도 컴퓨터 시스템의 능력과 약점에 익숙한 대학원생이 맡아야 할 것이다. 대학원생들은 거대한 데이터베이스에서 추출한 재치 있는 말에 쉽게 속지 않을 것이다.

또 다른 흥미로운 아이디어는 터미널이 보여 주는 유머 감각을 탐구하는 것이다. 특정 이야기가 농담으로 적합한지 아닌지 구별하고 왜 웃기는지 설명해 달라고 부탁한다. 나는 그러한 시험이 굉장히 강도 높다고 생각한다. 아마도 많은 사람이 속지 않을 것이다.[13]

뛰어난 이론가였지만 튜링은 실용적인 문제에는 서툴렀다. 그의 비실용성은 특이한 방식으로 나타났다. 그는 사무실에서 동료가 사용하지 못하게 자신의 머그잔을 라디에이터에 사슬로 채웠다. 동료들은 자연스럽게 이것을 도전으로 간주하고 자물쇠를 따고 일부러 그 컵으로 술을 마셨다. 튜링은 언제나 15㎞ 정도 떨어진 약

---

13 (옮긴이) 현재까지도 튜링 테스트를 통과한 사례는 나오지 않았으며, 기술의 발전에 따라 캡차 (CAPTCHA) 같은 튜링 테스트를 응용한 보안 기술이 나왔다. 캡차는 알파벳과 숫자로 구성된 문자를 변형하거나 중간에 선이나 패턴을 넣거나 여러 개의 타일 속에서 원하는 사물을 골라내는 형태인데 현재의 인공 지능 기술로는 이것을 뚫기가 굉장히 어렵다.

속 장소까지는 대중교통을 이용하기보다 달려갔는데 도착할 때쯤에는 녹초가 되었다. 1939년 유럽에서 전쟁이 발발했을 때 튜링은 자신이 저축한 돈을 안전하게 보관하기 위해 은괴 두 개로 바꾸어 시골에 묻었다. 전쟁이 끝날 무렵 그는 그것을 어디에 묻었는지 기억하지 못했다. 튜링은 결국 스스로 생을 마감하면서도 자신만의 비실용적인 방법을 사용했다. 사과에 청산가리를 주입하고는 그것을 먹었다. 어쨌든 그의 이름에서 비롯된 테스트는 경험에 대한 이론의 승리였지만, 이론과 실제의 차이는 이론보다는 실제에서 더 크다.

후기

튜링은 기고문 등을 통해 "20세기 말에는 일반적인 교육을 받은 사람의 견해와 사용하는 어휘가 많이 변해서 굳이 기계가 원하는 답을 의식하지 않고도 충분히 기계와 대화를 나눌 수 있게 되리라 믿는다"라고 밝혔다. 그것은 실제로 튜링이 생각한 것보다 훨씬 빨리 일어났다. 프로그래머들은 습관적으로 다음과 같이 컴퓨터의 기이한 점을 사고 과정의 관점으로 설명한다. "캐리지 리턴을 누르지 않았기 때문에 기계는 더 많은 입력이 들어올 것이라고 생각하고 계속 기다린다." 그러나 이것은 튜링이 예측한 것처럼 기계가 의식을 획득한 것이 아니라 '생각'이라는 용어를 넓게 해석한 것뿐이다.

당연히 앨런 튜링은 컴퓨터 이론 분야에서 가장 위대한 선구자 중 한 명으로 인정되었다. ACM(Association for Computing Machinery)은 그를 기리기 위해 컴퓨터 과학 분야에서 최고 권위를 갖는 튜링상을 제정해 해마다 수여한다. 1983년 튜링상은 유닉스와 C에 대한 연구를 인정하여 데니스 리치와 켄 톰슨에게 수여했다.[14]

더 읽을거리

- 인공 지능의 진보와 한계에 대해 더 알고 싶다면 《What Computers Still Can't Do: A Critique of Artificial Reason》(MIT Press, 1992)을 읽어 보기 바란다.

---

14 (옮긴이) 2020년 튜링상은 컴파일러 연구에 대한 공로로 앨프리드 에이호(Alfred Aho)와 제프리 울먼(Jeffrey Ullman)이 받았다. 두 사람은 '드래곤 북'으로 알려진 《Compilers: Principles, Techniques, and Tools》(Addison-Wesley, 2006)의 저자다.

6장

우아한 동작: 런타임 데이터 구조

#41: 엔터프라이즈호는 신을 만나는데 (사실) 그것은 아이, 컴퓨터 또는 C 프로그램이다.

#42: 최근 몇 명밖에 가 보지 못했던 곳으로 대담하게 이동하는 동안 엔터프라이즈호 컴퓨터는 놀랍게도 사람 모양을 한 강력한 외계 생명체에 의해 파괴된다.

#43: 승무원들은 적대적인 컴퓨터 지능과 마주하게 되고 철학과 논리를 교묘하게 이용해 컴퓨터가 자폭하도록 만든다.

#44: 승무원들은 이전의 지구 사회와 묘하게 닮은 문명을 만나게 된다.

#45: 질병에 걸린 승무원들이 빠르게 노화하거나 그 반대 증상을 보인다. 주요 승무원들은 육체적이거나 정신적으로 또는 두 가지 측면 모두 유년기로 퇴보한다.

#46: 외계 생명체가 승무원 몸속에 침투해 승무원의 몸을 빼앗는다. 그리고는 반대로도 같은 변화가 일어나는지 여전히 기다리고 있다.

#47: 선장은 프라임 디렉티브(최상위 명령)를 위반한다. 그리고 문제 해결을 위해 노력하는 과정에서 엔터프라이즈호를 위험에 빠뜨리거나 매력적인 외계 생명체와 관계를 맺는다.

#48: 선장은 결국 지구를 연상시키는 신기한 세상에서 두 원시적인 전쟁 사회에 평화를 가져다 준다("우리는 평화를 위해 왔습니다. 그러니 이제 죽어 줘야겠어.").[1]

— 스놉스 교수의 정통 스타 트렉 플롯과 맛있는 남남 레시피

프로그래밍 언어 이론의 고전적인 이분법 중 하나는 코드와 데이터를 구분하는 것이다. 리스프처럼 이 두 가지를 묶어 버린 프로그래밍 언어도 있지만, C 언어를 비

---

1 (옮긴이) 원문은 "we come in peace, shoot to kill"로 SF물에서 외계 문명과 접촉할 때 흔히 쓰이는 극적 요소인, 평화를 가장한 후 침략을 행하는 것을 가리키는 표현이다. 실제 스타 트렉 시리즈에서 선장이 이 대사를 한 적은 없다고 알려져 있다.

롯한 대부분의 프로그래밍 언어는 대체로 이 둘을 잘 구분하는 편이다. 2장에서 설명한 인터넷 웜은 공격 방법이 데이터를 코드로 변형하는 것에 기반을 두기 때문에 이해하기 어려웠다. 아울러 코드와 데이터를 구분하는 것은 컴파일 타임과 런타임을 구분하는 것에 견줄 수 있다. 즉, 컴파일러 작업의 대부분은 코드 번역과 관련되며, 런타임에는 데이터 저장 공간을 적절히 관리한다. 이번 장에서는 런타임 시스템에 숨겨진 자료 구조에 관해 설명한다.

런타임 시스템을 알아야 하는 이유는 세 가지다.

- 최상의 성능을 내도록 코드를 튜닝하는 데 도움이 된다.
- 더 깊은 내용을 이해하는 데 도움이 된다.
- 문제가 생겼을 때 더 쉽게 진단하는 데 도움이 된다.

a.out과 a.out의 유래

여러분은 'a.out'이라는 이름이 어떻게 해서 선택됐는지 아는가? 출력 파일은 모두 기본적으로 a.out이라는 똑같은 이름으로 만들어진다. 이 이름은 여러분이 사용한 소스 코드 파일 이름과 관계가 없을 뿐 아니라, 다음 컴파일 때는 이전 결과물을 덮어쓰기 때문에 사용하기가 불편하다. 대부분은 a.out이라는 이름이 전통적인 유닉스의 간결함에서 비롯됐다거나, 'a'는 알파벳의 첫 글자라서 새 파일명을 입력하기 위해 친 첫 글자라는 식의 모호한 인상만 갖고 있다. 그러나 이런 이야기는 이 이름과 전혀 관계가 없다.

a.out은 'assembler output'의 약자다. 옛날 BSD 매뉴얼 페이지에서 이에 대한 힌트를 얻을 수 있다.

```
NAME
    a.out - assembler and link editor output format
```

한 가지 문제가 있다. a.out은 어셈블러가 아닌 링커의 결과물이라는 것이다.

'assembler output'은 전적으로 컴퓨터의 역사가 반영된 이름이다. 과거 PDP-7 시절(B 언어도 만들어지기 전)에는 링커가 없었다. 프로그램은 모든 소스 파일을 연결해 어셈블한 후 그 결과로 a.out을 만들었다. 이 규정은 그대로 이어져 PDP-11에 도입된 링커도 같은 이름의 파일을 결과물로 내놓으면서 a.out은 '실행할 준비가 된 새로운 프로그램'이라는 의미를 지니게 되었다. 결국 기본 이름 a.out은 유닉스에서 '뭐라 꼬집어 말할 수는 없지만 우리는 항상 그렇게 했다'는 것의 대명사가 되었다.

유닉스 실행 파일은 시스템이 특수한 속성을 인식하도록 특별한 방법으로 레이블링했다. 중요한 데이터를 식별하기 위해 레이블이나 태그를 붙이는 것은 일반적인 프로그래밍 기법이다. 이렇게 붙인 레이블 번호를 '매직' 넘버라고 부른다. 매직 넘버는 무작위 비트 모음을 식별하는 신비한 힘을 부여한다. 예를 들어 슈퍼 블록[2] 에는 다음과 같은 매직 넘버가 태그로 지정되었다.

```
#define FS_MAGIC 0x011954
```

이상하게 보이는 숫자는 결코 무작위로 뽑힌 숫자가 아니다. 이 숫자는 커크 맥쿠식(Kirk McKusick)의 생일이다. 버클리 FFS(fast file system)를 구현한 커크는 이미 1970년대 후반에 이 코드를 작성했지만 매직 넘버는 매우 유용하여 아직도 소스 파일(sys/fs/ufs_fs.h)에 남아 있다. 이 매직 넘버는 파일 시스템의 신뢰성을 높였을 뿐 아니라 파일 시스템 해커는 1월 19일에 커크의 생일을 축하해 주어야 한다는 사실도 모두 알게 해 주었다.

a.out 파일에도 비슷한 매직 넘버가 있다. AT&T의 유닉스 시스템 V 출시 전에 a.out은 오프셋 0에서 매직 넘버 0407로 식별되었다. 어떻게 유닉스 오브젝트 파일로 식별되는 매직 넘버로 0407이 선정되었을까? 이것은 PDP-11의 무조건 분기 명령(프로그램 카운터와 연관됨)에 해당하는 op 코드(operation code)다. (프로그램을) 호환 모드로 PDP-11이나 백스에서 실행하면 파일의 첫 번째 워드에서 실행하게 되는데, (그곳에 있는) 매직 넘버는 a.out 헤더를 지나 프로그램의 실제 실행 가능한 첫 번째 명령(instruction)으로 분기한다. a.out이 매직 넘버를 필요로 했던 시절에는 PDP-11이 표준적인 유닉스 기계였다. SVR4 기반의 실행 파일에는 첫 번째 바이트에 십육진수 7F가 들어가는 것을 시작으로, 이어지는 세 바이트에 각각 'ELF'라는 글자가 들어간다.

세그먼트

오브젝트 파일과 실행 파일은 몇 가지 다른 형식으로 존재한다. 대부분의 SVR4 구현에서는 이 형식을 가리켜 ELF라고 한다(원래 'extensible linker format'이었으

---

2 (옮긴이) 유닉스 파일 시스템의 기본 데이터 구조

나 이제는 'executable and linking format'이 되었다). COFF(common object file format)라는 실행 파일 형식을 사용하는 시스템도 있다. 그리고 BSD 유닉스에서는 (부처가 부처의 본성을 지니듯이) a.out 파일은 a.out 형식을 취한다.[3] man a.out이라고 입력하면 매뉴얼 페이지를 통해 유닉스 시스템에서 사용하는 형식을 확인할 수 있다.

실행 파일 형식은 서로 다르지만 이 형식들은 세그먼트 개념을 공통으로 가지고 있다. 세그먼트는 나중에 더 설명하겠지만 오브젝트 파일에 한정할 경우, 특정 타입의 모든 정보(예: 심벌 테이블 항목)를 보관하는 바이너리 파일 내의 영역일 뿐이다. 섹션이라는 용어도 많이 사용하는데 섹션은 ELF 파일에서 사용하는 가장 작은 조직 단위다. 세그먼트는 일반적으로 여러 섹션을 포함한다.

유닉스와 인텔 x86 아키텍처의 세그먼트 개념을 혼동하면 안 된다.

• 유닉스의 세그먼트는 '바이너리 파일과 관련된 내용을 다루는 섹션'이다.
• 인텔 x86 메모리 모델에서 세그먼트는 'x86 아키텍처 디자인의 결과로 탄생한 용어로 (호환성을 이유로) 주소 공간에서 일정하지는 않지만 64KB 배수의 크기로 이루어진 공간'을 일컫는다.

인텔 x86 아키텍처의 세그먼트는 1개 장으로 다루어도 될 만큼 내용이 많다.[4] 앞으로 달리 언급하지 않는 한 세그먼트는 유닉스 세그먼트를 가리킨다.

실행 파일에 대해 size를 실행하면 파일에서 세 가지 세그먼트(텍스트, 데이터, bss)의 크기를 알려 준다.[5]

```
% echo; echo "text data bss total" ; size a.out

text        data        bss        total
1548    +   4236    +   4004    =   9788
```

size는 세그먼트 이름을 출력하지 않아 echo를 사용해 출력했다.

3 (옮긴이) 현재 BSD 계열 운영 체제들은 기본으로 ELF를 사용한다.
4 게다가 곧 만나게 될 것이다! 다음 장을 확인하기 바란다.
5 (옮긴이) macOS에서 size를 실행하면 다음과 같은 결과를 보여 준다.

```
$ size Calculator
__TEXT    __DATA  __OBJC  others      dec         hex
122880    53248   0       4294991872  4295168000  100031000
```

여기에서 __TEXT, __DATA, __OBJC 부분이 세그먼트다. __TEXT 세그먼트는 유닉스 text 세그먼트와 매핑되고, __DATA 세그먼트는 유닉스 data와 bss 세그먼트를 포함한다.

실행 파일의 내용을 확인하는 다른 방법은 nm 또는 dump 유틸리티를 사용하는 것이다. 다음 소스를 컴파일하고 결과로 나온 a.out에 대해 nm을 실행해 보자.

```
      char pear[40];
static double peach;
      int mango = 13;
static long melon = 2001;

main () {
  int i=3, j, *ip;
  ip=malloc(sizeof(i));
  pear[5] = i;
  peach = 2.0*mango;
}
```

nm 실행 결과는 다음과 같다(좀 더 보기 쉽도록 출력 내용을 약간 수정했다).[6]

```
% nm -sx a.out
Symbols from a.out:


[Index]    Value      Size  Type  Bind  Segment Name
 ...
```

---

6 (옮긴이) macOS나 리눅스 등에서 gcc 계열 컴파일러를 이용할 경우, -c 옵션을 이용하여 오브젝트 파일로 컴파일한 후, nm -m으로 오브젝트 파일을 확인하면 유닉스와 비슷한 형태의 결과가 나온다. 다음은 본문의 샘플 코드를 macOS에서 오브젝트 파일로 컴파일하고 nm으로 심벌 리스트를 확인한 결과다.

```
$ cc -c sample_ch6.c
sample_ch6.c:6:1: warning: type specifier missing, defaults to 'int'
      [-Wimplicit-int]
main () {
^
sample_ch6.c:8:5: warning: implicitly declaring library function 'malloc' with
      type 'void *(unsigned long)' [-Wimplicit-function-declaration]
        ip=malloc(sizeof(i));
           ^
sample_ch6.c:8:5: note: include the header <stdlib.h> or explicitly provide a
      declaration for 'malloc'
2 warnings generated.

$ nm -m sample_ch6.o
0000000000000000 (__TEXT,__text) external _main
                 (undefined) external _malloc
0000000000000060 (__DATA,__data) external _mango
00000000000000c8 (__DATA,__bss) non-external _peach
0000000000000028 (common) (alignment 2^4) external _pear
```

nm 결과에서 알 수 있듯이 최근 컴파일러에서는 사용하지 않는 변수를 바이너리 코드에 아예 넣지 않는다. melon은 코드에서 초기화했어도 사용하지 않았기에 컴파일 최적화를 통해 바이너리 코드에서 아예 빠졌다.

```
[29]    |0x00020790|0x00000008|OBJT |LOCL |.bss peach
[42]    |0x0002079c|0x00000028|OBJT |GLOB |.bss pear
[43]    |0x000206f4|0x00000004|OBJT |GLOB |.data mango
[30]    |0x000206f8|0x00000004|OBJT |LOCL |.data melon
[36]    |0x00010628|0x00000058|FUNC |GLOB |.text main
[50]    |0x000206e4|0x00000038|FUNC |GLOB |UNDEF malloc
                    ...
```

그림 6-1은 컴파일러·링커가 각 세그먼트에 무엇을 넣는지 보여 준다.

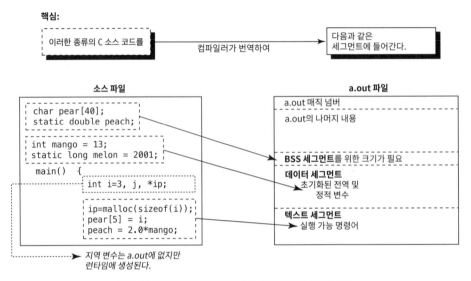

그림 6-1 어떤 종류의 C 문장이 어떤 세그먼트에 들어가는가?

BSS는 'block started by symbol'의 약자로, BSS 세그먼트는 이 의미를 그대로 사용하고 있다. BSS는 구형 IBM 704 어셈블러의 pseudo-op(pseudo-operation)[7]을 유닉스에서 차용한 표현인데 이 이름이 아직까지 유지되고 있다. 어떤 사람들은 BSS를 'better save space'로 기억하고 싶어 한다. BSS 세그먼트에는 아직 값을 갖지 않은 변수만 있기 때문에 실제로 이러한 변수의 이미지를 저장할 필요가 없다. BSS가 런타임에 요구할 크기는 오브젝트 파일에 기록되지만 (데이터 세그먼트와는 달리) BSS는 오브젝트 파일에서 실제 공간을 차지하지 않는다.

---

7 (옮긴이) 어셈블러 명령어를 말한다.

1. 'hello world' 프로그램을 컴파일하고 ls −l 명령으로 실행 파일의 전체 크기를 얻는다. 그리고 size를 실행하여 실행 파일 안에 있는 세그먼트의 크기를 가져온다.

2. 1000개의 멤버를 갖는 전역 int 배열을 선언한다. 다시 컴파일하고 측정을 반복하여 그 차이를 확인한다.

3. 배열 선언문에 초깃값을 추가한다(C는 초기화 때 모든 배열 요소에 값을 강제로 지정하지 않아도 된다). 그러면 배열은 BSS 세그먼트에서 데이터 세그먼트로 이동할 것이다. 측정을 반복하면서 차이점을 확인한다.

4. 이제 큰 배열에 대한 로컬 선언문을 함수에 추가한다. 그리고 초기화가 포함된 두 번째 큰 로컬 배열을 선언하고 측정을 반복한다. 함수 내에서 로컬로 정의한 데이터는 실행 파일에 저장되어 있는가? 초기화로 인한 차이가 있는가?

5. 디버깅 목적으로 컴파일할 때 파일 및 세그먼트 크기가 어떻게 바뀌는가? 최대로 최적화해 컴파일하는 경우는 어떤가?

프로그래밍 도전 결과를 분석해 다음을 확인한다.

• 데이터 세그먼트는 오브젝트 파일에 보관된다.
• BSS 세그먼트는 오브젝트 파일에 보관되지 않는다(런타임 크기 요구 사항 참고 제외).
• 텍스트 세그먼트는 최적화 때 가장 큰 영향을 받는다.
• a.out 파일 크기는 디버깅 목적의 컴파일에는 영향을 받지만 세그먼트는 그렇지 않다.

운영 체제가 a.out을 이용하여 하는 일

이제 a.out 파일이 세그먼트로 구성된 이유를 알아볼 것이다. 세그먼트는 런타임 링커가 직접 로드할 수 있는 오브젝트로 편리하게 매핑된다! 로더는 파일의 각 세그먼트 이미지를 메모리에 직접 넣기만 한다. 세그먼트는 본질적으로 실행 프로그램의 메모리 영역이 되는데 각각은 특정한 목적을 갖는다. 이에 대해서는 그림 6-2에서 볼 수 있다.

텍스트 세그먼트에는 프로그램 명령어(instruction)가 들어 있다. 로더는 텍스트 세그먼트를 파일에서 직접 메모리로 복사하는데(보통 시스템 호출 mmap()을 사용함), 일반적으로 프로그램 텍스트의 내용이나 크기는 변하지 않기 때문에 로드한 텍스트 세그먼트에 대해서는 더는 신경 쓰지 않는다. 일부 운영 체제와 링커는 세

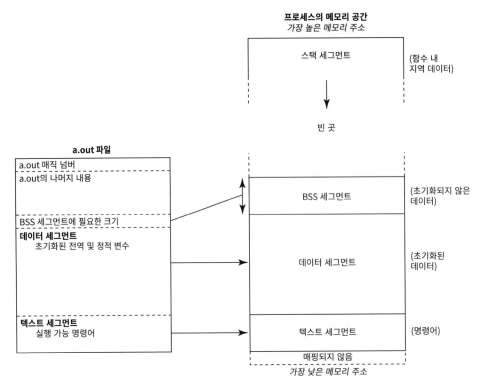

그림 6-2 실행 파일 세그먼트의 메모리 배치도

그먼트 내에서 섹션별로 적절한 권한을 부여할 수도 있다. 예를 들어 텍스트는 '읽기 및 실행 전용'으로 만들 수 있으며, 일부 데이터는 '읽기 및 쓰기 가능에 실행 불가', 기타 데이터는 '읽기 전용' 등과 같이 만들 수 있다.

　데이터 세그먼트에는 값이 이미 할당되어 초기화된 전역 및 정적 변수가 있다. 그리고 실행 파일로부터 BSS 세그먼트의 크기를 얻은 다음, 로더는 같은 크기의 블록을 할당하여 데이터 세그먼트 바로 뒤에 배치한다. 이 블록은 프로그램의 주소 공간에 놓이기 때문에 0으로 초기화된다. 보통 이 시점에서 데이터와 BSS를 하나로 묶어 데이터 세그먼트라고 부른다. 운영 체제 메모리 관리 측면에서 세그먼트는 단지 일정 범위의 연속적인 가상 주소이기 때문에 인접한 세그먼트는 합치는 경향이 있다. 데이터 세그먼트는 일반적으로 프로세스 가운데 가장 큰 세그먼트다.

　그림 6-2는 프로그램을 실행하기 직전의 메모리 모습을 표현한 것이다. 지역 변수, 임시 저장소, 함수를 호출할 때 전달하는 파라미터 등을 위한 메모리 공간이 아직 더 필요하다. 이를 위해 스택 세그먼트를 할당한다. 그리고 동적으로 메모리

를 할당하기 위해 힙 공간도 필요한데 이는 malloc() 호출이 처음 이루어지면 셋업된다.

가상 메모리의 가장 낮은 주소 영역이 매핑되지 않은 것도 눈여겨볼 부분이다. 이 영역 역시 프로세스의 주소 공간이지만 물리적인 주소를 할당하지 않기 때문에 이 주소를 참조하면 메모리 접근 오류가 일어난다. 이 공간은 보통 주소 0부터 수 KB에 해당하며, 널(null) 포인터나 작은 정숫값을 갖는 포인터를 참조하는 데 활용된다.

그림 6-3은 공유 라이브러리가 포함된 프로세스 주소 공간을 보여 준다.

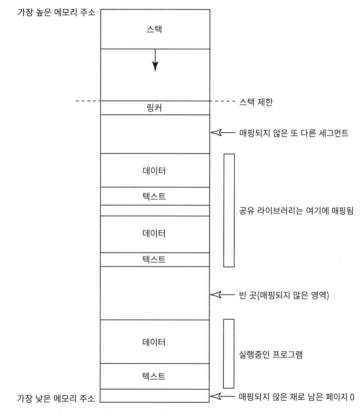

그림 6-3 공유 라이브러리가 포함된 가상 주소 공간 레이아웃

C 런타임이 a.out으로 하는 일

이제 C가 실행 프로그램의 자료 구조를 어떻게 구조화하는지 상세히 살펴볼 것이다. 런타임 자료 구조에는 스택, 활성 레코드(activation record), 데이터, 힙 등이

있다. 이 자료 구조를 차례대로 살펴보고 이것들이 지원하는 C 기능을 분석할 것이다.

스택 세그먼트

스택 세그먼트는 스택이라는 단일 자료 구조로 구성되어 있다. 전통적인 컴퓨터 과학 연구 주제 중 하나인 스택은 식당 안의 접시 더미처럼 나중에 들어간 것이 제일 먼저 나오는 대기열을 구현하는 동적 메모리 영역이다. 스택의 고전적인 정의는 '접시는 얼마든지 있으며, 오직 스택의 맨 위에서 접시를 추가하거나 제거하는 것만이 유효한 연산'이라고 명시하고 있다. 즉, 값을 스택에 푸시(push)하고 그것을 팝(pop)함으로써 내용을 확인할 수 있다. 푸시 연산은 스택 크기를 증가시키고 팝 연산은 스택에서 값을 제거한다.

컴파일러 제작자는 조금 더 유연하게 접근한다. 즉, 스택의 꼭대기(top)에서만 값을 추가하거나 제거하는 게 아니라 스택 중간에 있는 값도 변경한다. 함수는 파라미터 또는 전역 포인터를 통해 호출하는 함수의 지역 변수에 접근할 수 있다. 런타임은 스택의 꼭대기를 가리키는 포인터를 관리하는데, 이 포인터는 때때로 레지스터에 존재하며 sp라고도 부른다. 스택 세그먼트는 세 가지 용도로 쓰이는데 두 가지는 함수와 관련되어 있고 나머지 하나는 표현식 평가와 관련되어 있다.

- 스택은 함수 내에서 선언한 지역 변수에 대한 저장 공간을 제공한다. 이 변수들은 C 용어로 '자동 변수'라고 한다.
- 스택은 함수를 호출하면 포함되는 '하우스키핑(housekeeping)' 정보를 저장한다. 하우스키핑 정보는 스택 프레임 또는 더 일반적으로 프로시저 활성 레코드로 알려져 있다. 이는 이후에 자세히 설명하며 지금은 함수가 호출된 주소(즉, 호출된 함수가 종료될 때 다시 점프할 위치), 레지스터에 맞지 않는 모든 파라미터, 레지스터에 저장된 값을 포함하고 있다는 것만 알고 있으면 된다.
- 스택은 또한 스크래치패드 영역처럼 동작한다. 장문의 산술 표현식을 평가하면서 부분 결과를 스택에 푸시했다가 필요할 때 팝하듯이 스택은 프로그램이 필요할 때마다 임시 저장소를 사용할 수 있게 해 준다. alloca() 호출로 얻은 공간도 스택에 있다. 할당받은 메모리 공간을 더 오래 유지하려면 alloca()를 사용해서는 안 된다. 다음 함수 호출 때 해당 공간을 덮어쓰기 때문이다.

재귀 호출 외에는 스택이 필요하지 않다. 재귀 호출이 아니라면 컴파일 타임에 지역 변수, 파라미터 및 반환 주소의 고정 공간 크기가 알려지며 BSS도 할당한다. 베이식, 코볼, 포트란 언어의 초기 구현에서는 함수 재귀 호출을 허용하지 않았으므로 런타임에 동적 스택이 필요하지 않았다. 재귀 호출을 허용한다는 것은 동시에 존재하는 복수의 지역 변수 인스턴스에 접근할 방법을(비록 가장 최근에 생성된 것에만 접근할 수 있을지라도) 찾을 수 있어야 함을 의미한다. 이것이 스택의 전형적인 사양이다.

◎ **[유용한 팁] 스택 해킹**

다음의 작은 테스트 프로그램을 컴파일하고 실행하여 시스템에서 스택의 대략적인 위치를 찾아보자.

```
#include <stdio.h>
main()
{
  int i;
  printf("The stack top is near %p\n", &i);
  return 0;
}
```

데이터와 텍스트 세그먼트의 위치를 확인한 다음, 데이터 세그먼트에 위치할 변수를 선언하고 그 주소를 출력하여 데이터 세그먼트 내의 힙 영역을 확인한다. 함수를 호출하고 큰 지역 배열 몇 개를 선언하여 스택을 증가시켜 보자.

현재 스택의 꼭대기 주소는 어떻게 되는가?

아키텍처나 운영 체제 버전에 따라 스택은 다른 주소에 위치할 것이다. 스택에서 꼭대기를 설명했지만 실제로 대부분의 프로세서에서 스택은 아래 방향, 즉 메모리 주소가 낮은 방향으로 늘어나고 줄어든다.

함수 호출 시 일어나는 일: 프로시저 활성 레코드

이번 절에서는 C 런타임이 자체 주소 공간 내에서 프로그램을 어떻게 관리하는지 설명한다. 실제로 C를 위한 런타임 루틴은 대단하다 싶을 정도로 작고 가볍다. C++나 에이다와는 달리 C 프로그램이 동적 메모리 할당 같은 서비스가 필요하다면, 그저 시스템에 명시적으로 요청하면 그만이다. 이러한 특성 덕에 C 언어는 매우 효율적인 프로그래밍 언어로 만들어졌지만, 프로그래머 입장에서는 효율성을 위해 추가로 작업할 것들이 생겼다.

자동으로 제공되는 서비스 중 하나는 호출 체인(call chain)을 추적하는 것이다. 호출 체인은 어떤 루틴이 무엇을 호출했는지 그리고 다음 return 문을 만나면 제어를 어디로 돌릴지 등에 대한 정보를 갖고 있다. 이 문제를 해결하기 위한 고전적 기법이 스택에서의 프로시저 활성 레코드다. 호출문이 실행될 때마다 프로시저 활성 레코드(또는 그와 동일한 것)가 생긴다. 프로시저 활성 레코드는 일종의 자료 구조로, 프로시저 호출을 지원하고 호출 전으로 돌아가는 데 필요한 모든 것을 기록한다(그림 6-4 참고).

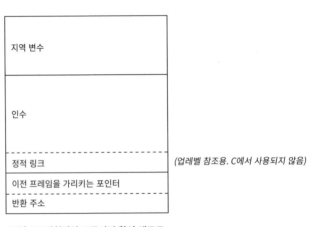

그림 6-4 전형적인 프로시저 활성 레코드

그림 6-4는 활성 레코드의 내용을 도식화해 설명하고 있다. 정확한 구조는 구현마다 달라질 수 있다. 그리고 필드 순서도 조금 다를 수 있다. 어쩌면 호출을 실행하기 전에 레지스터값을 저장하는 영역이 있을 수 있다. 인클루드(include) 파일 /usr/include/sys/frame.h는 여러분의 유닉스 시스템에서 스택 프레임이 어떻게 구성되는지 보여 준다. 예를 들어 스팍 스택 프레임은 레지스터 윈도(register window)를 저장할 공간도 제공하기 때문에 크기 면에서 수십 워드나 된다. x86 아키텍처의 프레임은 다소 작다. 런타임에는 fp라는 이름의 포인터를 유지하는데, 주로 레지스터에 있으며 활성 스택 프레임을 가리킨다. 활성 스택 프레임이란 스택의 꼭대기 또는 꼭대기와 가장 가까운 스택 프레임을 말한다.

> ### 🧩 [프로그래밍 토막 지식] C 언어의 놀라운 사실!
>
> 현대 알고리즘 언어는 대부분 함수 내에 함수(뿐 아니라 데이터)를 정의할 수 있다. 그러나 C 언어는 이런 방식의 함수 중첩을 허용하지 않는다. C 언어에서 모든 함수는 최상위 구문 레벨이다. 이러한 제약으로 인해 C 구현은 더 단순해졌다. 문법적으로 중첩 프로시저를 허용하는 파스칼, 에이다, 모듈러-2, PL/I, 알골-60과 같은 프로그래밍 언어에서 활성 레코드는 일반적으로 자신을 둘러싼 함수의 활성 레코드에 대한 포인터를 갖고 있다. 이 포인터는 '정적 링크(static link)'[8]라고도 한다. 정적 링크는 둘러싼 프로시저의 스택 프레임에 접근할 수 있는 중첩 프로시저를 허용하며, 그래서 데이터는 둘러싼 프로시저에 위치한다. 둘러싼 프로시저는 한 번 활성화하면 여러 차례 호출된다는 것을 기억해야 한다. 중첩 프로시저 활성 레코드에 있는 정적 링크는 적절한 스택 프레임을 가리켜 지역 데이터 인스턴스를 정확히 처리한다.
>
> 이러한 유형의 접근(구문적으로 유효 범위에 정의된 데이터 항목에 대한 참조)을 통상 업레벨 참조(uplevel reference)라고 한다. (구문적으로 컴파일 타임에 결정된 둘러싼 프로시저의 스택 프레임을 가리키는) 정적 링크는 (런타임에 바로 직전 프로시저 호출의 스택 프레임을 가리키는) 프레임 포인터 체인의 동적 링크와 이름이 대비되기 때문에 정적 링크라는 이름이 붙었다.
>
> 썬의 파스칼 컴파일러에서는 정적 링크를 숨겨진 추가 파라미터로 간주하여 필요하면 인수 목록 끝에 전달한다. 이렇게 해서 파스칼 루틴이 동일한 활성 레코드를 갖도록 하는데, 그래서 동일 코드 생성기를 이용해 C 루틴과 함께 작업할 수 있다. C 언어는 중첩 함수를 허용하지 않으므로 그 안에 있는 데이터에 대한 업레벨 참조를 할 필요가 없다. 이는 곧 활성 레코드에 정적 링크가 필요하지 않다는 것을 의미한다. 그래서인지 어떤 사람들은 C++에 중첩 함수를 허용해야 한다고 주장한다.

실행 중인 코드의 스택 활성 레코드를 여러 면으로 설명하기 위해 다음 예제 코드를 사용할 것이다. 이것은 책으로 표현하기 어려운 개념인데 그 이유는 정적인 코드처럼 순서대로 따라가면 되는 게 아니라 동적인 제어 흐름을 다루기 때문이다. 분명히 쫓아가기 힘들겠지만 웬디 캐미너(Wendy Kaminer)가 자신의 고전적인 심리학 저서 《I'm Dysfunctional, You're Dysfunctional》(Vintage, 1993)에서 언급한 것처럼 아주 어린 나이에 죽은 사람만이 유치원에서 정말로 알아야 할 모든 것을 배운다.

```
1  a (inti) {
2    if (i>0)
```

---

8 구문적으로 둘러싼 프로시저 내 지역 데이터에 업레벨 참조를 가능하게 하는 프로시저 활성 레코드의 '정적 링크'와 앞 장에서 언급한 실행 파일에 모든 라이브러리의 복사본을 완전히 연결하는 개념의 '정적 링크'를 제발 혼동하지 않기 바란다. 앞 장에서의 정적이 '컴파일 타임에 끝낸다는 것'을 의미했다면 여기에서의 정적은 '프로그램의 구문 구조를 참조한다는 것'을 의미한다.

```
3      a( --i );
4    else
5      printf("i has reached zero ");
6    return;
7  }
8
9  main () {
10   a(1);
11 }
```

위 프로그램을 컴파일하고 실행할 때의 제어 흐름을 그림 6-5에서 보여 주고 있다. 점선으로 된 상자는 함수를 호출하는 소스 코드를 보여 준다. 점선 상자 내 코드에서 실행한 문장은 굵게 표시했다. 한 함수에서 다른 함수로 제어가 넘어가면 스택의 새로운 상태가 아래에 표시된다. main에서 실행이 시작되고 스택은 아래쪽으로 커진다.

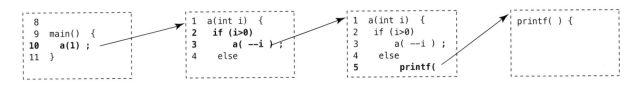

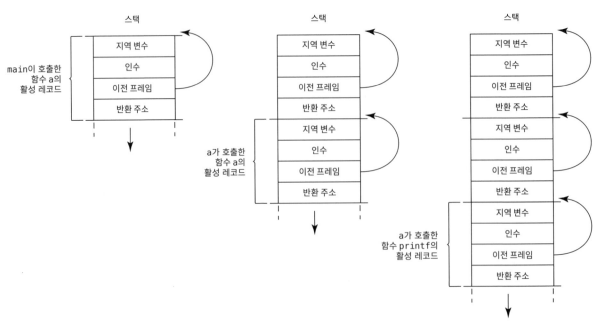

그림 6-5 활성 레코드가 함수 호출로 런타임에 생성된다.

컴파일러 제작자는 사용하지 않는 정보를 저장하지 않는 방법으로, 프로그램 속도를 높이려 한다. 다른 최적화 방법으로는 정보를 스택 대신 레지스터에 저장하기, 최종단 함수(더 이상 자신을 호출하지 않는 함수)는 전체 스택 프레임을 푸시하지 않기, 호출 함수가 아닌 호출되는 함수에 레지스터 저장에 대한 책임을 부여하기 등이 있다. 각 프레임 내의 '이전 프레임에 대한 포인터'는 현재 함수가 되돌아갈 때, 스택을 이전 레코드로 다시 팝하도록 작업을 단순화한다.

> ◎ [프로그래밍 도전] 스택 프레임
>
> 1. 앞의 프로그램에서 제어 흐름을 직접 추적하고 각 호출문에서 스택 프레임을 채워 보자. 행 번호를 사용하여 각각의 반환 주소가 어디로 되돌아가야 하는지 표시한다.
> 2. 프로그램을 컴파일하고 디버거를 실행한다. 함수가 호출되면 스택에 추가된 내용을 살펴보자. 직접 추적한 결과와 비교하며 시스템에서 스택 프레임이 어떻게 보이는지 정확히 확인한다.
>
> 컴파일러 제작자는 레지스터에 활성 레코드를 가능한 한 많이 배치하므로(더 빠르기 때문에) 스택의 일부가 보이지 않을 수 있다. 스택 프레임의 레이아웃을 보려면 frame.h 파일을 참고하기 바란다.

auto와 static 키워드

스택에서 함수 호출 구현 방법을 기술한 문서는 다음 코드처럼 함수가 왜 지역 자동 변수에 대한 포인터를 반환하지 않는지 설명한다.

```
char * favorite_fruit () {
  char deciduous [] = "apple";
  return deciduous;
}
```

자동 변수 deciduous는 함수에 진입할 때 스택에 할당된다. 그리고 함수가 종료되면 이 변수는 더 이상 존재하지 않으며 스택 공간은 언제든지 덮어쓸 수 있다. 이러한 방식으로 유효성을 잃은 포인터(더 이상 존재하지 않는 것을 참조함)를 '허상 포인터(dangling pointer)'라고 한다. 즉, 포인터가 더 이상 유용한 것을 참조하지 않는다면 단지 공간에 매달려 있는 것과 같다. 함수에서 정의한 포인터를 반환하려면 해당 포인터를 static으로 정의해야 한다. 이렇게 하면 변수를 위한 공간이 스택이 아닌 데이터 세그먼트에 할당된다. 따라서 변수의 수명은 프로그램의 수명과 같게 되는데, 이에 따른 부작용으로 변수를 정의한 함수가 종료된 후에도 값을 유지하게 된다. 이 값은 다음번 함수 진입 때에도 계속 사용할 수 있다.

저장 분류 지정자 auto는 결코 사용할 일이 없다. 이것은 컴파일러 제작자가 심벌 테이블에 항목을 만들 때만 의미가 있다. auto 키워드는 (컴파일 타임에 정적으로 할당하거나 힙에 동적으로 할당하는 것과 달리) '이 저장소는 블록에 들어갈 때 자동으로 할당한다'는 의미가 있다. auto는 함수에서만 사용하기 때문에 일반 프로그래머에게는 의미가 없다. 그러나 함수에서 데이터를 선언하면 기본적으로 이 속성을 지닌다. auto 키워드에 대해 내가 찾은 유일한 사용법은 선언문을 깔끔하게 정리할 때뿐이다.

```
register int filbert;
int almond;
static int hazel;
```

위 코드를 다음과 같이 정리하는 것이다.

```
register int filbert;
    auto int almond;
  static int hazel;
```

스택 프레임이 항상 스택에 존재하는 것은 아니다

'스택 프레임'을 '스택에 푸시한다'고 이야기하지만 활성 레코드가 꼭 스택에 있을 필요는 없다. 레지스터에 활성 레코드를 가능한 한 많이 유지하는 게 더 빠르고 좋다. 스파크 아키텍처는 '레지스터 윈도'라는 개념을 사용해 이를 제한하고 있다. 레지스터 윈도는 일종의 칩으로, 이 칩에는 프로시저 활성 레코드에서 파라미터 용도로만 사용되는 레지스터 세트가 들어간다. 호출할 때마다 여전히 빈 스택 프레임이 푸시되는데, 호출 체인이 너무 깊어져 레지스터 윈도를 모두 소진해 버리면 스택에 예약된 기존 프레임 공간으로 넘겨진다.

제록스 팰로 앨토 연구소(Palo Alto Research Center, PARC)의 메사(Mesa)와 시더(Cedar)[9] 같은 일부 프로그래밍 언어는 힙에 연결 리스트 형태로 할당된 활성 레코드가 있다. 첫 번째 PL/I 구현 시 재귀 프로시저의 활성 레코드는 힙에 할당되었

---

9 (옮긴이) 메사는 파스칼과 비슷한 문법을 사용하고 모듈 구조, 예외 처리, 병행성 등의 개념을 적용했으며 모듈러-2 등의 언어에 영향을 주었다. 시더는 메사를 개량하여 만든 언어다.

다(일반적으로 스택이 힙보다 메모리 확보가 훨씬 빠르기 때문에 성능 저하가 우려
된다는 비판이 있었다).

제어 스레드

이제 프로세스 내에서 서로 다른 제어 스레드('경량 프로세스'라고 부름)가 어떻게
지원되는지 명확히 해야 한다. 각 제어 스레드는 서로 다른 스택을 가질 수 있다.
main 프로그램이 다른 루틴을 실행하는 동안 스레드가 foo()를 호출하고, foo()는
bar()를 호출하고, bar()는 baz()를 호출한다고 했을 때, 스레드 각자는 위치를 추
적하기 위해 자체 스택이 필요하다. 각 스레드는 1MB(필요에 따라 증가)의 스택과
스레드의 스택 사이에 존재하는 레드 존(red zone) 페이지를 얻는다. 스레드는 매
우 강력한 프로그래밍 패러다임으로, 심지어 단일 프로세서에서도 성능상의 이점
을 제공한다. 그러나 이 책은 C에 관한 책이지, 스레드에 관한 책이 아니다. 스레드
는 다른 서적이나 자료를 통해 더 자세한 내용을 알아보기 바란다.

setjmp와 longjmp

setjmp()와 longjmp()는 활성 레코드를 조작하는 방식으로 구현되기 때문에 이번
장에서 이 기능들에 대해 설명할 수 있다. setjmp, longjmp는 C 언어에서만 사용하
는 고유한 기능이라서 이 강력한 메커니즘을 대다수 초급 C 프로그래머는 잘 모른
다. setjmp와 longjmp는 C의 제한된 분기 기능을 부분적으로 보완하며 다음과 같이
쌍으로 동작한다.

- setjmp(jmp_buf j)를 먼저 호출해야 한다. 이 코드는 변수 j를 사용해 현재 위치
를 기억한다. 그리고 호출로부터 0을 반환한다.
- setjmp를 호출한 다음에 longjmp(jmp_buf j, int i)를 호출한다. 이 코드는 j가
기억하고 있는 곳으로 돌아간다. setjmp()에서 반환된 것처럼 보이지만 i 값을
통해 longjmp()를 거쳐 이곳에 왔음을 알 수 있게 한다. 휴~!
- j의 내용은 longjmp()를 사용할 때 파기된다.

setjmp는 프로그램 카운터의 복사본과 현재 포인터를 스택 맨 위에 저장한다. 원할
경우 초깃값도 일부 저장한다. 그리고 longjmp는 이 값을 복원해 효과적으로 제어
권을 보내고, 스택에 저장했을 때의 상태로 되돌린다. 저장된 활성 레코드를 가져올

때까지 스택에서 활성 레코드를 풀기 때문에 이를 '스택 풀기'라고도 한다. longjmp
역시 분기가 일어나지만 다음과 같은 점에서 goto와 다르다.

- goto는 C에서 현재 함수 밖으로 점프할 수 없다(이것이 'longjmp'라고 부르는 이
  유다. longjmp를 이용하면 멀리멀리, 심지어 다른 파일에 있는 함수까지도 이동
  할 수 있다).
- longjmp는 setjmp를 실행한 곳, 즉 현재 살아 있는 활성 레코드가 있는 곳으로만
  돌아갈 수 있다. 이 점에서 setjmp는 'go to'보다는 확실히 'come from' 문장과 비
  슷하다. longjmp는 추가로 정수 인수를 받아 전달함으로써 longjmp로 복귀한 것
  인지 또는 이전 문장에서 계속 수행된 것인지 판단하게 해 준다.

다음 코드는 setjmp()와 longjmp()의 예를 보여 준다.

```c
#include <setjmp.h>

jmp_buf buf;

#include <setjmp.h>
banana() {
  printf("in banana()\n");
  longjmp(buf, 1);
  /* 닿지 않음 */
  printf("you'll never see this, because I longjmp'd");
}

main()
{
  if (setjmp(buf))
    printf("back in main\n");
  else {
    printf("first time through\n");
    banana();
  }

}
```

결과는 다음과 같다.

```
% a.out
first time through
in banana()
back in main
```

주목할 부분 다음과 같다. longjmp 당시 지역 변수가 갖고 있던 값을 유지하는 유일한 방법은 변수를 volatile로 선언하는 것이다(setjmp 실행과 longjmp 복귀 사이에 값이 변하는 변수들이 이것에 해당한다).

setjmp, longjmp는 오류 복구에 매우 유용하다. 함수에서 오랜 시간 복귀하지 않은 상태로 복구할 수 없는 오류를 발견하면, main 입력 루프로 제어권을 전송하여 거기에서 다시 시작할 수 있다. 어떤 사람들은 꼬리에 꼬리를 물고 호출한 함수 사슬로부터 한번에 복귀할 수 있도록 setjmp, longjmp를 사용한다. 또 어떤 사람들은 잠재적인 위험 코드를 보호하기 위해 setjmp, longjmp를 사용한다. 예를 들어 다음 예와 같이 의심스러운 포인터를 역참조하는 경우가 이에 해당한다.

```
switch(setjmp(jbuf)) {
  case 0:
    apple = *suspicious;
    break;
  case 1:
    printf("suspicious is indeed a bad pointer\n");
    break;
  default:
    die("unexpected value returned by setjmp");
}
```

위 코드가 제대로 동작하기 위해서는 세그먼테이션 위반 시그널에 대한 핸들러가 필요하다. 이 핸들러는 다음 장에서 설명하겠지만 setjmp와 연계된 longjmp(jbuf, 1)을 수행한다. 이와 같은 setjmp와 longjmp 조합은 C++에서 더 일반적인 예외(exception) 처리 루틴인 catch와 throw의 조합으로 진화했다.

◎ [프로그래밍 도전] **거기로 점프!**

기존에 작성한 프로그램 소스를 가져와 setjmp, longjmp를 추가하여 특정 입력을 받으면 다시 시작하도록 만들어 보자.

setjmp와 longjmp를 사용하는 소스 파일에는 헤더 파일 <setjmp.h>가 반드시 포함되어야 한다.

---

goto와 마찬가지로 setjmp, longjmp 때문에 프로그램 해석과 디버깅이 어려워질 수 있다. 따라서 앞에서 설명했던 특정 상황을 제외하고는 사용하지 않는 것이 가장 좋다.

유닉스 스택 세그먼트

유닉스는 프로세스에 더 많은 공간이 필요할 때마다 스택을 자동으로 늘린다. 따라서 프로그래머는 스택이 무한대라고 가정한다. 이것이 유닉스가 마이크로소프트 도스 같은 운영 환경을 능가하게 된 많은 장점 중 하나다. 유닉스는 일반적으로 몇 가지 형태의 가상 메모리를 구현한다. 프로세스가 스택에 할당된 공간을 넘어 접근하면 '페이지 부재(page fault)'라는 하드웨어 인터럽트가 발생한다. 페이지 부재는 참조가 유효한지, 유효하지 않은지에 따라 여러 방법으로 처리된다.

커널은 잘못된 주소 참조를 해결하기 위해 세그먼테이션 결함(segmentation fault) 같은 적절한 시그널을 문제가 된 프로세스에 보낸다. 스택 꼭대기 바로 아래에 '레드 존'이라는 작은 영역이 있다. 이곳을 참조할 때는 잘못된 참조라는 시그널을 보내지 않는다. 대신 운영 체제는 스택 세그먼트의 크기를 충분히 늘린다. 세부 사항은 유닉스 구현 방법에 따라 다르지만 사실상 가상 메모리를 추가하게 되면 현 스택 끝과 이어지는 주소 공간에 매핑된다. 메모리 매핑 하드웨어는 운영 체제가 프로세스에 할당한 메모리 영역 이외의 공간에 접근하지 못하게 한다.

마이크로소프트 도스 스택 세그먼트

도스에서 스택 크기는 실행 파일을 생성할 때 지정하며 런타임에 확장할 수 없다. 그래서 스택 크기를 잘못 예상해 할당 공간보다 스택이 커지면 개발자와 프로그램 모두 스택 오버플로 오류에 직면할 것이고, 프로그램이 이런 상황을 점검하도록 설정했다면 'STACK OVERFLOW!' 같은 메시지를 받게 될 것이다. 또한 이것은 컴파일 타임에 세그먼트의 한계를 초과할 때도 나타난다.

단일 세그먼트에 상당량의 데이터 또는 코드를 결합할 때 터보 C는 `Segment overflowed maximum size <lsegname>` 메시지를 보낼 것이다. 80x86 아키텍처에서 세그먼트 크기는 64KB로 제한된다.

스택 크기를 지정하는 방법은 사용하는 컴파일러에 따라 다르다. 마이크로소프트 컴파일러를 사용하면 프로그래머는 스택 크기를 링커 파라미터로 다음과 같이 지정할 수 있다.

STACK:nnnn

이렇게 하면 스택에 대해 nnnn바이트를 허용하도록 마이크로소프트 링커에 지시한다.

볼랜드 컴파일러는 특별한 이름을 가진 변수를 사용한다.

```
unsigned int _stklen = 0x4000; /* 16K 스택 */
```

컴파일러 개발사마다 스택 크기를 지정하는 방법을 각각 갖고 있다. 자세한 내용은 컴파일러별 프로그래머 참고 안내서의 '스택 크기' 항목을 확인하기 바란다.

유용한 C 도구

이번 절에서는 알아 두면 도움이 될 만한 C 도구 목록을 용도별로(기능별로 그룹화하여) 표 6-1~6-4에 정리했다. 이미 앞에서 프로세스나 a.out 파일 내부를 들여다 볼 때 도움이 되는 도구 몇 가지를 선보였다. 일부는 SunOS에만 해당한다. 여기서는 쉽게 읽을 수 있도록 도구의 위치와 기능을 요약했다. 여기에 요약된 내용을 읽은 다음 나중에 각 매뉴얼을 읽어 보라. 그리고 'hello world'나 큰 프로그램에서 몇 가지 다른 실행 파일(a.out)에 대해 각각 시험해 보라.

부디 신중하게 이 과정을 진행하기 바란다. 15분 정도만 투자하면 앞으로 여러분이 어려운 버그를 해결하느라 허비할지도 모를 시간을 절약할 것이다.

도구	위치	기능
cb	컴파일러에 포함	C 소스 코드 정리기. 이 필터를 소스 코드에 실행하면 표준 레이아웃과 들여쓰기가 적용된다. 버클리에서 유래했다.
indent		cb와 동일하다. AT&T에서 만들어졌다.
cdecl	이 책	C 선언을 분해한다.
cflow	컴파일러에 포함	프로그램의 호출자(caller)/피호출자(callee) 관계를 출력한다.
cscope	컴파일러에 포함	대화형 아스키 기반 C 프로그램 브라우저. 운영 체제 그룹에서 이 파일을 사용하여 헤더 파일 변경에 따른 영향을 확인한다. 이 프로그램은 'libthread를 사용하는 명령은 몇 개인가?' 또는 '누가 모든 kmem을 읽는가?'와 같은 질문에 빠른 대답을 제공한다.
ctags	/usr/bin	vi 편집기에서 사용할 태그 파일을 작성한다. 태그 파일은 대부분의 객체가 있는 테이블을 유지 관리하여 프로그램 소스 검사 속도를 높인다.
lint	컴파일러에 포함	C 프로그램 검사기

(다음 쪽에 이어짐)

sccs	/usr/ccs/bin	소스 코드 버전 제어 시스템[10]
vgrind	/usr/bin	C 코드를 보기 좋게 인쇄하기 위한 서식 정리기(macOS와 리눅스에서는 groff를 사용)

표 6-1 소스 코드 진단 도구

의사는 엑스레이, 초음파 검사, 관절경 검사, 탐색 수술 등을 통해 환자의 몸속을 들여다볼 수 있다. 이 도구들은 소프트웨어 세계의 엑스레이다.

도구	위치	기능
dis	/usr/ccs/bin	오브젝트 코드 역어셈블러
dump -Lv	/usr/ccs/bin	동적 연결 정보를 출력한다.
ldd	/usr/bin	이 파일에 필요한 동적 라이브러리를 출력한다.
nm	/usr/ccs/bin	오브젝트 파일의 심벌 테이블을 출력한다.
strings	/usr/bin	바이너리에 포함된 문자열을 본다. 바이너리가 생성할 수 있는 오류 메시지, 내장 파일 이름 또는 (때로는) 심벌 이름, 버전 또는 저작권 정보를 보는 데 유용하다.
sum	/usr/bin	파일의 체크섬 및 블록 수를 출력한다. '두 개의 실행 파일이 같은 버전인가?', '전송이 정상적으로 진행되었는가?' 같은 질문에 답을 얻을 수 있다.

표 6-2 실행 파일 진단 도구

도구	위치	기능
truss	/usr/bin	trace의 SVR4 버전. 이 도구는 실행 파일이 만드는 시스템 호출을 출력한다. 바이너리가 무엇을 하고 있는지, 왜 멈추거나 실패했는지 보려면 이 정보를 사용하기 바란다. 굉장히 도움이 될 것이다!
ps	/usr/bin	프로세스 특성을 표시한다.
ctrace	컴파일러에 포함	실행될 때 줄을 인쇄하도록 소스 코드를 수정한다. 소규모 프로그램을 위한 훌륭한 도구다!
debugger	컴파일러에 포함	대화형 디버거
file	/usr/bin	파일에 포함된 내용(예: 실행 파일, 데이터, 아스키, 셸 스크립트, 아카이브 등)을 알려 준다.

표 6-3 디버깅 지원 도구

10 (옮긴이) 1972년 벨 연구소에서 개발되었으며 이후 여러 유닉스 시스템에 이식되었다. 현재는 거의 쓰이지 않는다.

도구	위치	기능
collector	컴파일러에 포함	(SunOS 전용) 디버거의 제어하에 런타임 성능 데이터를 수집한다.
analyzer	컴파일러에 포함	(SunOS 전용) 수집된 성능 데이터를 분석한다.
gprof	/usr/ccs/bin	호출-그래프 프로파일 데이터를 표시한다(계산이 집중된 함수를 식별한다).
prof	/usr/ccs/bin	각 루틴별 소요 시간을 백분율로 표시한다.
tcov	컴파일러에 포함	각 문장이 실행되는 빈도수를 표시한다(함수 내에서 계산이 집중되는 루프를 식별).
time	/usr/bin/time	프로그램이 사용한 총 실제 시간 및 CPU 시간을 표시한다.

표 6-4 성능 조정 도구

운영 체제 커널에서 작업할 때는 커널이 사용자 프로세스처럼 동작하지 않기 때문에 런타임 도구 대부분을 사용할 수 없다. 린트처럼 컴파일 타임에 동작하는 도구를 사용할 수 없다면 돌칼과 부싯돌 도끼 같은 원시적인 도구를 사용해야 한다. 즉, printf나 이에 상응하는 로깅 추적 정보를 활용해 특정 패턴을 메모리에 넣고는 언제 덮어쓰는지 확인하는 것이다(즐겨 사용되는 두 가지 패턴은 십육진수 'dead-beef'와 'abadcafe'다).

> ⚙️ **[프로그래밍 토막 지식] grep으로 커널 디버깅하기**
>
> 커널은 회복 '불가능한' 상황을 감지할 때 '패닉'에 빠지거나 갑자기 멈추게 된다. 예를 들어 몇 가지 필수 데이터를 참조하려 할 때 데이터가 널 포인터로 확인되는 경우다. 이 상황을 복구하기가 불가능할 경우, 이를 해결하는 가장 안전한 방법은 더 많은 데이터가 사라지기 전에 프로세서를 중단시키는 것이다. 패닉을 해결하기 위해서는 먼저 어떤 일이 운영 체제를 위험에 빠뜨리는지 고민해야 한다.
>
> 썬의 커널 개발 그룹은 어떤 버그의 원인을 찾는 데 애를 먹고 있었다. 버그의 증상은 커널 메모리를 무작위로 덮어쓰는 것이었고, 이로 인해 시스템이 이따금 패닉에 빠졌다.
>
> 버그를 잡기 위해 최고의 엔지니어 두 명이 투입되었는데, 메모리 블록 시작점부터 항상 19번째 바이트에서 문제가 발생한다는 것을 확인했다. 이것은 일반적으로 문제를 일으키던 2, 4, 8

과는 다른 흔하지 않은 오프셋이었다. 엔지니어 한 명이 브레인웨이브(Brainwave)[11]를 가지고 있던 덕에 이 버그를 집으로 가져갈 수 있었다. 그는 커널 디버거 kadb를 사용하여 커널 바이너리 이미지를 역어셈블하여 아스키 파일로 변환하려 했다(무려 한 시간이나 걸리는 작업이었다!). 그런 다음 파일의 문자열을 검색하는 grep을 이용해 피연산자로 오프셋 19를 사용하는 'store' 명령을 찾았다. 이렇게 해서 걸러지는 명령어 중 하나는 손상을 야기하는 명령어임이 거의 확실했다.

검색 결과는 총 8개로 모두 프로세스 제어를 담당하는 서브시스템에 포함되어 있었다. 이제 엔지니어들은 문제가 '어디'에 있었는지 확실히 알게 되었고, 이제 원인이 '무엇'인지 찾기만 하면 되었다. 추가적인 노력 끝에 결국 원인을 찾아냈다. 원인은 프로세스 제어 구조로 인한 경합 조건(race condition) 때문이었다. 즉, 경합 조건 문제는 어떤 스레드가 메모리 사용을 끝내기도 전에 또 다른 스레드가 메모리 사용이 끝났다고 표시하는 경우, 시스템이 해당 메모리를 다른 용도로 사용하는 과정에서 일어난다. 그 결과 커널 메모리 할당자는 다른 사람이 메모리를 사용하도록 할당했지만, 프로세스 제어 코드는 여전히 해당 메모리를 갖고 있다고 생각하고 쓰기 작업을 수행한 것이다. 이로 인해 원인을 찾을 수 없는 손상이 일어났다.

grep으로 운영 체제 커널을 디버깅한 사례는 개념적이기는 해도 때로는 소스 도구조차 런타임 문제를 해결하는 데 도움이 된다는 것을 보여 준다!

유용한 도구를 설명하는 절인 만큼 표 6-5에 썬 시스템 구성이 무엇인지 정확하게 알 수 있는 몇 가지 방법을 나열했다. 그런데 도구들은 자신이 직접 연습해 봐야 도움이 된다는 점을 꼭 기억하기 바란다.

식별 대상	출력 예	실행 방법
커널 아키텍처	sun4c	/usr/kvm/arch -k
운영 체제 패치 여부	no patches are installed	/usr/bin/showrev -p
기타 하드웨어 정보	많은 내용이 나옴	/usr/sbin/prtconf
CPU 속도	40MHz processor	/usr/sbin/psrinfo -v
호스트 아이디	554176fe	/usr/ucb/hostid
메모리	32MB	전원을 켤 때 표시됨
일련번호	4290302	전원을 켤 때 표시됨

---

11 (옮긴이) 브레인웨이브는 1980년대에 테이프 외장 저장 장치를 만들었던 제조사로, 대표적인 제품으로는 데이터 히스토리언 시리즈(The Data Historian Series)가 있다. 1988년 PC 잡지에 실렸던 기사를 보면 2GB를 저장하는 8mm 테이프 저장 장치 가격이 6000달러로, 현재 물가로 환산하면 약 1만 3000달러(1565만 원)에 달했다. 해당 제품 사진은 *https://bit.ly/3qrmkoc*에서 볼 수 있다.

롬 버전	2.4.1	전원을 켤 때 표시됨
디스크 정보	198MB disk	/usr/bin/df -F ufs -k
스와프 영역	40MB	/etc/swap -s
이더넷 주소	08:00:20:0f:8c:60	/usr/sbin/ifconfig -a 이더넷 주소는 시스템에 내장됨
IP 주소	le0=129.144.248.36	/usr/sbin/ifconfig -a IP 주소는 네트워크에 지정됨
부동 소수점 연산 하드웨어	FPU's frequency appears to be 38.2MHz	컴파일러에 포함된 fpversion

표 6-5 하드웨어 식별 도구

쉬어 가기: 카네기 멜런 대학의 프로그래밍 퍼즐

카네기 멜런 대학 컴퓨터 과학과에서는 신입 대학원생을 위해 정기적으로 소규모 프로그래밍 콘테스트를 열었다. 이 콘테스트는 새로운 연구원에게 학과 시스템을 실제로 익히고 잠재적인 스타성을 드러낼 기회를 제공했다. 카네기 멜런 대학은 초기부터 컴퓨터 분야에서 눈에 띄는 모습을 보여 주었기 때문에 프로그래밍 경쟁을 통해 탁월한 성과를 기대할 수 있었다.

콘테스트 형식은 해마다 다양했는데 어떤 해에는 아주 간단했다. 참가자들은 숫자가 들어 있는 파일을 읽고 전체 평균을 출력하면 됐다. 여기에는 단 두 가지 규칙만 존재했다.

1. 프로그램은 최대한 빨리 실행되어야 한다.
2. 프로그램은 파스칼 또는 C로 작성해야 한다.

응모한 프로그램은 함께 묶여 교수진에 일괄 제출되었다. 학생들은 원하는 만큼 프로그램을 제출할 수 있었다. 콘테스트는 비결정적 확률 알고리즘(데이터 집합의 특징을 알아내 성능을 더 빠르게 얻는 방법을 추측하는 알고리즘)을 사용하도록 권장했다. 어쨌든 불문율은 가장 짧은 시간 내에 실행된 프로그램이 대회에서 우승하는 것이었다.

대학원생들은 은밀한 곳으로 숨어든 후 여러 가지 프로그램을 쏟아 내기 시작했다. 그들 대부분은 입력하고 실행할 수 있는 서너 가지 버전을 만들었다. 이 시점에서 독자들도 어떤 기법을 사용하면 프로그램을 짧은 시간 안에 실행할 수 있을지 한번 고민해 보기 바란다.

— Expert

> ◎ [프로그래밍 도전] 제한 속도를 초과하는 방법?
>
> 1만 개의 숫자가 들어 있는 파일을 읽고 평균을 계산하는 프로그램을 작성한다고 가정해 보자. 프로그램은 최단 시간 내에 실행되어야 한다.
>
>   이것을 가능하게 하려면 어떤 프로그래밍 및 컴파일 기술을 사용하면 되겠는가?

사람들은 대부분 코드 최적화가 가장 큰 성과를 낼 것으로 생각한다. 즉, 명시적으로는 코드를, 암묵적으로는 컴파일 옵션을 적절히 사용하면 코드를 최적화할 수 있다고 생각한다. 표준적인 코드 최적화로는 루프 펼치기, 인라인 함수(in-line function) 확장, 공통적인 하위 표현식 제거, 향상된 레지스터 할당, 배열 범위에 대한 런타임 검사 생략, 루프 불변 코드 동작, 연산 비용 감소(제곱 연산을 곱셈 연산으로, 곱셈 연산을 비트 이동 및 추가 연산으로 변환)와 같은 기술 등이 있다.

  데이터 파일에는 약 1만 개의 숫자가 포함되어 있으므로 숫자 하나를 읽고 처리하는 데 1밀리초가 소요된다고 가정하면, 가장 빠른 프로그램이라도 10초 정도 걸릴 것이다.

  그러나 실제 결과는 매우 놀라웠다. 운영 체제의 보고에 따르면 가장 빠른 프로그램은 마이너스 3초가 걸렸다. 그렇다. 우승자는 마이너스 시간을 사용한 것이다! 2등을 기록한 프로그램도 몇 밀리초밖에 걸리지 않았으며, 3위 기록이 앞서 예상했던 10초 바로 아래에 있었다. 도대체 어떻게 한 것일까? 우승한 프로그램을 상세히 조사한 결과 그 기법을 알 수 있었다.

  시간을 거슬러 사용한 프로그램은 운영 체제의 이점을 이용했다. 즉, 프로그래머는 프로세스 제어 블록이 스택의 베이스를 기준으로 어디에 저장되는지 알고 있었다. 그는 프로세스 제어 블록에 접근하기 위해 포인터를 만들었고, 'CPU 사용 시간' 필드에 매우 높은 값을 덮어썼다.[12] 운영 체제는 CPU 시간이 그렇게 크지 않을 것이라 예상하기 때문에 매우 큰 양수를 2의 보수인 음수로 오인해 버린 것이다.

  2위를 차지한 프로그램은 몇 밀리초밖에 걸리지 않았지만 교활하게 다른 방법을 사용한 점은 동일했다. 그는 기상천외한 코딩을 하기보다 경쟁 규칙을 이용했다. 그는 두 가지 프로그램을 제출했는데, 한 프로그램은 숫자를 읽고 정상적인 방법

---

12 아르헨티나 출신 축구 선수 디에고 마라도나(Diego Maradona)가 1986년 월드컵 잉글랜드와의 8강전에서 결승골을 넣을 때 손을 사용한 사건과 마찬가지로 명백한 규칙 남용이다.

으로 답을 계산하여 그 결과를 파일에 기록하는 것이었으며, 다른 프로그램은 시간 대부분을 슬립(sleep) 상태로 있다가 몇 초마다 잠시 깨어 결과 파일이 존재하는지 확인했다. 그러다 결과 파일이 생성되면 그 파일을 출력했다. 결국 두 번째 프로세스는 전체 CPU 사용 시간이 수 밀리초밖에 걸리지 않았다. 참가자들은 여러 프로그램을 제출할 수 있었기에 더 작은 시간이 계산된 프로그램이 인정되어 2위를 차지했다.

예측한 최소 시간보다 더 짧은 시간으로 3위를 차지한 프로그래머는 가장 정교한 계획을 갖고 있었다. 그는 문제 해결에 최적화된 기계 코드 명령어를 만들어 프로그램에 정수 배열로 저장했다. 스택에 반환 주소를 덮어쓰기는 쉬웠기 때문에(밥 모리스 주니어가 1988년 인터넷 웜을 일으키는 데 사용한 기법) 프로그램이 배열로 이동하여 배열에 저장된 코드를 실행하게 했다. 이 명령어들은 정당한 방법으로 문제를 해결하여 기록을 달성할 수 있었다.

이러한 계략이 드러나자 교직원 사이에 소동이 일어났다. 일부 직원은 수상자를 엄중히 문책하자는 데 찬성했다. 젊은 교수 그룹은 그들의 독창성은 인정하고 대신 추가 상을 주자고 제안했다. 타협이 이루어졌는데 상도 처벌도 모두 없었다. 결과적으로 그것으로 끝이었다. 안타깝게도 대회는 격렬한 감정의 희생양이 되었고, 그 해를 끝으로 콘테스트는 더 이상 열리지 않았다.

상급 수준 학생을 위한 내용

똑똑한 사람들을 위해 한마디하자면 C 소스에 어셈블러 코드를 넣는 것이 가능하다. 이는 대개 슈퍼바이저 모드에서 사용자 모드로 변경할 때 특정 레지스터를 설정하는 것처럼 운영 체제 커널 깊숙한 곳에서 가장 기계적인 특정 영역에 작용한다. 다음은 썬 프로 스팍 컴파일러를 사용하여 C 함수에 no-op(또는 기타 인스트럭션)을 넣는 방법을 보여 준다.

```
banana() { asm("nop"); }
```

다음은 PC에서 마이크로소프트 C를 사용하여 어셈블러 명령어를 넣는 방법이다.

```
__asm mov ah, 2
__asm mov dl, 43h
```

어셈블러 코드 앞에 __asm[13] 키워드를 붙일 수 있다. 또는 이 키워드를 한 번만 사용하면서 중괄호로 모든 어셈블러 코드를 다음과 같이 묶을 수도 있다.

```
__asm {
     mov ah, 2
     mov dl, 43h
     int 21h
     }
```

위 내용을 이용해 간단하게 어셈블러 구동 프로그램을 점검할 수 있다. 물론 이를 이용해 시스템을 폭파하는 프로그램도 쉽게 만들 수 있다. 기계에 대한 인스트럭션 세트를 실험하고 배우는 것은 경험을 쌓는 좋은 방법이다. 스팍 아키텍처 설명서, 어셈블러 설명서(구문과 지시문에 대한 설명이 대부분) 또는 스팍 제조사인 사이프러스 세미컨덕터(Cypress Semiconductor)[14]의 'SPARC RISC User's Guide'와 같은 참고 자료를 보면 도움이 될 것이다.

---

13 (옮긴이) 키워드 __asm 앞에 붙은 __는 _가 두 개 붙어 있으니 주의해야 한다.
14 (옮긴이) 2019년 독일 인피니언 테크놀로지스에 인수되었다.

7장

고마운 메모리

한 사부가 풋내기 제자 한 명에게 도(道)의 본질을 설명하고 있었다.

"도는 그 경중에 관계없이 모든 소프트웨어에 들어 있다." 사부가 말했다.

"휴대용 계산기에도 들어 있나요?" 제자가 물었다. "그렇다." 사부가 대답했다.

"비디오 게임에도 들어 있나요?" 제자가 물었다.

"도는 비디오 게임에도 있다." 사부가 대답했다.

"그렇다면 개인용 컴퓨터의 도스에도 들어 있나요?"

사부는 헛기침을 하며 자세를 살짝 고쳤다.

"밥(Bob), 그것은 스택 프레임에 있을 것이다. 오늘 수업은 여기까지다."

사부는 말했다.

— 제프리 제임스(Geoffrey James), 프로그래밍의 도

이번 장은 인텔 80x86 프로세서 제품군(IBM PC의 핵심 프로세서)의 메모리 아키텍처에 대한 설명으로 시작한다. 이를 통해 PC 메모리와 다른 시스템의 가상 메모리 기능을 비교한다. 메모리 아키텍처에 대한 지식은 프로그래머가 C 언어의 규정 및 제약을 이해하는 데 도움이 된다.

인텔 80x86 제품군

현대적인 인텔 프로세서는 그 유산을 초기 인텔 칩까지 거슬러 올라가 추적할 수 있다. 고객이 칩셋을 사용하기가 점점 정교해지고 까다로워져서, 인텔은 언제나 차기 프로세서를 호환되게 만들어야 했다. 호환성 덕분에 고객은 새로운 칩으로 쉽게

이동할 수 있었지만 그만큼 혁신의 폭이 제한될 수밖에 없었다. 펜티엄 프로세서는 1978년 발표된 인텔 프로세서인 8086의 직계 후손이며, 이것과의 하위 호환성을 제공하기 위해(8086으로 컴파일된 프로그램이 펜티엄에서도 실행된다는 의미) 구조적 불규칙성을 포함했다. 일부 사람들은 혁신-호환성 간 교환을 언급하면서 "인텔은 '과거 호환성'으로 '후퇴'했다"며 비꼬았다(그림 7-1 참고).

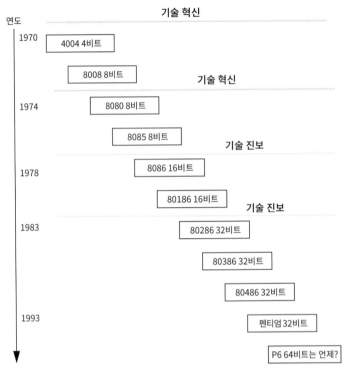

그림 7-1 인텔 80x86 제품군: '과거 호환성'으로 '후퇴'

인텔 4004는 비지콤(Busicom)이라는 일본 계산기 회사의 요구를 충족시키려고 1970년에 생산된 4비트 마이크로컨트롤러였다. 인텔 설계 엔지니어는 당시에는 불문율과도 같던 고객별 맞춤 회로 대신 프로그램이 가능한 범용 칩을 생산하는 아이디어를 구상했다. 인텔은 범용 칩이 고작 몇백 개 팔리리라 생각했지만, 범용 디자인의 적용 가능성이 훨씬 더 넓다는 사실이 드러났다. 4비트는 너무 제한적이어서 1972년 4월에 8비트 버전인 8008이 출시됐다. 그리고 2년 뒤, 마침내 마이크로컴퓨터라고 불릴 만큼 강력한 칩인 8080이 탄생했다. 8080은 8008 명령 집합 전체에 30개의 인스트럭션을 더 추가하면서 오늘날까지도 계속되는 흥행의 신호탄을 쏘아

올렸다. 4004가 인텔을 알리기 시작한 칩이라면, 8080은 인텔의 매출을 연간 10억 달러 이상으로 끌어올리고 포춘지 선정 500대 기업 반열에 올려놓은 칩이다.

8085 프로세서는 집적 기술 발전으로 3개의 칩을 조합해 하나로 압축했다. 본질적으로 8080 프로세서는 8224 클록 드라이버와 8228 컨트롤러를 하나의 칩으로 합친 것이었다. 내부 데이터 버스는 아직 8비트였지만 8080 프로세서는 16비트 주소 버스를 이용하여 2^{16} 또는 64KB의 메모리를 처리할 수 있었다.

1978년에 도입된 8086 프로세서는 8085 프로세서에 비해 데이터 버스는 16비트로 늘어났고 주소 버스는 20비트까지 허용하여 (당시 기준으로는) 1MB 크기의 메모리까지 사용할 수 있었다. 하지만 특이한 설계로 인해 16비트 주소 두 개를 이어 붙여 32비트 주소를 형성하는 대신 일부분이 서로 겹치게 하여 20비트 주소를 형성하도록 했다(그림 7-2 참고). 8086 프로세서는 인스트럭션 집합 수준에서 8085 프로세서와 호환되지는 않지만, 어셈블러 매크로가 새로운 아키텍처 프로그램으로 쉽게 변환하도록 도왔다.

첫 번째 16비트 값과

15			0
3	3	3	3

왼쪽으로 이동한
두 번째 16비트 값을 더하여

+

15			0
4	4	4	4

20비트 주소를 만든다.

=

19			0
4	7	7	7	3

첫 번째 16비트 값을 '오프셋'이라고 하고 시프트한 두 번째 값을 '세그먼트'라고 한다.
8086 칩에는 4개의 세그먼트 레지스터를 두어 세그먼트값을 저장하고,
20비트 주소를 생성하기 위해 자동으로 시프트와 덧셈을 한다.

4개의 세그먼트 레지스터는 코드, 데이터, 스택 세그먼트용으로 하나씩 사용하며
나머지는 여분으로 사용한다. 이것은 컴파일러 제작자 입장에서 큰 도움이 된다.

그림 7-2 인텔 8086 프로세서의 메모리 주소 계산 방법

이러한 불규칙한 주소 지정 기법 덕분에 8086 프로세서는 8085 프로세서에서 이식한 코드를 더욱 간단하게 실행할 수 있었다. 고정된 값 하나를 세그먼트 레지스터에 저장해 두면 이 값은 무시할 수 있었기 때문에 8085의 16비트 주소를 그대로 사용할 수 있다. 당시 설계 팀은 세그먼트 워드를 연결해 주소를 만드는 아이디어를 채택하지 않았다. 32비트 주소 접근을 통해 4GB의 메모리 공간을 제공할 수 있는데도, 그 시점에는 이렇게 엄청난 크기의 메모리를 만든다는 것을 상상할 수 없었다.

기본적인 주소 지정 모델이 정리되었기 때문에 이후의 모든 80x86 프로세서는 이를 따르거나 호환성을 포기해야 했다. 8080이 인텔을 돋보이게 한 칩이었다면 8086은 그 칩을 그대로 유지하게 만든 칩이다. 1979년에 IBM이 왜 모토로라나 내셔널 세미컨덕터(National Semiconductor)처럼 기술적으로 우수한 대안들을 두고, 인텔 8088을 새로운 PC의 CPU로 채택했는지 정확히 알 수는 없다. 인텔 칩을 선택함으로써 IBM은 향후 20년간 인텔의 수익을 크게 늘려 주었다. 그뿐 아니라 IBM은 운영 체제로 마이크로소프트 도스를 선택함으로써 마이크로소프트의 수익까지 늘려 주었다. 역설적이게도 1993년 8월 인텔의 시가 총액이 266억 달러가 되어 IBM의 시가 총액 245억 달러를 넘어서면서 미국에서 가장 가치 있는 전자 회사의 영예는 IBM이 아닌 인텔에 돌아갔다.[1]

인텔과 마이크로소프트는 사실상 새로운 IBM이 되었고, IBM의 폐쇄적인 독점 시스템 덕에 뜻밖의 수익을 벌어들였다. IBM은 과거의 영광을 되찾기 위해 필사적으로 노력하고 있다. PowerPC는 인텔의 하드웨어 독점에, OS/2는 마이크로소프트의 소프트웨어 독점에 도전하고 있다. OS/2 도전은 아마도 실패할 것으로 보이지만, PowerPC에 대한 판단을 내리기는 아직 이르다.[2]

처음으로 IBM PC에서 사용된 8088 프로세서는 기존 8비트 지원 칩을 사용하도록 함으로써 8086의 저렴한 8비트 버전 프로세서가 되었다. 이후 출시된 80x86 계열의 개선 모델들은 '더 작고 더 빠르고 더 비싸고 명령어가 더 많은' 파생 상품일 뿐이었다. 80186 프로세서 역시 별로 중요하지 않은 새로운 인스트럭션 10개를 소개하면서 같은 길을 택했다. 80286은 (일부 내장된 주변 장치 포트를 제외하고는) 그냥 80186에 불과했지만, 주소 공간 확장을 최초로 시도했다. 메모리 컨트롤러를 칩 밖으로 이동시키고 '가상' 모드라는 기능을 야심 차게 선보였는데, 오프셋에 더하는 용도로 사용하던 세그먼트 레지스터를 실제 세그먼트 주소가 포함된 테이블을 인덱싱하는 데 사용했다. 이러한 종류의 주소 지정을 보호 모드라고 불렀으며 여전히 16비트 기반이었다. 마이크로소프트 윈도우는 286 보호 모드를 표준 주소 지정 모드로 사용했다.

80386은 80286에 두 가지 새로운 주소 지정 모드인 32비트 보호 모드와 가상 8086 모드를 추가했다. 마이크로소프트의 새로운 주력 운영 체제였던 NT와 향상된

---

1 (옮긴이) 2021년 이 책을 번역하는 현재 인텔의 시가 총액은 약 2256억 달러, IBM은 약 1307억 달러다.
2 (옮긴이) 현재 PowerPC는 개인용 컴퓨터에는 거의 쓰이지 않고 차량용 컨트롤러로 일부 쓰인다.

모드의 마이크로소프트 윈도우는 모두 32비트 보호 모드를 사용했다. 그렇기에 NT 는 동작하는 데 적어도 386 프로세서가 필요했다. 다른 종류의 주소 지정 모드인 가상 8086 모드는 1MB의 주소 공간을 가진 가상 8086 머신을 생성한다. 한 번에 가상 머신을 여러 개 실행할 수 있으며, 각 가상 머신은 가상으로 마이크로소프트 도스를 돌릴 수 있는데, 각 마이크로소프트 도스 세션은 자체 8086에서 실행되는 것으로 인지한다. 이 시점에서 여러분은 아마도 이러한 환경에서 물리적인 시스템 주소 지정 기법의 한계를 뛰어넘기 위한 불가피한 선택들을 신뢰할 수 없다고 생각했을 것이며 그렇게 생각하는 것이 당연하다. 80x86은 컴파일러와 애플리케이션 프로그램을 작성하는 개발자 입장에서 참 어렵고 좌절감이 느껴지는 아키텍처다.

모든 프로세서에는 일반적으로 하드웨어에 부동 소수점을 연산하는 보조 프로세서가 붙는다. 8087과 80287 보조 프로세서는 287이 286과 동일한 확장 메모리를 처리할 수 있다는 점을 제외하고 동일한 보조 프로세서다. 387은 386과 동일한 모드를 사용하여 주소를 지정할 뿐 아니라 몇몇 뛰어난 기능도 추가했다.

> ### 🧱 [프로그래밍 토막 지식] IBM의 PC 운영 체제 선정에 얽힌 이야기
>
> PC에 대한 IBM의 전략적 결정 중 일부(어쩌면 대부분)는 분명히 기술과는 상관없는 부분이 고려되었다고 본다. 마이크로소프트 도스를 PC 운영 체제로 최종 결정하기 전, IBM은 CP/M[3] 운영 체제를 타진해 보려고 디지털 리서치(Digital Research)의 게리 킬덜(Gary Kildall)과 만나기로 약속했다. 그러나 회의 당일 운영 체제 협의는 진행되지 못했다. 날씨가 너무 좋았는지 게리는 회의에 참석하지 않고 본인 소유의 전용기를 타고 놀러 가 버렸다. 결국 IBM 경영진은 (아마도 이 일로 화가 났을 것이고) 마이크로소프트와 계약을 맺었다.
>
> 빌 게이츠(Bill Gates)는 시애틀 컴퓨터 프로덕트(Seattle Computer Product)의 QDOS[4]에 대한 권리를 사들인 뒤, 약간의 최적화를 거친 후 '마이크로소프트 도스'라고 이름을 붙였다. 그 이후 이야기는 모두 다 알다시피 IBM과 인텔은 행복했으며 마이크로소프트는 굉장히 행복했다. 디지털 리서치는 행복하지 않았고 시애틀 컴퓨터 프로덕트는 지금까지 가장 많이 팔린 컴퓨터 프로그램에 대한 권리를 날려 버린 것을 뒤늦게 깨달은 후 점점 더 불행해졌다. 시애틀 컴퓨터 프로덕트에 남은 것은 하드웨어를 동시에 판매할 경우 마이크로소프트 도스를 판매할 수 있는 권리였으며, 이것이 바로 마이크로소프트 도스 사본을 시애틀 컴퓨터 프로덕트에서 볼 수 있

3　(옮긴이) CP/M은 마이크로소프트 도스 이전에 유명세를 떨치던 PC 운영 체제였다.
4　이것은 말 그대로 '빠르고 더러운 운영 체제(Quick and Dirty Operating System)'를 의미한다.

는 이유였다. 아마도 마이크로소프트와의 계약 이행을 위해 쓸모없는 인텔 보드와 칩이 동봉됐을 것이다.

하지만 시애틀 컴퓨터 프로덕트에 그렇게 미안해할 필요는 없다. 시애틀 컴퓨터 프로덕트의 QDOS는 게리 킬달의 CP/M을 기반으로 하고 있었고, (당시 날씨가 너무 좋아 미팅을 뒤로한 채) 비행기를 몰러 나갔던 게리가 차라리 더 나았을지도 모른다. 빌 게이츠는 나중에 마이크로소프트 도스를 통해 얻은 수익으로 엄청나게 빠른 포르셰(Porsche) 959를 샀다. 이 차는 가격이 75만 달러나 되었지만 수입 과정에서 문제가 발생했다. 포르셰 959는 정부가 의무화한 충돌 시험을 통과하지 못해 미국에서 운전할 수 없었다. 그 차는 오클랜드의 한 창고에 사용되지 않은 채 있다고 전해진다. 이것이야말로 빌 게이츠의 제품 중 절대로 망가지지 않은 유일한 제품일지 모른다.

80486은 다시 포장된 80386인데 버스에 보조 프로세서를 허용하지 않아 조금 더 빠르다. 486은 보조 프로세서 장착 여부에 따라 각각 DX와 SX라고 부른다. 486은 몇 가지 간단한 인스트럭션을 추가했으며, 성능 개선의 전부라고 할 수 있는 내장 캐시(빠른 프로세서 메모리)를 가지고 있다. 그러고 나서 엄청난 혁신과 상표권 분쟁이 일어났고 인텔은 최신 칩을 80586이 아닌 펜티엄이라고 이름 지었다. 펜티엄 프로세서는 더 빠르고 비싸며 이전 프로세서의 모든 인스트럭션을 지원할 뿐 아니라 몇 가지 새로운 기능도 선보였다. 이 글을 쓰는 현재 80686 프로세서는 더 빠르지만 가격이 더 높게 책정될 것이며, 몇 가지 추가 인스트럭션도 제공될 것으로 예상된다. 인텔이 새로운 칩을 계속해서 출시하는 것은 '빠르지 않으면 죽는다(be fast or be dead)'는 사훈(社訓)의 영향 때문인데, 인텔 직원들은 확실히 사훈에 따라 사는 사람들 같다. 옛날에 할머니가 재봉틀을 돌리며 즐겨 하신 말씀이 있다. "과거를 기억하지 못하는 사람들은 심각한 하위 호환성 문제를 겪을 것이다. 특히 그들이 설계한 아키텍처의 주소 지정 모드나 워드 크기를 바꾼다면 말이다."

인텔 80x86 메모리 모델 및 동작 방법

이전 장에서 설명했듯이 세그먼트라는 용어는 적어도 두 가지 의미가 있다(아, 운영 체제 메모리 관리와 관련된 세 번째 의미도 있다).

유닉스의 세그먼트는 '바이너리 파일과 연관된 영역의 한 부분'이다.

인텔 x86 메모리 모델의 세그먼트는 '(호환성 때문에) 주소 공간이 단일하지 않고 64KB씩 분할되도록 설계한 것이며 그 결과로 붙여진 이름'이다.

가장 기본적인 형태의 세그먼트는 8086에서 메모리 공간의 64KB 영역으로 시작했으며, 세그먼트 레지스터가 그 주소를 가리킨다. 주소는 세그먼트 레지스터 값을 가져와 4비트만큼 왼쪽으로 시프트(또는 16을 곱함)하는 방법으로 계산한다. 아니면 더 간단하게 세그먼트 레지스터 값의 오른쪽에 0을 4개 추가하여 마치 20비트 값처럼 다루는 세 번째 방법도 고려할 수 있다.

그리고 16비트 오프셋은 해당 세그먼트가 어느 곳에 있는지 알려 준다. 그래서 세그먼트 레지스터 값과 오프셋 값을 더하면 최종 주소를 얻게 된다. 이로 인한 기이한 점도 하나 있다. 예를 들어 합이 24가 되는 서로 다른 숫자 쌍이 여러 개 있는 것처럼, 동일한 주소를 가리키는 서로 다른 세그먼트-오프셋 쌍도 많다는 점이다.

> 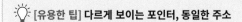 **[유용한 팁] 다르게 보이는 포인터, 동일한 주소**
>
> 인텔 8086의 주소는 16비트 세그먼트와 16비트 오프셋을 결합하여 구성된다. 세그먼트는 오프셋이 추가되기 전에 왼쪽으로 4비트만큼 이동한다. 따라서 여러 개의 세그먼트-오프셋 쌍이 하나의 동일한 주소를 가리킬 수 있다.
>
> ```
> 세그먼트
> (왼쪽으로 4비트 이동)        오프셋              최종 주소
> A0000                 +    FFFF    =      AFFFF
> :
> AFFF0                 +    000F    =      AFFFF
> ```
>
> 일반적으로 같은 주소를 가리키는 0x1000(4096)개의 세그먼트-오프셋 조합이 있다.

C 컴파일러 제작자는 PC에서 포인터가 표준적인 형식으로 비교되는지 확인할 필요가 있다. 그렇지 않으면 비트 패턴은 달라도 동일한 주소를 가리키는 두 포인터를 잘못 비교할 수 있다. huge 키워드를 사용하면 이 문제를 해결할 수 있지만, 'large' 메모리 모델에서는 이와 같은 문제가 나타나지 않았다. 마이크로소프트 C의 far 키워드는 포인터에 세그먼트 레지스터의 내용과 오프셋이 저장되어 있음을 보여 준다. near 키워드는 포인터에 16비트 오프셋이 들어 있다는 것을 알려 주며, 데이터 또는 스택 세그먼트 레지스터에 이미 있는 값을 사용한다.

> 💡 **[유용한 팁] 메모리 단위**
>
> | 단위 | 2의 거듭제곱 | 의미 | 바이트 수 |
> |---|---|---|---|
> | 킬로(Kilo) | 2^{10} | 1000바이트 | 1,024 |
> | 메가(Mega) | 2^{20} | 100만 바이트 | 1,048,576 |
> | 기가(Giga) | 2^{30} | 10억 바이트 | 1,073,741,824 |
> | 테라(Tera) | 2^{40} | 1조 바이트 | 1,099,511,627,776 |
> | 페타(Peta) | 2^{50} | 1100조 바이트 | 1,125,899,906,842,624 |
> | 엑사(Exa) | 2^{60} | 100경 바이트 | 1,152,921,504,606,846,976 |
> | 제타(Zetta) | 2^{70} | 10해 바이트 | 1,180,591,620,717,411,303,424 |
> | 요타(Yotta) | 2^{80} | 1자 바이트 | 1,208,925,819,614,629,174,706,176 |

'유용한 팁'에서 보여 주는 숫자 단위와 관련하여 모든 디스크(SSD 포함) 제조업체는 디스크 용량에 대해 이진 표기법 대신 십진법을 사용한다. 따라서 2GB 디스크는 21억 4748만 3648바이트가 아닌 20억 바이트를 저장한다.

64비트 주소 공간은 '굉장히' 크다. 이 정도 크기면 풀 HD 화질의 영화 전체를 메모리에 넣고도 엄청난 공간이 남는다. 풀 HD TV 사양은 1920 × 1080픽셀로, 픽셀당 3바이트의 색 정보가 필요하다. 그래서 초당 30프레임(NTSC 표준 규격)을 기준으로 2시간짜리 영화의 크기를 계산하면 다음과 같다.

> 120분 × 60초 × 30프레임 × 207만 3600픽셀 × 3색 바이트
>
> = 1조 3436억 9280만 바이트
>
> = 1.22테라바이트(TB)

따라서 한 개 정도가 아니라 1370만 개의 풀 HD 영화(지구상에 현존하는 모든 영화를 다 담고도 더 많은 공간이 남는다)를 64비트 가상 주소 공간에 저장할 수 있다. 여전히 운영 체제를 위한 공간은 남겨 두겠지만 괜찮다. 유닉스 커널은 현재 SVID[5]에 의해 512MB로 제한되기 때문이다. 물론 이 가상 메모리를 디스크로 백업하는 것은 여전히 또 다른 문제다.

오늘날 컴퓨터 아키텍처가 실제로 도전받는 분야는 메모리 '용량'이 아닌 메모리 '속도'다. 여러분의 소프트웨어가 실제로 디스크 및 메모리 대기 시간(접근 시간)으

---

5 SVID(System V Interface Definition)는 시스템 V API를 설명하는 중요한 문서다.

로 제약을 받는다면 얼마 전에 산 새롭고 빛나는 최신 칩이라도 제 성능을 내지 못할 것이다. 정확히 말하자면 메모리와 CPU 성능 간 격차는 점점 더 커지고 있다. 지난 10년 동안 CPU 속도는 1년 반에서 2년마다 두 배가 되었다. 같은 기간 메모리 집적도는 두 배(64KB에서 128KB로)나 증가했지만 접근 시간은 겨우 10% 향상되었다. 메인 메모리 접근 시간은 거대한 주소 공간 시스템에서 더욱 중요해질 것이다. 방대한 양의 데이터에 접근하는 상황이라면 데이터 이동 시간이 소프트웨어 성능을 압도할 것이다. 따라서 미래에는 캐시나 이와 관련된 기술을 더 많이 이용할 것으로 기대한다.

> ### 💡 [유용한 팁] 마이크로소프트 도스의 640KB 제약은 어디에서 시작되었는가?
>
> 마이크로소프트 도스에서 실행되는 애플리케이션이 사용할 수 있는 메모리는 640KB로 제한된다. 이 제약은 최초의 도스 시스템인 인텔 8086의 최대 주소 범위 때문이다. 8086은 20비트 주소를 지원하여 메모리 용량을 총 1MB까지 사용할 수 있었다. 그러나 시스템 용도로 사용할 특정 세그먼트(64KB짜리) 몇 개를 예약하는 바람에 메모리로 사용할 공간은 더 제한되었다.
>
> | 세그먼트 | | 용도 |
> |---|---|---|
> | F0000부터 FFFFF까지 | 64KB | 바이오스, 진단 등을 위한 영구 롬 영역 |
> | D0000부터 EFFFF까지 | 128KB | 카트리지 롬 영역 |
> | C0000부터 CFFFF까지 | 64KB | 바이오스 확장(XT 하드 디스크) |
> | B0000부터 BFFFF까지 | 64KB | 디스플레이용 기본 메모리 |
> | A0000부터 AFFFF까지 | 64KB | 디스플레이용 확장 메모리 |
> | 이렇게 해서 나머지 | | |
> | 00000부터 9FFFF까지 | 640KB | 애플리케이션용 메모리 |

빌리언(billion)과 트릴리언(trillion)은 미국과 영국에서 의미가 다르다. 미국의 경우 빌리언은 10억(10^9), 트릴리언은 1조(10^{12})를 의미하지만 영국에서는 각각 1조(10^{12})와 100경(10^{18})으로 더 크다. 나는 미국식을 더 선호하는데 그 이유는 밀리언(10^6), 빌리언(10^9), 트릴리언(10^{12})이 천 단위씩 일정하게 증가하기 때문이다. 영국의 억만장자(billionaire)는 미국의 억만장자보다 훨씬 부자다. 단, 환율이 1달러당 1000파운드로 떨어지기 전까지만 그렇다.

　마이크로소프트 도스는 8086 프로세서의 1MB 주소 공간 중 640KB만 사용할 수 있는 제한이 있다. 마이크로소프트 도스는 자체 용도로 6개의 세그먼트를 예약했다. 그래서 애플리케이션이 사용할 수 있는 남은 메모리는 주소 0부터 시작하는 10개의 64KB 세그먼트다(그마저도 최하위 주소로 구성된 0번 블록은 버퍼 및 마이크로소프트 도스 작업 저장소 같은 시스템 용도로 예약되었다). 빌 게이츠는 1981년에 "640KB면 충분하다"라고 말했다. PC가 처음 출시됐을 때 640KB는 엄청난 양의 메모리처럼 보였다. 실제로 첫 번째 PC는 단지 16KB 램을 표준 모델로 구성했다.

> ☀️ [유용한 팁] PC 메모리 모델
>
> 마이크로소프트 C는 다음과 같은 메모리 모델을 인식한다.
>
> small: 모든 포인터는 16비트로, 코드와 데이터가 각각 하나의 세그먼트로 제한되고 전체 프로그램 크기는 128KB로 제한된다.
>
> large: 모든 포인터는 32비트다. 프로그램에는 다수의 64KB 세그먼트를 포함할 수 있다.
>
> medium: 함수 포인터는 32비트로 여러 개의 코드 세그먼트를 둘 수 있다. 데이터 포인터는 16비트로 하나의 64KB 데이터 세그먼트만 둘 수 있다.
>
> compact: medium과는 방식이 다르다. 함수 포인터는 16비트로 코드는 64KB보다 작아야 한다. 데이터 포인터는 32비트로 데이터는 여러 개의 세그먼트를 점유할 수 있다. 그러나 스택 데이터는 여전히 하나의 64KB 세그먼트로 제한된다.
>
> 마이크로소프트 C는 다음과 같은 비표준 키워드를 인식한다. 객체 포인터나 함수 포인터에 적용하면 특정 포인터에 한정된 메모리 모델이 적용된다.
>
> __near: 16비트 포인터
>
> __far: 32비트 포인터지만 가리키는 객체는 모두 하나의 세그먼트에 있어야 한다(객체는 64KB보다 클 수 없다). 즉, 세그먼트 레지스터를 로드하면 모든 객체의 주소를 지정할 수 있다.
>
> __huge: 32비트 포인터로 단일 세그먼트로 지정해야 한다는 제한이 해제된다. 예) char __huge * banana;
>
> 이 키워드는 포인터를 왼쪽으로 수식하는 const 및 volatile 타입 한정자와는 달리 항목을 오른쪽으로 즉시 수식한다.
>
> 기본값 외에도 어떤 모델에서든 항상 near, far, huge 포인터를 명시적으로 선언할 수 있다. huge 포인터는 표준[6]값과 비교할 수 있도록 항상 비교 및 포인터 산술 연산을 한다. 표준 형식에

6 안다, 안다! 표준적인 방법으로 '표준'이라는 말을 사용한다.

> 서 포인터 오프셋은 항상 0~15 사이의 범위에 있다. 그래서 두 개의 포인터가 표준값을 갖는다면 unsigned long 비교 연산은 정확한 결과를 산출할 것이다.
>
> 배열과 구조체 크기, 포인터 크기, 메모리 모델 및 80x86 하드웨어 작동 모드 간의 상호 작용을 컴파일하는 것은 어려울 뿐 아니라 오류도 쉽게 발생한다.

스프레드시트와 워드 프로세서가 점차 자리를 잡으면서 메모리에 대한 요구가 점점 커졌다. 사람들은 IBM PC의 제한된 주소 공간을 극복하기 위해 엄청난 에너지를 소모했다. 다양한 메모리 확장기가 제작되었지만 이식성을 만족하는 것은 없었다. 마이크로소프트 도스 1.0은 본질적으로 CP/M을 8086 프로세서용으로 이식한 것에 불과했다. 그리고 이후 모든 버전은 최초 버전과의 호환성을 유지했다. 마이크로소프트 도스 6.0이 여전히 단일 작업(single-tasking) 방식이고 80x86의 '실제 주소'(8086 호환) 모드를 사용하는 것이 사용자 프로그램 주소 공간이 계속해서 제한되는 이유다. 8086 메모리 모델에는 또 다른 부작용이 있다. 마이크로소프트 도스에서 실행되는 모든 프로그램은 모든 권한을 가진 채로 실행되기 때문에 바이러스 소프트웨어가 쉽게 공격할 수 있는 빌미를 제공했다. 마이크로소프트 도스가 80286 이후의 모든 인텔 x86 프로세서에 내장된 메모리 및 작업 보호 기능을 사용했다면 컴퓨터 바이러스는 거의 알려지지 않았을 것이다.

가상 메모리

> 그것이 있고 당신이 볼 수 있다면 진짜(real)다.
> 그것이 없지만 당신이 볼 수 있다면 가상(virtual)이다.
> 그것이 있는데 보이지 않으면 투명(transparent)하다.
> 그것이 없는데 보이지 않는다면 당신이 지운(erased) 것이다!
> — 가상 메모리를 설명하는 IBM 포스터, 1978년경

마이크로소프트 도스 사례처럼 시스템에 설치된 메인 메모리 크기에 따라 프로그램이 제한되는 것은 매우 불편한 일이 아닐 수 없다. 그래서 컴퓨터 초기부터 이러한 제한을 없애기 위해 가상 메모리 개념이 발전했다. 기본 개념은 느리지만 저렴한 디스크 공간을 사용하여 빠르지만 상대적으로 비싼 메인 메모리를 확장하는 것이다. 주어진 시간에 프로그램이 실제로 사용하는 메모리 영역은 물리 메모리로 옮긴다. 그리고 일정 시간 사용하지 않는 메모리 영역은 디스크에 저장하고, 앞으로

사용할 다른 메모리 영역을 위해 공간을 확보한다. 가상 메모리는 슈퍼컴퓨터부터 규모가 작은 워크스테이션까지 모든 컴퓨터 시스템에서 사용했다. 마이크로소프트 도스 시절의 PC만 예외였다.

뱀이 기어 다녔다던[7] 컴퓨터 초창기에는 프로그래머가 사용하지 않는 부분을 직접 디스크로 옮겼다. 프로그래머는 주어진 시간에 메모리에 있던 내용을 추적해서 필요에 따라 세그먼트를 (자기 테이프로) 롤인(roll-in), 롤아웃(roll-out)하는 데 많은 노력을 기울여야 했다. 코볼과 같은 오래된 프로그래밍 언어는 여전히 메모리 오버레이 구현에 필요한 기술 명령어를 많이 보유하고 있다. 사실 이런 기술은 현재 프로그래머 세대에는 완전히 쓸모 없으며 설명하기도 어렵다.

다중 레벨 저장소는 익숙한 개념이다. 다중 레벨 저장소는 컴퓨터의 여러 곳에서 볼 수 있다(예를 들어 레지스터 대 메인 메모리). 이론적으로 모든 메모리는 레지스터로 사용될 수 있다. 다만 실제로 이것을 구현하려면 엄청난 비용이 들기 때문에 접근 속도와 비용 간에 균형을 맞춘다. 가상 메모리는 실행 프로세스의 이미지를 보관하기 위해 메인 메모리 대신 디스크를 사용하여 메모리 크기를 한 단계 확장한다. 그래서 연속체(continuum)를 사용한다.

SunOS의 프로세스는 32비트 주소 공간에서 실행된다.[8] 운영 체제는 각 프로세스가 "주소 공간 전체에 배타적으로 접근하고 있다"라고 생각하게 일을 처리한다. '가상 메모리'는 프로세스한테는 일종의 환상이다. 가상 메모리는 컴퓨터의 물리 메모리에 대한 접근을 공유하고, 메모리가 꽉 차면 디스크에 데이터를 저장한다. 프로세스가 실행되는 동안 데이터는 메모리와 디스크를 계속 오간다. 메모리 관리 하드웨어는 가상 주소를 물리 주소로 변환하여 프로세스가 시스템의 물리 메모리 어디에서나 실행되도록 한다. 애플리케이션 프로그래머는 가상 주소만 볼 수 있으며 실행 시간을 추적하거나 'ps'와 같은 시스템 명령을 보지 않는 이상, 프로세스가 디스크 또는 메모리로 스와프되는 시점을 알 방법이 없다. 그림 7-3은 가상 메모리의 개요를 보여 준다.

---

7 (옮긴이) 고전 게임 중 뱀 게임을 가리키는 것으로 보인다.
8 (옮긴이) 지금은 당연히 64비트 주소 공간을 사용한다.

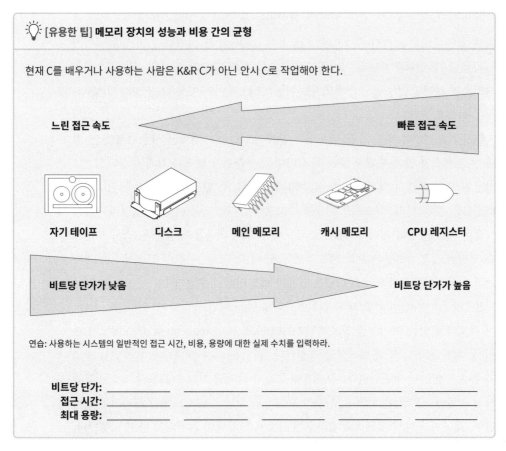

[유용한 팁] 메모리 장치의 성능과 비용 간의 균형

현재 C를 배우거나 사용하는 사람은 K&R C가 아닌 안시 C로 작업해야 한다.

느린 접근 속도　　　　　　　　　　　　　빠른 접근 속도

자기 테이프　　디스크　　메인 메모리　　캐시 메모리　　CPU 레지스터

비트당 단가가 낮음　　　　　　　　　비트당 단가가 높음

연습: 사용하는 시스템의 일반적인 접근 시간, 비용, 용량에 대한 실제 수치를 입력하라.

비트당 단가: _____ _____ _____ _____ _____
접근 시간: _____ _____ _____ _____ _____
최대 용량: _____ _____ _____ _____ _____

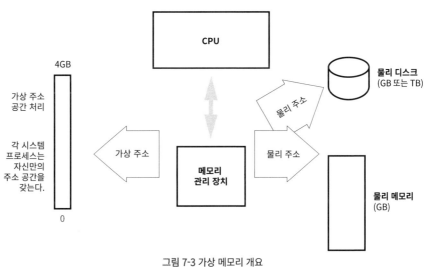

그림 7-3 가상 메모리 개요

가상 메모리는 '페이지'로 구성된다. 페이지는 운영 체제가 관리하고 보호하는 단위로 일반적으로 크기가 수 KB다. /usr/ucb/pagesize를 입력하면 시스템 페이지 크기를 볼 수 있다.[9] 메모리 이미지가 디스크와 실제 메모리 사이를 이동하는 것을 가리켜서 페이지 인(page in, 메모리로 이동) 또는 페이지 아웃(page out, 디스크로 이동)이라고 한다.

특정 프로세스와 엮인 모든 메모리는 잠재적으로 시스템에서 사용될 필요가 있다. 프로세스가 곧 실행되지 않을 것 같다면(우선순위가 낮거나 잠자기 상태일 때), 할당된 물리 메모리 자원을 모두 디스크에 백업할 수 있다. 프로세스를 디스크로 백업하는 것을 가리켜 '스와프 아웃'이라고 한다. 디스크에는 '스와프 영역'이라는 특별한 공간을 두어 페이징되거나 스와프된 메모리 내용을 저장한다. 스와프 영역은 일반적으로 시스템의 물리 메모리보다 몇 배 더 크다. 사용자 프로세스만 페이지하거나 스와프하며 SunOS 커널은 언제나 메모리에 상주한다.

프로세스는 자신이 속한 페이지가 메모리에 있을 때만 동작할 수 있다. 프로세스가 메모리에 없는 페이지를 참조하면 MMU(memory management unit, 메모리 관리 장치)가 페이지 부재 이벤트를 생성한다. 커널은 이 이벤트에 응답하면서 참조가 유효한지 아닌지 판단한다. 참조가 유효하지 않다면 커널은 프로세스에 '세그먼테이션 위반' 시그널을 보내고, 참조가 유효하면 커널은 디스크에서 페이지를 검색한다. 페이지가 다시 메모리로 올라오면 프로세스 차단이 해제되고 다시 실행된다. 물론 프로세스는 페이지 인 이벤트로 인해 잠시 중단되었다는 사실을 알지 못한다.

SunOS는 디스크 파일 시스템과 메인 메모리를 동일한 시각으로 바라본다. 디스크 파일 시스템과 메인 메모리를 다루기 위해 운영 체제는 기저가 되는 자료 구조(vnode 또는 '가상 노드')를 사용한다. 모든 가상 메모리 명령은 파일 영역을 메모리 영역에 매핑한다는 하나의 철학을 기준으로 구성된다. 이로 인해 성능이 향상되고 상당한 양의 코드도 재사용할 수 있게 됐다. 사람들이 'HAT(hardware address translation) 레이어'에 대해 이야기하는 것을 들어 본 적이 있는지 모르겠다. 이것은 MMU를 구동하는 '하드웨어 주소 변환' 소프트웨어다. 이것은 매우 하드웨어 종속적이기 때문에 새로운 컴퓨터 아키텍처를 개발할 때마다 다시 작성되어야 한다.

---

9 (옮긴이) macOS에서는 /usr/bin/pagesize를 입력하면 된다. 윈도우에서는 페이지 크기를 확인할 수 있는 별도의 시스템 명령을 제공하지 않으며, 시스템 함수 GetSystemInfo()나 GetNativeSystemInfo()로 확인할 수 있다. 대부분의 운영 체제는 페이지 크기를 아직 4KB로 하고 있지만, 저장 장치의 접근 속도가 빨라지고 있어서 가까운 미래에는 페이지 크기가 증가할 가능성이 높다.

가상 메모리는 오늘날 운영 체제에서 없어서는 안 될 기술이며, 쿼트(quart) 크기의 프로세스를 파인트(pint) 크기의 메모리에서 실행되도록 한다.[10] 이번 장의 '쉬어가기' 절에서는 가상 메모리를 우화적으로 설명하는데 거의 고전이라고 할 수 있다.

◎ [프로그래밍 도전] 얼마나 많은 메모리를 할당할 수 있을까?

다음 프로그램을 실행하여 프로세스에 할당할 수 있는 메모리의 양을 확인하기 바란다.

```
#include <stdio.h>
#include <stdlib.h>
main() {
  int Mb = 0;
  while ( malloc(1<<20)) ++Mb;
  printf("Allocated %d Mb total\n", Mb);
}
```

총합계는 시스템에서 설정한 스와프 공간 및 프로세스 제한에 따라 다르다. MB보다 작은 크기로 메모리를 할당하면 더 많은 것을 얻을 수 있는가? 그렇다면 왜 그럴까?

메모리가 제한된 마이크로소프트 도스에서 이 프로그램을 실행하기 위해서는 1MB 크기 대신 1KB 크기로 메모리를 할당하기 바란다.

캐시 메모리

캐시 메모리는 다중 레벨 저장소 개념을 확장한 것이다. 이는 작고 비싸지만 매우 빠른 메모리 버퍼로, CPU와 물리 메모리 사이에 있다. 캐시 메모리가 썬 스팍 스테이션 2처럼 CPU 쪽에 있는 경우, 캐시 메모리는 '가상' 주소를 캐시하고 프로세스 문맥 교환(context switch) 시 그 내용을 해당 주소의 메모리에 다시 써야 한다(그림 7-4 참고). 반면에 캐시 메모리가 스팍 스테이션 10처럼 물리 메모리 쪽에 있는 경우, 캐시 메모리는 '물리' 주소를 캐시하여 다중 프로세서 CPU와의 캐시 메모리 공유를 쉽게 할 수 있게 한다.

모든 현대적인 프로세서는 캐시 메모리를 사용한다. 메모리에서 데이터를 읽을 때마다 한 '줄'(line, 보통 16 또는 32바이트) 전체를 캐시 메모리로 가져온다. 프로그램의 참조성이 좋으면(예를 들어 문자열 훑기), 다음에 참조하는 인접 데이터는

---

10 (옮긴이) 1쿼트는 2파인트로 약 1리터다.

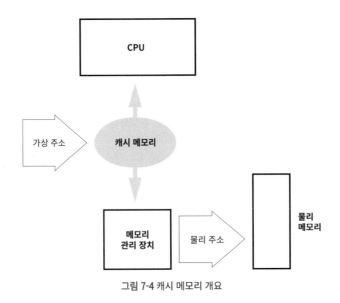

그림 7-4 캐시 메모리 개요

느린 메인 메모리가 아니라 빠른 캐시 메모리에서 가져오게 될 것이다. 캐시 메모리는 시스템의 사이클 시간과 동일한 속도로 동작하므로 50MHz 프로세서의 경우 캐시는 20나노초로 실행된다.[11] 메인 메모리는 일반적으로 CPU보다 4배 느리다! 캐시 메모리는 훨씬 비싸며 일반 메모리보다 더 많은 공간과 전력이 필요하므로 시스템에서 메모리 전용이 아닌 부속 형태로 사용한다.

캐시에는 주소 목록과 그 내용이 들어 있다. 주소 목록은 프로세서가 새로운 위치를 참조할 때마다 끊임없이 변한다. 읽기와 쓰기 모두 캐시를 통과한다. 프로세서가 특정 주소에서 데이터를 조회하려고 할 때 먼저 캐시에 요청한다. 데이터가 캐시에 존재하는 경우 즉시 그 내용을 전달한다. 그러나 참조하려는 내용이 캐시에 없다면 느린 접근 속도로 메인 메모리에 접근한다. 가져온 새로운 줄은 캐시 메모리의 한 곳에 저장한다.

프로그램이 꼬여 매번 캐시에서 데이터를 찾지 못하면, 캐시가 아예 없을 때보다 성능이 더 떨어진다. 세상에 공짜는 없는 법이다.

썬은 현재 두 가지 유형의 캐시를 사용한다.

- 라이트스루(write-through) 캐시: 캐시와 메인 메모리에 동시에 쓴다.
- 라이트백(write-back) 캐시: 캐시에만 먼저 쓰고 캐시에서 해제되는 상황이 발생

---

11 (옮긴이) 워크스테이션급 컴퓨터인 '맥 프로 2019'의 경우 최대 4.4GHz 속도의(0.2나노초) 28코어 CPU를 사용하고, 메모리도 최대 2933MHz의 속도를 자랑한다.

할 때 메인 메모리로 데이터를 보낸다. 또한 다른 프로세스 또는 커널과 문맥 교환을 할 때도 캐시에 있는 데이터를 메인 메모리로 저장한다.

두 경우 모두 메인 메모리 접근이 끝나기를 기다리지 않고 캐시 접근이 끝나는 즉시 인스트럭션 수행이 계속된다.

스팍 스테이션 2의 캐시에는 64KB의 라이트스루 데이터를 저장하며 한 줄 크기는 32바이트다. 요즘은 훨씬 큰 캐시가 점점 보편화되고 있다. 스팍 서버 1000에는 1MB짜리 라이트백 캐시 메모리가 있다. 프로세서가 메모리 맵된 I/O를 사용하게 되면 I/O 버스를 위한 별도의 캐시가 있으며, 인스트럭션과 데이터 캐시를 분리하는 경우도 있다. 또한 다중 레벨 캐시가 있는데 고속 장치와 저속 장치의 인터페이스로 캐시를 적용할 수도 있다(예를 들어 디스크와 메모리 사이).[12] PC에서는 느린 디스크 처리 속도를 높이기 위해 메인 메모리 캐시를 사용하는데 통상 이것을 '램 디스크'라고 한다. 유닉스에서 디스크 아이노드(inode)는 메모리에 캐시된다. 따라서 sync 명령으로 캐시에 저장한 내용을 디스크로 저장하지 않은 채 시스템 전원을 끄면 파일 시스템이 손상될 수 있다.

캐시 및 가상 메모리는 모두 응용 프로그래머에게는 보이지 않지만 이 장치들이 어떻게 성능에 극적인 영향을 미치는지 아는 것은 중요하다.

용어	정의
줄	줄은 캐시의 접근 단위다. 줄은 두 부분으로 이루어져 있는데 데이터 섹션과 그것이 나타내는 주소를 지정하는 태그다.
블록	한 줄에 들어 있는 데이터를 블록이라고 한다. 블록은 줄과 메인 메모리 사이를 이동하는 바이트 데이터를 보유한다. 일반적인 블록 크기는 32바이트다. 캐시 줄에 들어 있는 내용은 메모리의 특정 블록을 나타내며, 프로세서가 해당 주소 범위에 접근하려고 하면 캐시 줄의 내용으로 응답한다. 캐시 줄은 메모리의 해당 주소 범위인 것처럼 '가장'하는데, 더 빠르게 동작한다. 컴퓨터 업계 사람들은 대부분 '블록'과 '줄'을 혼용해 사용하는 경향이 있다.
캐시	캐시는 줄들이 커다랗게 묶여 있는 모음(통상 64KB에서 1MB 이상)이다. 때로는 관련된 메모리 하드웨어가 태그에 대한 접근 속도를 높이는 데 사용된다. 캐시는 속도를 높이기 위해 CPU 옆에 위치하며, 캐시 블록 크기의 데이터 덩어리가 이동하는 데 최적화되도록 메모리 시스템과 버스를 세밀하게 조정한다.

표 7-1 캐시 메모리의 구성 요소

---

12 (옮긴이) 현재 출시되는 대부분의 하드 디스크에는 자체 캐시 메모리가 있어서 하드 디스크 접근 속도보다 오히려 버스 접근 속도에 영향을 받는다.

[유용한 팁] 캐시를 경험하자

다음 프로그램을 실행하여 시스템에서 캐시 효과를 감지할 수 있는지 확인해 보자.

```
#define DUMBCOPY for (i = 0; i < 65536; i++) \
 destination[i] = source[i]

#define SMARTCOPY memcpy(destination, source, 65536)

main()
{
  char source[65536], destination[65536];
  int i, j;
  for (j = 0; j < 100; j++)
    SMARTCOPY;

}

% cc -O cache.c
% time a.out
1.0 seconds user time

# DUMBCOPY로 바꾸고 재컴파일한다.
% time a.out
7.0 seconds user time
```

위의 프로그램을 두 가지 다른 방법으로 컴파일하고 실행해 보자. 먼저 정상적으로 컴파일하고 실행한 다음, 두 번째는 매크로 호출 부분을 DUMBCOPY로 바꾸어 실행해 본다. 나는 스팍 스테이션 2에서 이 값을 측정했는데, DUMBCOPY로 실행했을 때 큰 성능 저하가 일관되게 나타났다.

속도 저하는 source와 destination이 캐시 크기의 정확한 배수라 발생한다. 스팍 스테이션 2의 캐시 줄은 순차적으로 채워지지 않는다. 사용된 특정 알고리즘은 캐시 크기의 정확한 배수인 메인 메모리 주소에 대해 동일한 줄로 채우는데, 이는 태그를 최적화하면서 저장하기 때문이다. 이러한 캐시 설계에서는 각 주소의 상위 비트만이 태그에 저장된다.

캐시를 사용하는 모든 컴퓨터(최신 PC부터 슈퍼컴퓨터에 이르는 모든 컴퓨터)의 성능은 이처럼 특수한 경우에 영향을 받는다. 컴퓨터의 종류와 캐시 구현 방법에 따라 결과는 달라진다.

이 예와 같은 특수한 경우, source와 destination 둘 다 동일한 캐시 줄을 사용하기 때문에 모든 메모리 참조가 캐시를 놓치고, 일반 메모리로 데이터를 전달할 때까지 기다리는 동안 프로세서는 잠시 멈춘다. memcpy() 라이브러리 루틴은 특히 높은 성능이 나오도록 조정된다. 루프를 풀어 캐시 줄 하나를 통째로 읽은 다음 쓰기를 하면 문제가 발생하지 않는다. 나는 SMARTCOPY를 사용하면서 성능을 크게 높일 수 있었다. 이는 또한 단순한 벤치마크 프로그램만 가지고 결론을 도출하는 것이 얼마나 어리석은지도 보여 준다.

데이터 세그먼트와 힙

지금까지 시스템과 관련한 메모리 문제의 배경을 다루었으므로 이제는 다시 개별 프로세스 내부의 메모리 레이아웃을 살펴볼 것이다. 시스템 문제를 알게 되었으므로 프로세스 문제는 더 쉽게 이해할 수 있다. 특히 프로세스 내의 데이터 세그먼트를 면밀히 살펴보는 것으로 시작하자.

스택 세그먼트가 필요에 따라 동적으로 커지는 것처럼 데이터 세그먼트에는 동적으로 커질 수 있는 힙이라는 객체가 포함되어 있다(그림 7-5 참고). 힙 영역은 동적으로 할당된 저장소다. 즉, malloc(메모리 할당)을 통해 저장소를 얻고 포인터를 이용해 획득한 저장소에 접근한다. 힙에 있는 모든 것은 이름이 없다. 따라서 포인터를 통해 간접적으로만 접근할 수 있으며 이름으로 직접 접근할 수 없다. malloc(과 친구들인 calloc, realloc 등) 라이브러리 호출은 힙에서 저장소를 얻는 유일한 방법이다. calloc 함수는 malloc과 비슷하지만 할당된 메모리에 대한 포인터를 반환하기 전에 메모리를 0으로 지운다(c는 clear를 뜻한다). calloc()의 'c'가 C

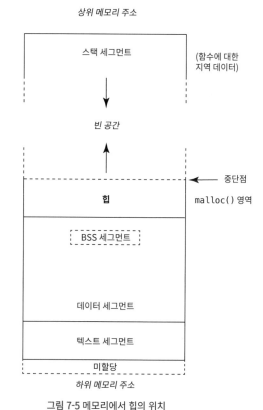

그림 7-5 메모리에서 힙의 위치

프로그래밍과 관련이 있다고 생각하면 안 된다. calloc은 '0으로 초기화된 메모리 할당'을 의미한다. realloc() 함수는 가리키고 있는 메모리 블록의 크기를 늘리거나 줄이며, 내용을 다른 곳으로 복사하고 새로운 위치로 포인터를 돌려줌으로써 메모리 블록의 크기를 변경한다. 이 기능은 테이블 크기를 동적으로 늘릴 때 편리하다. 자세한 내용은 10장을 참고하기 바란다.

힙 메모리는 할당받은 순서대로 반환할 필요가 없다(아예 반환하지 않아도 된다). 그래서 무작위로 malloc/free하게 되면 결국 힙 단편화(fragmentation)가 생긴다. 힙은 반드시 다른 영역을 살펴야 하는데, malloc으로 사용하고 있거나 사용할 수 있는지 알아야 하기 때문이다. 한 가지 아이디어는 사용 가능한 블록('저장 가능')에 대한 연결 리스트를 만들고 malloc 시 필요한 크기만큼의 블록을 처리(제공)하는 것이다. 어떤 사람들은 메모리 할당자로 관리하는 블록 세트를 아레나(arena)라는 용어로 기술하기도 한다(SunOS에서는 데이터 세그먼트의 끝과 현재 경계 위치 사이의 영역을 일컫는다).

malloc으로 할당된 메모리는 컴퓨터가 접근할 수 있는 최대 크기 단위로 항상 적절히 정렬되어야 하며, malloc 요청은 편의상 크기가 2의 제곱값으로 반올림될 수 있다. 해제된 메모리는 재사용을 위해 힙으로 다시 이동하지만, 프로세스에서 제거해 운영 체제로 되돌리는 (편리한) 방법은 없다.

힙의 끝에는 '중단점'[13]이라고 하는 포인터가 표시된다. 그래서 메모리가 더 필요하면 힙 관리자는 시스템 호출 brk 및 sbrk를 사용해 중단점을 더 멀리 밀어낸다. 일반적으로 여러분이 직접 brk를 명시적으로 호출할 일은 없지만, 충분한 메모리를 malloc하면 결국 brk가 호출된다. 이와 같은 메모리 관리 목적의 라이브러리 함수 및 시스템 호출은 다음과 같다.

malloc과 free: 힙 영역에서 메모리를 할당받고 다시 힙 영역으로 반납

brk과 sbrk: 데이터 세그먼트의 크기를 절댓값 또는 증갓값으로 조정

한 가지 주의할 점이 있다. 여러분의 프로그램에서는 malloc()이나 brk()를 호출하지 않을 수도 있다. malloc을 사용하게 되면 malloc은 brk와 sbrk를 호출할 때 malloc 자신이 단독으로 제어한다고 생각한다. sbrk는 프로세스가 데이터 세그먼트 메모리를 커널에 반환하는 유일한 방법을 제공하기 때문에 malloc을 사용하면 프로

---

13 중단점을 넘은 영역을 참조한다면 프로그램은 '중단'된다.

그램 데이터 세그먼트의 크기가 줄어드는 것을 효과적으로 방지한다. 나중에 커널이 반환하는 메모리를 얻으려면 mmap 시스템 호출을 사용하여 /dev/zero 파일을 매핑하면 된다. 그리고 이 메모리를 반환하기 위해서는 munmap을 사용하면 된다.

메모리 누수

일부 프로그램에서는 동적 메모리 사용을 관리할 필요가 없다. 이 프로그램들은 단순히 자기가 원하는 만큼 할당하고는 해제하는 것을 전혀 신경 쓰지 않는다. 컴퍼일러 등 이와 같은 부류의 프로그램들은 일정 시간 또는 제한된 시간 동안 실행되고는 바로 종료된다. 프로그램이 끝나면 할당한 메모리를 모두 자동으로 해제하므로 메모리를 더 사용하지 않겠다고 반납하느라 시간을 소모할 필요가 없다.

나머지 프로그램들은 대부분 더 오래 실행된다. 달력 관리자, 메일 도구, 운영 체제 자신과 같은 특정 유틸리티는 한 번에 며칠 또는 몇 주 동안 실행하기 때문에 동적 메모리 할당과 해제를 관리해야 한다. C는 대개 가비지 컬렉션(garbage collection: 더 이상 사용하지 않는 메모리 블록을 자동으로 식별하여 반환하는 일)이 없기 때문에 이러한 C 프로그램은 더 신중하게 malloc()과 free()를 사용해야 한다. 힙에 나타나는 문제는 대체로 두 가지 유형이 있다.

• 여전히 사용 중인 것을 해제하거나 덮어쓴다(메모리 오염).
• 더 사용하지 않는 것을 해제하지 않는다(메모리 누수).

이것들은 정말 디버깅하기 어려운 문제다. malloc한 블록이 더 필요하지 않게 되었을 때 프로그래머가 free시키지 않으면, 프로세스는 더 사용하지 않는 메모리를 해제하지 않은 채 점점 더 많은 메모리를 갖게 된다.

> ⚡ **[유용한 팁] 메모리 누수 피하기**
>
> malloc을 쓸 때마다 상응하는 free 문을 작성한다.
> malloc에 해당하는 free를 어디에 넣어야 할지 모른다면 아마도 메모리 누수를 이미 만들었을 것이다!
> 메모리 누수를 피하는 간단한 방법은 가능한 한 동적으로 필요한 상황에서 alloca()를 사용하는 것이다. alloca() 루틴은 스택에 메모리를 할당한다. 그렇기 때문에 함수 호출이 끝나면 메모리를 자동으로 해제한다.

> 분명히 이 방법은 구조체를 생성한 함수 밖에서까지 더 오랫동안 사용해야 할 구조체에 대해서는 적용할 수 없다. 하지만 이 제약 조건으로 충분하다면 스택에서 동적으로 메모리를 할당받는 것이 오버헤드가 적다. 어떤 사람들은 이식 가능한 구조가 아니라며 alloca를 사용하는 것에 반대한다. 실제로 alloca()는 하드웨어 차원에서 스택을 지원하지 않는 프로세서에서는 효율적으로 구현하기가 어렵다.

프로세스에서 자원이 조금씩 새기 때문에 '메모리 누수'라는 용어를 사용한다. 맨눈으로 식별할 수 있는 메모리 누수의 주된 증상은 해당 프로세스가 느려지는 것이다. 이러한 현상이 발생하는 이유는 프로세스가 커질수록 다른 프로세스에 실행 기회를 주기 위해 스와프 아웃될 가능성이 높기 때문이다. 또한, 프로세스가 커지면 스와프 시간도 더 길어진다. 정의상 누수된 메모리는 그 자체로 참조되지 않지만 어떤 형태로든 페이지에 남을 가능성이 높으므로 결과적으로 작업 공간이 커지면서 성능이 저하된다. 더욱이 malloc()은 보통 저장 공간을 2의 거듭제곱 단위로 요청하기 때문에 누수되는 메모리 크기는 일반적으로 잊힌 데이터 구조의 크기보다 클 것이다. 제한적으로 메모리 누수가 발생하는 프로세스는 해당 프로그램을 실행하는 사용자뿐 아니라 전체 시스템에 영향을 미칠 수 있다. 운영 체제마다 제한하는 프로세스의 이론적 크기는 다양하다. SunOS 4.x 버전에서 프로세스 주소 공간은 최대 4GB까지 가능하지만, 실제로 스와프 공간은 프로세스가 누수한 메모리 크기가 4GB가 되기 훨씬 전에 소모될 것이다. 이 책이 출간된 지 5년이 지난 후에 읽는다면 이런 구태의연한 제약 사항을 아마 비웃고 있을 것이다.

메모리 누수를 확인하는 방법

메모리 누수 찾기는 두 단계로 진행된다. 먼저 swap 명령을 이용해 사용 가능한 스와프 공간의 크기를 확인한다.[14]

```
/usr/sbin/swap -s
total: 17228k bytes allocated + 5396k reserved = 22624k used, 29548k available
```

---

14 (옮긴이) macOS에서는 'Launchpad | 기타 | 활성 상태 보기'로 활성 상태 보기를 실행한 다음, 메모리 탭의 '사용된 스와프 공간' 항목에서 사용할 수 있는 스와프 공간을 확인한다. 윈도우10에서는 명령 프롬프트에서 'msinfo32.exe'를 입력하여 시스템 정보창을 띄우고 시스템 요약을 클릭하면 오른쪽 영역의 '페이지 파일 공간' 항목을 통해 스와프 크기를 확인할 수 있으며, 실시간으로 스와프 사용량을 보기 위해서는 마이크로소프트에서 별도로 제공하는 'Process Explorer'를 사용하면 된다 (*https://docs.microsoft.com/en-us/sysinternals/downloads/process-explorer*). 리눅스에서는 'sudo free' 명령으로 확인이 가능하다.

사용 가능한 스와프 공간이 계속 줄어드는지 확인하려면 1~2분 동안 서너 번 명령을 입력하면 된다. netstat, vmstat 등과 같은 /usr/bin/*stat 도구를 사용할 수도 있다. 메모리 사용량이 증가하기만 하고 해제되지 않는다면 프로세스에서 메모리 누수가 발생한 것으로 이 현상을 설명할 수도 있다.

☆ [유용한 팁] 네트워크 심장 박동 듣기: 소리로 튜닝

네트워크 분석 도구에서는 snoop이 절대 강자다.[15]

SVR4부터 etherfind를 대신하게 된 snoop은 네트워크에서 패킷을 캡처하여 워크스테이션에 그 내용을 표시한다. snoop은 하나 또는 두 대의 시스템에 집중하도록 설정할 수 있어서 여러분의 워크스테이션과 서버만 감시할 수 있다. snoop은 연결 문제를 해결하는 데 유용하게 사용된다. 또한 데이터가 여러분의 컴퓨터에서 발송되는지 여부도 알려 준다.

snoop의 가장 훌륭한 기능은 –a 옵션이다. –a 옵션을 지정하면 패킷이 발생할 때마다 snoop이 스피커로 '딸깍' 소리를 낸다. 이를 통해 네트워크 이더넷 트래픽을 들을 수 있다. 서로 다른 패킷 길이는 소리를 제각각 변조한다. 그래서 snoop –a를 사용하면 특징적인 소리를 잘 구분하게 되는데, 말 그대로 '듣는 것만으로' 네트워크 문제를 해결할 수 있다!

두 번째 단계는 의심되는 프로세스를 확인하고 메모리 누수가 있는지 확인하는 것이다. 어쩌면 어떤 프로세스가 문제인지 이미 알고 있을 것이다. 어떤 프로세스가 문제인지 모르겠다면 ps -lu username 명령을 통해 모든 프로세스의 크기를 확인하면 된다.

```
F S UID  PID PPID C  PRI NI ADDR      SZ WCHAN    TTY    TIME COMD
8 S 5303 226 224  80 1   20 ff38f000  199 ff38f1d0 pts/3  0:01 csh
8 0 5303 921 226  29 1   20 ff38c000  143          pts/3  0:00 ps
```

SZ 열은 페이지 단위의 프로세스 크기다(pagesize 명령을 통해 페이지 크기를 KB 단위로 확인할 수 있다[16]). 위의 명령을 여러 번 반복한다. 이때 메모리를 동적으로 할당하는 프로그램은 크기가 커지는 것을 확인할 수 있다. 프로세스 크기가 어느 시점에서 일정해지지 않고 지속적으로 증가한다면 메모리 누수를 의심할 수 있다. 동적 메모리를 관리하는 것이 매우 어려운 프로그래밍 작업이라는 것은 슬픈 사실

---

15 (옮긴이) 현재 유닉스 플랫폼에서 가장 인기 있는 네트워크 분석 도구는 tcpdump이며, 윈도우에서는 tcpdump와 함께 와이어샤크(Wireshark)가 인기가 높다.
16 (옮긴이) macOS에서는 페이지 크기를 바이트 단위로 알려 준다.

이다. 일부 공개 도메인의 X 윈도 애플리케이션은 애플 컴퓨터 이사회처럼 누수되는 것으로 악명이 높다.

시스템은 다양한 malloc 라이브러리를 통해 최적의 속도 또는 최적의 공간을 사용하도록 튜닝된 기능을 제공하거나 디버깅을 돕는다. 다음 명령을 입력해 보자.

```
man -s 3c malloc
```

매뉴얼 페이지를 통해 malloc 시리즈의 모든 루틴을 볼 수 있다.[17] 먼저 해당 라이브러리를 설치해야 한다. 솔라리스 2.x의 스파 웍스 디버거에는 메모리 누수를 감지하는 데 도움이 되는 많은 기능이 있다. 이 기능들은 솔라리스 1.x의 특별한 malloc 라이브러리를 대신한다.

 [프로그래밍 토막 지식] 사장님과 printtool: 메모리 누수 버그

메모리 누수의 가장 간단한 형태는 다음과 같다.

```
for (i=0; i<10; i++)
  p = malloc(1024);
```

이것은 '엑손 발데즈(Exxon Valdez)'[18] 같은 소프트웨어다. 제공되는 모든 메모리가 유출된다.

루프가 반복되는 동안 p에 저장된 주소를 계속 덮어쓰게 되는데, 1KB 메모리 블록은 말 그대로 '누수'된다. 누수된 메모리 블록을 가리키는 것이 더 이상 존재하지 않기 때문에 메모리에 접근하거나 해제할 방법이 없다. 메모리 누수 대다수는 해제되기 전에 블록에 대한 유일한 포인터를 덮어쓰는 것처럼 문제를 요란하게 일으키지 않으므로 메모리 누수를 찾아내어 디버그하기 어렵다.

흥미로운 사례로 썬의 printtool 소프트웨어를 들 수 있다. 당시 사장이었던 스콧 맥닐리(Scott McNealy)는 자신의 데스크톱 시스템에 사내 내부 테스트 버전 운영 체제를 설치했다.[19] 며칠이

---

17 (옮긴이) macOS에서는 man -s 3 malloc 또는 단순히 man malloc이라고 입력하면 된다.
18 (옮긴이) 엑손 발데즈호는 1988년 건조된 유조선으로, 1989년 3월 알래스카 프린스 윌리엄스만 기름 유출 사고의 장본인이다. 당시 유출된 기름은 3만 9000㎘로, 2007년 12월에 발생한 태안만 기름 유출 사건의 2배가 넘는 초대형 사고였다.
19 사실 이것은 꽤 좋은 전략이다. 소프트웨어 알파 또는 베타 버전에 대한 내부 테스트에 사장이 참여하기만 해도 모든 직원이 테스트 프로세스에 집중하게 된다. 이렇게 해서 상위 관리자는 제품 진척도와 개선도를 제대로 파악하게 되며, 이를 바탕으로 마지막 몇 가지 버그를 제거하기 위한 동기를 부여하고 필요한 자원을 모두 갖춘 제품 엔지니어링을 제공한다.

지난 뒤 사장은 자신의 워크스테이션이 점점 느려진다는 것을 알게 되었다. 하지만 재시동하면 괜찮아졌다. 그는 이 문제를 보고했는데 그동안 이와 같은 형태의 버그가 보고된 적이 없었다.

이 버그를 분석한 결과 문제의 원인은 윈도 인터페이스 기반으로 동작하는 프린터 명령 'printtool'이라는 것을 발견할 수 있었다. 'printtool'은 운영 체제 개발자보다는 회사 사장이 주로 사용하는 소프트웨어였기에 문제가 발견되지 않았다. printtool을 죽이면 메모리 누수가 멈추지만 ps –lu user 명령으로 확인해 보면 printtool 자체의 크기가 커지는 것이 아니라 메모리 누수를 일으키는 것으로 나타났다. 그래서 printtool이 사용한 시스템 호출을 조사했다.

printtool은 다음과 같이 설계되었다. 즉, 이름을 붙인 파이프(서로 관련 없는 두 프로세스가 통신할 수 있게 해 주는 특별한 유형의 파일)를 할당한 후 이것을 사용해 라인 프린터 프로세스와 통신한다. 그래서 몇 초 간격으로 새 파이프를 생성하고는 printtool이 프린터에 넘겨줄 자료가 없으면 파이프를 파괴했다. 그런데 실제 메모리 누수 버그는 파이프를 만드는 시스템 호출에서 발견되었다. 파이프가 생성되면 vnode 자료 구조를 제어하기 위해 커널 메모리가 할당되는데, 자료 구조 참조 횟수를 유지하는 코드는 참조 횟수를 1부터 매겼다. 오프 바이 원(off-by-one) 버그였다.

결과적으로 파이프를 실제로 사용하는 사용자 수가 0으로 떨어졌음에도 불구하고 참조 횟수는 1로 유지되므로 커널은 계속해서 파이프를 사용하고 있다고 생각했고, 따라서 vnode 구조체는 파이프가 닫힐 때 같이 해제되지 않았다. 파이프가 닫힐 때마다 커널에서 수백 바이트의 메모리가 유출되는데, 하루에 MB 단위로 메모리가 누수되는 것이기에 2~3일이 지나면 사장이 사용하는 고성능 워크스테이션마저 무릎 꿇게 할 정도의 부하로 작용했다.

나는 vnode 참조 횟수 알고리즘에서 오프 바이 원 버그를 수정했고, 커널 메모리 해제 루틴은 예상대로 정상적으로 동작했다. 또한 printtool 알고리즘처럼 몇 초마다 계속 프린터에 투덜대지 않아도 되는 좀 더 똑똑한 알고리즘으로 수정했다. 그 덕분에 메모리 누수 문제는 해결되었고 프로그래머들은 안도의 한숨을 내쉬었다. 엔지니어링 관리자는 다시 미소를 지을 수 있었고 사장은 printtool을 계속 사용했다.

또한 운영 체제 커널은 메모리 사용을 동적으로 관리한다. 동적으로 할당되는 커널 데이터 테이블이 워낙 많기 때문에 별도의 고정된 값으로 한도를 설정하지 않는다. 따라서 커널 프로그래밍 오류로 인해 메모리 누수가 발생하면 컴퓨터가 느려진다. 일부는 시스템이 멈추거나 패닉 상태가 되기도 한다. 통상적으로 커널 루틴은 메모리를 요청한 다음 사용이 가능할 때까지 기다린다. 그래서 메모리 누수가 발생하면 결국에는 사용할 수 있는 메모리가 바닥나고 모두가 기다리는 상황, 즉 컴퓨터가 교착 상태에 빠져 멈춰 버리는 상황이 일어난다. 커널상에서는 대부분의 경로가 잘

열려 있기 때문에 커널에서 메모리 누수가 발생하면 굉장히 빠르게 나타난다. 물론 이와 같은 커널 메모리 관리를 진단하거나 테스트하는 전문 소프트웨어 도구도 있다.

버스가 고장 났다면 기차를 타라?

처음 유닉스 프로그래밍을 시작하던 1970년대 후반, 나도 다른 사람들처럼 다음과 같은 두 가지 공통적인 런타임 오류와 자주 맞닥뜨렸다.

```
bus error (core dumped)
```

```
segmentation fault (core dumped)
```

당시에는 이러한 오류가 매우 불만이었다. 소스 오류가 무엇인지 간단한 설명도 없어서 메시지를 통해 어떤 코드를 봐야 할지 알 수 없을 뿐 아니라 두 메시지 간 차이도 분명하지 않았다. 이것은 지금도 여전하다.

대다수 문제는 오류가 운영 체제가 탐지한 비정상을 대표한다는 사실에 있으며, 이러한 비정상은 운영 체제에 가장 편리한 형태로 보고된다. 버스 오류 및 세그먼테이션 결함의 정확한 원인은 운영 체제 버전에 따라 다르다. 여기서는 스팍 아키텍처에서 실행되는 SunOS를 기준으로 그 의미와 원인을 설명한다.

위 두 가지 오류·결함은 모두 하드웨어가 문제가 있는 메모리 참조를 운영 체제에 알릴 때 발생한다. 운영 체제는 시그널을 전송하여 오류·결함 처리 프로세스와 통신한다. '시그널'은 이벤트 알림 또는 소프트웨어 생성 인터럽트로, 유닉스 시스템 프로그래밍에서 많이 사용하며 응용 프로그래밍에서는 거의 사용하지 않는다. 기본적으로 '버스 오류' 또는 '세그먼테이션 결함' 시그널을 수신하면 프로세스는 코어를 덤프하고 종료한다. 시그널에 대한 시그널 처리기를 설정하여 몇 가지 다른 조치를 할 수 있다.

시그널은 하드웨어 인터럽트를 모델로 했다. 인터럽트 상황은 비동기적으로(예측할 수 없는 시간에) 발생하기 때문에 인터럽트 프로그래밍도 어렵다. 따라서 시그널 프로그래밍과 디버깅 역시 어렵다. 이와 관련한 더 많은 정보를 얻으려면 시그널 매뉴얼 페이지를 읽은 후, /usr/include/sys/signal.h 헤더 파일을 살펴보기 바란다.

> ◎ **[프로그래밍 도전] PC에서 시그널 잡기**
>
> 시그널 처리 함수는 이제 안시 C의 일부가 되었으며, 유닉스뿐 아니라 PC에도 똑같이 적용된다. 예를 들어 PC 프로그래머는 signal() 함수를 이용해 Ctrl-Break를 붙잡아 사용자가 프로그램을 중단하지 못하게 할 수 있다.
>
> PC에서 INT 1B(Ctrl-Break) 시그널을 잡아내는 시그널 처리기를 작성해 보자. 이때 프로그램 은 종료되지 않은 채 사용자에게 친숙한 메시지를 출력한다.
>
> 유닉스를 사용한다면 시그널 핸들러를 작성하여 Ctrl-C(유닉스 프로세스에 SIGINT 시그널로 전달됨) 명령을 받을 때 프로그램이 종료되지 않고 다시 시작하도록 해 보자. 3장 선언문에서 설 명했던 typedef를 사용하면 시그널 처리기를 정의하는 데 도움이 된다.
>
> 헤더 파일 <signal.h>는 시그널을 사용하는 모든 소스 파일에 포함되어야 한다.

'코어 덤프'라는 표현은 모든 메모리가 페라이트 링 또는 페라이트 코어, 즉 '코어'로 만들어졌던 시절을 반영한 용어다.[20] 반도체 메모리가 세상을 이미 지배하고 있지 만 '코어'는 '메인 메모리'와 같은 의미로 쓰이고 있다.

버스 오류

실제로 버스 오류는 대부분 정렬되지 않은 읽기/쓰기로 인해 발생한다. 버스 오류 라고 부르는 이유는 정렬되지 않은 형태로 load/store 명령을 요청하면 주소 버스가 막히기 때문이다. 정렬(alignment)은 데이터 항목을 그 크기의 배수에 해당하는 주 소에만 저장할 수 있음을 뜻한다. 현대 아키텍처, 특히 RISC 아키텍처에서 데이터 를 임의로 정렬하면 추가적인 논리 알고리즘이 수반되어 전체 메모리 시스템이 매 우 커지고 느려지기 때문에 데이터 정렬이 꼭 필요하다. 각각의 메모리 접근을 하 나의 캐시 줄 또는 단일 페이지로 유지함으로써 캐시 컨트롤러 및 메모리 관리 장 치와 같은 하드웨어를 크게 단순화(그리고 속도를 향상)할 수 있다.

'어떠한 데이터 항목도 페이지 또는 캐시 경계를 넘을 수 없다'는 표현 규칙은 페 이지 사이 경계를 넘는 것을 막는다기보다는 주소 정렬을 통해 간접적으로 목적한 바를 달성한다. 예를 들어 8바이트 double에 접근하는 것은 8바이트의 정확한 배수

---

20 (옮긴이) 페라이트 코어는 과거 반도체 메모리가 일반화되기 전 이진법으로 표현된 정보를 저장하 기 위해 페라이트 재료를 사용하여 링 모양으로 만든 것을 뜻하며 코어라고도 부른다. 이제 페라이 트 코어는 케이블 노이즈를 잡는 제품의 대명사가 되었다.

에 해당하는 주소에서만 허용된다. 따라서 double은 24번지, 8008번지, 32768번지에 저장할 수 있지만 1006번지에는 저장할 수 없다(8로 나누어떨어지지 않기 때문이다). 페이지와 캐시 크기는 신중하게 설계하기 때문에 정렬 규칙을 준수하면 데이터 아이템이 페이지 또는 캐시 블록 경계를 넘지 않도록 할 수 있다.

데이터를 정렬해 저장하도록 요구하는 것은 아이들이 보도블록의 금을 밟지 않고 걷는 것을 연상시킨다. '금을 밟으면 엄마 허리 부러진다'[21]는 말은 '정렬되지 않은 주소를 역참조하는 순간 버스에서 오류를 일으킨다'는 말로 바뀌었다. 프로이트식 사고(?) 같은 것으로 비약하자면 어머니는 민감한 나이에 포트란 I/O 채널에 겁먹으셨다고 할 수 있다. 버스 오류를 일으킬 수 있는 간단한 프로그램을 하나 살펴보자.

```
union { char a[10];
        int  i;
      } u;
int *p= (int*) &(u.a[1]);
*p = 17;      /* p에 저장된 정렬이 잘못된 주소로 인해 버스 오류 발생! */
```

위 코드는 버스 오류를 일으키는데, 배열과 정수로 구성된 공용체의 문자 배열 a는 정수와 같이 적절히 정렬되어 있지만 a+1은 분명히 그렇지 않았다. 결국 단일 바이트만 접근을 허용하는 주소에 4바이트 값을 저장하려 하므로 버스 오류가 발생한다. 좋은 컴파일러는 정렬 불량에 대해 경고하지만 발생 가능한 모든 오류를 찾아내지는 못한다.

컴파일러는 정렬을 위해 데이터를 메모리에 자동으로 할당하고 채운다. 물론 디스크나 테이프에는 이러한 정렬 요구 사항이 없기 때문에 프로그래머는 char 포인터를 int 포인터로 캐스팅할 때 나타나는 신비한 버스 오류를 접하기 전까지는 정렬에 대해 신경 쓸 필요가 없다. 과거에는 메모리 패리티 오류가 감지되었을 때도 버스 오류가 발생했다. 그러나 요즘 메모리 칩은 신뢰성이 높으며 오류 검출 및 보정 회로로 잘 보호하고 있기 때문에 패리티 오류는 응용 프로그래밍 레벨에서는 거의 나타나지 않는다. 물리적으로 존재하지 않는 메모리를 참조하여 버스 오류를 일으킬 수도 있는데, 사고뭉치 장치 드라이버가 말썽을 일으키지 않는 한 잘 생기지 않는 문제다.

---

21 (옮긴이) '밤에 휘파람을 불면 집에 뱀이 들어온다'와 같은 미신적인 표현이다.

세그먼테이션 결함

앞에서 세그먼트 모델을 설명했기 때문에 세그먼테이션 결함 또는 위반에 대한 개념이 이미 명확하게 잡혔을 것이다. 썬 하드웨어에서 세그먼테이션 결함은 MMU의 예외로 인해 발생한다. 일반적인 원인은 초기화되지 않았거나 잘못된 값을 가진 포인터를 역참조(주소의 내용을 참조)하는 것이다. 즉, 잘못된 포인터로 인해 (할당받은) 주소 공간에 포함되지 않은 세그먼트를 메모리가 참조하고 운영 체제가 그 영역에 들어가려고 할 때 발생하게 된다. 세그먼트 오류를 일으킬 수 있는 간단한 프로그램을 살펴보자.

```
int *p=0;
*p = 17;          /* 세그먼테이션 결함 발생 */
```

한 가지 미묘한 점은 포인터가 유효하지 않은 값을 갖는 것은 일반적인 프로그래밍 오류다. 따라서 버스 오류와 달리 세그먼테이션 결함은 결함의 원인이 아닌 간접적인 증상이라고 할 수 있다.

최악의 경우는 초기화되지 않은 포인터의 값이 접근하는 데이터 크기에 맞게 정렬되지 않으면 세그먼테이션 결함이 아닌 버스 오류가 발생한다는 것이다. 이것은 대부분의 아키텍처에서 동일하게 발생하는데, 그 이유는 CPU가 주소를 MMU로 보내기 전에 주소를 확인하기 때문이다.

> ◎ [프로그래밍 도전] 소프트웨어 충돌 일으키기
>
> 위 테스트 프로그램을 완료한다.
> 그런 다음 프로그램을 실행하여 이러한 버그가 운영 체제에서 어떻게 보고되는지 확인한다.
> 추가 도전: 버스 오류 및 세그먼테이션 결함 시그널을 잡아내는 시그널 처리기를 작성한다. 사용자가 이해하기 쉬운 메시지를 출력한 후 종료한다.
> 프로그램을 다시 실행한다.

잘못된 포인터 값의 역참조는 위에 표시된 대로 코드에서 명시적으로 수행할 수 있고, 잘못된 값을 전달하면 라이브러리 루틴에서 발생하기도 한다. 불행하게도 프로그램을 변경하면(예: 디버깅용 컴파일 또는 디버깅 상태를 추가) 메모리 내용이 변경되어 문제가 이동하거나 사라질 수도 있다. 세그먼테이션 결함은 해결하기가 어려우며 결국 강한 자만이 살아남는다. 로직 분석기와 오실로스코프를 테스트 랩에서 들고 다니는 동료를 보게 된다면 정말 해결하기 힘든 버그에 직면했다고 인지해야 한다!

 [프로그래밍 토막 지식] SunOS에서의 세그먼테이션 위반 버그

우리는 최근 ncheck 유틸리티를 손상된 파일 시스템에서 실행할 때 발생하는 세그멘테이션 결함을 해결해야 했다. 이것은 매우 비참한 버그였다. 손상이 의심되는 파일 시스템을 조사하기 위해 ncheck를 사용할 확률이 매우 높기 때문이다.

증상은 ncheck가 printf 구문에서 널 포인터를 역참조하고 세그먼테이션 위반을 일으키는 것이었다. 해당 코드는 다음과 같다.

```
(void) printf("%s", p->name);
```

요요다인 소프트웨어(Yoyodyne Software Corp.)의 초급 프로그래머 대부분은 이것을 장황한 방법으로 해결하려고 했다.

```
if (p->name != NULL)
  (void) printf("%s", p->name );
else
  (void) printf("(null)");
```

그런데 이 경우에는 조건 연산자를 사용해 코드를 단순화하고 참조의 지역성을 유지할 수 있다.

```
(void) printf("%s", p->name ? p->name : "(null)");
```

많은 사람이 3항 연산자 – ? – : –를 혼란스러워하기 때문에 이를 사용하지 않으려고 한다. 3항 연산자는 if 문과 비교할 때 훨씬 더 의미가 있다.

```
if ( expression ) statement-when-non-zero else statement-when-zero
  expression ? expression-when-non-zero : expression-when-zero
```

위와 같은 조건 연산자는 매우 직관적이어서 불필요하게 크기를 늘리는 코드에 비해 한 줄만으로도 만족스러운 코드를 작성할 수 있다. 하지만 3항 연산자의 어떤 조건 안에 다른 조건 연산자를 중첩하면 안 된다. 코드의 가독성이 떨어지기 때문이다.

세그먼테이션 결함을 유발하는 일반적인 원인은 바로 다음과 같다.

- 유효한 값을 포함하지 않는 포인터 역참조
- 널 포인터를 역참조(간혹 시스템 루틴에서 널 포인터가 반환되고 점검 없이 사용됨)
- 올바른 권한 없이 접근하는 경우, 예를 들어 읽기 전용 텍스트 세그먼트에 무언가를 저장하려 할 때 이 오류가 발생한다.
- 스택 또는 힙 공간이 부족한 경우(가상 메모리는 크지만 무한한 것은 아니다)

지나치게 단순화한 경향이 없지는 않지만 대부분의 아키텍처에서 버스 오류는 CPU가 메모리를 참조할 때 뭔가 문제가 생긴 것을 의미하는 반면, 세그먼테이션 결함은 MMU 쪽에서 문제가 생긴 것을 의미한다.

결국 세그먼테이션 결함을 일으키는 일반적인 프로그래밍 오류는 발생 순서에 따라 다음과 같다.

1. 잘못된 포인터값 오류: 포인터에 값을 넣기 전에 포인터를 사용하거나 잘못된 포인터를 라이브러리 루틴에 전달한다(이것에 속으면 안 된다! 세그먼테이션 결함이 시스템 코드에서 발생했다고 디버거가 알려 준다고 해서 시스템에서 문제가 발생했다는 뜻은 아니다. 문제는 여전히 여러분의 코드에 있다). 세 번째로 나쁜 포인터를 생성하는 일반적인 방법은 포인터가 해제된 후 다시 접근하는 것이다. 이 문제를 해결하기 위해서는 free 구문을 다음과 같이 작성하여 포인터가 가리키는 것을 해제한 후 포인터를 지우도록 수정할 수 있다.

   ```
   free(p); p = NULL;
   ```

   이렇게 포인터를 해제한 후에 포인터를 사용하면 최소한 프로그램이 즉시 코어 덤프를 띄운다.

2. 덮어쓰기 오류: 배열의 양쪽 끝을 넘어서 쓰기, malloc된 블록의 끝을 넘어서 쓰기, 힙 관리 구조체의 일부를 덮어쓰기(이것은 malloc된 블록의 시작 지점 앞쪽에 씀으로써 쉽게 발생한다) 등이 이에 해당한다.

   ```
   p=malloc(256); p[-1]=0; p[256]=0;
   ```

3. 해제 오류: 동일한 블록을 두 번 해제, malloc하지 않은 영역을 해제, 사용 중인 메모리를 해제하거나 유효하지 않은 포인터를 해제하는 경우 등이 해당한다.

매우 일반적인 해제 오류는 연결 리스트를 아래로 cdr[22]하는 for (p=start; p; p=p->next) 루프 본문에서 free(p)를 수행하는 것이다. 이렇게 하면 해제된 포인터가 다음 루프를 반복할 때 참조되어 예기치 않은 결과가 발생한다.

 [유용한 팁] 연결 리스트에서 요소를 해제하는 방법

연결 리스트를 훑는 동안 요소를 해제하는 올바른 방법은 임시 변수를 사용하여 다음(next) 요소의 주소를 저장하는 것이다. 그러면 언제든지 현재 요소를 안전하게 해제할 수 있으며 다음 요소의 주소를 얻기 위해 (해제한) 현재 요소를 다시 참조하지 않아도 된다. 코드는 다음과 같다.

```
struct node *p, *start, *tmp;
for (p=start; p; p=tmp) {
  tmp=p->next;
  free(p);
}
```

 [프로그래밍 토막 지식] 여러분의 프로그램은 메모리 공간을 넘어갔는가?

운영 체제가 제공하는 것보다 많은 메모리가 프로그램에 필요한 경우 '세그먼테이션 결함'과 함께 종료될 것이다. 이러한 유형의 세그먼테이션 결함은 여기서 설명하는 방법에 따라 다른 많은 버그 기반 오류 유형과 구분할 수 있다.

스택에서 넘어갔는지 확인하려면 dbx상에서 실행하면 된다.

---

22 car와 cdr은 각각 리스트의 헤드와 나머지를 뜻하는 리스프 용어다. 리스트를 아래로 cdr한다는 것은 이어지는 요소를 앞에 붙이는 방식으로 리스트를 처리한다는 것을 의미한다. car와 cdr은 15비트 주소 체계의 36비트 진공관 프로세서인 IBM 704로부터 유래했다. 당시 코어 메모리의 위치를 '레지스터'라고 불렀다. 그래서 CAR는 'Contents of Address part of Register'를, CDR은 'Contents of Decrement part of Register'를 의미했다. 아주 간단하게 설명하자면 이렇고 자세한 설명은 《LISP 1.5 Manual》(MIT Press, 1962)을 참고하기 바란다. 다음은 car다.

```
CAR     SXA   CARX,4
        PDX   0,4
        CLA   0,4
        PAX   0,4
        PXD   0,4
CARX    AXT   **,4
        TRA   1,4
```

리스프 1.0은 원래 레지스터의 태그 내용과 인덱스 내용을 뜻하는 CTR과 CXR도 가지고 있었다. 이것들은 별로 유용하지 않아 리스프 1.5에서 삭제되었다.

```
% dbx a.out

(dbx) catch SIGSEGV
(dbx) run
...
signal SEGV (segmentation violation) in <some_routine> at 0xeff57708
(dbx) where
```

호출 고리가 표시된다면 스택 공간이 부족하지 않다. 다음과 같은 것을 볼 수 있다.

```
fetch at 0xeffe7a60 failed -- I/O error
(dbx)
```

스택 공간이 부족해 일어났을 가능성이 높다. 이 십육진수는 스택 주소로 매핑되거나 탐색되지 않는다.

csh에서 세그먼트 한계를 조정할 수도 있다.

```
limit stacksize 10
```

csh에서 스택 및 데이터 세그먼트의 최대 크기를 조정할 수 있다. 위 코드는 스택 세그먼트 크기를 10KB로 설정한다. 이런 식으로 스택 공간을 줄인 다음, 프로그램이 같은 시점에서 실패하는지 확인한다. 다음으로 더 많은 스택 공간을 제공하고 나서 프로그램이 제대로 실행되는지 확인한다. 프로세스는 스와프 공간의 크기에 따라 전체적으로 제한된다. 스와프 공간은 swap -s 명령을 입력하여 확인할 수 있다.

잘못된 포인터값으로 인해 무슨 일이든 벌어질 수 있다. 통상적으로 여러분이 '운이 좋다면' 포인터는 여러분 프로그램의 주소 공간 밖을 가리킬 것이기 때문에 포인터를 처음 사용하면 프로그램이 코어 덤프와 함께 멈출 것이다. 하지만 여러분이 '운이 없다면' 포인터는 여러분 프로그램의 주소 공간 어딘가를 가리킬 것이고, 그것이 가리키는 메모리의 어떤 영역이라도 손상시킬(덮어쓸) 것이다. 이로 인해 추적하기 매우 어려운 모호한 버그가 발생한다. 다행히 이러한 종류의 문제를 해결하는 데 도움이 되는 몇 가지 우수한 소프트웨어 도구가 최근 시장에 출시되었다.

쉬어 가기: 물건왕과 페이징 게임

이번 쉬어 가기에서 설명하는 내용은 1972년 제프 베리먼(Jeff Berryman)이 프로젝트 MAC(Multiple Access Computing)에 있을 때, 초기 가상 메모리 시스템 하나를 실행하면서 작성했다. 제프는 자신이 작성한 모든 논문에 다소 애처로운 주석을 달았는데 여기에서 선보이는 것은 대중적으로 널리 읽힌 것이다. 20년 전과 마찬가지로 오늘날에도 충분히 적용될 수 있다.

페이징 게임

이 메모는 프로젝트 MAC 컴퓨터 시스템 연구부(Project MAC Computer Systems Research Division)의 공식적인 비업무 문서다. 신중하게 복제, 배포해야 하며 다른 출판물에서 인용할 때는 스스로 책임을 져야 한다.

규칙

1. 각 플레이어는 수백만 개의 물건을 얻는다.
2. 물건들은 각각 4096개를 담을 수 있는 나무 상자에 보관된다. 같은 나무 상자에 있는 것들을 상자-짝이라고 한다.
3. 상자는 작업장이나 창고에 보관된다. 작업장은 늘 좁아서 모든 상자를 보관할 수 없다.
4. 작업장은 단 하나만 있지만 창고는 여러 개가 있을 수 있다. 모든 사람이 작업장과 창고를 공유한다.
5. 각 물건은 고유 번호가 있다.
6. 당신이 하는 일은 물건을 가지고 작업하는 것이다. 모든 사람이 자기 차례에 작업한다.
7. 당신은 다른 사람의 것이 아닌 자신의 물건만 가지고 작업할 수 있다.
8. 작업장에 있을 때만 물건을 가지고 작업할 수 있다.
9. 오직 물건왕만이 물건이 작업장에 있는지, 창고에 있는지 안다.
10. 어떤 물건이 계속 작업되지 않을수록 그 물건은 점점 더 더러워진다고 한다.
11. 물건을 얻기 위해서는 물건왕에게 요청해야 한다. 물건왕은 단지 8의 배수로 물건을 내놓는다. 이것은 왕실의 부담을 낮춘다.
12. 물건을 가지고 작업하려면 물건에 번호를 부여해야 한다. 작업장에 있을 때 물건에 번호를 부여하면 그 물건은 바로 작업이 진행된다. 물건이 창고에 있다면 물건왕은 당신의 물건이 들어 있는 상자를 포장하여 작업장에 놓는다. 작업장에 공간이 없으면 물건왕은 작업장에 있는 상자 중 가장 더러운 상자(그것이 당신 것이든 다른 사람의 것이든 관계없음)를 먼저 골라내 그 안에 들어 있는 모

든 상자-짝을 싸 버리고는 창고로 이동시킨다. 그러고는 그 자리에 당신의 물건이 담긴 상자를 놓는다. 이제 당신의 물건은 작업이 모두 이루어지지만 당신은 이 물건들이 작업장에 없었다는 사실을 알지 못한다.

13. 각 플레이어가 가지고 있는 물건에 붙은 번호는 다른 사람이 소유한 물건에 붙은 번호와 같은 번호를 사용한다. 물건왕은 누가 어떤 물건을 소유하고 있고 누가 작업할 차례인지 항상 알고 있어서 당신의 물건과 동일한 번호를 가졌을지라도 다른 사람의 물건은 절대로 작업할 수 없다.

참고

1. 전통적으로 물건왕은 크고 세그먼트된 테이블에 앉아 있는데, 이 테이블은 페이지에 속해 있으며(이른바 '테이블 페이지'), 테이블 페이지는 모든 물건이 어디에 있으며 누가 소유하는지 왕이 기억하도록 돕는다.

2. 규칙 13으로 인한 한 가지 결과는 플레이어 수와 관계없이 모든 사람의 물건 번호가 게임마다 비슷하다는 것이다.

3. 물건왕은 자신의 물건 몇 가지를 가지고 있는데 그중 일부는 다른 사람들과 마찬가지로 작업장과 창고 사이를 왔다 갔다 하지만 다른 일부는 너무 무거워서 작업장을 벗어날 수 없다.

4. 주어진 규칙에 따라 작업이 자주 이루어지는 물건 대부분은 작업장에 보관하며, 작업이 잘 이루어지지 않는 물건은 창고에 남는다. 이것이 효율적인 재고 관리다.

물건왕 만세!

이번에는 가상 메모리 관점에서 번역한 버전이다. 앞의 이야기 버전보다 훨씬 더 흥미로울 것이다.

규칙

1. 각 플레이어는 수백만 '바이트'를 얻는다.

2. 바이트는 각각 4096바이트를 담을 수 있는 '페이지'에 보관된다. 같은 페이지의 바이트 간에는 '참조 지역성'을 갖는다.

3. 페이지는 메모리 또는 디스크에 저장된다. 메모리는 늘 좁아서 모든 페이지를 담을 수 없다.

4. 메모리는 단 하나만 있지만 디스크는 여러 개가 있을 수 있다. 모든 사람이 메모리와 디스크를 공유한다.

5. 각 바이트는 자신만의 '가상 주소'를 갖는다.

6. 당신이 하는 일은 바이트를 '참조'하는 것이다. 모든 사람이 자신의 차례에 참조한다.

7. 당신은 다른 사람의 것이 아닌 자신의 바이트만 참조할 수 있다.

8. 바이트는 메모리에 있을 때만 참조가 가능하다.

9. '가상 메모리 관리자'만이 바이트가 메모리에 있는지 아니면 디스크에 있는지 안다.

10. 바이트가 오랫동안 참조되지 않으면 '오래된'이라고 표기한다.

11. 바이트를 얻기 위해서는 가상 메모리 관리자에게 요청해야 한다. 가상 메모리 관리자는 단지 2의 거듭제곱의 배수로 바이트를 제공한다. 이렇게 함으로써 오버헤드를 낮춘다.

12. 바이트를 참조하기 위해 가상 주소를 제공한다. 메모리에 있는 바이트의 주소를 제공하면 바로 참조된다. 바이트가 디스크에 있으면 가상 메모리 관리자는 바이트가 들어 있는 페이지를 다시 메모리로 가져온다. 메모리에 여유 공간이 없으면 먼저 메모리에서 가장 오래된 페이지를 찾은 다음, 어떤 소유자의 것이든 관계없이 그 페이지를 디스크로 이동시킨다. 그러고 나서 그 자리에 당신의 바이트를 담고 있는 페이지를 넣는다. 그러면 바이트가 참조되고 당신은 해당 바이트가 메모리에 없었다는 사실을 결코 알지 못한다.

13. 각 플레이어의 바이트는 다른 모든 사람과 동일한 가상 주소를 가진다. 가상 메모리 관리자는 누가 어떤 바이트를 소유하고 있고 누구 차례인지 항상 알고 있으므로 다른 사람의 바이트가 자신의 것과 동일한 가상 주소를 가지고 있어도 실수로 다른 바이트를 참조할 수는 없다.

참고

1. 전통적으로 가상 메모리 관리자는 크고 세그먼트된 테이블과 '페이지 테이블'을 사용하여 모든 바이트의 위치와 해당 바이트의 소유자를 기억한다.

2. 규칙 13으로 인한 한 가지 결과는 프로세스 수와 관계없이 모든 사람의 가상 주소가 실행할 때마다 비슷하다는 것이다.

3. 가상 메모리 관리자는 자기 자신의 바이트를 가지고 있다. 그중 일부는 다른 사

람과 마찬가지로 메모리와 디스크 사이를 왔다 갔다 하지만, 다른 일부는 너무 많이 사용되는 바람에 메모리에서 벗어나지 못한다.

4. 주어진 규칙에 따라 자주 참조되는 바이트는 대부분 메모리에 보관되는 경향이 있지만 거의 사용되지 않는 바이트는 대부분 디스크에 보관된다. 이것은 효율적인 메모리 활용법이다.

가상 메모리 관리자 만세!

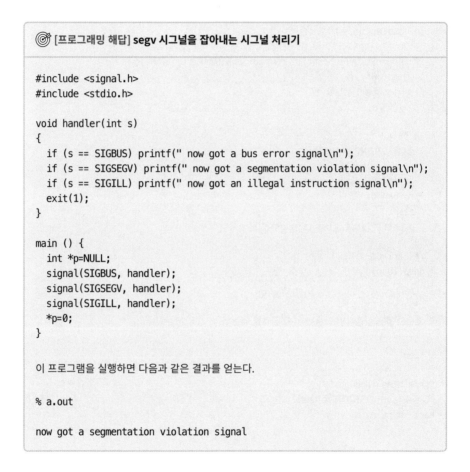

[프로그래밍 해답] segv 시그널을 잡아내는 시그널 처리기

```c
#include <signal.h>
#include <stdio.h>

void handler(int s)
{
  if (s == SIGBUS) printf(" now got a bus error signal\n");
  if (s == SIGSEGV) printf(" now got a segmentation violation signal\n");
  if (s == SIGILL) printf(" now got an illegal instruction signal\n");
  exit(1);
}

main () {
  int *p=NULL;
  signal(SIGBUS, handler);
  signal(SIGSEGV, handler);
  signal(SIGILL, handler);
  *p=0;
}
```

이 프로그램을 실행하면 다음과 같은 결과를 얻는다.

```
% a.out

now got a segmentation violation signal
```

⚠️ [주의] 이것은 교육을 목적으로 하는 예제 프로그램이다. 안시 표준의 7.7.1.1에서는 이와 같은 상황에서 시그널 핸들러가 printf와 같은 표준 라이브러리 함수를 호출할 때 동작이 정의되지 않았다고 지적한다.

🎯 [프로그래밍 해답] **setjmp, longjmp를 사용하여 시그널로부터 복구하기**

이 프로그램은 setjmp, longjmp와 시그널 핸들링을 사용한다. 그래서 Ctrl-C(SIGINT 시그널로 유닉스 프로세스에 전달됨)를 받으면 프로그램은 종료되지 않고 다시 시작한다.

```
#include <setjmp.h>
#include <signal.h>
#include <stdio.h>

jmp_buf buf;
```

```
void handler(int s)
{
  if (s == SIGINT) printf(" now got a SIGINT signal\n");
  longjmp(buf, 1);
  /* 여기는 도달하지 않음 */
}

main () {
  signal(SIGINT, handler);
  if (setjmp(buf)) {
    printf("back in main\n");
    return 0;
  } else
    printf("first time through\n");
loop:
  /* Ctrl-C를 기다린다. */
  goto loop;
}
```

이 프로그램을 실행하면 다음과 같은 결과를 얻는다.

```
% a.out

first time through
^C now got a SIGINT signal
back in main
```

⚠️ [주의] 시그널 핸들러는 라이브러리 함수를 호출해서는 안 된다(표준에 명시된 제한된 상황에서는 제외). 'first time'을 printf하는 과정에서 시그널이 발생하면, 코드 중간에 있는 시그널 핸들러의 printf는 혼란스러울 것이다. printf는 대화형 I/O에서 무슨 일이 일어나고 있는지 알 수 있는 가장 좋은 방법이기 때문에 나는 여기에서 편법을 썼지만, 여러분은 현실 세계 코드에서 이와 같은 편법을 써서는 안 된다.

8장

E x p e r t   C   P r o g r a m m i n g

프로그래머가 크리스마스와
핼러윈을 구분하지 못하는 이유

워크스테이션이 속도가 느려서 지겨운가? 프로그램을 두 배 빨리 실행하고 싶은가?
다음은 유닉스에서 해결하는 방법이다. 세 단계만 따르면 된다.

1. 고성능 유닉스 가상 메모리 커널을 설계하고 코딩하라. 조심해야 한다! 완전하게 100% 속도
   향상을 보려면 알고리즘이 현재 속도보다 두 배 빠르게 실행되어야 한다.
2. /kernel/unix.c라는 파일에 코드를 넣는다.
3. 다음 명령을 실행한다.

   ```
   cc -04 -o /kernel/unix /kernel/unix.c
   ```

   컴퓨터를 재부팅하라.

아주 간단하지 않은가. 참고로 베토벤은 C로 첫 교향곡을 썼다는 것을 기억하기 바란다.[1]

— A.P.L. 바이트 스와프(Byteswap)의 튜닝 팁과 럭비 노래

도량형 단위 포트셰비에 시스템

피카소가 컴퓨터에 관심이 없다고 말했을 때 물론 우리는 그가 예술가의 역할인 담
론을 발전시키려고 했다는 것을 알고 있다. 그것은 확립된 것에 도전하거나 질문하
거나 적어도 감자튀김이 주문에 맞게 제대로 나오는지 보려는 것이다. 따라서 이번
장은 "왜 프로그래머들이 크리스마스와 핼러윈을 구분하지 못하는가?"라는 컴퓨터
전문가들 사이의 오래된 질문에서 시작한다. 결론을 내리기 전에 먼저 세계적인 컴

---

1 (옮긴이) 베토벤 교향곡 1번은 다장조(C Major) 곡이다.

퓨터 과학자 도널드 커누스(Donald Knuth)의 연구에 대해 잠깐 언급하고자 한다. 스탠퍼드 대학에서 수년간 강의한 커누스 교수는 《The Art of Computer Programming》[2]이라는 방대하면서도 중요한 참고서를 썼고, 조판 시스템 텍(TeX)을 설계했다.

잘 알려지지 않은 사실 하나는 커누스 교수의 첫 번째 출판물이 학계의 권위 있는 과학 학술지가 아니라 대중 매체에 실렸다는 것이다. 1957년 6월 잡지 《MAD》 33호에는 도널드 커누스의 'The Potrzebie System of Weights and Measures(도량형 단위 포트세비에 시스템)'라는 글이 실렸다. 그 기사는 후에 유명한 컴퓨터 과학자로 알려질 바로 그 도널드 커누스가 당시 미터법을 패러디한 것이었다. 훗날 커누스의 논문들은 대부분 전통적이고 학문적인 경향을 띤 논문이었다. 나는 그것을 안타깝게 생각하는데 원래대로 돌아갈 방법을 찾고 있다. 포트세비에[3] 시스템의 모든 측정 기준은 잡지 《MAD》 26호의 두께다.

커누스의 글은 'potrzebies, whatmeworrys, axolotls'와 같이 《MAD》 독자에게 친숙한 말을 미터법을 표시하는 접두사로 사용하자는 것이었다. 그것은 많은 《MAD》 독자에게 미터법의 개념을 친절하게 소개하려는 의도였다. 미국 사람들은 '킬로, 센티' 등과 같은 표준 미터법 접두사에 익숙하지 않았는데, 커누스의 포트세비에는 이를 쉽게 이해하는 방법을 제시했다. 만약 포트세비에 시스템이 실제로 채택되었다면 아마도 이후 미국인에 대한 미터법 실험은 더 성공적이었을 것이다.

포트세비에 시스템과 마찬가지로 핼러윈과 크리스마스를 혼동하는 프로그래머에 대한 농담은 숫자 표기법 체계에 대한 프로그래머의 지식에 기반을 둔다. 프로그래머가 크리스마스와 핼러윈을 구분하지 못하는 이유는 팔진수(octal) 31과 십진수(decimal) 25가 같기 때문이다. 간단명료하게 말하면 OCT 31은 DEC 25와 같다!

나는 커누스 교수에게 과거 일화를 싣겠다는 허락을 구하는 편지를 쓰면서 이번 장의 초고를 같이 보냈다. 그러자 커누스 교수는 이에 동의했을 뿐 아니라 많은 교

---

2 커누스 교수는 나중에 《The Art of Computer Programming》 책 제목의 'Art'는 그의 오랜 동료인 아트 에반스(Art Evans)라고 털어놓았다. 1967년 'Art' 시리즈를 출간하기 시작했을 때 커누스는 카네기 테크에서 세미나를 열었다. 커누스는 자신의 시리즈 책 제목의 주인공이자 오랜 친구인 아트 에반스를 청중 가운데서 보게 되어 기쁘다고 말했다. 다들 그 끔찍한 말장난에 괴로워했고, 누구보다 아트가 놀라워했던 것은 당연한 일이었다. 나중에 커누스는 ACM 튜링상 수상 강연에서 아트를 다시 언급했는데 결국 말장난이 공식 기록이 되었다(Communication of the ACM, vol. 17, no. 12, p. 668). 아트는 "그 일은 내 삶에 전혀 영향을 미치지 않았다"라고 말했다.
(옮긴이) 이 책은 동일한 제목의 4권짜리 시리즈로 번역·출간되었다.
3 (옮긴이) potrzebie는 폴란드어로 'need'라는 뜻을 가진 단어인데, 《MAD》의 편집자가 재미있는 말을 찾는 과정에서 선택한 단어다.

정 내용을 초고에 표시해 보내면서 프로그래머는 11월 27일(NOV 27) 역시 다른 두 날짜처럼 구분하지 못한다고 했다.[4]

이번 장에서는 프로그래밍 내부 지식에 비슷하게 의존하는 C 관용구를 선보인다. 여기에 나오는 예제 중 일부는 시도해 볼 유용한 팁이다. 반면 다른 것들은 피해야 할 문제점에 대해 경계하는 이야기다. 그러면 아이콘을 자체 문서화가 가능하도록 만드는 재미있는 방법을 설명하는 것으로 시작해 보자.

비트 패턴으로 글리프 만들기

아이콘 또는 글리프(glyph)는 비트맵으로 표시하는 작은 그래픽이다. 단일 비트는 이미지의 각 픽셀을 나타낸다. 그래서 비트가 설정되면 픽셀은 '온(on)'이 되고, 비트가 0이면 픽셀은 '오프(off)'가 된다. 따라서 일련의 정숫값은 이미지를 인코딩한다. 아이콘에디트(Iconedit)와 같은 도구는 그림을 그리는 데 사용하며, 윈도우 프로그램에서 사용하는 정수로 된 아스키 파일을 출력한다. 한 가지 문제는 프로그램에서 아이콘을 십육진수로 표기한다는 것이다. 일반적인 16×16 흑백 글리프는 C에서 다음과 같이 표기된다.

```
static unsigned short stopwatch[] = {
  0x07C6,
  0x1FF7,
  0x383B,
  0x600C,
  0x600C,
  0xC006,
  0xC006,
  0xDF06,
  0xC106,
  0xC106,
  0x610C,
  0x610C,
  0x3838,
  0x1FF0,
  0x07C0,
  0x0000
};
```

위의 예에서 볼 수 있듯이 C 문자열은 이미지가 실제로 어떻게 보이는지 단서를 제

---

4 (옮긴이) 11월을 뜻하는 nov는 라틴어로 9진수를 나타내는 novenary의 약자와 같다.

공하지 않는다. 이를 해결하기 위해 숨이 멎을 정도로 우아한 #defines 세트를 만들었다. 이 세트를 이용하면 프로그래머는 화면상에서 글리프처럼 보이도록 이 데이터들을 코드 내에 표기할 수 있다.

```
#define X )*2+1
#define _ )*2
#define s (((((((((((((((((0 /* 16비트 크기의 글리프 제작용 */
```

원하는 이미지의 그림을 그려서 아이콘, 글리프 등의 십육진수 패턴을 만들 수 있다. 프로그램을 자체 문서화하는 데 이보다 더 좋은 방법이 과연 있을까? 이 define을 사용하면 위 예제가 다음과 같이 변환된다.

```
static unsigned short stopwatch[] =
{
  s _ _ _ _ _ X X X X _ _ _ X X _ ,
  s _ _ _ X X X X X X X _ X X X ,
  s _ _ X X X _ _ _ _ _ X X X _ X X ,
  s _ X X _ _ _ _ _ _ _ _ X X _ _ ,
  s _ X X _ _ _ _ _ _ _ _ X X _ _ ,
  s X X _ _ _ _ _ _ _ _ _ _ X X _ ,
  s X X _ _ _ _ _ _ _ _ _ _ X X _ ,
  s X X _ X X X X X _ _ _ _ X X _ ,
  s X X _ _ _ _ _ X _ _ _ _ X X _ ,
  s X X _ _ _ _ _ X _ _ _ _ X X _ ,
  s _ X X _ _ _ _ X _ _ _ X X _ _ ,
  s _ X X _ _ _ _ X _ _ _ X X _ _ ,
  s _ _ X X X _ _ _ _ _ X X X _ _ _ ,
  s _ _ _ X X X X X X X X _ _ _ _ ,
  s _ _ _ _ _ X X X X X _ _ _ _ _ _ ,
  s _ _ _ _ _ _ _ _ _ _ _ _ _ _ _ _
};
```

확실히 먼저 보여 준 코드보다 훨씬 의미 있게 다가온다. 표준 C는 팔진수, 십진수, 십육진수 상수를 사용할 수 있지만 이진수 상수는 표현할 수 없어 패턴을 이미지화하기 위해서는 위와 같은 방법을 사용하는 것이 더 직관적이다.

책을 직각으로 들고 페이지를 힐끗 쳐다보면 이것이 인기 있는 윈도우 시스템에서 사용하는 작은 스톱워치 모양의 '대기 커서(cursor busy)' 글리프라고 추측할 수도 있다. 몇 년 전 유즈넷 comp.lang.c 뉴스그룹에서 이 정보를 입수했다.

글리프 정의가 끝난 후에는 반드시 undefine으로 매크로 정의를 해제해야 한다. 그렇지 않으면 나중에 코드가 방해받는 신비로운 경험을 하게 될 것이다.

모르는 사이에 타입이 바뀐다

1장에서 연산자가 다른 타입의 피연산자를 제공받을 때 발생하는 타입 변환을 보았다. 이를 '일반적인 산술 타입 변환'이라고 하며, 두 가지 다른 타입을 공통 타입으로 변환하는 규칙이다. 공통 타입은 일반적으로 결과 타입이 된다.

C에서의 타입 변환은 일반적으로 알려진 것보다 훨씬 광범위하다. 타입 변환은 int 또는 double보다 작은 타입을 포함하는 식에서도 나타날 수 있다. 일례로 다음 코드를 살펴보자.

```
printf(" %d ", sizeof 'A' );
```

이 코드는 문자 리터럴은 담은 타입 크기를 출력한다. 이것은 분명히 문자 크기가 될 것이고, 따라서 '1'을 출력할 것으로 보이는데 과연 그럴까? 코드를 실행해 보자. 실제로 '4'(또는 시스템에서 지정하는 int의 크기)를 표시할 것이다. 문자 리터럴 'A'는 int 타입을 가지며 이는 char 타입의 승격 규칙을 따른다. 이에 대해서는 K&R 1, 39쪽에서 아주 간단하게 다루고 있다.

> 표현식의 모든 char는 int로 변환된다. … 표현식의 모든 float는 double로 변환된다. 함수 인수는 표현식이므로 인수가 함수로 전달될 때 타입 변환도 발생한다. 특히 char와 short는 int로, float는 double로 변환된다.
>
> —《The C Programming Language》초판

이러한 기능을 '타입 승격'이라고 한다. 그래서 int로 타입 변환이 발생하는 것을 가리켜 '정수 승격'이라고 한다. 자동 타입 승격의 개념은 안시 C로 넘어가면서 여러 곳에 그 흔적을 남겼다. 안시 C 표준은 이에 대해 다음과 같이 말한다.

다음은 실행 코드의 일부다.

```
char c1, c2;
/* ... */
c1 = c1 + c2;
```

'정수 승격'은 추상 시스템이 각 변숫값을 int 크기로 승격한 다음, 두 int를 더하고 그 결과를 잘라 내도록 요구한다. 오버플로 예외 발생 없이 두 개의 char를 더할 수 있다면 실제 실행 결과는 동일하므로 승격을 생략할 수 있다.

비슷한 경우로 다음 코드를 보자.

```
float f1, f2;
double d;
/* ... */
f1 = f2 * d;
```

배정밀도 연산(예: d를 double 타입의 상수 2.0으로 바꾸는 경우)을 실행한 결과
와 동일한 결과를 얻을 수 있다면 단정밀도 연산으로 곱셈을 실행할 수 있다.

— 안시 C 표준, 5.1.2.3

표 8-1은 일반적인 타입 승격 목록을 모두 보여 준다. 이러한 타입 승격은 연산자와
혼합형 피연산자가 포함된 표현식뿐 아니라 모든 표현식에서 발생한다.

기존 타입	통상적으로 승격되는 타입
char	int
비트 필드	int
enum	int
unsigned char	int
short	int
unsigned short	int
float	double
어떤 것에 대한 배열	어떤 것에 대한 포인터

표 8-1 C에서의 타입 승격

정수 승격은 다음과 같다. char, short int, 비트 필드 타입(및 이것들의 signed 또
는 unsigned 버전)과 열거형은 그대로 표현하는 경우 int로 승격된다. 그렇지 않으
면 unsigned int로 승격된다. 안시 C는 컴파일러가 동일한 결과를 가져오는 경우
승격을 수행할 필요가 없다고 말한다. 이는 대개 문자열 피연산자를 의미한다.

🧱 [프로그래밍 토막 지식] 경고! 정말 중요한 포인트: 인수 역시 승격된다!

암묵적 타입 변환이 일어나는 또 다른 곳은 인수 전달 부분이다. K&R C에 따르면 함수 인수는
표현식이기 때문에 승격이 발생한다. 안시 C에 따르면 프로토타입을 사용하면 인수가 승격되지

않는다. 이 말은 프로토타입을 사용하지 않으면 인수가 승격됨을 의미한다. 확장 변환된 인수는 호출한 함수에서 선언한 크기로 잘린다.

　이것이 단일 printf()의 서식 문자열 %d가 다른 모든 타입인 short, char, int에 잘 동작하는 이유다. 이 중 어느 것이 통과되든지 실제로 스택(또는 레지스터나 어디든)에 int가 놓이게 되어 printf[5]나 비슷한 종류의 피호출자에서 균일하게 처리된다. printf를 사용해 long long처럼 int보다 큰 타입을 출력하면 그 차이를 알 수 있다. long long 타입에 대한 서식 지정자 %lld를 사용하지 않으면 올바른 값을 얻지 못할 것이다. 이것은 추가 정보가 없다 보니 printf가 int를 처리한다고 가정하기 때문이다.

C에서 타입 변환은 다른 언어보다 훨씬 광범위한데 다른 언어들은 다른 타입의 피연산자를 일치시키는 작업을 엄격하게 제한한다. 물론 C 언어도 제한하지만 int 또는 double 계열의 표준 타입보다 작은 타입들은 int나 double로 키워 일치시킨다. 암묵적 타입 변환에 대해 유의해야 할 세 가지 중요한 사항이 있다.

- 초기에 컴파일러를 단순화하려는 욕구에서 비롯된 언어의 혼란이다. 모든 피연산자를 균일한 크기로 변환하면 코드 생성을 크게 단순화할 수 있다. 스택에 푸시된 파라미터는 길이가 모두 같기 때문에 런타임 시스템은 파라미터 개수만 알면 된다. 모든 부동 소수점 계산을 배정밀도로 수행한다는 건 PDP-11을 'double' 모드로 설정하여 정밀도를 추적하지 않은 채 연산한다는 것을 의미한다.
- 타입 승격에 대한 이해 없이도 C로 프로그램을 충분히 짤 수 있다. 그리고 실제로 많은 C 프로그래머가 그렇다.
- 타입 승격을 알지 못하면 자신을 C 전문가라고 부를 수 없다. 그것은 다음 절에서 설명하는 프로토타입 맥락에서 특히 중요하다.

프로토타입 고통

안시 C 함수 프로토타입의 목적은 C를 좀 더 신뢰할 수 있는 언어로 만드는 것이다. 프로토타입은 일반적인 (그리고 찾기 힘든) 분야의 오류, 즉 형식적 파라미터 타입

5　printf()에 대한 프로토타입이 있지만 해당 부분은 ...으로 끝난다.

```
int printf (const char * format, ...);
```

이것은 가변 인수를 취하는 함수임을 의미한다. 파라미터에 대한 정보(첫 번째 파라미터 제외)는 제공되지 않으며 따라서 일반적인 인수 승격이 항상 발생한다.

과 실제 파라미터 타입의 불일치를 줄이기 위한 것이다.

프로토타입은 파라미터 선언을 포함하는 새로운 형태의 함수 선언문으로 이루어진다. 함수 정의는 선언과 일치시키려고 비슷한 방법으로 변경된다. 그래서 컴파일러는 선언할 때 표현한 내용과 대조할 수 있다. 기억을 되살리기 위해 선언과 정의에 대한 옛 형식과 새 형식을 표 8-2에 정리했다.

K&R C	안시 C

선언:
  `int foo();`
	프로토타입:
	  `int foo(int a, int b);`
	또는
	  `int foo(int, int);`

정의:
  `int foo(a, b)`
    `int a;`
    `int b;`
  `{`
    `...`
  `}`
	정의:
	  `int foo(int a, int b)`
	  `{`
	    `...`
	  `}`

표 8-2 K&R C의 함수 정의와 안시 C의 프로토타입 비교

K&R 함수 선언은 안시 C 함수 선언(프로토타입)과 다르며 K&R 함수 정의는 안시 C 함수 정의와 다르다. 안시 C에서는 '파라미터 없음'을 `int foo (void);`로 표현한다. 그래서 이것조차 초기 C와는 다른 것처럼 보인다.

그러나 안시 C는 프로토타입 사용을 배타적으로 주장하지 않았다. 수십억 줄에 달하는 기존 안시 코드에 대한 상위 호환성을 파괴할 수 있기 때문이다. 표준에서는 빈 괄호가 있는 함수 선언자(즉, 인수 타입 미지정)를 사용하는 것이 공식적으로 시대에 뒤떨어진 것이라 규정하고, 향후 표준 버전에서는 삭제할 것을 지지할 수 있다. 당분간은 안시 이전의 코드량 때문에 두 스타일이 모두 공존할 것이다. 그렇다면 프로토타입이 '좋은 것'이어서 어디서나 사용하고 기존 코드를 유지 보수하려할 때 프로토타입을 추가해도 되는가? 절대로 안 된다!

함수 프로토타입은 언어 구문을 변경할 뿐 아니라 또한 의미에 미묘한(그리고 틀림없이 바람직하지 않은) 차이를 유발한다. 이전 절에서 확인했듯이 K&R에서 int보다 짧은 값을 함수에 전달하면 int가 되고 float는 double로 확장된다. 그리고 이

값들은 호출된 함수 내에서 상응하는 더 작은 타입으로 자동으로 다시 절삭된다.

이쯤 되면 왜 기껏 확장해 놓고는 다시 줄이는지 의문이 들 것이다. 타입 시스템은 원래 컴파일러를 단순화하기 위해 만든 것이다. 그래서 모든 것들은 표준 크기가 되었다. 즉, 인수 전달을 단순화하기 위해 몇 가지 타입만을 사용하는 것이다. 특히 구조체를 인수로 전달할 수 없었던 아주 오래된 K&R C에서는 더욱 그랬다. 당시에는 정확히 세 가지 타입만 전달할 수 있었다. 바로 int, double, 포인터다. 모든 인수 타입은 표준 크기로 변환되었고 호출된 함수는 필요할 때마다 인수의 타입 크기를 줄였다.

반대로 함수 프로토타입을 사용하면 기본 인수의 타입 승격이 일어나지 않는다. 따라서 프로토타입에 char 타입을 지정하면 실제로 char가 전달된다. 새로운 스타일의 함수 정의(인수 타입이 함수 이름 뒤에 오는 괄호 안에 있는 경우)를 사용하면 컴파일러는 파라미터 타입을 기본 타입으로 확장하지 않고 선언한 그대로 코드를 생성한다.

프로토타입이 실패하는 곳

여기서 고려해야 할 네 가지 경우가 있다.

1. K&R 함수 선언 후 K&R 함수 정의 호출이 정상적으로 작동하고 승격된 타입으로 전달됨
2. 안시 C 선언(프로토타입) 후 안시 C 정의 호출이 정상적으로 작동하고 실제 타입이 전달됨
3. 안시 C 선언(프로토타입) 후 K&R 함수 정의
   ☞ 크기가 작은 타입을 사용하면 실패한다. 호출 시 실제 타입을 전달하지만 함수는 승격된 타입을 기대한다.
4. K&R 함수 선언 후 안시 C 정의
   ☞ 크기가 작은 타입을 사용하면 실패한다. 호출 시 승격된 타입을 전달하지만 함수는 실제 타입을 기대한다.

따라서 short를 포함한 K&R C 정의에 대해 프로토타입을 추가하면 프로토타입은 short를 전달하지만 정의된 함수는 int를 예상하므로 파라미터와 인접한 위치에 있는 엉뚱한 내용까지 가져오게 된다. 물론 확장 타입을 사용하도록 프로토타입을

작성하여 3번과 4번을 제대로 동작하게 할 수 있다. 하지만 이로 인해 이식성이 떨어지고 유지 보수 프로그래머는 혼란스러워할 것이다. 다음은 실패한 두 가지 사례를 보여 준다.

먼저 파일 1을 보자.

```
/* 옛날 스타일 정의, 하지만 프로토타입이 있음 */
olddef (d,i)
  float d;
  char i;
{
  printf("olddef: float= %f, char =%x \n", d, i);
}

/* 새로운 스타일 정의, 하지만 프로토타입이 없음 */
newdef (float d, char i)
{
  printf("newdef: float= %f, char =%x \n", d, i);
}
```

파일 2는 다음과 같다.

```
/* 옛날 스타일 정의, 하지만 프로토타입이 있음 */
int olddef (float d, char i);

main() {
  float d=10.0;
  char j=3;

  olddef(d, j);

/* 새로운 스타일 정의, 하지만 프로토타입이 없음 */
  newdef (d, j);
}
```

결과를 다음과 같이 예상할지 모른다.

```
olddef: float= 10.0, char =3
newdef: float= 10.0, char =3
```

실제 결과는 다음과 같다.

```
olddef: float= 524288.000000, char =4
newdef: float= 2.562500, char =0
```

호출되는 함수를 같은 파일(이 예에서는 파일 2)에 넣으면 동작이 바뀐다. 컴파일러는 즉시 olddef()의 불일치를 감지한다. 이제는 프로토타입과 K&R 정의를 함께 볼 수 있기 때문이다. newdef()를 호출하기 전에 newdef()를 정의하면 정의가 프로토타입으로 작동하여 일관성을 제공하기 때문에 컴파일러는 올바른 작업을 자동으로 수행한다. 호출 이후에 함수 정의를 배치하면 컴파일러는 불일치에 대해 불평할 것이다. C++에서는 프로토타입이 반드시 필요하므로 C++ 컴파일러를 사용하여 옛 K&R C 코드를 돌릴 때 아무 생각 없이 프로토타입을 추가하고 싶은 생각이 들지도 모른다.

◎ [프로그래밍 도전] **프로토타입을 가짜로 만드는 방법**

몇 가지 예를 통해 앞에서 설명한 내용을 명확히 해 보자. 별도 파일에 다음 함수를 만든다.

```
void banana_peel(char a, short b, float c) {
  printf("char = %c, short =%d, float = %f \n", a,b,c);
}
```

또 다른 파일에 banana_peel()을 호출하는 main 프로그램을 만든다.

1. 프로토타입을 사용하거나 사용하지 않고 위 함수를 호출한 다음, 정의와 일치하지 않도록 프로토타입을 사용하여 호출한다.
2. 각 경우를 시도하기 전에 일어날 일을 예측해 보자. 하나의 타입으로 값을 저장하고 다른 크기로 동일한 값을 검색할 수 있도록 공용체를 만들어 예측한 내용을 점검한다.
3. (선언 및 정의에서) 파라미터 순서를 변경하면 호출된 함수에서 값을 인식하는 방식에 영향을 미치는가? 이에 관해 설명하라. 컴파일러가 얼마나 많은 오류를 잡아내는가?

앞에서 언급한 것처럼 컴파일러는 프로토타입을 통해 선언할 때의 형식과 사용할 때의 형식을 비교할 수 있다. 기존 스타일과 새로운 스타일을 섞지 않더라도 프로토타입이 실제로 정의와 일치한다는 보장이 없기 때문에 이런 형식이 절대 안전하다고 볼 수는 없다. 실제로 프로토타입을 헤더 파일에 넣고 헤더를 함수 선언 파일에 포함함으로써 이를 방지한다. 이렇게 하면 컴파일러는 이것들을 동시에 보고 불일치를 감지한다. 이렇게 하지 않는 프로그래머를 보면 그저 안타까울 뿐이다.

> :bulb: **[유용한 팁] 함수 선언 및 정의에서 옛 스타일과 새 스타일을 섞으면 안 된다**
>
> 함수 선언 및 정의 시 옛 스타일과 새 스타일을 혼용하면 안 된다. 헤더 파일에서 K&R 스타일로
> 함수를 선언했다면 정의할 때도 K&R 구문을 사용해야 한다.
>
> ```
> int foo();        int foo(a, b) int a; int b; { /* ... */ }
> ```
>
> 안시 C 프로토타입을 사용하는 함수는 정의할 때도 반드시 안시 C 스타일 구문을 사용해야 한다.
>
> ```
> int foo(int a, int b);        int foo(int a, int b) { /* ... */ }
> ```

아마도 여러 파일에서 함수 호출을 검사하기 위한 확실한 메커니즘을 만드는 것이 가능했을 것이다. `printf`가 가변 인수를 사용하는 것처럼 특수한 마법을 (현재와 같이) 사용할 수도 있다. 이것은 기존 구문에도 적용될 수 있다. 필요한 것은 함수 호출 시 이름, 개수, 파라미터 타입, 반환 타입이 함수 정의와 일치해야 한다는 표준의 제약 사항이다. '선행 기술'은 이미 있었으며 에이다 언어에 적용되었다. C 언어 또한 추가적인 사전 링커(pre-linker)를 통해 충분히 적용할 수 있다. 큰 힌트: 린트를 사용한다.

실제로 안시 C 위원회 위원들은 C 언어 확장에 꽤 신중했다(아마도 너무나 신중했을 것이다). 'Rationale'은 외부 이름의 중요성과 관련해 기존의 대소문자 구분이 없는 여섯 글자 제한을 없애는 게 가능할지 고민하는 과정을 보여 준다. 마침내 그들은 언어 전문가 관점에서는 다소 나약하게 이러한 제한을 없애는 게 어렵다고 결론 내렸다. 어쩌면 안시 C 위원회는 이에 대해 끝까지 물고 늘어져서 사전 링커가 필요하다 할지라도 완벽한 해결책을 채택했어야 했다. 자체적인 규칙, 구문, 의미, 제한이 있는 C++에서 비롯된 터무니없이 불완전한 해결책 대신 말이다.

캐리지 리턴 없이 char 얻기

마이크로소프트 도스 프로그래머가 유닉스 시스템을 마주했을 때 묻는 첫 질문 중 하나는 "사용자가 리턴을 누르지 않아도 터미널에서 문자를 읽으려면 어떻게 해야 하는가?"이다. 유닉스의 터미널 입력은 기본적으로 정의된 규칙에 따라 처리된다. 즉, 원시 입력은 먼저 행 편집 문자(backspace, delete 등)를 사용하도록 처리되며, 이 키들은 실행 중인 프로그램으로 전달되지 않고 적용된다. 일반적으로 이것은 편

리한 기능이지만 사용자가 행이 끝났음을 알리기 위해 리턴을 누를 때까지는 데이터를 읽지 않는다는 것을 의미한다. 입력은 행 단위로 효과적으로 이루어지지만, 일부 애플리케이션은 개별 키를 누를 때마다 입력된 문자를 바로 확인하기 원한다.

이 기능은 많은 종류의 소프트웨어에 필수적이며 PC에서는 이미 보편화했다. C 라이브러리는 이 기능을 kbhit()이라는 함수를 통해 지원한다. kbhit() 함수는 읽기를 기다리는 문자가 있는지 나타낸다. 마이크로소프트와 볼랜드 C 컴파일러는 getch()(또는 문자 입력 시 출력(에코)해 주는 getche()) 함수를 제공하여 전체 행을 기다리지 않고 문자를 입력받는다.

사람들은 안시 C가 키를 눌렀을 때 문자를 가져오는 표준 함수를 정의하지 않은 이유를 자주 궁금해한다. 표준 기능이 없으면 시스템마다 다른 방법을 제공해야 하므로 프로그램 이식성이 떨어진다. kbhit()을 표준의 일부로 제공하자는 논쟁은 게임 소프트웨어에서만 유용할 뿐, 다른 터미널 I/O에서는 기능이 아직 표준화되지 않고 있다. 더욱이 일부 운영 체제에서는 제공하기 어려운 표준 라이브러리 기능을 약속하고 싶지 않을 것이다. 이러한 I/O 관련 소프트웨어 논쟁은 대체로 게임 소프트웨어에 한정되어 있고, 게임 제작자는 수많은 터미널 I/O 기능의 표준화가 필요하지 않다. 어느 쪽이든 안시 위원회 X3J11 위원회는 당시 학생 프로그래머들이 유닉스용 게임을 개발하는 데 C를 주 언어로 사용하게 할 기회를 놓쳤다.

> 💡 **[유용한 팁] 상사 키**
>
> 게임 소프트웨어는 흔히 생각하는 것보다 훨씬 중요하다. 이 점을 인식한 마이크로소프트는 전략적으로 새로운 모든 게임 소프트웨어에 '상사 키'를 제공했다. 게임 플레이어는 팀장이 시야에 나타나 자기 자리로 온다고 판단할 때 상사 키를 누른다. 그러면 게임은 즉시 사라진다. 그러면 팀장이 와도 여러분이 일하는 것처럼 보일 것이다. 나는 지금까지도 마이크로소프트 윈도우가 사라지고, 그 아래에 있는 적절한 시스템이 나타나게 하는 상사 키를 찾고 있다.

유닉스에서는 문자 단위로 입력하는 쉬운 방법과 어려운 방법이 있다. 쉬운 방법은 stty 프로그램[6]에 작업을 맡기는 것이다. 원하는 것을 얻기 위한 간접적인 방법이지만 프로그래밍하기는 쉽다.

---

6 (옮긴이) stty(set tty)는 tty 설정 프로그램이다. tty(teletypewriter)는 텍스트 터미널을 뜻한다.

```
#include <stdio.h>
main()
{
  int c;

  /* 터미널 드라이버는 일반적인 행 단위 모드다. */
  system("stty raw");

  /* 이제 터미널 드라이버는 문자 단위 모드다. */
  c = getchar();

  system("stty cooked");
  /* 터미널 드라이버가 다시 행 단위 모드로 돌아왔다. */
}
```

마지막 행의 system("stty cooked");는 프로그램이 끝난 후에도 터미널의 특성을
지속하기 위해 필요하다. 프로그램이 터미널을 로(raw) 모드로 설정하면 로 모드
가 유지된다. 이는 속성값을 설정해도 프로세스가 시작하면 반영되지 않고 사라지
는 환경 변수와는 완전히 다르다.

로 I/O는 블로킹 방식으로 읽기를 구현한다. 그래서 문자가 없으면 프로세스는
대기한다. 비블로킹 방식의 읽기가 필요할 때는 ioctl()(I/O control) 시스템 호출
을 사용하면 된다. ioctl()은 터미널 특성을 정밀하게 제어할 수 있으며, SVR4에서
는 키를 눌렀는지 누르지 않았는지도 알 수 있다. 다음 코드는 처리를 기다리는 문
자가 있을 때 ioctl로 읽기를 수행한다. 이러한 I/O 유형을 '폴링(polling)' 방식이
라 하며, 추가로 제공할 문자가 있는지 사용자가 장치에 계속해서 묻는다.

```
#include <sys/filio.h>
int kbhit()
{
  int i;
  ioctl(0, FIONREAD, &i);
  return i;    /* 읽을 수 있는 문자 개수를 반환 */
}

main()
{
  int i = 0;
  int c = ' ';

  system("stty raw -echo");
  printf("enter 'q' to quit \n");
  for (;c!='q';i++) {
    if (kbhit()) {
```

```
        c=getchar();
        printf("\n got %c, on iteration %d",c, i);
    }
  }
  system("stty cooked echo");
}
```

> **💡 [유용한 팁] 라이브러리 호출 후 errno를 확인할 것**
>
> ioctl() 같은 시스템 호출을 사용할 때마다 안시 표준 C의 일부인 전역 변수 errno를 확인하는 것이 좋다.
>
> 라이브러리 또는 시스템 호출에 문제가 발생하면 문제의 원인을 가리키는 errno 값을 설정한다. 그러나 errno 값은 문제가 있는 경우에만 유효하다. errno 값을 확인하는 방법은 몇 가지가 있다(대개 반환 코드를 사용한다).
>
> 보통 다음과 같은 코드를 사용한다.
>
> ```
> errno=0;
> if (ioctl(0, FIONREAD, &i)<0) {
>   if (errno==EBADF) printf("errno: bad file number");
>   if (errno==EINVAL) printf("errno: invalid argument");}
> ```
>
> 원하는 만큼 멋지게 만들 수 있으며 단일 함수로 검사하도록 캡슐화할 수 있다. 프로그램을 디버깅하는 동안 시스템을 호출하고 나서 이 함수를 호출한다. 이 함수는 오류를 분류하는 데 많은 도움이 된다. 라이브러리 호출 함수 perror()는 오류의 원인을 출력한다.

단일 문자 I/O에 관심이 있다면 아마도 다른 디스플레이 컨트롤에도 관심이 있을 텐데, 이럴 경우 문자 I/O와 디스플레이 컨트롤을 제공하는 커스(curses) 라이브러리도 고려해 볼 만하다. 커스('커서'를 연상)는 인기 있는 모든 플랫폼에서 구현된 화면 관리 호출 라이브러리다. 앞의 main 함수를 stty 대신 커스를 사용하도록 바꾸면 다음과 같다.

```
#include <curses.h>
/* 커스 라이브러리를 사용하며 kbhit()는 앞에서와 동일하게 정의했다. */
main()
{
  int c=' ', i=0;

  initscr();  /* 커스 함수 초기화 */
  cbreak();
  noecho(); /* 글자 입력 시 에코(출력)하지 않도록 함 */
```

```
    mvprintw(0, 0, "Press 'q' to quit\n");
    refresh();

    while (c!='q')
    if (kbhit()) {
        c = getch(); /* 입력된 글자가 있기 때문에 여기서 멈추지 않는다. */
        mvprintw(1, 0, "got char '%c' on iteration %d \n",c, ++i);
        refresh();
}

    nocbreak();
    echo();
    endwin(); /* 커스 종료 */
}
```

컴파일할 때는 cc foo.c -lcurses와 같이 해야 한다. 커스로 실행할 때 얼마나 출력이 깔끔하게 나오는지 확인하기 바란다. 커스의 기본적인 부분에 대해 잘 설명한 책으로 《UNIX Curses Explained》(Prentice Hall, 1991)가 있다(사람들이 착각하는 것처럼 프로그래머들이 이 책으로 주문(curse)을 외거나 하지는 않는다). curses 라이브러리는 문자 기반 형태의 화면 제어 함수만 제공한다. 특정 비트맵 그래픽 소프트웨어를 사용하는 윈도 라이브러리보다 낮은 수준이지만 커스 소프트웨어는 이식성이 훨씬 높다.

마지막으로 비폴링(non-polling) 읽기가 있는데, 이 방식은 입력 준비가 완료되면 운영 체제가 프로세스에 시그널을 보낸다.

프로그램이 인터럽트에 의한 입출력(interrupt-driven I/O)을 사용하면 입력을 처리하지 않을 때, main 함수에서 다른 작업을 수행할 수 있다. 입력이 산발적으로 일어나고 많은 처리가 필요한 경우 인터럽트에 의한 입출력 방식으로 자원을 매우 효율적으로 사용할 수 있다. 인터럽트에 의한 입출력 프로그램은 작성하기가 훨씬 복잡하고 까다롭지만, 프로세스가 입력을 기다리는 데 소비하는 시간을 생산적으로 사용할 수 있다. 인터럽트에 의한 입출력 기술의 대안으로 스레드를 사용할 수도 있다.

◎ [프로그래밍 도전] 인터럽트에 의한 입력 루틴 작성

인터럽트에 의한 입력은 마이크로소프트 도스에서 쉽게 사용할 수 있다. 시스템은 이러한 강력한 서비스를 통해 I/O 포트에서 글자를 직접 가져오거나 없앨 수 있다. 이를 전제로 SVR4에서 다

음을 수행해 보자.

1. 운영 체제가 준비되었다는 시그널을 보내면 문자를 읽도록 호출되는 시그널 핸들러 루틴을 만든다. 붙잡을 시그널은 SIGPOLL이다.
2. 시그널 처리기는 문자를 읽어야 하며 호출될 때마다 이 시그널의 핸들러로 재설정되어야 한다. 방금 읽은 문자를 출력(에코)하고 q를 입력하면 종료한다. 주의할 점은 교육 목적으로만 사용해야 한다. 실제로 시그널 핸들러 내의 표준 라이브러리 함수 호출 결과는 일반적으로 정의되지 않는다.
3. 표준 입력 방법으로 입력이 들어올 때마다 시그널을 보내 운영 체제에 알리는 ioctl() 함수를 작성한다. streamio 매뉴얼 페이지를 참고하기 바란다. I_SETSIG 명령과 S_RDNORM 인수가 필요할 것이다.
4. 일단 시그널 핸들러가 설정되면 프로그램은 입력이 들어올 때까지 다른 작업을 수행할 수 있다. 카운터를 늘리면서 핸들러 루틴에서 카운터 값을 인쇄한다.

키보드로 문자를 전송할 때마다 SIGPOLL 시그널이 프로세스로 전송된다. 시그널 핸들러는 문자를 읽고 자신을 핸들러로 재설정한다.

C로 유한 상태 기계 구현하기

유한 상태 기계는 프로그램 구현 시 매우 유용하게 사용할 수 있는 수학 개념이다. 이는 제한된('유한') 수의 서브루틴('상태')을 통해 진행되도록 하는 프로토콜이며, 각 서브루틴은 그 단계에 필요한 내용을 수행한 후 다음 입력(next input)을 기반으로 다음 상태(next state)를 선택한다.

유한 상태 기계는 프로그램 제어 구조로 사용할 수 있다. 유한 상태 기계는 입력을 기반으로 여러 가지 다른 작업을 반복하는 프로그램에 매우 적합하다. 동전을 사용하는 자판기는 유한 상태 기계의 좋은 예다. 자판기는 '동전 투입', '품목 선택', '제품 배출', '변경'과 같은 상태를 지닌다. 투입물은 동전이며 산출물은 판매될 품목이 된다.

유한 상태 기계의 기본 개념은 가능한 모든 상태를 유지하는 테이블을 가지고 각 상태를 입력할 때 수행할 작업을 나열하는 것이다. 마지막 동작은 다음 입력에 따른 상태가 어떤지 계산하는 것이다(현재 상태와 다음 입력 토큰에 따라 추가 테이블 조회가 발생할 수도 있다). 유한 상태 기계는 '초기 상태(initial state)'에서 시작한다. 변환 테이블은 예기치 않은 입력 또는 잘못된 입력이 들어오면 오류 상태에 들어갔다고 알려 준다. 최종 상태에 도달할 때까지 상태 전이를 계속한다.

　C에서 유한 상태 기계를 표현하는 방법은 여러 가지가 있지만 대부분 함수 포인터 배열을 기반으로 한다. 함수 포인터 배열은 다음과 같이 선언한다.

```
void ( *state[MAX_STATES] )();
```

함수 이름을 알고 있다면 다음과 같이 배열을 초기화한다.

```
extern int a(), b(), c(), d();
int (*state[])() = { a, b, c, d };
```

함수는 다음과 같이 배열의 포인터로 호출할 수 있다.

```
(*state[i])();
```

함수는 모두 동일한 인수를 취해야 하고 반환값도 동일해야 한다(배열 요소를 공용체로 만들지 않는 한…). 함수 포인터는 재미있다. 참고로 다음과 같이 포인터를 떼고 호출할 수도 있다.

```
state[i]();
```

심지어 다음과 같이 호출할 수도 있다.

```
(******state[i])();
```

이것은 안시 C와 함께 대중화된 불행한 결함이다. 함수를 직접 호출하거나 포인터를 통해 함수를 호출할(간접 참조가 발생하는 포인터 개수와 관계없이) 경우, 동일한 구문을 사용할 수 있다. 이와 관련해 배열 적용에 상응하는 결함이 있다. 더 나아가 '선언과 사용은 동일(비슷)해야 한다'는 철학을 훼손한다.

> ◎ [프로그래밍 도전] **유한 상태 기계 프로그램 작성하기**
>
> 3장에서 소개한 C 선언 분석기를 유한 상태 기계로 구현한다.
>
> 1. 84쪽 그림 3-3의 '해석 고리' 다이어그램을 다시 읽어 보자. 이것은 간단한 상태 기계 다이어 그램이다. 3장에서 작성한 cdecl 프로그램을 이 방법으로 수정한다(당연히 3장에서 작성했

을 것이다. 그렇지 않은가?).

2. 먼저 상태에서 상태로 넘어가는 것을 제어하는 코드를 작성한다. 각 동작 루틴은 단순히 자신이 호출된 사실을 출력하도록 한다. 전체적으로 완전히 디버그한다.

3. 입력되는 선언문을 처리하고 디코딩할 코드를 추가한다.

해석 고리는 단순한 상태 기계다. 대부분의 상태 천이(狀態遷移)는 입력과 관계없이 순차적으로 이루어진다. 즉, 다음 상태를 얻기 위해 상태-입력과 일치하는 '전환 테이블'을 만들 필요가 없다. 대신 간단한 변수(함수 포인터 타입)만 있으면 된다. 각 상태에서는 다음 상태를 지정해야 한다. 그리고 main 루프에서 프로그램은 마지막 함수나 오류 상태에 도달할 때까지 포인터를 통해 지정된 함수를 호출한다.

코딩과 디버깅의 용이성 면에서 유한 상태 기계 기반 프로그램과 유한 상태 기계 기반이 아닌 프로그램을 비교하면 어떤가? 다른 동작을 추가하거나 동작 발생 순서를 변경하는 게 쉽다는 면에서는 어떤가?

더 깔끔하게 만들고 싶다면 상태 함수가 그다음 함수 포인터에 대한 일반 포인터를 반환하게 한 다음, 적절한 타입으로 변경한다. 이렇게 하면 전역 변수가 필요 없다. 이것보다 난도를 조금 낮춘다면 switch 문을 통해 초보 수준의 상태 기계를 사용할 수도 있다. 이를 위해서는 루프 내에 제어 변수를 할당하고 switch를 두면 된다. 유한 상태 기계에 대한 마지막 포인트로, 상태 함수에 다양한 인수가 필요하면 main 함수의 아이디어를 차용해 인수 개수와 문자열 포인터 배열을 사용하는 것도 고려한다. 친숙한 메커니즘인 int argc, char *argv[]는 매우 일반적이어서 여러분이 정의하는 모든 상태 함수에 같은 양식을 차용할 수 있다.

소프트웨어가 하드웨어보다 더 어렵다!

소프트웨어와 하드웨어는 서로 이름을 바꿔서 지었어야 했다는 생각을 해 본 적이 있는가? 소프트웨어는 변경하기 쉬운 것을 제외하고는 모든 면에서 더 어렵다. 소프트웨어는 개발하기가 매우 어렵기 때문에 프로그래머는 가능한 한 쉽게 프로그래밍하는 방법을 찾아야 한다. 이를 위한 한 가지 방법은 디버깅 가능성을 염두에 둔 코딩을 하는 것이다(이것은 C뿐 아니라 모든 프로그래밍 언어에 적용된다). 즉, 프로그램을 작성할 때 디버깅 훅을 제공하는 것이다.

> ### 💡 [유용한 팁] 디버깅 훅
>
> 대부분의 디버거가 디버거 명령 줄에서 함수 호출을 지원한다는 사실을 아는가? 이는 자료 구조가 복잡할 때 매우 유용하다. 자료 구조를 탐색하여 출력하는 함수를 작성하고 컴파일해 보자. 이 함수는 코드 어디에서도 호출하지 않지만 실행 파일의 일부가 된다. 이것이 바로 '디버거 훅(debugger hook)'이다.
>
> 코드를 디버그할 때 중단점에서 중지하면 자료 구조 출력 루틴을 수동으로 호출하여 자료 구조의 무결성을 쉽게 확인할 수 있다. 자료 구조에 이상이 없다면 제대로 출력되고 그렇지 않다면 이상하게 출력된다.

이전 절에서 유한 상태 기계에 대한 두 가지 단계를 언급할 때(처음에는 상태 전환을, 그다음으로 상태별 작업을 제공) 디버깅 가능성을 염두에 두고 코딩하라고 했었다. 이때 '기존 코드를 디버깅하며' 진행하는 점진적 개발과 혼동해서는 안 된다. 점진적 개발 방식은 초급 프로그래머의 공통 기술이며, 굉장히 엄격한 마감 시한 아래서 적용된다는 점을 감안해야 한다. 기존 코드를 디버깅한다는 말은 초안을 빠르게 작성한 다음, 작동하지 않는 부분을 수정하는 방식으로 몇 주간 수정 작업을 지속한다는 것을 뜻한다. 그사이에 해당 시스템 구성 요소에 의존하는 사람은 매우 짜증이 나게 된다. 널리 알려진 'sendmail'과 'make' 프로그램이 기존 코드를 디버깅하며 개발한 예다. 그런 이유로 이 프로그램의 명령 언어 체계는 직관적이지 않아서 배우기 어렵다. 단지 여러분에게만 어려운 것이 아니다. 모두 그 명령어들을 어려워한다.

디버깅 가능성을 염두에 둔 코딩은 시스템을 여러 부분으로 분해한 다음, 먼저 기본 골격으로만 구성된 프로그램이 동작하도록 하는 것을 일컫는다. 기본 프로그램이 동작할 때만 복잡한 개선, 성능 조정, 알고리즘 최적화 코딩을 진행한다.

> ### 💡 [유용한 팁] 꼬리표가 달린 해시
>
> 해시는 데이터 테이블 요소에 대한 접근 속도를 높이는 방법이다. 즉, 테이블을 통째로 검색하지 않고 값을 포함할 가능성이 높은 요소로 바로 접근한다.
>
> 이는 연속적인 순서가 아니라 적절한 방법으로 테이블을 로드하는 방식으로 진행된다. 테이블을 통째로 로드하는 대신 저장할 요소에 해당하는 데이터값에 어떤 종류의 변환(해시 함수라

고 함)을 적용한다. 해시 함수는 0부터 테이블 크기-1 범위의 값을 산출하며, 이 값은 해당 레코드를 저장하는 인덱스로 사용된다.

인덱스에 해당하는 슬롯이 이미 채워졌다면 테이블의 해당 지점에서 앞으로 검색하여 다음 빈 슬롯을 찾는다. 또는 해당 요소에 대한 연결 리스트를 설정하고 그 끝(어쨌든 양쪽 끝)에 간단히 추가할 수도 있다. 또는 요소에 두 번째 해시 테이블을 걸 수도 있다.

이렇게 하면 데이터 항목을 찾을 때 0번 요소부터 검색할 필요가 없다. 대신에 찾고자 하는 값을 해시한 후 해당 지점부터 살펴보면 된다.

해싱은 최적화된 테이블 조회 방법으로 데이터베이스, 운영 체제, 컴파일러 등 시스템 소프트웨어 어디에서나 사용된다.

내가 무인도에 표류하게 되어 자료 구조 하나만 가지고 갈 수 있다면 그것은 바로 해시 테이블일 것이다.

한 동료가 언젠가 각 파일의 파일 이름과 정보를 저장하는 프로그램을 작성하고 있었다. 데이터는 구조체 테이블에 저장했으며 자료 조회 방법으로 해시를 사용하기로 했다. 다음 코드는 디버깅 가능성을 염두에 둔 코드가 사용된 곳이다. 그는 프로그램의 모든 부분이 한꺼번에 동작하도록 시도하지 않았다. 그는 해시 함수가 항상 상수 0을 반환하게 하여 가장 간단한 것부터 작동하도록 했다. 해시 함수는 다음과 같다.

```c
/* hash_file: 우선 껍데기만 만들고 나중에 더 정교하게 구현할 예정임 */
int hash_filename (char *s)
{
  return 0;
}
```

그것을 호출하는 코드는 다음과 같다.

```c
/*
 * find_file: 이미 생성된 파일의 파일 기술자를 찾거나
 *      필요하다면 새로운 파일 기술자를 만든다.
 */
file find_filename (char *s)
{
  int hash_value = hash_filename(s);
  file f;

  for (f = file_hash_table[hash_value]; f != NIL; f = f->flink) {
    if (strcmp(f->fname, s) == SAME) {
```

```
        return f;
    }
  }

  /* 파일을 찾지 못해 새로 만든다. */
  f = allocate_file(s);
  f->flink = file_hash_table[hash_value];
  file_hash_table[hash_value] = f;
  return f;
}
```

효과는 해시 테이블을 사용하지 않은 것과 동일하다. 즉, 모든 요소는 요소 0의 연
결 리스트에 저장된다. 이렇게 함으로써 디버깅이 단순해진다. 실제로 필요하지도
않은 부분을 계산할 필요가 없기 때문이다. 최고의 프로그래머였던 그는 해시와 상
호 작용하는 것을 걱정할 필요가 없었기 때문에 나머지 코드를 빠르게 만들었다.
그는 주요 루틴이 완벽하게 작동하는 것을 확인하고 몇 가지 성능을 측정하고 나서
야 해시 기능을 활성화하기로 했다. 함수에서 단 두 줄만 바꾸면 됐다. 다음은 변경
된 코드다. 그는 "머리를 쓰고 노력해야 소득이 있다"라고 말했다.

```
int hash_filename (char *s)
{
  int length = strlen(s);
  return (length + 4 * (s[0] + 4 * s[length/2])) % FILE_HASH;
}
```

때로는 프로그래밍 문제를 작은 부분으로 분해하는 시간을 갖는 게 가장 빠른 해결
방법이다.

◎ [프로그래밍 도전] 해시 프로그램 작성하기

위 코드 조각을 입력하고 누락된 타입, 데이터, 코드를 충분히 제공하여 실행 가능한 프로그램으
로 만든다. 그런 다음 기존 코드를 디버깅한다(으악!).

캐스트 방법과 이유

'캐스트'라는 용어는 C 초창기부터 '타입 변환'과 '타입 모호성 제거(type disambig-
uation)'라는 의미로 사용되었다. 다음 코드를 보자.

(float) 3

타입 변환이 일어나면서 실제 비트가 바뀐다. 다음 코드를 보자.

(float) 3.0

이것은 타입 모호성 제거인데 컴파일러는 첫 번째 장소에 정확한 비트를 넣는다. 혹자는 부러졌지만 홀로 절뚝거리며 걸을 수 있도록 돕기 때문에 캐스트(cast: 깁스)라는 이름이 붙었다고 설명하기도 한다.

기본 타입으로 캐스트하는 것은 쉽다. 새로운 타입(예: int)에 소괄호를 붙여 캐스트하려는 표현식 앞에 두면 된다. 더 복잡한 타입으로 변환하는 방법은 명확하지 않다. 실제로 함수 포인터가 들어 있는 void를 가리키는 포인터가 있다고 해 보자. 문장 한 줄로 타입 변환을 수행하고 함수를 호출하려면 어떻게 해야 하는가?

아무리 복잡한 캐스트도 다음 3단계 절차에 따라 작성한다.

1. 캐스트 결과로 지정하려는 객체의 선언문을 확인한다.
2. 식별자(및 extern과 같은 저장소 클래스 지정자)를 제거하고 나머지를 괄호로 묶는다.
3. 이렇게 만들어진 문장을 캐스트하고자 하는 객체 왼쪽에 붙인다.

실질적인 예로 프로그래머는 qsort() 라이브러리 루틴을 사용할 때 타입 변환을 해야 할 상황에 자주 직면한다. qsort 루틴은 파라미터 4개를 취하는데 그중 하나는 비교 루틴에 대한 포인터다. qsort 선언문은 다음과 같다.

```
void qsort(void *base, size_t nel, size_t width,
  int (*compar) (const void *, const void *));
```

qsort()를 호출할 때는 여러분이 가장 좋아하는 비교 루틴에 대한 포인터를 인수 compar로 제공해야 한다. 비교 루틴은 void * 인수가 아닌 실제 타입을 사용하기 때문에 다음 루틴과 비슷한 형태를 띌 것이다.

```
int intcompare(const int *i, const int *j)
{
  return(*i - *j);
}
```

이는 qsort가 인수 compar()에 기대하는 것과 정확히 일치하지 않으므로 타입 변환이 필요하다.[7] 정렬할 10개의 정수로 이루어진 배열이 있다고 해 보자. 위에서 정리한 3단계 캐스트 절차를 따르면 호출은 다음과 같이 표시될 것이다.

```
qsort(
  a,
  10,
  sizeof(int),
  (int (*)(const void *, const void *)) intcompare
);
```

실용적이지 않지만 printf()를 가리키는 포인터도 만들 수 있다.

```
extern int printf(const char*,...);
void *f = (void*)printf;
```

그러고 나서 다음과 같이 적절하게 캐스트된 포인터를 통해 printf를 호출할 수 있다.

```
(*(int(*)(const char*,...))f)("Bite my shorts. Also my chars and ints\n");
```

쉬어 가기: 국제 난독 C 코드 대회

> C 언어는 어셈블리 언어의 모든 기능과 편리성을 결합했다.
>
> — 옛날 옛적 시골뜨기 노동자의 격언

프로그래밍 언어는 모두 악용될 수 있다. 훌륭한 프로그래머들은 대부분 아주 극단적인 프로그램을 작성할 수 있기에 그런 코드는 보기만 해도 눈이 아파 온다. 옆 사무실 프로그래머에게 자랑스럽게 보여 주면서 어떤 코드인지 알아내게 하는 코드를 작성해 보라. 작성한 지 6개월이 지나면 어떤 일을 하는지 알아낼 수 없는 코드를 작성해 보라. 이러한 종류의 프로그램은 모든 언어로 작성할 수 있지만 C 언어를 사용하면 더 쉽게 작성할 수 있다.

국제 난독 C 코드 대회는 랜던 커트 놀(Landon Curt Noll)과 래리 바셀(Larry Bassel)이 1984년부터 유즈넷에서 매년 개최한 대회다. 이 대회는 랜던이 본 셸 소스를

---

7 포인터가 가리키는 타입에 따라 포인터 크기가 바뀌는 특수하고 대중적이지 못한 컴퓨터를 사용한다면 호출보다는 비교 루틴에서 캐스트를 수행해야 한다. 제대로 설계된 아키텍처로 가능한 한 빨리 옮기길 바란다.

보고 나서 '아니, 이건 너무 괴랄, 아니지, 괴란(乖亂, outré)하잖아' 하는 마음에 시작되었다. 그는 이것을 단순히 우발적인 요소로 둘 게 아니라 C 코드를 혼란스럽게 보이도록 적극적으로 노력한다면 어디까지 갈 수 있을지 궁금했다.

대회는 연례행사가 되었다. 참가 신청은 겨울에, 심사는 봄에 이루어지며 수상자는 하계 유즈닉스(Usenix) 회의에서 이 코드를 발표한다. 시상 분야는 보통 '규칙을 가장 이상하게 남용한 것', '가장 창의적인 소스 배치', '최고의 한 줄' 등 10여 가지가 있다. 대상에 해당하는 '최고의 쇼' 상은 가장 읽기 어렵고 기괴한(그러나 잘 동작하는) C 프로그램을 만든 사람에게 수여한다.

국제 난독 C 코드 대회는 매우 재미있는데, 여러분이 참가하든 아니면 단순히 분석만 하든 놀라운 방법으로 지식을 넓힐 수 있다. 예를 들어 1987년 벨 연구소의 데이비드 콘(David Korn)은 다음 코드로 우승했다.

```
main() { printf(&unix["\021%six\012\0"],(unix)["have"]+"fun"-0x60);}
```

도대체 위 코드는 무엇을 출력하는 걸까?(힌트: 'have fun'은 아니다!) 데이비드는 버전 7의 /bin/sh보다 훨씬 더 깨끗한 것으로 알려진 콘(Korn) 셸을 만들었다. 아마도 국제 난독 C 코드 대회는 해커들이 행복하도록 안전밸브 역할도 하는 것 같다.

1988년 우승작은 프로그래머 고피 레디(Gopi Reddy)의 cdecl 난독 버전이다. 정상적인 cdecl 프로그램이 약 150줄이었다는 것을 생각하기 바란다. 난독 코드는 열두 줄도 안 된다.

```
#include<stdio.h>
#include<ctype.h>
#define w printf
#define p while
#define t(s) (W=T(s))
char*X,*B,*L,I[99];M,W,V;D(){W==9?(w("'%.*s' is ",V,X),t(0)):W==40?
(t(0),D(),t(41)):W==42?(t(0),D(),w("ptr to ")):0;p(W==40?(t(0),
w("func returning "),t(41)):W==91?(t(0)==32?(w("array[0..%d] of ",
atoi(X)-1),t(0)):w("array of "),t(93)):0);}main(){p(w("input: "),
B=gets(I))if(t(0)==9)L=X,M=V,t(0),D(),w("%.*s.\n\n",M,L);}T(s){if(!s||s==W)
{p(*B==9||*B==32)B++;X=B;V=0;if(W=isalpha(*B)?9:isdigit(*B)?32:*B++)
if(W<33)p(isalnum(*B))B++,V++;}return W;}
```

과도한 ?와 , 연산자를 이용한 이런 난독 코드는 지금은 유행이 약간 지났지만 당시에는 기발했고 프로그램의 정교함은 확실히 놀라웠다. 이 코드가 어떻게 동작하는지 알아내는 것은 여러분에게 연습으로 남긴다(하하! 나는 항상 이렇게 말하고 싶었다). 힌트는 두 개의 서브루틴 T()와 D()다. T()는 다음 토큰을 구문 분석하여 식별자인지, 숫자인지 알려주며 D()는 파싱을 담당한다. 전처리기와 서식 지정을 통해 재조합해 보라. 그런 다음 모든 ? 표현식을 if 문으로 바꾼다. 읽을 수 있을 때까지 이 과정을 반복한다.

마지막 난독 C 예제는 런던 대학 대학원생 디오미디스 스피넬리스(Diomidis Spinellis)가 제출한 베이식 인터프리터인데 고작 1500자로 쓰였다! 인터프리터 사용법을 설명하는 매뉴얼과 함께 베이식 예제 프로그램도 함께 제공했다.

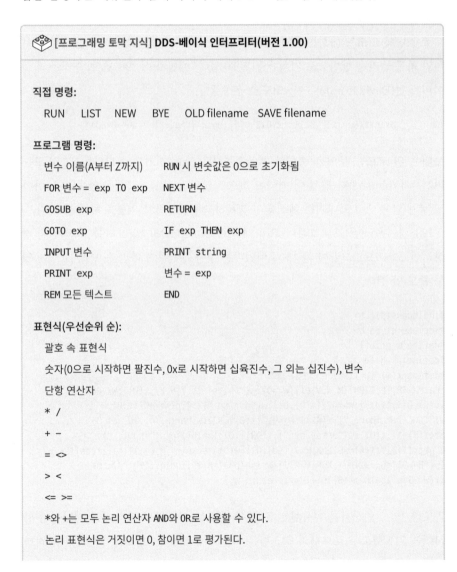

[프로그래밍 토막 지식] DDS-베이식 인터프리터(버전 1.00)

직접 명령:

RUN   LIST   NEW   BYE   OLD filename   SAVE filename

프로그램 명령:

변수 이름(A부터 Z까지)   RUN 시 변숫값은 0으로 초기화됨

FOR 변수 = exp TO exp   NEXT 변수

GOSUB exp   RETURN

GOTO exp   IF exp THEN exp

INPUT 변수   PRINT string

PRINT exp   변수 = exp

REM 모든 텍스트   END

표현식(우선순위 순):

괄호 속 표현식

숫자(0으로 시작하면 팔진수, 0x로 시작하면 십육진수, 그 외는 십진수), 변수

단항 연산자

* /

+ -

= <>

> <

<= >=

*와 +는 모두 논리 연산자 AND와 OR로 사용할 수 있다.

논리 표현식은 거짓이면 0, 참이면 1로 평가된다.

편집:

라인 재진입이 가능한 라인 편집기

행 번호 뒤에 아무것도 없으면 해당 행 번호가 붙은 행을 삭제한다.

입력 서식:

행에는 토큰을 자유롭게 배치할 수 있다.

행 번호 앞에는 공백이 없어야 한다.

OLD 또는 SAVE 명령과 파일 이름 사이에는 정확히 하나의 공백이 있어야 한다.

모든 입력은 반드시 대문자여야 한다.

제약 조건

행 번호: 1~10,000

행 길이: 999글자

중첩 가능 FOR 횟수: 26

GOSUB: 999단계

프로그램: 동적 할당

숫자 범위: 16비트는 -32,768~32,767

32비트는 -2,147,483,648~2,147,483,647

오류 검사·보고:

오류 검사는 수행되지 않는다.

'core dumped' 메시지는 구문 또는 의미 오류를 나타낸다.

호스팅 환경:

안시 C, 원조 K&R C

아스키 또는 엡시딕(EBCDIC) 코드

48KB 메모리

제공된 베이식 예제 프로그램은 오래된 달 착륙선 게임이다.

```
10 REM Lunar Lander
20 REM By Diomidis Spinellis
30 PRINT "You are on the Lunar Lander about to leave the spacecraft."
60 GOSUB 4000
70 GOSUB 1000
80 GOSUB 2000
90 GOSUB 3000
100 H = H - V
```

```
110 V = ((V + G) * 10 - U * 2) / 10
120 F = F - U
130 IF H > 0 THEN 80
135 H = 0
140 GOSUB 2000
150 IF V > 5 THEN 200
160 PRINT "Congratulations! This was a very good landing."
170 GOSUB 5000
180 GOTO 10
200 PRINT "You have crashed."
210 GOTO 170
1000 REM Initialise
1010 V = 70
1020 F = 500
1030 H = 1000
1040 G = 2
1050 RETURN
2000 REM Print values
2010 PRINT " Meter readings"
2015 PRINT " --------------"
2020 PRINT "Fuel (gal):"
2030 PRINT F
2040 GOSUB 2100 + 100 * (H <> 0)
2050 PRINT V
2060 PRINT "Height (m):"
2070 PRINT H
2080 RETURN
2100 PRINT "Landing velocity (m/sec):"
2110 RETURN
2200 PRINT "Velocity (m/sec):"
2210 RETURN
3000 REM User input
3005 IF F = 0 THEN 3070
3010 PRINT "How much fuel will you use?"
3020 INPUT U
3025 IF U < 0 THEN 3090
3030 IF U <= F THEN 3060
3040 PRINT "Sorry, you have not got that much fuel!"
3050 GOTO 3010
3060 RETURN
3070 U = 0
3080 RETURN
3090 PRINT "No cheating please! Fuel must be >= 0."
3100 GOTO 3010
4000 REM Detachment
4005 PRINT "Ready for detachment"
4007 PRINT "-- COUNTDOWN --"
4010 FOR I = 1 TO 11
4020 PRINT 11 - I
```

```
4025 GOSUB 4500
4030 NEXT I
4035 PRINT "You have left the spacecraft."
4037 PRINT "Try to land with velocity less than 5 m/sec."
4040 RETURN
4500 REM Delay
4510 FOR J = 1 TO 500
4520 NEXT J
4530 RETURN
5000 PRINT "Do you want to play again? (0 = no, 1 = yes)"
5010 INPUT Y
5020 IF Y = 0 THEN 5040
5030 RETURN
5040 PRINT "Have a nice day."
```

위 코드를 LANDER.BAS라는 파일에 입력한 다음, 베이식 인터프리터에서 다음 명령을 통해 로드하고 실행할 수 있다.

```
OLD LANDER.BAS
RUN
```

난독 베이식 인터프리터 코드는 다음과 같다.

```
#define O(b,f,u,s,c,a) \
 b(){int o=f();switch(*p++){X u:_ o s b();X c:_ o a b();default:p--;_ o;}}
#define t(e,d,_,C)X e:f=fopen(B+d,_);C;fclose(f)
#define U(y,z) while(p=Q(s,y))*p++=z,*p=' '
#define N for(i=0;i<11*R;i++)m[i]&&
#define I "%d %s\n",i,m[i]
#define X ;break;case
#define _ return
#define R 999
typedef char*A;int*C,E[R],L[R],M[R],P[R],l,i,j;char B[R],F[2];A m[12*R],malloc
(),p,q,x,y,z,s,d,f,fopen();A Q(s,o)A s,o;{for(x=s;*x;x++){for(y=x,z=o;*z&&*y==
*z;y++)z++;if(z>o&&!*z)_ x;}_ 0;}main(){m[11*R]="E";while(puts("Ok"),gets(B)
)switch(*B){X'R':C=E;l=1;for(i=0;i<R;P[i++]=0);while(l){while(!(s=m[l]))l++;if
(!Q(s,"\""")){U("<>",'#');U("<=",'$');U(">=",'!');}d=B;while(*F=*s){*s=='"'&&j
++;if(j&1||!Q(" \t",F))*d++=*s;s++;}*d--=j=0;if(B[1]!='=')switch(*B){X'E':l=-1
X'R':B[2]!='M'&&(l=*--C)X'I':B[1]=='N'?gets(p=B),P[*d]=S():(*(q=Q(B,"TH"))=0,p
=B+2,S()&&(p=q+4,l=S()-1))X'P':B[5]=='"'?*d=0,puts(B+6):(p=B+5,printf("%d\n",S
())))X'G':p=B+4,B[2]=='S'&&(*C++=l,p++),l=S()-1 X'F':*(q=Q(B,"TO"))=0;p=B+5;P[i
=B[3]]=S();p=q+2;M[i]=S();L[i]=l X'N':++P[*d]<=M[*d]&&(l=L[*d]);}else p=B+2,P[
*B]=S();l++;}X'L':N printf(I)X'N':N free(m[i]),m[i]=0  X'B':_ 0 t('S',5,"w",N
fprintf(f,I)t('O',4,"r",while(fgets(B,R,f))(*Q(B,"\n")=0,G()))X 0:default:G()
;}_ 0;}G(){l=atoi(B);m[l]&&free(m[l]);(p=Q(B," "))?strcpy(m[l]=malloc(strlen(p
)),p+1):(m[l]=0,0);}O(S,J,'=',==,'#',!=)O(J,K,'<',<,'>',>)O(K,V,'$',<=,'!',>=)
```

```
O(V,W,'+',+,'-',-)O(W,Y,'*',*,'/',/)Y(){int o;_*p=='-'?p++,-Y():*p>='0'&&*p<=
'9'?strtol(p,&p,0):*p=='('?p++,o=S(),p++,o:P[*p++];}
```

이것을 입력할 때 글자 'l'과 숫자 '1'이 바뀌지 않도록 주의해야 한다! 대입문의 왼쪽이라면 반드시 'l'이어야 한다.

이것은 놀라운 프로그램이며 난독화를 제거하고 동작 방법을 보기 위해 리버스 엔지니어링을 할 가치가 있다. 이 프로그램이 여러분의 상상력을 자극해서 여러분도 국제 난독 C 코드 대회에 입문했다는 소식을 듣는다면 기쁘겠다. 유즈넷에서 comp.lang.c 뉴스그룹을 읽고 늦가을에 게시되는 공고를 따르면 된다. 수상자는 세계 정상급 프로그래머이며 가장 난해한 코드를 만들기 위해 최선을 다하고 있다는 점을 기억하기 바란다.[8]

> 🎯 [프로그래밍 해답] **프로토타입에서 타입 승격 섞기**
>
> ```
> main() {
>   union {
>     double d;
>     float f;
>   } u;
>
>   u.d = 10.0;
>   printf("put in a double, pull out a float f= %f \n", u.f);
>
>   u.f=10.0;
>   printf("put in a float, pull out a double d= %f \n", u.d);
> }
>
> % a.out
> put in a double, pull out a float f= 2.562500
> put in a float, pull out a double d= 524288.000000
> ```

> 🎯 [프로그래밍 해답] **비동기 I/O**
>
> 다음 코드는 SVR4 기반 운영 체제가 표준 입력으로 입력된 각 문자에 대한 인터럽트를 보내도록 한다.

---

8 (옮긴이) 이 책을 번역하는 현재 *www.ioccc.org* 사이트에서 2020년 27회 수상자까지 확인할 수 있다. 참고로 21회 수상자 중에는 한국인도 있다.

```
#include <errno.h>
#include <signal.h>
#include <stdio.h>
#include <stropts.h>
#include <sys/types.h>
#include <sys/conf.h>

int iteration=0;
char crlf []={0xd,0xa, 0};

void handler(int s)
{
  int c=getchar(); /* 문자 하나 읽음 */
  printf("got char %c, at count %d %s",c,iteration,crlf);

  if (c=='q') {
    system("stty sane");
    exit(0);
  }
}

main()
{
  sigset(SIGPOLL, handler); /* 핸들러 설정 */
  system("stty raw -echo");
  ioctl(0, I_SETSIG, S_RDNORM); /* 인터럽트 방식의 입력이 있는지 질문 */

  for(;;iteration++);
    /* 원하는 내용 작성 */
}
```

signal() 대신 sigset()를 사용하면 매번 시그널 핸들러를 다시 등록할 필요가 없다. 출력 예는
다음과 같다.

```
% a.out
got char a, at count 1887525
got char b, at count 5979648
got char c, at count 7299030
got char d, at count 9802103
got char e, at count 11060214
got char q, at count 14551814
```

🎯 **[프로그래밍 해답] 유한 상태 기계 방식의 cdecl**

```c
#include <stdio.h>
#include <string.h>
#include <ctype.h>

#define MAXTOKENS 100
#define MAXTOKENLEN 64

enum type_tag { IDENTIFIER, QUALIFIER, TYPE };

struct token {
  char type;
  char string[MAXTOKENLEN];
};

int top = -1;

/* 식별자를 만날 때까지 모든 토큰을 담는다. */
struct token stack[MAXTOKENS];

/* 방금 읽은 토큰을 담는다. */
struct token this;

#define pop stack[top--]
#define push(s) stack[++top]=s

enum type_tag
classify_string(void)
/* 식별자 타입을 밝혀낸다. */
{
  char *s = this.string;
  if (!strcmp(s, "const")) {
    strcpy(s, "read-only");
    return QUALIFIER;
  }
  if (!strcmp(s, "volatile")) return QUALIFIER;
  if (!strcmp(s, "void")) return TYPE;
  if (!strcmp(s, "char")) return TYPE;
  if (!strcmp(s, "signed")) return TYPE;
  if (!strcmp(s, "unsigned")) return TYPE;
  if (!strcmp(s, "short")) return TYPE;
  if (!strcmp(s, "int")) return TYPE;
  if (!strcmp(s, "long")) return TYPE;
  if (!strcmp(s, "float")) return TYPE;
  if (!strcmp(s, "double")) return TYPE;
```

```c
    if (!strcmp(s, "struct")) return TYPE;
    if (!strcmp(s, "union")) return TYPE;
    if (!strcmp(s, "enum")) return TYPE;
    return IDENTIFIER;
}

void gettoken(void)
{ /* 다음 토큰을 'this'에 담는다. */
  char *p = this.string;

  /* 앞의 공백 문자들을 소화한다. */
  while ((*p = getchar()) == ' ');

  if (isalnum(*p)) {
    /* 식별자는 A-Z, 1-9로 시작한다. */
    while (isalnum(*++p = getchar()));
    ungetc(*p, stdin);
    *p = '\0';
    this.type = classify_string();
    return;
  }
  this.string[1] = '\0';
  this.type = *p;
  return;
}

void initialize(),
  get_array(), get_params(), get_lparen(), get_ptr_part(), get_type();

void (*nextstate)(void) = initialize;

int main()
/* 유한 상태 기계 방식으로 작성한 cdecl */
{
  /* 포인터가 널이 될 때까지 상태 전이를 진행한다. */
  while (nextstate != NULL)
    (*nextstate)();

  return 0;
}

void initialize()
{
  gettoken();
  while (this.type != IDENTIFIER) {
    push(this);
    gettoken();
```

```
    }
    printf("%s is ", this.string);
    gettoken();
    nextstate = get_array;
}

void get_array()
{
    nextstate = get_params;
    while (this.type == '[') {
        printf("array ");
        gettoken(); /* 숫자 또는 ']' */
        if (isdigit(this.string[0])) {
            printf("0..%d ", atoi(this.string) - 1);
            gettoken(); /* ']' 읽음 */
        }
        gettoken(); /* ']' 뒤에 오는 토큰을 읽음 */
        printf("of ");
        nextstate = get_lparen;
    }
}

void get_params()
{
    nextstate = get_lparen;
    if (this.type == '(') {
        while (this.type != ')') {
            gettoken();
        }
        gettoken();
        printf("function returning ");
    }
}

void get_lparen()
{
    nextstate = get_ptr_part;
    if (top >= 0) {
        if (stack[top].type == '(') {
            pop;
            gettoken(); /* 뒤의 ')' 읽음 */
            nextstate = get_array;
        }
    }
}

void get_ptr_part()
```

```
{
  nextstate = get_type;
  if (stack[top].type == '*') {
    printf("pointer to ");
    pop;
    nextstate = get_lparen;
  } else if (stack[top].type == QUALIFIER) {
    printf("%s ", pop.string);
    nextstate = get_lparen;
  }
}

void get_type()
{
  nextstate = NULL;
  /* 식별자를 읽을 때까지 스택에 저장했던 토큰을 처리한다. */
  while (top >= 0) {
    printf("%s ", pop.string);
  }
  printf("\n");
}
```

9장

배열에 대한 더 많은 이야기

'엄마네'라는 이름이 붙은 집에서 절대 먹지 말라.

'선생님'이라는 사람과 카드놀이는 절대 하지 말라.

그리고 C가 표현식에서 T-배열 타입의 l-값을

배열의 첫 번째 요소에 대한 포인터로 처리한다는 사실을 절대 잊지 말라.

— (전통적인) C 프로그래머 어록

배열이 포인터가 될 때

이전 장에서는 배열을 포인터로 쓰지 않는 가장 일반적인 상황을 집중해서 다루었다면, 이번 장에서는 배열을 포인터로 사용하는 것이 가능한 경우에 대해 설명한다. 실제로 배열과 포인터를 섞어서 사용하는 경우가 훨씬 많다. 그래서 '선언'과 '사용'(그것들의 전통적이고 직관적인 의미와 함께) 측면에서 고민해 보고자 한다.

배열 선언은 세 가지 경우로 더 나눌 수 있다.

- 외부(extern) 배열 선언
- 배열 정의(다시 강조하지만 정의는 선언의 특별한 경우로 단지 메모리 공간을 할당하고 초깃값을 제공한다)
- 함수의 파라미터로 선언

함수의 파라미터로 사용되는 배열 이름은 컴파일러에 의해 항상 포인터로 변환된다. 이를 제외한 나머지 경우(그리고 이전 장에서 가장 흥미롭게 다루었던 '한 파일에서는 배열로 정의, 다른 파일에서는 포인터로 선언'하는 경우)는 모두 배열을 선언하면 배열을 제공하고, 포인터를 선언하면 포인터를 제공한다. 그리고 두 경우가 혼용되는 일은 결코 없다. 그러나 배열의 '사용'(문장이나 표현식에서의 참조) 측면에서는 언제든지 포인터를 사용하도록 바꿔 쓸 수 있다. 그림 9-1은 이 내용을 다이어그램으로 요약하여 보여 준다.

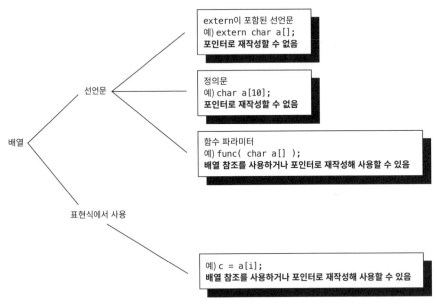

그림 9-1 배열이 포인터가 될 때

그런데 컴파일러는 배열과 포인터를 다른 방식으로 처리하고, 런타임에는 또 다르게 표현되기 때문에 배열과 포인터는 서로 다른 코드로 생성될 수 있다. 컴파일러 입장에서 배열은 주소이고 포인터는 주소의 주소다. 선택은 여러분에게 달렸다.

혼돈의 시작

사람들은 왜 배열과 포인터가 완벽하게 상호 교환이 가능하다고 착각하는가? 그것은 표준 참고 문헌 때문이다.

《The C Programming Language》 2판 99쪽 마지막 문장은 다음과 같다.

　함수 정의문에서 형식적인 파라미터로 정의한 경우에만

넘겨서 100쪽을 보자.

> char s[];와 char *s;는 동일한 의미를 갖는다. …(이하 생략)

아, 앗, 악![1] K&R 2판에서 왜 하필 이 부분이 페이지로 나뉘었던가! 페이지가 나뉘는 바람에 '함수 정의문에서 형식적인 파라미터로 정의된' 단 한 가지 경우에만 위의 두 문장이 동일한 의미를 갖는다는 사실을 놓치게 되었다. 특히 첨자 배열 표현식은 항상 포인터+오프셋 표현식으로 쓸 수 있는 것처럼 강조되었다.

'The C Programming Language'(Ritchie, Johnson, Lesk & Kernighan, *The Bell System Technical Journal*, vol. 57, no. 6, July-Aug 1978, pp. 1991-2019)에는 다음과 같은 내용이 실려 있다.

> 배열의 이름이 표현식에 나타날 때마다 배열의 첫 번째 멤버에 대한 포인터로 변환된다는 일반적인 규칙을 포함한다.

이때 핵심 용어 '표현식'은 이 논문에서 정의되지 않았다.

사람들은 프로그래밍을 배울 때 보통 모든 코드를 하나의 함수에 넣는 것으로 시작해서 여러 함수로 나누는 법을 배우고 마침내 프로그램을 여러 파일에 걸쳐 구성하는 법을 배운다. 이러한 과정을 거치면서 계속해서 다음과 같이 함수 인수로 배열과 포인터가 완전히 교환되는 모습을 보게 된다.

```
char my_array[10];
char * my_ptr;
...
i = strlen( my_array );
j = strlen( my_ptr );
```

또한 다음과 같은 문장도 많이 접한다.

```
printf("%s %s", my_ptr, my_array);
```

이 코드는 포인터와 배열 간의 호환성을 분명히 보여 준다. 그렇기 때문에 함수 호출에서 실제 파라미터의 특정 콘텍스트에서만 이와 같은 일이 발생한다는 것을 너무 쉽게 간과한다. 더 나쁜 것은 다음과 같은 코드다.

---

1 (옮긴이) 원문은 "Arggggghhh! Argv! Argc!"로 철자와 argv, argc를 이용한 말장난이다.

```
printf("array at location %x holds string %s", a, a);
```

같은 문장에서 배열 이름을 주소(포인터)와 문자 배열로 사용한다. 이것이 가능한 이유는 printf가 함수이기 때문이다. 따라서 이러한 경우에만 배열은 포인터로 전달된다. 또한 우리는 main 함수의 파라미터를 선언할 때 char **argv 또는 char *argv[]와 같이 바꾸어 사용하는 데도 익숙하다. 다시 말하지만 이것은 argv가 함수 파라미터이기 때문에 허용된다. 그러나 이로 인해 프로그래머들은 "C는 주소 연산에 있어 늘 일관되고 규칙적이다"라는 잘못된 결론을 안심하고 믿게 된다. 여기에 첨자 배열 표현식을 포인터 측면에서 항상 쓸 수 있는 장문의 상세 처리 방법을 추가하면, 무엇때문에 혼란스러워지는지 쉽게 알 수 있다.

다음에 나오는 '프로그래밍 토막 지식'은 정말로 중요하며 이번 장과 다음 장에서 여러 번 언급할 것이다. 집중하고 페이지를 접어 두어 여러 번 참고할 준비를 하자.

🧩 [프로그래밍 토막 지식] 배열을 포인터로 사용할 수 있는 경우

C 표준은 이 문제에 관해 다음과 같이 설명한다.

규칙 1. 표현식에 포함된 배열 이름은 (선언문과 달리) 컴파일러가 배열[2]의 첫 번째 요소에 대한 포인터로 처리한다(안시 C 표준 6.2.2.1을 쉽게 표현).

규칙 2. 배열 첨자는 언제나 포인터로부터의 오프셋과 동일하다(안시 C 표준 6.3.2.1을 쉽게 표현).

규칙 3. 함수 파라미터 선언에 포함된 배열 이름은 컴파일러가 배열의 첫 번째 요소에 대한 포인터로 처리한다(안시 C 표준 6.7.1을 쉽게 표현).

위 내용을 한마디로 표현하자면 '배열과 포인터의 관계는 시조와 오언절구의 관계와 같다'고 할 수 있다. 즉, 시조나 오언절구 모두 같은 장르의 정형시이지만 저마다의 실질적인 규칙과 표현법이 있다. 다음 절에서는 앞에서 소개한 규칙이 실제로 무엇을 의미하는지 설명한다.

---

2 물론 배열을 배열 전체로 다루는 몇 가지 소소한 예외가 있다. 다음과 같은 경우 배열에 대한 참조는 배열의 첫 번째 요소에 대한 포인터로 대체되지 않는다.
- 배열이 sizeof()의 피연산자로 나타날 때: 여러분은 분명히 여기에서 배열에 대한 포인터가 아닌 전체 배열의 크기를 원할 것이다.
- & 연산자와 함께 배열의 주소를 취할 때
- 배열이 문자열 또는 와이드 문자열(wide-string: 한글, 한자와 같이 2바이트 문자로 구성된 문자열) 초기화로 사용될 때

규칙 1: '표현식의 배열 이름'은 포인터다

(앞의) 규칙 1과 2를 조합해 사용하면 첨자 배열 참조는 항상 '배열 기준값에 대한 포인터'+오프셋으로 표현할 수 있다. 예를 들어 다음과 같이 선언해 보자.

```
int a[10], *p, i=2;
```

다음 코드는 모두 똑같이 a[i]에 접근한다.

```
p=a;                    p=a;                    p=a+i;
p[i];                   *(p+i);                 *p;
```

사실 이 규칙은 위의 예보다 더 강하다. 배열 참조 a[i]는 항상 컴파일 타임에 *(a + i)로 다시 작성된다. C 표준은 이와 같은 개념을 준수하라고 요구한다. 마치 + 기호가 덧셈 연산자를 나타내는 것처럼 대괄호 [ ]는 첨자 연산자를 나타낸다고 기억하는 게 C 표준을 더 쉽게 준수하는 방법이다. 첨자 연산자는 정수와 어떤 타입 T 포인터를 취해 T 타입 객체를 생성한다. 표현식의 배열 이름은 포인터가 된다. 그리고 포인터나 배열 모두 종국에는 포인터가 되고 둘 다 첨자로 표현할 수 있기 때문에 결과적으로 포인터와 배열 모두 표현식에서 상호 교환할 수 있다. 즉, 덧셈 연산자와 마찬가지로 첨자 연산자도 교환 법칙이 성립한다(인수가 어느 쪽에 오든 상관없다. 즉, 5+3은 3+5와 같다). 그래서 int a[10];이라고 선언했다면 다음 두 표현식은 모두 성립한다.

```
a[6] = ....;
6[a] = ....;
```

두 번째 줄에 있는 코드는 상용 코드에서 본 적이 없으며 이런 문법이 처음인 사람들에게 혼란을 일으키는 것 외에는 알려진 용도가 없다.

컴파일러는 가리키는 객체의 크기에 맞게 첨자 크기를 자동으로 조절한다. int가 4바이트라면 a[i+1]은 실제로 a[i]로부터 4바이트(1바이트가 아님) 떨어진 곳이 된다. 컴파일러는 기준 주소에 값을 더하기 전에 배수를 조정한다. 이것이 포인터가 항상 타입을 갖는 이유(한 가지 타입으로만 객체를 가리키도록 제한함)다. 이를 통해 컴파일러는 포인터를 역참조할 때 검색할 바이트 수를 알게 됨과 동시에 이를 첨자 크기로 사용할 수 있게 된다.

규칙 2: C는 배열 첨자를 포인터 오프셋으로 취급한다

배열 첨자를 '포인터+오프셋'으로 처리하는 것은 BCPL(C의 조상 언어)로부터 유래한 기술이다. C에서 첨자 범위 검사를 런타임에 하기는 사실상 불가능하다는 것이 정설이다. 첨자 연산자는 배열에 접근한다는 것을 알려 주지만 보장하지는 않는다. 대안으로 배열에 대한 포인터의 접근을 지원함으로써 첨자 연산을 모두 우회할 수도 있다. 이러한 조건에서 범위 검사는 배열 내 집합에 접근할 때에만 수행한다. 그러나 실질적으로 의미 있는 일은 아니다.

배열 대신 포인터를 사용해 배열 알고리즘을 프로그래밍하는 것이 '더 효율적'이라는 말도 나왔다.

그러나 일반적으로 대중의 믿음은 잘못된 경우가 많다. 현재 상용 수준의 최적화를 보여 주는 컴파일러를 사용했을 때 일차원 배열 코드와 포인터 참조 코드를 컴파일해 생성한 코드를 보면 유의미한 차이는 없다. 결국 배열 첨자는 포인터 관점에서 정의하므로 최적화를 통해 가장 효율적인 중간 코드로 변환한 다음 기계 코드로 출력할 수 있다. 그러면 다음에 나오는 배열을 포인터로 바꿔 쓴 여러 가지 표현을 다시 한번 살펴보고, 루프 내 접근 코드에서 초기화 코드를 분리해 보자.

```
int a[10], *p, i;
```

변수 a[i]는 그림 9-2와 같은 방법으로 동일하게 접근할 수 있다.

간단하게 여러 버전으로 중간 코드를 생성해 본 결과, 일차원 배열 탐색에서 포인터를 사용하는 것보다 첨자를 사용하는 경우가 더 빠르다. 포인터 또는 배열을 사용해 연속적으로 메모리의 위치를 훑을 때 스케일링, 즉 배수 연산을 수행한다. 배수 연산은 오프셋에 요소의 크기를 곱하는 것으로, 그 결과는 배열의 시작부터 참조하려는 위치까지의 실제 바이트 오프셋이 된다. 보통 배수 인자는 2의 거듭제곱(예를 들어 int는 4바이트, double은 8바이트 등)이다. 따라서 느린 곱셈 연산 대신 왼쪽 시프트하는 것으로 배수를 조정한다. '왼쪽으로 세 번 시프트'는 이진수에서 8을 곱하는 것과 같다. 하지만 크기를 2의 거듭제곱으로 계산할 수 없는 배열 요소가 있다면(예: 구조체 배열) 말짱 도루묵이다.

int 배열을 훑는 것은 누워서 떡 먹기다. 훌륭한 최적화 컴파일러가 코드를 분석하고 기준 변수를 고속 레지스터에 유지하고 루프 패러다임을 인식하려고 노력한다면, 최종 결과는 루프에서 포인터에 접근하든 배열에 접근하든 똑같은 코드가 생성된다.

배열 접근

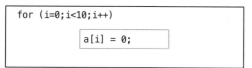

```
for (i=0;i<10;i++)

    a[i] = 0;
```

중간 코드

```
load l-value(a) into R1 (루프 밖으로 꺼낼 수 있음)
load l-value(i) into R2 (루프 밖으로 꺼낼 수 있음)

load [R2] into R3
if necessary, scale R3
add R1 + R3 into R4
store 0 into [R4]
```

포인터로 재작성 1

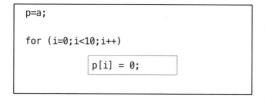

```
p=a;

for (i=0;i<10;i++)

    p[i] = 0;
```

```
load l-value(p) into R0 (루프 밖으로 꺼낼 수 있음)
load [R0] into R1       (루프 밖으로 꺼낼 수 있음)
load l-value(i) into R2 (루프 밖으로 꺼낼 수 있음)

load [R2] into R3
if necessary, scale R3
add R1 + R3 into R4
store 0 into [R4]
```

포인터로 재작성 2

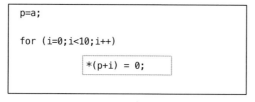

```
p=a;

for (i=0;i<10;i++)

    *(p+i) = 0;
```

```
포인터로 재작성한 1과 동일하다.
(막간 도전: 왜 그럴까?)
```

포인터로 재작성 3

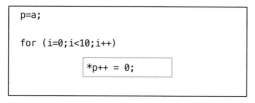

```
p=a;

for (i=0;i<10;i++)

    *p++ = 0;
```

```
load size of what-p-points-at into R5
                    (루프 밖으로 꺼낼 수 있음)
load l-value(p) into R0 (루프 밖으로 꺼낼 수 있음)

load [R0] into R1
store 0 into [R1]
add R5 + R1 into R1
store R1 into [R0]
```

위의 예는 세 가지 재작성 버전을 간단하게 변환한 중간 코드를 보여 준다.
최적화를 통하면 위에서 보여 주는 것과는 다른 코드가 생성될 수도 있다.
R0, R1, ... 등은 CPU 레지스터를 나타낸다. 사용 예는 다음과 같다

p의 l-값을 담은 R0   a의 l-값 또는 p의 r-값을 담은 R1
i의 l-값을 담은 R2   i의 r-값을 담은 R3

[R0]는 간접 접근을 의미하며 레지스터에 저장된 주소에 접근한다(많은 어셈블러에서 통상적으로 사용하는 표현이다).
'꺼낼 수 있음'은 루프 안에서 데이터가 바뀌지 않으므로 이 문장을 루프 밖으로 꺼내 속도를 높일 수 있다는 뜻이다.

그림 9-2 배열을 포인터로 재작성한 코드

일차원 배열을 처리할 때 포인터가 첨자보다 절대 빠르지 않다. C가 배열 첨자를 포인터 오프셋으로 취급하는 근본적인 이유는 이것이 기본 하드웨어가 사용하는 모델이기 때문이다.

규칙 3: '함수 파라미터로 사용된 배열 이름'은 포인터다

규칙 3 역시 설명이 필요하다. 먼저 커니핸과 리치의 용어부터 살펴보자.

용어	정의	예
파라미터	함수 정의 또는 함수 프로토타입 선언에 정의된 변수. 어떤 사람들은 이것을 '형식적 파라미터'라고 부른다.	int power(int base, int n); base와 n은 파라미터
인수	함수 호출 시 사용하는 값. 어떤 사람들은 이것을 '실제 파라미터'라고 부른다.	i = power(10, j); 10과 j는 인수 인수는 함수 호출마다 달라질 수 있다.

표준에서는 '배열 타입'으로 파라미터를 선언하는 것을 '포인터 타입'으로 조정해야 한다고 규정한다. 형식적 함수 파라미터 정의에서 특수한 경우에 컴파일러는 배열을 그 배열의 첫 번째 요소에 대한 포인터로 다시 작성해야 한다. 이 경우, 컴파일러는 배열의 복사본이 아니라 배열의 주소를 전달한다. 파라미터가 함수일 때도 마찬가지로 포인터로 취급하지만 지금은 배열에만 신경 쓰기로 하자. 따라서 다음 코드는 암묵적으로 완전히 똑같다.

```
my_function( int * turnip ) { ... }
my_function( int turnip[] ) { ... }
my_function( int turnip[200] ) { ... }
```

따라서 my_function()은 인수로 배열을 사용하든 포인터를 사용하든 문제없이 호출된다.

C가 배열 파라미터를 포인터로 취급하는 이유

배열을 포인터로 함수에 전달하는 이유는 효율성 때문이다. 하지만 때로는 효율성이라는 미명하에 바람직한 소프트웨어 엔지니어링 실천에서 벗어나는 것을 정당화하기도 한다. 포트란 I/O 모델이 고달팠던 이유는 기존의 불편하고 이미 구식이 된

IBM 704 어셈블러 I/O 라이브러리를 다시 사용하는 것이 '효율적'이라고 생각했기 때문이다. 이식 가능한 C 컴파일러에서 포괄적인 의미 검사를 제외한 것도 린트를 별도의 프로그램으로 구현하는 게 더 '효율적'이라는 문제 제기가 있어서였다. 이 결정들은 대다수의 안시 C 컴파일러가 향상된 오류 검사를 진행하면서 조용히 번복되었다.

효율성을 위해 파라미터에서는 배열-포인터를 동일하게 취급했다. C에서는 배열이 아닌 모든 데이터 인수를 '값'으로 전달한다(즉, 인수에 대한 복사본을 만들어 호출 함수에 전달한다. 따라서 함수는 인수로 사용된 실제 변수의 값을 변경하지 못하고 단지 복사본의 값만 변경한다). 배열 복사는 시간과 메모리가 많이 쓰이는 굉장히 비싼 연산이다. 또한 개발자들은 배열의 복사본이 아닌 지금 사용하는 배열을 건드리고 싶어 한다. 이것을 가능하게 하는 한 가지 방법은 파스칼로부터 유래된 방법인데, 파라미터를 값으로 전달할지 아니면 참조로 전달할지 나타내는 저장소 지정자를 파라미터로 허용하는 것이다. 모든 배열은 배열의 시작 지점에 대한 포인터로 전달되고, 그 외 다른 것들은 복사본으로 전달된다는 규칙을 채택하면 컴파일러가 간단해진다. 마찬가지로 함수의 반환값은 배열이나 함수가 될 수 없으며 오직 배열이나 함수의 포인터만이 가능하다.

어떤 사람들은 C의 인수는 기본적으로 값-호출 파라미터이고 예외적으로 배열, 함수에 대해서만 참조-호출 파라미터로 전달된다고 이해한다. 데이터를 참조-호출 파라미터로 전달하기 위해 명시적으로 사용하는 것이 '주소' 연산자다. 이렇게 하면 인수의 사본이 아니라 인수의 주소가 전달된다. 실제로 주소 연산자 &는 주로 참조-호출을 시뮬레이션하는 데 사용한다. 이러한 '참조' 관점은 엄격하게 말하면 정확하다고 할 수 없다. 구현 메커니즘이 명확하기 때문이다. 즉, 호출된 프로시저는 여전히 인수에 대한 포인터만 가질 뿐 그것 자체를 갖고 있지 않다. 그래서 크기를 구하거나 복사했을 때 차이가 발생하는 것이다.

배열 파라미터 참조 방법
그림 9-3은 첨자 배열 파라미터에 접근하는 과정을 보여 준다.

```
func( char p[]);                    .   .   .              c = p[i];

func( char *p);                     .   .   .              c = p[i];
```

컴파일러 심벌 테이블에는 p에 대한 주소가 스택 포인터 SP의 오프셋 14에 지정되어 있다.

> *런타임 단계 1*: 스택 꼭대기로부터 오프셋 14에 해당하는 프로시저 활성화 레코드에서 인수를 가져온다.
> 그 값은 '5081'이다.
> *런타임 단계 2*: 값 i를 가져와 5081에 더한다.
> *런타임 단계 3*: 주소 (5081+i)의 내용을 가져온다.

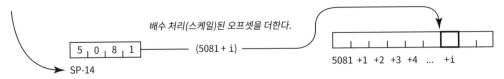

그림 9-3 첨자 배열 파라미터 참조 방법

위 그림은 첨자 포인터가 어떻게 참조되는지 보여 주는 108쪽의 다이어그램 C와 똑같다. C 언어는 프로그래머가 파라미터를 배열(프로그래머가 함수에 전달하려는 것) 또는 포인터(실제로 함수가 전달받는 것)로 선언하거나 참조하도록 한다. 컴파일러는 형식적 파라미터가 배열로 선언될 때마다 함수 내부에서는 언제나 알 수 없는 크기의 배열 첫 번째 요소에 대한 포인터로 처리한다는 것을 알고 있다. 따라서 어떠한 상황에서도 제대로 된 코드를 생성한다.

프로그래머가 어떤 형식을 사용하든 함수는 포인터가 가리키는 것(배열)의 요소 개수를 자동으로 알 수가 없다. 따라서 배열 종료 표시인 NUL 또는 배열의 크기 정보를 갖는 추가 파라미터를 제공하는 것 등의 규칙이 있어야 한다. 예를 들어 에이다에서는 모든 배열에 대해 요소 크기, 차원, 인덱스에 대한 정보를 제공한다.

다음과 같이 정의해 보자.

```
    func( int * turnip ) { ... }
또는
    func( int turnip[] ) { ... }
또는
    func( int turnip[200] ) { ... }

int my_int; /* 데이터 정의 */
int * my_int_ptr;
int my_int_array[10];
```

위의 함수 프로토타입 중 어떤 것을 사용하더라도 함수 호출 시 다음 표의 인수를 사용하는 데 문제가 없다. 다음 인수 사용에는 제각기 그 나름의 목적이 있다.

함수 호출 시 인수	타입	일반적인 목적
func(&my_int);	정수의 주소	정수의 '참조 호출'
func(my_int_ptr);	정수에 대한 포인터	포인터를 전달
func(my_int_array);	정수 배열	배열을 전달
func(&my_int_array[i]);	정수 배열 요소의 주소	배열의 일부분을 전달

표 9-1 배열-포인터 실제 파라미터의 일반적인 용도

반대로 func() 함수 내부에서는 함수가 호출되었을 때 이러한 인수 중 어떤 것이 사용되었는지, 그 목적이 무엇인지 쉽게 알 수 없다. 함수 인수로 사용하는 모든 배열은 컴파일 타임에 컴파일러에 의해 포인터로 다시 작성된다. 따라서 함수 내에서 배열 파라미터의 참조는 포인터 참조 코드로 생성된다. 그림 9-3은 이것이 실제로 무엇을 의미하는지 보여 준다.

흥미롭게도 배열 자체를 함수에 전달할 방법은 없다. 항상 배열에 대한 포인터로 자동 변환되기 때문이다. 물론 함수 내부에서는 포인터를 사용하여 배열로 할 수 있는 대부분의 작업을 할 수 있다. 다만 크기를 구할 때는 다른 답을 얻게 될 것이다.

따라서 여러분은 함수를 선언할 때 위의 경우 중 한 가지를 선택한 다음 함수 정의 시 파라미터를 배열이나 포인터 중 어떤 것으로도 정의할 수 있다. 어느 쪽을 선택하든 컴파일러는 이 객체가 함수의 인수로서 사용된 특별한 경우임을 알아차리며 포인터를 역참조하는 코드를 생성한다.

◎ [프로그래밍 도전] 배열-포인터 인수 가지고 놀기

다음 프로그램을 작성하고 실행하여 앞에서 설명한 내용이 사실임을 스스로 증명해 보자.

1. 문자 배열 ca를 인수로 취하는 함수를 정의한다. 함수 내부에서 &ca, &(ca[0]), &(ca[1])을 각각 출력한다.
2. 문자 포인터 pa를 인수로 취하는 또 다른 함수를 정의한다. 함수 내부에서 &pa, &(pa[0]), &(pa[1]), ++pa를 각각 출력한다.
3. 전역 문자 배열 ga를 설정하고 알파벳 글자로 초기화한다. 이 전역 배열을 파라미터로 하여 앞의 두 함수를 호출하고 그 출력값을 비교한다.
4. 메인 함수에서 &ga, &(ga[0]), &(ga[1])을 각각 출력한다.

5. 프로그램을 실행하기 전에 예상되는 출력 결과와 그 이유를 적어 둔 다음, 실제 실행 결과와
    비교하여 다른 점이 무엇인지 설명한다.

이 모든 것을 바로잡기 위해서는 약간의 규칙이 필요하다. 내가 추천하는 방법은
파라미터를 항상 포인터로 정의하는 것이다. 어차피 컴파일러가 다시 작성하기 때
문이다. 어떤 것에 대해 잘못 이해하도록 표현하는 이름을 붙이는 건 좋은 프로그
래밍 스타일은 아니라고 본다. 그래서 다른 한편으로는 어떤 사람들은 다음과 같이
사용하는 것이 프로그래머의 의도를 좀 더 잘 설명해 준다고 여긴다.

int *table   대신에   int table[]

table[] 표기는 table이 가리키는 것 뒤에 몇 개의 int 요소가 더 있다는 것을 보여
주면서 그와 더불어 함수가 배열 전체를 처리하도록 제안한다.

그러나 유일하게 포인터로만 가능하고 배열 이름으로는 할 수 없는 것이 하나 있
다. 바로 자신의 값을 변경하는 것이다. 배열 이름은 변경이 불가능한 l-값이다. 즉,
그 값은 바꿀 수 없다. 그림 9-4를 살펴보자(비교를 위해 함수를 나란히 배치했지
만, 모두 같은 파일에 있다).

포인터 인수	배열 인수	인수가 아닌 형태의 포인터
| ```c
fun1(int *ptr)
{
  ptr[1]=3;
  *ptr = 3;
  ptr = array2;
}
``` | ```c
fun2(int arr[])
{
  arr[1]=3;
  *arr = 3;
  arr = array2;
}
``` | ```c
int array[100], array2[100];
main()
{
  array[1]=3;
  *array = 3;
  array = array2; /* 실패 */
}
``` |

그림 9-4 배열이 인수로 사용될 때 가능한 연산

문장 array = array2;는 "배열 이름의 값을 변경할 수 없습니다"라는 오류 메시지
를 내면서 컴파일 오류를 일으킨다. 그러나 arr = array2;는 가능하다. arr은 배열
로 선언되었지만 사실은 포인터이기 때문이다.
```

부분 인덱싱

0번째 요소에 대한 포인터를 제공하면 배열 전체가 함수에 전달되지만 특정 요소에 대한 포인터를 제공함으로써 배열의 뒷부분만 전달할 수도 있다. 일부 사람들 (주로 포트란 프로그래머)은 이 기법을 다른 형태로 확장했다. 즉, 배열의 시작 전 (a[-1]) 주소를 전달함으로써 배열 인덱스를 0부터 $N-1$이 아닌 1부터 N까지 사용할 수 있다.

포트란 프로그래머처럼 배열의 범위를 1에서 N까지의 알고리즘으로 프로그래밍하는 데 익숙하다면 이 기법이 매우 매력적으로 느껴질 것이다. 하지만 불행하게도 이 트릭은 표준에서는 완전히 제외되었으며(6.3.6 '부가 연산자'에서 이를 금지함) 실제로 미정의 행동을 일으킨다.

포트란 프로그래머가 원하는 효과를 얻는 방법은 매우 간단하다. 배열을 필요한 요소보다 하나 더 많게 선언하여 인덱스의 범위를 0부터 N까지 만든다. 그런 다음 1에서 N까지의 요소만 사용하면 된다. 참 쉽지 않나?

배열과 포인터의 상호 교환 가능성 요약

주의하라. 여기까지 읽고 이해하지 못했다면 다음 내용을 읽으면 안 된다. 그렇지 않을 경우 뇌가 영구적으로 손상될 수 있다.

1. 배열 접근 a[i]는 컴파일러가 항상 포인터 접근 * (a+i)으로 '다시 작성'하거나 해석한다.
2. 포인터는 항상 포인터다. 결코 배열로 다시 작성되지 않는다. 포인터에 첨자도 적용할 수 있다. 여러분은 포인터를 함수 인수로 쓸 때 대체로 배열을 전달하리라는 것을 알게 된다.
3. 함수 파라미터의 특별한 맥락에서만 배열 선언은 포인터로 똑같이 작성할 수 있다. 함수 인수로서의(즉, 함수 호출 시 전달되는) 배열은 컴파일러가 언제나 배열의 시작을 가리키는 포인터로 변경한다.
4. 따라서 함수 파라미터를 배열로 정의할 때 배열 또는 포인터 중 한 가지 방식을 선택할 수 있다. 어떤 식으로 파라미터를 정의하든 실제로 함수 안에서는 포인터로 받는다.

5. 그 외 모든 경우에는 정의와 선언이 일치해야 한다. 즉, 배열로 정의한 경우 extern 선언은 배열이어야 한다. 이것은 포인터도 마찬가지다.

C에도 다차원 배열이 있는데...

어떤 사람들은 C에는 다차원 배열이 없다고 주장하지만 그들의 주장은 잘못됐다. 안시 표준 6.5.4.2와 각주 69번에서는 다음과 같이 말한다.

> 여러 개의 '배열' 표시(즉, 인덱스를 나타내는 대괄호)가 붙는 경우, 다차원 배열이 선언된다.

...그러나 다른 모든 프로그래밍 언어는 그것을 '배열의 배열'이라고 한다

사람들이 말하고자 하는 것은 C 언어는 '다른 프로그래밍 언어(파스칼이나 에이다 등)가 구현하는 것과 같은 형태의' 다차원 배열이 없다는 것이다. 에이다에서는 그림 9-5와 같이 다차원 배열을 선언한다.

```
apples : array(0..10, 1..50) of real;
```
또는 다음과 같이 배열의 배열을 선언한다.   **Ada**

```
type vector is array(1..50) of real;
    oranges : array(0..10) of vector;
```

그림 9-5 에이다 예제

사과와 김치가 서로 어울리지 않듯이 에이다에서는 다차원 배열과 배열의 배열을 완전히 다른 종으로 분류한다.

파스칼은 에이다와는 반대로 접근한다. 즉, 언제나 배열의 배열과 다차원 배열은 완전히 상호 교환할 수 있으며 동등하다고 간주한다. 파스칼에서는 그림 9-6과 같이 다차원 배열을 선언하고 접근할 수 있다.

```
var M : array[a..b] of array[c..d] of char;
    M[i][j] := c;
```

Pascal

축약해 표기하는 것도 가능하다.

```
var M : array[a..b,c..d] of char;
    M[i,j] := c;
```

그림 9-6 파스칼 예제

《The Pascal User Manual and Report》[3]는 배열의 배열이 다차원 배열과 동등하고 상호 교환할 수 있다고 명시한다. 에이다 언어는 더 강한 제약을 두는데 배열의 배열과 다차원 배열을 엄격하게 구분한다. 어차피 메모리에서는 똑같아 보이지만 이렇게 함으로써 '배열의 배열'의 개별 행은 서로 다른 타입이 할당되거나 호환될 수도 있다. 변수는 float과 int 중 하나를 선택하는 것이 아니라 기본 데이터를 가장 잘 반영하는 타입을 선택한다. 에이다에서는 데카르트 좌표 체계에서 점을 지정하는 것처럼 일반적으로 독립적인 다양한 인덱스가 있을 때 다차원 배열을 사용한다. 그리고 데이터가 더 계층적이면 배열의 배열을 사용한다. 예를 들어 어떤 것을 일 단위로 기록하기 위해 [7]일의 [5]주의 [12]개월 배열을 만들 수 있다. 물론 이 배열을 이용하면 주 또는 월 단위의 데이터 처리도 가능하다.

> 🔅 [유용한 팁] 프로그래밍 언어별 '다차원'의 의미
>
> 에이다 표준은 명시적으로 배열의 배열과 다차원 배열이 다르다고 한다.
> 파스칼 표준은 명시적으로 배열의 배열과 다차원 배열이 동일하다고 한다.
> C는 다른 언어에서 의미하는 배열의 배열을 가지고 있을 뿐 아니라 이것을 '다차원'이라고 부른다.

C의 접근 방식은 다소 독자적이다. 다차원 배열을 정의하고 참조하는 유일한 방법은 배열의 배열을 사용하는 것이다. C는 배열의 배열을 다차원 배열이라고 지칭하지만 [i][j][k]와 같은 여러 인덱스를 [i, j, k]처럼 하나의 파스칼식 첨자 표현으로 '묶는' 방법은 없다. 무슨 일을 해야 하는지 정확히 알고 불확실한 프로그래밍을 꺼리지 않는다면 한 개의 첨자 [z]만으로 [i][j][k]에 해당하는 오프셋을 계산할 수

---

3 《The Pascal User Manual and Report》(Springer-Verlag, 1975) p. 39.

도 있다. 하지만 이것은 권장되지 않는 방법이다. 더 나쁜 것은 [i, j, z]는 C에서도 허용하는 쉼표로 구분된 표현식이다. 이 구문을 사용해도 여러 첨자로 참조하지 않는다. C는 다른 언어가 일반적으로 '배열의 배열'이라고 부르는 것을 지원하지만 이것을 '다차원 배열'이라고 부르며 그 구분을 모호하게 만들었다. 결과적으로 많은 사람이 지옥을 맛보고 있다(그림 9-7 참고).

C에서는 다음과 같이 10×20 다차원 문자 배열을 선언한다.

```
char carrot[10][20];
```

또는 다음과 같이 좀 더 '배열의 배열' 같은 방식으로 선언할 수도 있다.

```
typedef char vegetable[20];
vegetable carrot[10];
```

두 경우 모두 개별 문자는 carrot[i][j]와 같은 형태로 접근할 수 있다.
컴파일러는 컴파일 타임에 이것을 *(*(carrot + i) +j)로 해석한다.

그림 9-7 배열의 배열

'다차원 배열'이라는 용어가 있지만 C는 '배열의 배열'만 지원한다. 여러분의 뇌가 C에서 '배열'을 보면서 '벡터'(즉, 어떤 것의 일차원 배열, 아마도 다른 모습의 배열이 될 것이다)를 떠올린다면 대단히 효율적인 모델이라고 할 수 있다.

> 🔆 [유용한 팁] C에서 배열은 모두 일차원이다
>
> C에서 '배열'을 볼 때마다 '벡터', 즉 무언가의 '일차원' 배열(아마도 다른 형태의 배열이 될 것이다)을 떠올려 보기 바란다.

다차원 배열 분해

다차원 배열을 개별 요소 배열로 분리하는 법을 주의 깊게 살펴보기 바란다. 다음과 같이 선언한 코드를 보자.

```
int apricot[2][3][5];
```

이것은 그림 9-8에서 보여 주는 모든 방법으로 동일한 저장소를 볼 수 있음을 말해
준다.

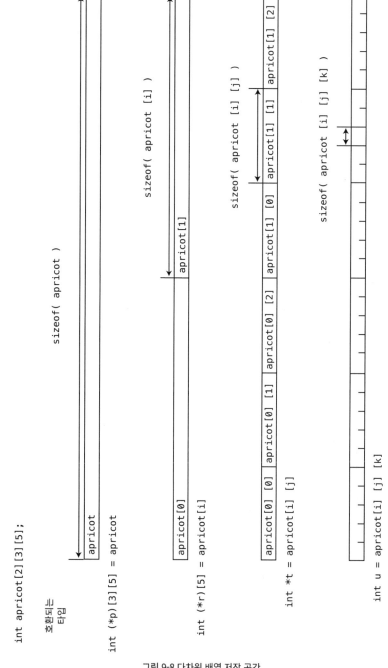

그림 9-8 다차원 배열 저장 공간

일반적으로 대입문에서는 int와 int, double과 double 등과 같이 동일한 타입을 사용한다. 그림 9-8에서 '배열의 배열의 배열' 내의 개별 배열은 포인터와 호환됨을 알수 있다. 이는 표현식의 배열-이름이 '요소에 대한 포인터'(250쪽의 규칙 1)로 줄어들기 때문이다. 바꾸어 말하면 배열 전체를 대입하는 것은 불가능하기 때문에 동일한 타입의 무언가로 배열을 대입할 수 없다. '표현식의 배열 이름은 포인터로 축약된다'는 규칙 때문에 배열 이름의 값으로 포인터를 넣는다.

포인터가 가리키는 배열의 차원 때문에 큰 차이가 생긴다. 위 선언문을 사용할때 다음 예를 보자.

```
r++;
t++;
```

r과 t는 저마다 연관된 그다음 요소를 가리키도록 증가한다(두 경우 모두 각 요소가 배열이다). 하지만 변수마다 증가하는 크기는 다른데 그 이유는 r이 가리키는 배열 요소가 t가 가리키는 배열 요소보다 3배 더 크기 때문이다.

◎ [프로그래밍 도전] 배열 만세!

다음 선언문을 사용하자.

```
int apricot[2][3][5];

int (*r)[5] = apricot[0];
int *t = apricot[0][0];
```

r 및 t의 초깃값을 십육진수로 출력하고(printf 변환 문자 %x를 사용하여 십육진수 값 인쇄), 이두 포인터를 증가시킨 다음 새로운 값을 출력하는 프로그램을 작성한다.

프로그램을 실행하기 전에 증가 연산으로 각 포인터에 실제로 더해지는 바이트 수를 예상해보자. 그림 9-8(263쪽)을 참고하기 바란다.

배열을 메모리에 배치하는 방법

C에서 다차원 배열을 사용하면 '행 우선 주소 지정(row major addressing)' 관례에 따라 맨 오른쪽에 있는 첨자부터 변한다. '행/열 우선 주소 지정'이라는 용어는 실제로 이차원 배열에만 적합하므로 '맨 오른쪽 첨자부터 변함'이라고 표현하는 것이

더 적절하다. 대부분의 알고리즘 언어는 '맨 오른쪽 첨자부터 변함'이라는 용어를 사용한다. 잘 알려진 프로그래밍 언어 중 포트란이 예외적으로 '열 우선 주소 지정 (column major addressing)', 즉 맨 왼쪽부터 변하는 방식을 선호한다. 먼저 변하는 첨자의 위치에 따라 배열이 메모리에 배치되는 방식도 달라진다. 실제로 C 행렬을 포트란 루틴에 적용하면 행과 열이 뒤집힌 것처럼 보인다. 잘못된 것처럼 보이지만 때때로 그 이점을 활용하기도 한다.

		낮은 주소		← →			높은 주소	
C	int a[2][3]	a[0][0]	a[0][1]	a[0][2]	a[1][0]	a[1][1]	a[1][2]	맨 오른쪽 첨자부터 변함
Fortran	dim a(2,3)	a(1,1)	a(2,1)	a(1,2)	a(2,2)	a(1,3)	a(2,3)	맨 왼쪽 첨자부터 변함

그림 9-9 행 우선 방식 대 열 우선 방식

C에서 다차원 배열을 사용하는 가장 일반적인 방법은 여러 개의 문자열을 저장하는 것이다. 어떤 사람들은 맨 오른쪽 첨자부터 변하는 방식이 이런 경우에 유리하다고 강조한다(각 문자열의 인접 문자는 바로 옆에 저장된다). 이는 맨 왼쪽 첨자가 먼저 변하는 방식으로 문자를 저장하는 다차원 배열에는 맞지 않는다.

배열 초기화

가장 단순한 경우로, 일차원 배열은 값 목록을 중괄호로 묶는 것으로 초깃값을 부여한다. 편의상 배열 크기를 생략하면 배열 크기는 주어진 초깃값의 개수가 된다.

```
float banana [5] = { 0.0, 1.0, 2.72, 3.14, 25.625 };
```

```
float honeydew[] = { 0.0, 1.0, 2.72, 3.14, 25.625 };
```

전체 배열 지정은 선언문에서만 가능하다. 사실 왜 이렇게 제한을 두는지는 모르겠다. 중첩된 중괄호를 사용하면 다차원 배열을 초기화할 수 있다.

```
short cantaloupe[2][5] = {
  {10, 12, 3, 4, -5},
  {31, 22, 6, 0, -5},
};
```

```
int rhubarb[][3] ={ {0,0,0}, {1,1,1}, };
```

참고로 마지막 초깃값 다음에 나오는 쉼표는 포함하거나 생략할 수 있다. 또한 맨 마지막 차원('오직' 마지막 차원만)은 생략할 수 있다. 이렇게 하면 컴파일러는 초 깃값을 가지고 개수를 자동으로 산정한다.

초깃값이 지정된 개수보다 배열 크기가 크면 나머지 요소는 0으로 초기화된다. 포인터라면 NULL로 초기화되고 부동 소수점이라면 0.0으로 초기화된다. IBM PC와 썬 시스템 등에서 많이 사용하는 IEEE 754 표준 부동 소수점 구현에서 0.0의 비트 패턴은 어떤 경우에도 정수 0과 동일하다.

◎ [프로그래밍 도전] 비트 패턴 확인

부동 소수점 0.0의 비트 패턴이 시스템의 정수 0과 동일한지 확인하는 한 줄짜리 코드를 작성하라.

이차원 배열의 문자열을 초기화하는 방법은 다음과 같다.

```
char vegetables[][9] = { "beet",
                         "barley",
                         "basil",
                         "broccoli",
                         "beans" };
```

한 가지 편리한 기능은 포인터의 배열로 설정할 수 있다는 것이다. 문자열 리터럴은 배열의 초깃값으로 사용할 수 있으며 컴파일러는 주소를 배열에 올바르게 저장한다.

```
char *vegetables[] = { "carrot",
                       "celery",
                       "corn",
                       "cilantro",
                       "crispy fried potatoes" }; /* 잘 동작함 */
```

초기화 부분이 문자 배열의 배열 초기화와 어떻게 다른지 살펴보기 바란다. 문자열 리터럴만 포인터 배열을 초기화할 수 있다. 다른 타입은 포인터 배열을 직접 초기화할 수 없다.

```
int *weights[] = {              /* 제대로 컴파일되지 않을 것이다. */
                {1,2,3,4,5},
                {6,7},
                {8,9,10}
            };                  /* 제대로 컴파일되지 않을 것이다. */
```

사실은 이런 식으로 초기화할 수 있는 비법이 있다. 각 행을 개별 배열로 만든 다음 해당 배열 이름을 사용하여 원래 배열을 초기화하면 된다.

```
int row_1[] = {1,2,3,4,5,-1};   /* -1은 행 종료 표시 */
int row_2[] = {6,7,-1};
int row_3[] = {8,9,10,-1};

int *weights[] = {
                    row_1,
                    row_2,
                    row_3
};
```

다음 장에서는 포인터를 자세히 설명한다. 하지만 그 전에 잠시 쉬어 가자.

쉬어 가기: 하드웨어/소프트웨어의 절충

성공적인 프로그래머가 되려면 소프트웨어/하드웨어의 상호 절충에 대해 잘 이해하고 있어야 한다. 이를 위해 친구의 친구에게 들었던 일화를 소개하고자 한다. 오래전 IBM의 구식 메인 프레임을 사용하여 이름과 주소 데이터베이스를 유지하는 대형 통신 판매 회사가 있었다. 이 기계에는 일괄 처리 제어 메커니즘이 전혀 없었다.

얼마 후 이 회사는 IBM 시스템을 폐기하고 버로스 시스템으로 대체할 예정이었다. 그것만 봐도 얼마나 오래된 모델이었는지 알 수 있다(버로스는 1980년대 중반 스페리와 합병해 유니시스가 되었다). 다시 데이터 처리 목장(ranch)으로 돌아가서 IBM 시스템은 야간 근무를 포함해 최대 용량으로 가동 중이었다. 야간 운영자의 유일한 업무는 주간 작업이 끝날 때까지 기다린 다음, 간격을 두고 밤새도록 4개의 작업을 더 시작하는 것이었다.

데이터 처리 관리자는 특정 시간에 일괄 처리 작업을 시작하는 방법만 찾으면 야간 운영자 없이 주간 근무자만으로 운영이 가능하다는 것을 깨달았다. IBM 시스템에 이 기능을 제공하기 위해서는 소프트웨어 업그레이드만으로 수만 달러가 필요했다. 아무도 곧 폐기될 시스템에 그렇게 많은 비용을 들이는 것을 원치 않았다. 이 기계는 몇 개의 파티션으로 나뉘었으며 각 파티션에는 터미널이 붙어 있었다. 야간 작업을 조정하면 각각 다른 터미널에서 작업을 시작하도록 할 수 있었다. 그리고 리턴 키를 누르면 작업이 시작되도록 각 터미널을 설정할 수 있었다. 그래서 관리자는 그림 9-10과 같이 '유령의 손가락'이라고 하는 장치 4대를 설계해 제작했다.

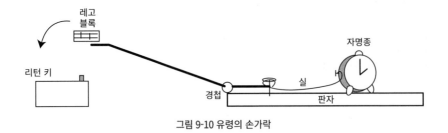

그림 9-10 유령의 손가락

매일 밤 유령의 손가락은 각 터미널 뒤에 설치되었다. 그리고 오전 2시가 되면 첫
번째 자명종이 울리는데, 그러면 자명종의 와인더가 실을 감아 핀을 당겨 팔을 리
턴 키 위로 떨어뜨린다. 키를 반복해서 누르지 않도록 레고 블록이 떨어져 나가고
작업이 시작된다.

모두가 이 장치를 비웃었지만 새로운 시스템이 도입될 때까지 6개월이나 동작했
다! 새로운 시스템을 가동한 지 몇 시간 만에 버로스와 IBM의 시스템 엔지니어는
루브 골드버그(Rube Goldberg) 같은 이 장치를 유지해 달라고 간청했다. 이것이
바로 소프트웨어와 하드웨어 사이에서 성공적으로 절충이 이루어진 사례의 본질
이다.

⊚ [프로그래밍 해답] 배열-포인터 인수 가지고 놀기

```
char ga[] = "abcdefghijklm";

void my_array_func( char ca[10] )
{
  printf(" addr of array param = %#x \n",&ca);
  printf(" addr (ca[0]) = %#x \n",&(ca[0]));
  printf(" addr (ca[1]) = %#x \n",&(ca[1]));
  printf(" ++ca = %#x \n\n", ++ca);
}

void my_pointer_func( char *pa )
{
  printf(" addr of ptr param = %#x \n",&pa);
  printf(" addr (pa[0]) = %#x \n",&(pa[0]));
  printf(" addr (pa[1]) = %#x \n",&(pa[1]));
  printf(" ++pa = %#x \n", ++pa);
}
```

```
main() {
  printf(" addr of global array = %#x \n",&ga);
  printf(" addr (ga[0]) = %#x \n",&(ga[0]));
  printf(" addr (ga[1]) = %#x \n\n",&(ga[1]));
  my_array_func( ga );
  my_pointer_func( ga );
}
```

결과는 다음과 같다.

```
% a.out
 addr of global array = 0x20900
 addr (ga[0]) = 0x20900
 addr (ga[1]) = 0x20901

 addr of array param = 0xeffffa14
 addr (ca[0]) = 0x20900
 addr (ca[1]) = 0x20901
 ++ca = 0x20901

 addr of ptr param = 0xeffffa14
 addr (pa[0]) = 0x20900
 addr (pa[1]) = 0x20901
 ++pa = 0x20901
```

처음에는 실행 결과가 이상하게 보일지도 모르겠다. 배열 파라미터의 주소가 배열 파라미터의
첫 번째 요소의 주소와 다르기 때문이다. 그러나 이것은 사실이다.

　이런 상황에서 초보 C 프로그래머를 상대로 sizeof 연산 결과가 어떨지 내기하면 돈을 많이
딸 수 있을 것이다.

E x p e r t 　 C 　 P r o g r a m m i n g

포인터에 대한 더 많은 이야기

누군가를 가리킬 때 손가락 세 개는 당신을 가리키고 있다는 사실을 절대 잊지 말라.

— 의심스러운 간첩의 격언

다차원 배열 레이아웃

다차원 배열은 시스템 프로그래밍에서 흔히 사용하는 개념은 아니며, 다른 프로그래밍 언어와 달리 C가 다차원 배열에 필요한 정교한 런타임 루틴을 정의하지 않았다는 사실도 놀랄 일은 아니다. 동적 배열(dynamic array) 같은 것을 생성할 경우 프로그래머는 컴파일러 대신 포인터를 사용하여 메모리를 명시적으로 할당하고 조작해야 한다. 파라미터로 다차원 배열 같은 것을 생성할 경우 C에서는 일반적인 상황을 표현할 방법이 없다. 이번 장에서는 이러한 문제를 다룬다. 이제는 모두가 메모리 상의 다차원 배열 레이아웃에 익숙할 것이다. 다음과 같이 선언한 경우를 보자.

```
char pea[4][6];
```

어떤 사람들은 그림 10-1과 같이 표 모양으로 각 행이 배치된 이차원 배열을 떠올린다.

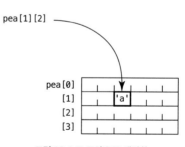

그림 10-1 표 모양으로 생각한
이차원 배열 메모리 레이아웃

이렇게 생각하는 프로그래머에게 여러분의 차를 주차해 달라고 맡겨서는 안 된다. 실제로 개별 요소에 대한 저장 및 참조는 그림 10-2처럼 선형 메모리 형태로 배치된다.

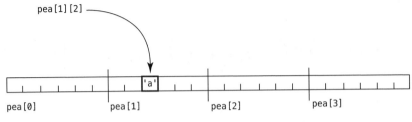

그림 10-2 이차원 배열의 실제 메모리 레이아웃

배열 첨자에 대한 규칙(9장, 250쪽 참고)에 따르면 l-값인 pea[i][j]를 평가하기 위해 pea[i] 위치를 가져온 후 오프셋 [j]에 있는 문자를 얻게 된다. 따라서 컴파일러는 pea[i][j]를 다음과 같이 해석한다.

```
* ( *(pea + i) + j )
```

그러나 (여기에 핵심 포인트가 있다!) pea[i]의 의미는 pea가 어떻게 정의되었는지에 따라 다르다. 이 표현식은 잠시 후에 계속해서 설명하기로 하고, 먼저 매우 일반적이면서도 중요한 C의 자료 구조, 즉 문자열을 가리키는 일차원 포인터 배열부터 살펴보자.

포인터의 배열은 '일리프 벡터'

문자의 이차원 배열과 비슷한 효과를 내기 위해서는 일차원 포인터 배열을 선언하면 된다. 각각의 포인터는 문자열을 가리킨다.[1] C에서는 다음과 같이 선언한다.

```
char * pea[4];
```

---

1 가장 간단한 형태부터 생각해 보자. 포인터는 실제로 단일 문자를 가리키도록 선언한다. 문자에 대한 포인터를 선언함으로써 다른 문자가 암묵적으로 문자열 형태로 첫 번째 문자에 인접하여 저장되도록 한다. 다음과 같은 선언이 문자열에 대한 포인터 배열을 선언하는 제대로 된 방법이다.

   ```
   char (* rhubarb[4])[7];
   ```

   하지만 가리키는 문자열의 길이를 일괄적으로(여기에서는 정확히 7개의 문자 길이) 고정함으로써 불필요한 공간을 낭비하기 때문에 실제로 이와 같은 선언을 볼 일은 없다.

char *turnip[23]은 23개 요소를 가진 배열 turnip을 선언하는데, 배열의 각 요소는 문자(또는 문자열, 두 가지를 선언문만으로 구별할 방법은 없다)에 대한 포인터다. 다음과 같이 괄호로 묶었다고 생각해 보자.

(char *) turnip [23]

이 코드를 왼쪽에서 오른쪽으로 읽으며 '23개 요소를 가진 문자 배열을 가리키는 포인터'라고 해석하면 안 된다. 인덱스 대괄호가 포인터 별표보다 우선순위가 높기 때문이다. 연산자 우선순위는 3장에서 이미 다루었다.

다차원 배열을 지원하기 위해 구현된 포인터 배열을 가리키는 이름은 '일리프(Iliffe) 벡터', '디스플레이', '도프(dope) 벡터' 등으로 다양하다. 디스플레이는 문법적으로 둘러싸인 프로시저의 활성 스택 프레임에 대한 포인터 벡터(연결 리스트에 딸린 정적 링크의 대안으로 사용)의 의미로 사용된다. 이와 같은 포인터 배열은 C 외부에서 폭넓게 적용할 수 있는 강력한 프로그래밍 기법이다. 그림 10-3은 포인터 배열의 구조를 다이어그램으로 보여 준다.

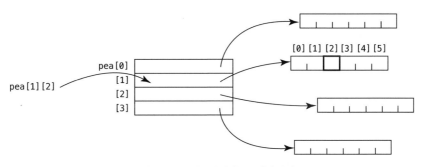

그림 10-3 문자열을 가리키는 포인터 배열

배열은 문자열을 위해 할당된 메모리에 포인터로 초기화되어야 하는데, 이때 메모리 할당은 문자열 초기화 구문을 통한 컴파일 타임 또는 다음 코드와 같이 런타임에 할당하는 것 모두 허용된다.

```
for (j=0;j<=4;j++) {
  pea[j] = malloc( 6 );
```

또 다른 방법으로 전체 x×y 데이터 배열을 통째로 malloc한 다음, 루프를 사용하여 배열 내 위치를 포인터로 지정할 수도 있다.

```
malloc(row_size * column_size * sizeof(char));
```

전체 배열은 C가 정적 배열을 할당하는 순서대로 인접한 메모리에 저장한다. 이렇게 하면 예약을 위해 malloc을 호출하는 오버헤드를 줄일 수 있지만, 작업이 끝난 각각의 문자열을 바로 해제할 수는 없다.

 [프로그래밍 토막 지식] squash[i][j]만 가지고는 어떻게 이것이 선언됐는지 알 수 없다!

이차원 배열과 일차원 포인터 배열을 2개의 첨자로 표시했을 때 나타나는 한 가지 문제는 squash[i][j]를 참조할 때 squash가 다음 중 어떤 방법으로 선언되었는지 알 수 없다는 것이다.

```
int squash[23][12];        /* [12]×[23] 크기의 int 배열 */
```

또는

```
int * squash[23];          /* 23개의 int 포인터에 대한 일리프 벡터 */
```

또는

```
int ** squash;             /* int 포인터에 대한 포인터 */
```

또는 심지어

```
int (* squash)[12];        /* 12개의 int 요소로 구성된 배열을 가리키는 포인터 */
```

이것은 함수 내부에서 배열이나 포인터가 실제 인수로 전달되었는지 여부를 알려 주는 기능이 없는 것과 비슷하며, 따라서 같은 이유로 l-값으로서 배열 이름은 포인터로 '축약'된다.

이론적으로는 위와 같이 정의된 것을 참조하기 위해 모두 squash[i][j]를 사용할 수 있지만 접근 방법은 각각 다르다.

배열의 배열과 마찬가지로 일리프 벡터의 개별 문자는 두 개의 인덱스(예: pea[i][j])로 참조된다. 포인터 첨자에 대한 규칙(9장, 250쪽 참고)을 보면 pea[i][j]는 다음과 같이 변환된다.

* (*(pea + i) + j)

이런 표현에 익숙한가? 이제는 익숙해져야 한다. 이것은 다차원 배열 참조가 분해되었을 때와 정확히 같은 표현식이다. 그리고 C 서적에서 많이 설명하는 방식이다. 그러나 한 가지 큰 문제가 있다. 소스 코드에서는 두 개의 첨자가 동일하게 보이고 둘 다 동일한 포인터 표현식으로 분해되지만 경우마다 다른 형태의 참조가 수행된다. 표 10-1과 10-2는 그 차이를 보여 준다.

컴파일러 심벌 테이블에는 a에 대한 주솟값으로 9980이 들어 있다.

런타임 단계 1: i 값을 가져온 후 행 크기(여기에서는 6바이트)만큼 곱한(스케일한) 후 9980에 더한다.

런타임 단계 2: j 값을 가져온 후 요소 크기(여기에서는 1바이트)만큼 곱한(스케일한) 후 이전 단계의 결괏값에 더한다.

런타임 단계 3: 주소(9980 + i*스케일 인자1 + j*스케일 인자2)에서 내용을 가져온다.

a[i][j]

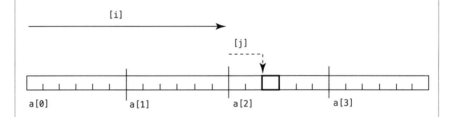

정의문 char a[4][6]은 a의 크기가 [4], 각 요소의 크기는 [6]인 배열로, 이 배열의 요소는 char 임을 나타낸다. 따라서 배열 참조는 네 개의 배열 중 i번째 배열로 이동한 후(6바이트 크기의 i개 배열을 넘어 도달), 그 배열에서 j번째 문자를 얻는 것으로 이루어진다.

표 10-1 char a[4][6] - 배열의 배열

컴파일러 심벌 테이블에는 p에 대한 주솟값으로 4624가 들어 있다.

런타임 단계 1: i 값을 가져온 후 포인터 크기(여기에서는 4바이트)만큼 곱한(스케일한) 후 4624에 더한다.

런타임 단계 2: 주소(4624 + 스케일된 값 i)에서 내용을 가져온다. 그 값은 '5081'이다.

런타임 단계 3: j 값을 가져오고 요소 크기(여기에서는 1바이트)만큼 곱한(스케일한) 후 5081에 더한다.

런타임 단계 4: 주소(5081 + j)에서 내용을 가져온다.

p[i][j]

p[i] [j]

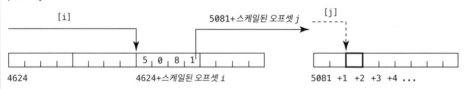

정의문 char * p[4]는 p의 크기가 [4]인 배열이고, 각 요소는 char에 대한 포인터라는 것을 의미한다. 따라서 포인터가 가리키는 문자(또는 문자 배열)가 채워져 있지 않으면 참조가 완료되지 않는다. 모든 값이 채워졌다고 가정하면, 참조는 배열의 i번째 요소(각 요소는 포인터)로 이동하고 거기에 해당하는 포인터 값을 검색한 다음, 그 값에 j를 더하고 그 주소에 있는 것을 얻는 식으로 진행된다.

이것은 9장의 규칙 2인 '배열 첨자는 언제나 포인터로부터의 오프셋과 동일하다'는 원칙 때문에 작동한다. 따라서 p[i]는 개별 요소를 선택하는데 그 요소는 포인터다. 이에 대한 아래 첨자 [j]를 적용하면 *(포인터 + j)가 나오는데 결국 하나의 문자에 도달한다. 이것은 9장에서 보았듯이 a[2]가 char로 평가된다는 것을 p[2]로 확장한 것일 뿐이다.

표 10-2 char *p[4] - 문자열 포인터 배열

비정형 배열을 위한 포인터

일리프 벡터는 알골-60에서 처음 사용된 오래된 컴파일러 작성 기술이다. 원래는 배열 참조 속도를 높이고 메모리가 부족한 시스템의 메인 메모리에 배열의 일부만 유지하기 위해 사용되었다. 일리프 벡터는 현대 시스템에서는 적용할 수 없지만, 용도 면에서 두 가지 정도 쓰임이 있다. 바로 행의 길이가 다른 테이블을 저장하는 용도와 함수 호출 시 문자열 배열을 전달하는 용도다. 가령 길이(최대 255자)가 다른 50개의 문자열을 저장하는 경우 다음과 같이 이차원 배열을 선언할 수 있다.

```
char carrot[50][256];
```

이렇게 하면 실제로 1바이트 또는 2바이트 길이의 문자열이 있어도 50개의 문자열에 각각 256개의 문자를 예약하게 된다. 이런 일이 많이 발생하면 메모리 낭비로 이어진다. 한 가지 대안으로 문자열 포인터 배열을 사용하는 것이다. 그러면 두 번째 단계의 배열은 모두 동일한 크기일 필요가 없다(그림 10-4).

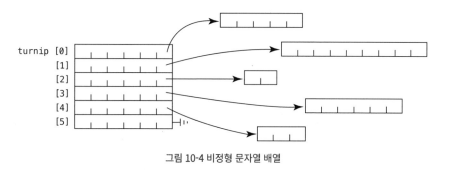

그림 10-4 비정형 문자열 배열

문자열에 대한 포인터 배열을 선언하고 필요할 때만 문자열에 메모리를 할당하면 시스템 자원을 절약하게 된다. 일부 사람들은 오른쪽 끝이 불규칙하다고 이것을 '비정형 배열'이라고 부른다. 이미 존재하는 문자열에 대한 포인터로 일리프 벡터를 채우거나 새로운 문자열 복사본을 위해 메모리를 할당해서 문자열을 만들 수 있다. 이 두 가지 접근 방식은 그림 10-5에 나와 있다.

```
char * turnip[UMPTEEN];
char my_string[] = "your message here";
```

```
          /* 문자열 공유 */
turnip[i] = &my_string[0];
```

```
          /* 문자열 복사 */
turnip[j] =
    malloc( strlen(my_string) + 1 );
strcpy(turnip[j], my_string);
```

그림 10-5 비정형 문자열 배열 생성

문자열을 사용할 수 있는 곳에서는 전체 문자열을 복사할 필요가 없다. 두 개의 서로 다른 데이터 구조에서 참조해야 하는 경우, 문자열이 아닌 포인터를 복제하는 것이 훨씬 빠르고 메모리를 적게 사용한다. 성능 면에서 고려해야 할 또 다른 사항은 일리프 벡터가 문자열을 메모리의 다른 페이지에 할당할 수 있다는 것이다. 이는 참조의 지역성을 떨어뜨리고 데이터를 참조하는 방법과 빈도에 따라 더 많은 페이징을 유발할 수 있다.

 [유용한 팁] 컴파일러가 배열 및 포인터 파라미터를 변경하는 방법

'배열 이름은 포인터 인수로 다시 작성된다'는 규칙은 재귀적이지 않다. 배열의 배열은 '포인터에 대한 포인터'가 아닌 '배열에 대한 포인터'로 다시 쓰인다.

인수		일치하는 형식적 파라미터	
배열의 배열	`char c[8][10];`	`char (*c)[10];`	배열을 가리키는 포인터
포인터 배열	`char *c[15];`	`char **c;`	포인터를 가리키는 포인터
배열을 가리키는 포인터	`char (*c)[64];`	`char (*c)[64];`	바뀌지 않음
포인터를 가리키는 포인터	`char **c;`	`char **c;`	바뀌지 않음

여러분이 char ** argv를 보게 되는 이유는 argv가 포인터 배열(즉, char *argv[])이기 때문이다. 이것은 요소에 대한 포인터, 즉 포인터에 대한 포인터로 축약된다. argv 파라미터가 실제로 배열의 배열(예: char argv[10][15])로 선언된 경우라면 char ** argv가 아닌 char (* argv)[15](즉, 문자 배열에 대한 포인터)로 축약된다.

상급 수준 학생을 위한 내용

263쪽의 그림 9-8 '다차원 배열 저장 공간'으로 돌아가 보자. '호환되는 타입' 항목 아래에 있는 변수를 선언하는 방법과 위의 표에서 함수의 인수로 사용되는 배열을 선언하는 방법이 정확히 일치하는지 확인하자.

이것은 그리 놀라운 일이 아니다. 그림 9-8은 표현식의 배열 이름이 어떻게 포인터로 축약되는지 보여 주며, 위의 표는 함수 인수로서 배열 이름이 어떻게 포인터로 축약되는지 보여 준다. 두 경우 모두 특정 맥락에서 포인터로 다시 쓰이는 배열 이름에 대한 비슷한 규칙에 따라 좌우된다.

그림 10-6은 모든 유효한 코드 조합을 보여 준다. 그림을 통해 다음과 같은 내용을 확인할 수 있다.

- 세 함수는 모두 동일한 타입의 인수, 즉 [2][3][5]짜리 배열 또는 [3][5]짜리 int 배열에 대한 포인터를 사용한다.
- 세 변수 apricot, p, *q는 모두 세 함수의 파라미터 선언과 일치한다.

```
my_function_1( int fruit [2][3][5] ) { ; }
my_function_2( int fruit [][3][5] ) { ; }
my_function_3( int (*fruit)[3][5] ) { ; }
```

```
int apricot[2][3][5];

my_function_1( apricot );
my_function_2( apricot );
my_function_3( apricot );
```

```
int (*p) [3][5] = apricot;

my_function_1( p );
my_function_2( p );
my_function_3( p );
```

```
int (*q)[2][3][5] = &apricot;

my_function_1( *q );
my_function_2( *q );
my_function_3( *q );
```

그림 10-6 유효한 코드의 모든 조합

◎ [프로그래밍 도전] 확인하기

그림 10-6의 코드를 C 코드로 작성하여 어떻게 동작하는지 직접 확인하기 바란다.

일차원 배열을 함수에 전달하기

모든 타입의 일차원 배열을 C의 함수 인수로 사용할 수 있다. 파라미터는 첫 번째 요소에 대한 포인터로 다시 작성되므로 배열의 전체 크기를 알려 주는 규칙이 필요하다. 기본적인 방법으로 두 가지가 있다.

- 요소의 수를 제공하는 추가 파라미터를 보낸다(이것은 argc가 하는 일이다).
- 배열의 마지막 요소에 데이터의 끝을 나타내는 특수한 값을 지정한다(문자열 끝의 nul 문자 같은 역할이다). 특수한 값은 해당 데이터에서 절대로 발생할 수 없는 값이어야 한다.

이차원 배열은 좀 더 까다롭다. 배열이 첫 번째 행에 대한 포인터로 다시 쓰이기 때문이다. 이제는 개별 행의 끝을 나타내는 것과 모든 행의 끝을 나타내는 것, 이렇게 두 가지 규칙이 필요하다. 개별 행의 끝은 일차원 배열에서 사용했던 두 가지 방법 중 하나를 통해 나타낼 수 있다. 결과적으로 모든 행의 끝을 나타낼 수 있다. 이제 포인터가 배열의 첫 번째 요소에 전달된다. 포인터를 증가시킬 때마다 배열의 다음 행의 주소를 얻을 수 있지만 배열의 범위 끝에 도달한 시점을 어떻게 알 수 있을까? 이를 해결하기 위해서는 절대로 다른 곳에서는 나타나지 않을 값을 경계 표싯값으로 해 마지막 행을 채우면 된다. 그래서 포인터를 증가시킬 때 포인터가 이 행에 도달했는지 확인하면 된다. 또는 전체 행의 개수를 알려 주는 별도의 파라미터를 정의하는 방법도 있다.

포인터를 사용하여 다차원 배열을 함수에 전달하기

배열의 범위를 표시하는 문제는 깔끔하지는 않지만 앞에서 설명한 방법으로 해결할 수 있다. 그러나 함수 내부에서 이차원 배열 인수를 선언하는 문제가 있다. 실제로 문제가 일어나는 곳이기도 하다. C에는 '이 배열의 경계가 호출마다 다를 수 있다'는 개념을 표현할 방법이 없다. C 컴파일러는 인덱스를 위한 올바른 코드를 생성하기 위해 필요한 범위(경계)를 알고 있다고 주장한다. 물론 런타임에 이것을 처리하는 것이 기술적으로도 가능하고 다른 많은 프로그래밍 언어에서 이를 지원하기도 하지만 이것은 C의 철학이 아니다.

우리가 할 수 있는 최선의 방법은 이차원 배열을 포기하고 array[x][y]를 array[y]에 대한 일차원 포인터 배열 array[x+1]로 바꾸는 것이다. 이렇게 하면 문제를 한 개로 줄일 수 있으며 이것도 앞에서 해결했기 때문에 쉽게 구현할 수 있다. 즉, 포인터의 끝을 나타내기 위해 맨 마지막 요소 array[x+1]에 널 포인터를 넣으면 된다.

> 🧩 **[프로그래밍 토막 지식] C에는 일반적인 다차원 배열을 함수로 전달하는 방법이 없다**
>
> 왜냐하면 정확한 주소 계산을 위해 각 차원의 크기를 알아야 하기 때문이다. C는 실제 파라미터와 형식적 파라미터 사이에서 데이터(호출할 때마다 바뀜)를 주고받을 방법이 없다. 따라서 형식적 파라미터에서 맨 왼쪽에 있는 차원 외에 모든 요소의 크기를 지정해야 한다. 즉, 실제 파라미터는 맨 왼쪽 차원을 제외하고는 차례대로 크기가 일치하는 배열이어야 한다.

```
invert_in_place( int a[][3][5] );
```

위와 같이 선언한 함수에 대해 다음 두 코드는 정상적으로 동작한다.

```
int b[10][3][5]; invert_in_place( b );
int c[999][3][5]; invert_in_place( c );
```

그러나 다음과 같은 임의의 삼차원 배열은 컴파일에 실패한다.

```
int fails1[10][5][5];  invert_in_place( fails1 ); /* 컴파일 불가 */
int fails2[999][3][6]; invert_in_place( fails2 ); /* 컴파일 불가 */
```

C는 일반적으로 이차원 이상의 배열은 파라미터로 사용할 수 없다. 즉, 일반적인 다차원 배열을 함수에 전달할 수 없다는 뜻이다. 사전에 크기를 정해 놓은 경우라면 배열을 전달할 수 있겠지만 일반적인 경우는 불가능하다.

가장 확실한 방법은 다음과 같이 함수 프로토타입을 선언하는 것이다.

방법 1

```
my_function( int my_array [10][20] );
```

가장 간단하지만 함수가 정확히 10×20 크기의 정수 배열만 처리하기 때문에 매우 불편한 방법이다. 우리가 정말로 원하는 것은 더 일반적인 다차원 배열 파라미터를 지정하는 방법이므로 이 함수는 모든 크기의 배열에서 동작할 수 있어야 한다. 앞에서 설명한 것처럼 맨 왼쪽 차원의 크기는 지정하지 않아도 된다. 함수는 나머지 차원의 크기와 배열의 기준 주소만 알면 된다. 이것은 행 전체를 '건너뛰고' 다음 행에 도달하기에 충분한 정보를 제공한다.

방법 2

다음과 같이 첫 번째 차원을 생략한 다차원 배열을 선언할 수 있다.

```
my_function( int my_array [][20] );
```

그러나 모든 행을 정확히 20개의 정수로 제한하기 때문에 충분히 만족스러운 수준은 아니다. 이 함수는 다음과 같이 동일하게 선언할 수 있다.

```
my_function( int (* my_array)[20] );
```

파라미터 목록에서 (* my_array)에 사용된 괄호는 int 포인터 20개짜리 배열이 아닌 int 20개짜리 배열에 대한 단일 포인터로 번역하기 위해 반드시 필요하다. 그럼에도 불구하고 우리는 여전히 맨 오른쪽 차원이 20개 크기인 배열에 묶여 있다.

🧩 [프로그래밍 토막 지식] 적합 배열

설계 당시부터 파스칼은 C와 동일한 기능적 한계를 보였다. 즉, 같은 함수에 서로 다른 크기의 배열을 전달할 방법이 없었다. 실제로 파스칼은 C에서는 가능했던 일차원 배열조차 지원할 수 없을 정도였다. 배열 범위는 함수 서식의 일부이기 때문에 모든 면에서 인수 크기가 일치하지 않으면 타입 불일치가 발생했다. 다음과 같은 파스칼 코드는 모두 컴파일에 실패했다.

```
var apple : array[1..10] of integer;
procedure invert( a: array[1..15] of integer);
invert(apple); { fails to compile! }
```

이 결함을 고치기 위해 파스칼 표준화 작업에 참여한 언어 전문가들은 '적합 배열(conformant array)'이라는 개념을 생각해냈다('혼란스러운 배열'이 더 좋은 이름이었을 것 같다). 적합 배열은 실제 파라미터와 형식 파라미터 간에 배열 크기를 알리는 프로토콜이다. 일반 프로그래머에게는 그것이 어떻게 작동하는지 바로 드러나지 않는데 다른 주요 프로그래밍 언어에는 이런 게 없다. 다음과 같은 코드를 작성해야 한다.

```
procedure a(fname: array[lo..hi:integer] of char);
```

데이터 이름 lo와 hi(또는 어떤 이름이든 상관없다)는 함수 호출에서 실제 파라미터의 해당 배열 범위로 채워진다. 경험에 비춰 보면 많은 프로그래머가 이 부분을 혼란스러워한다. 일반적인 경우를 해결하려다 보니 프로그래밍 언어 설계자는 형태가 가장 단순한 고정 범위 문자열 배열까지 오류가 나도록 만들어 버렸다.

```
1 procedure a(fname: array[1..70] of char);
E -------------------------^--- Expected identifier
```

프로그래밍 언어 정의의 이러한 측면은 분명히 많은 프로그래머의 예상과 어긋났으며 오늘날까지 수많은 지원 요청이 쏟아지게 됐다. 나는 썬 컴파일러 팀에 있는 동안 두 달에 한 번 정기적으로 '파스칼 컴파일러 버그'에 대한 문제를 제기했다. 파스칼 적합 배열에는 또 다른 문제가 있다. 예를 들어 문자의 적합 배열은 문자열 타입을 가지지 않기 때문에(문자열 타입은 배열 타입으로

표시되지 않기 때문에), 문자 배열임에도 불구하고 문자열이 필요한 곳에서는 사용할 수 없다! 대화형 I/O를 제외한다면 형식적 파라미터로서 적합 배열은 파스칼 프로그래머들에게 가장 큰 좌절을 안겨 주었다. 더 나쁜 점은 일부 사람들이 C도 적합 배열을 도입해야 한다고 지금도 주장한다는 것이다.

방법 3

세 번째 방법은 이차원 배열을 포기하고 배열 구조를 일리프 벡터로 변경하는 것이다. 즉, 어떤 것에 대한 일차원 포인터 배열을 만드는 것이다. 메인 함수의 파라미터를 생각해 보면 char * argv[];, 때로는 char ** argv;의 모습이 익숙할 것이다. 이를 상기해 보면 표기법을 쉽게 이해할 수 있다. 단순히 다음과 같이 파라미터로 0번 요소에 대한 포인터를 전달한다(이차원 배열의 경우).

```
my_function( char **my_array );
```

> 그러나 이것은 이차원 배열을 벡터에 대한 포인터 배열로 바꾸는 최초의 경우에만 가능하다!

일리프 벡터 데이터 구조의 장점은 문자열에 대한 임의의 포인터 배열을 함수에 전달할 수 있다는 것이지만 포인터 배열과 문자열 포인터에 한정해 허용한다. 이것은 문자열과 포인터 모두 마지막 표시로 사용할 수 있는 명시적 경곗값(각각 NUL과 NULL)에 대한 규약을 가지고 있기 때문이다. 다른 타입은 경곗값이 없기 때문에 차원의 끝에 도달했다는 사실을 알려 줄 방법이 없다. 비록 문자열에 대한 포인터 배열을 사용하더라도 일반적으로 문자열 개수를 나타낼 때는 argc를 사용한다.

방법 4

마지막 방법은 다시 한번 다차원 배열을 포기하고 자신만의 인덱싱을 제공하는 것이다. 이 우회적인 방식은 그루초 막스(Groucho Marx)[2]가 "크랜베리를 사과 소스처럼 졸이면 루바브보다 자두 맛이 더 난다"라는 말을 했을 때 염두에 둔 것이 분명하다.

```
char_array[ row_size * i + j ] = ...
```

2 (옮긴이) 1940년대 미국의 코미디언이자 영화배우로 촌철살인과 같은 명언을 많이 남겼다.

이것은 틀리기 쉬워서 이런 종류의 일을 직접 해야 한다면 왜 컴파일러를 사용할까 하는 의문이 들 것이다.

요약하면 다차원 배열이 모두 정확히 같은 크기로 고정되어 있으면 문제없이 함수에 전달할 수 있다. 함수 파라미터로서 임의의 크기를 갖는 배열을 더 잘 사용하는 일반적인 방법은 다음과 같이 나눌 수 있다.

- 일차원: 정상 동작한다. 하지만 요소의 개수 또는 경곗값을 나타내는 끝-표시가 필요하다. 호출된 함수가 배열 파라미터의 크기를 감지할 수 없다. 따라서 gets() 함수와 같이 보안성이 취약한 함수로 인해 인터넷 웜이 유발되는 문제가 생겼다.
- 이차원: 이차원은 직접 사용할 수는 없지만 행렬을 일차원 일리프 벡터로 다시 쓰고 동일한 첨자 표기법으로 사용할 수 있다. 이것은 문자열에 한해 적용되며 다른 타입은 일차원과 마찬가지로 요소의 개수 또는 경곗값을 나타내는 끝-표시가 있어야 한다. 다시 말하지만 이것은 호출자와 피호출 루틴 간의 약속에 따른다.
- 삼차원 이상: 모든 타입에 적용되지 않는다. 일련의 더 낮은 차원으로 배열을 분해해야 한다.

다차원 배열을 파라미터로 지원하지 않는 것은 C 언어의 고유한 제약 사항으로, 이로 인해 수치 해석 알고리즘과 같은 특정 종류의 프로그램을 작성하는 것이 훨씬 힘들어졌다.

포인터를 사용하여 함수에서 배열을 반환하기

앞 절에서는 함수에 배열을 파라미터로 전달하는 방법을 분석했다. 이번 절에서는 반대로, 함수에서 배열을 반환하는 방법에 대해 살펴볼 것이다.

엄밀히 말하면 배열은 함수에서 직접 반환할 수 없다. 그러나 배열을 포함해 원하는 모든 것을 가리키는 포인터를 반환하는 함수를 만들 수는 있다. 선언한 대로 사용한다는 것을 기억하기 바란다. 다음 선언문을 보자.

```
int (*paf())[20];
```

여기에서 paf는 20개의 정수 요소를 갖는 배열에 대한 포인터를 반환하는 함수다.

함수 정의는 다음과 같다.

```
int (*paf())[20] {
  int (*pear)[20];  /* 20개의 int 요소를 갖는 배열에 대한 포인터 선언 */
  pear = calloc(20, sizeof(int));
  if (!pear) longjmp(error, 1);
  return pear;
}
```

이제 다음과 같이 함수를 호출하면 된다.

```
int (*result)[20];        /* 20개짜리 int 배열에 대한 포인터 선언 */
      ...
result = paf();           /* 함수 호출 */

(*result)[3] = 12;        /* 반환된 배열에 접근 */
```

위와 같이 사용하는 것이 불안하다면 구조체를 사용할 수도 있다.

```
struct a_tag {
              int array[20];
            } x,y;

struct a_tag my_function() { ... return y }
```

구조체를 사용하면 다음과 같은 코드도 가능하다.

```
x=y;
x=my_function();
```

요소에 접근할 때는 실렉터 x를 사용하면 된다.

```
x.array[i] = 38;
```

이때 자동 변수에 대한 포인터를 반환하지 않도록 주의해야 한다(자세한 내용은 2장 참고).

> 💡 **[유용한 팁] 널 포인터가 printf와 충돌을 일으키는 이유**
>
> 많은 사람이 꾸준히 묻는 질문 중 하나는 "왜 printf 인수로 널 포인터를 넣으면 충돌이 일어나나요?"다. 사람들은 다음과 같은 코드를 작성하고는 충돌이 일어나지 않으리라 생각한다.

```
char *p = NULL;
  /* ... */
printf("%s", p );
```

때때로 고객들은 "HP, IBM, PC에서는 충돌이 발생하지 않는다"라고 불평한다. 그들은 널 포인터가 주어지면 printf가 빈 문자열을 인쇄하기를 원한다.

문제는 C 표준에서 %s 지정자에 대한 인수가 문자 배열에 대한 포인터가 되어야 한다고 명시한 것이다. NULL은 이와 같은 포인터가 아니기 때문에(포인터지만 문자 배열은 아님) 앞의 호출은 '미정의 행동'에 해당한다.

프로그래머가 잘못 코딩했기 때문에 질문은 다음과 같이 바뀐다. "다음 중 반영하고 싶은 것은 무엇인가?" 만약 printf가 널 포인터를 유효한 포인터로 처리해야 한다고 주장한다면 libc(C 표준 라이브러리)의 다른 함수들도 동일하게 동작해야 하는가? strcmp()의 인수 중 하나가 null인 경우는 어떻게 해야 하는가? (나중에 프로그램이 더 큰 문제를 일으킬 가능성이 있음에도 불구하고) 프로그래머가 의미하는 것을 printf가 유용하게 처리하기를 원하는가? 또는 가능한 한 빨리 프로그램을 점검하고 싶은가?

썬 libc는 이러한 대안 중 두 번째를 선택했다. 다른 libc 제작자들은 안정성이 낮음에도 불구하고 친근하다는 이유로 첫 번째를 선택했다. 또한 여기에는 일관성 문제가 있다. libc에서 널 포인터를 허용해 확장할 다른 루틴으로 무엇이 있는가?

포인터를 사용하여 동적 배열을 만들고 사용하기

데이터 크기를 알 수 없으면 프로그래머는 동적 배열을 사용한다. 배열을 지원하는 대부분의 프로그래밍 언어는 런타임에 배열 크기를 결정한다. 즉, 처리할 데이터 크기를 계산한 다음 이를 충분히 수용하는 크기의 배열을 만든다. 알골-60, PL/I, 알골-68과 같은 역사적인 언어들은 이것을 허용했다. 에이다, 포트란-90, GNU C와 같은 언어를 사용하면 런타임에 크기가 결정되도록 배열을 선언한다.

그러나 안시 C의 배열은 정적이다. 즉, 배열 크기는 컴파일 타임에 고정된다. C는 이 분야에 대한 지원이 엉망이며 심지어 다음과 같이 상수를 배열 크기로 사용할 수도 없다.

```
const int limit=100;
char plum[limit];
       ^^^
          error: integral constant expression expected
```

우리는 const int가 정수형 상수 표현식으로 인정되지 않는 이유 같은 소모적인 질문을 하지 않을 것이다. 가령 C++에서 위 구문은 유효하다.

필요한 '선행 기술'이 있었다면 안시 C에서도 동적 배열을 쉽게 도입할 수 있었다. 이를 수정하기 위해 다음과 같은 5.5.4의 내용을

```
direct-declarator [ constant-expression opt ]
```

다음과 같이 고치는 것이다.

```
direct-declarator [ expression opt ]
```

이렇게 하면 인위적인 제한을 제거하기 때문에 실제로 정의가 단순해질 것이다. 이 언어는 여전히 K&R C와 호환될 수 있었고 유용한 기능까지 제공했을 것이다. 그러나 설계를 단순화한다는 C의 지향을 준수하려는 강한 열망 때문에 이 작업은 이루어지지 않았다. 다행히도 동적 배열의 효과를 얻는 것은 가능하다(그 대신 관련 포인터를 직접 조작해야 한다).

·ᑣ· [유용한 팁] 프로그램 메시지를 통해 배우기

strings 유틸리티를 사용해 프로그램에서 생성하는 오류 메시지를 보기 위해 바이너리를 살펴보는 것도 도움이 된다. 소프트웨어가 국제화되어 있고 메시지를 별도 파일에 보관한다면 바이너리를 볼 필요는 없다. yacc[3]로 strings를 실행했다면, 배포판별로 오류 메시지가 중대하게 변경되었다는 것을 알 수 있다. 변경된 오류 메시지를 살펴보자.

변경 전은 다음과 같다.

```
% strings yacc
        :
        too many states
```

변경 후는 다음과 같다.

```
% strings yacc
        :
        cannot expand table of states
```

---

3 (옮긴이) 유닉스 시스템 표준 파서 생성기로 '또 다른 컴파일러의 컴파일러(yet another compiler compiler)'라는 뜻을 갖고 있다.

이유는 yacc가 업그레이드되어 내부 테이블을 동적으로 할당하고 필요에 따라 확장할 수 있게 되었기 때문이었다.

🎲 [프로그래밍 토막 지식] 의미 있는 오류 메시지

흥미로운 메시지는 컴파일러에서도 발생한다. 다음 문자열은 모두 아폴로(Apollo) C 컴파일러[4] 에서 발견되었다.

```
00 cpp says it's hopeless but trying anyway
14 parse error: I just don't get it
77 you learned to program in Fortran, didn't you?
```

내가 제일 좋아하는 메시지는 다음과 같다.

```
033 linker attempting to "duct tape" this "gerbil" of a program
```

어쩌면 이것이 링커가 바인더(binder)라고도 불리는 이유일 것이다.

이러한(아마도 재미있자고 넣은) 메시지는 개발자에게는 농담으로 받아들여질 수 있다. 그러나 유머는 적절하게 사용해야 한다. 어떤 프로그래머(썬 직원이 아닌)는 네트워킹 드라이버 코드에 "Bad bcb: we're in big trouble now."라는 메시지를 넣었다. 이 메시지가 들어간 부분은 switch 문의 default case에 해당하는 곳으로, 프로토콜 설명서에 따르면 절대로 진입할 일이 없었다.

하지만 default case에 진입하는 일이 발생했다. 제조 현장에서 시범 운용을 할 때는 발생하지 않았다. 메시지를 받은 고객 사이트에는 운영자들이 24시간 상주하는 메인 프레임이 12대 정도 있었다. 모든 콘솔 메시지가 인쇄되었고 운영자는 메시지를 읽었다는 것을 확인하는 로그에 서명해야 했다.

문제의 메시지가 나오자 운영자는 관리자에게 전화를 걸었는데 이때가 아침 6시였다. 관리자는 즉시 개발자에게 전화를 걸었다. 이때가 태평양 표준시 기준으로 오전 3시였다. 관리자는 이에 대한 처리가 사업 유지에 결정적이기 때문에 사업자들 모두 이런 메시지를 매우 심각하게 받아들여야 한다고 설명했는데 이를 어떻게 해석해야 할까?

이 메시지가 잘못된 것은 아니지만 개발자에게 무엇이 잘못되었는지 일깨워 준 교훈이었다. 문제의 본질은 고객에게 불필요한 경각심을 일으키게 했다는 점이다. 그날 즉시 새 릴리스가 제작되었으며 메시지는 다음과 같이 수정되었다.

---

4 (옮긴이) 미국 아폴로사에서 제작한 워크스테이션용 C 컴파일러

> "buffer control block 35 checksum failed."
> "packet rejected - inform support - not urgent."
>
> 이처럼 희귀하게 발생하는 메시지는 두 줄을 사용하는 게 가능하다.
>
>   메시지를 유익하면서도 자극적이지 않게 하며 욕설, 구어체, 유머, 심지어 과장된 표현 같은 비전문적인 언어를 피해야 한다. 이렇게 하면 새벽 3시에 불려 나오는 일은 없을 것이다.

C에서 동적 배열을 수행하는 방법은 다음과 같다. 우선 안전띠를 매기 바란다. 이 길이 매우 험난하기 때문이다. 기본 개념은 메모리 할당 라이브러리 함수 malloc() (memory allocation)을 사용하여 큰 메모리 덩어리에 대한 포인터를 얻는 것이다. 그런 다음 첨자 배열이 포인터+오프셋 형태로 축약된다는 사실을 이용하여 배열처럼 참조하면 된다.

```c
#include <stdlib.h>
#include <stdio.h>
 ...
int     size;
char    *dynamic;
char    input[10];
printf("Please enter size of array: ");
size = atoi(fgets(input,7,stdin));
dynamic = (char *) malloc(size);
 ...
dynamic[0] = 'a';
dynamic[size-1] = 'z';
```

동적 배열은 사전에 정의된 크기의 한도를 피할 수 있다는 점에서 유용하다. 고전적인 예로 컴파일러를 들 수 있다. 컴파일러는 고정된 크기의 테이블을 사용함으로써 심벌 수를 제한하길 원하지 않지만, 고정된 크기의 거대한 테이블 때문에 다른 용도로 사용할 공간이 부족해지는 것도 원치 않는다. 여태까지는 그런대로 잘됐다.

> 🔅 [유용한 팁] 버그 보고를 통한 제품 개선
>
> 몇 년 전에 파스칼 컴파일러 하나에 몇 가지 코드를 추가하여 필요할 때 인클루드 파일 이름을 담는 내부 테이블을 확장하도록 했다. 이 테이블은 10여 개의 빈 슬롯을 가지고 시작했고, 소스

파일이 12개 이상의 깊이로 include 문을 중첩할 때 테이블이 자동으로 커지면서 그 상황에 대처하도록 했다.

중요한 소프트웨어는 모두 이런저런 버그를 가지고 있는데 이 경우는 프로그래머가 코드를 잘못 작성했다. 결과적으로 컴파일러가 테이블을 키우는 순간 코어가 덤프되었다. 이것은 정말 좋지 않은 상황이었는데 컴파일러는 어떤 입력이 들어와도 중단되어서는 안 되기 때문이다.

특히 유럽의 한 대형 고객사에서 문제를 일으켰다. 이 고객사는 파스칼로 작성한 대규모 전력 생산 제어 소프트웨어를 썬 워크스테이션에 이식하려고 했다. 그런데 대부분의 프로그램이 12개 이상의 깊이로 include 문을 중첩하고 있었다. 이로 인해 컴파일러 코어 덤프를 자주 보게 되었다. 그 당시 고객사는 두 가지 실수를 했다. 첫 번째는 문제를 보고하지 않았고 두 번째는 문제를 적절하게 조사하지 않았다.

보고된 문제를 해결하는 것은 우리의 최우선 과제 중 하나지만 우리는 알고 있는 문제만 해결할 수 있다. include 파일을 깊이 중첩시키는 것은 파스칼에서는 드문 일이다(include 메커니즘은 표준 파스칼의 극히 일부에 불과하다). 테스트 제품군이나 다른 고객들 아무도 이 문제를 보고하지 않았다. 그 결과, 이 전력 생산 회사는 컴파일러가 업데이트되어도 문제가 해결되지 않았다.

결국 이것은 수십억 원이 걸린 위험 요소로 확대되었다. (고객사와 우리 회사의) 부사장이 이 문제로 전화하느라 골프 경기가 몇 차례 중단됐으며, 결국 고객사는 미국행 국제 항공편으로 수석 엔지니어를 나에게 보내 버그 수정을 호소했다. 결과적으로 내가 컴파일러 부서에서 이 버그를 본 최초의 사람이 되었다! 우리는 즉시 그것을 고쳤고 패치된 컴파일러를 동봉해 그를 집으로 돌려보냈다. 그러나 버그를 일으킨 원인을 정확히 조사하는 데 약간의 시간만 투자했다면 버그를 쉽게 잡을 수 있었다는 사실에 나는 더 놀랐다. 이 이야기의 교훈은 두 가지다.

1. 찾은 모든 제품 결함을 고객 지원 센터에 보고해 달라고 요청한다. 개발사는 오직 개발자들이 알고 재현할 수 있는 버그만 고칠 수 있다(우리를 실망하게 만드는 또 다른 원인은 정부 기관으로, 이들은 문제를 보고하면서도 '보안상의 이유로' 버그를 재현하는 버전의 코드조차 제공하지 않는다).
2. 소프트웨어 유지 보수 회사는 발견한 버그 조사에 시간을 약간만 더 투자하자. 이렇게 되면 좀 더 쉬운 해결책을 찾을 수 있다.

우리가 진정 원하는 것은 필요에 따라 테이블을 확장하는 기능이었는데 단 한 가지 제약은 전체 메모리 용량이었다. 그리고 이것은 배열을 직접 선언하지 않고 런타임에 힙에 할당해서 구현할 수 있다. 라이브러리 함수인 realloc()은 기존에 할당받은 메모리 블록을 다른 크기(일반적으로 더 큰 크기)로 재할당하면서 기존에 저장된 내용을 보존한다. 동적 테이블에 항목을 추가하는 작업은 다음과 같은 절차로 진행된다.

1. 테이블이 가득 차 있는지 확인한다.

2. 가득 찬 경우 realloc으로 테이블을 다시 할당한다. 메모리 재할당이 성공했는지 확인한다.

3. 항목을 추가한다.

C 코드로 구현하면 다음과 같다.

```
int current_element=0;
int total_element=128;
char *dynamic = malloc(total_element);

void add_element(char c) {
  if (current_element==total_element-1) {
    total_element*=2;
    dynamic = (char *) realloc(dynamic, total_element);
    if (dynamic==NULL) error("Couldn't expand the table");
  }
  current_element++;
  dynamic[current_element] = c;
}
```

상용 코드에서는 realloc()의 반환값을 char 포인터에 직접 지정해서는 안 된다. 재할당에 실패하게 되면 포인터를 널로 만들고 기존 테이블에 대한 참조를 잃게 된다!

> ◎ [프로그래밍 도전] 동적으로 배열 키우기
>
> main() 루틴을 작성하면서 앞에서 소개한 함수를 사용해 원래의 저장소 배열을 확인한 다음, 요소를 충분히 채워 다시 할당하라.
>
> 추가 과제: add_element() 함수에 문장 몇 개를 추가해 동적 영역의 초기 메모리 할당을 가능하게 하라. 이렇게 해서 얻을 수 있는 장단점은 무엇인가? 테이블을 확장하는 과정에서 발생하는 오류를 setjmp(), longjmp()를 사용해 정상적으로 처리하는 방법은 무엇인가?

동적 배열 시뮬레이트 기법은 SunOS 버전 5.0에서 광범위하게 적용되었다. 중요한 모든 고정 크기 테이블(실제로 크기 제약을 받는 것들)은 필요에 따라 증가하도록 변경되었다. 또한 컴파일러 및 디버거 등 다른 많은 시스템 소프트웨어와 통합되었다. 하지만 이 기술은 다음과 같은 이유로 모든 곳에 적용하지는 못한다.

- 대규모 테이블이 갑작스럽게 커지면 시스템이 예상치 못하게 느려질 수 있다. 증가 배수가 중요한 파라미터다.
- 재할당 작업은 전체 메모리 영역을 다른 위치로 옮길 수 있으므로 테이블 내의 요소 주소가 더는 유효하지 않다. 문제를 피하려면 요소 주소 대신 인덱스를 사용해야 한다.
- '추가' 및 '삭제' 작업은 모두 테이블의 무결성을 유지하는 루틴을 통해 이루어져야 한다. 즉, 첨자 작업만으로 끝나지 않고 추가로 테이블을 변경하는 것까지 신경 써야 한다.
- 항목 수가 줄어들면 테이블을 축소하여 메모리를 확보해야 한다. 감소 배수가 중요한 파라미터다. 테이블을 검색하는 순간마다 테이블이 얼마나 큰지 알고 있어야 한다.
- 특정 스레드가 테이블을 재할당하는 동안 다른 스레드가 테이블에 접근하지 못하도록 락(lock)을 사용해 테이블을 보호해야 한다. 락은 다중 스레드 코드에서 필요하다.

동적으로 증가하는 데이터 구조를 구현하는 또 다른 방법으로 연결 리스트를 들 수 있는데, 이를 위해서는 무작위 접근(random access)을 사용하지 말아야 한다. 연결 리스트는 (자주 접근하는 요소의 주소를 캐시하지 않는 경우) 순차적으로 접근할 수밖에 없는 반면, 배열은 무작위 접근이 가능하다. 이것은 성능에 큰 차이를 준다.

쉬어 가기: 프로그램 증명의 한계

> 엔지니어의 문제는 그들이 결과를 얻기 위해 속임수를 쓴다는 것이다.
> 수학자의 문제는 그들이 결과를 얻기 위해 단순화된 문제를 해결한다는 것이다.
> 프로그램 검증자의 문제는 그들이 결과를 얻기 위해 단순화된 문제를 속인다는 것이다.
> — 익명

유즈넷의 C 언어 포럼 독자들은 다음 게시물을 보고 꽤 놀랐다. 게시자(신변 보호를 위해 이름은 생략)는 공식적인 프로그램 증명에 대한 보편적 채택을 요구했는데, "다른 것은 모두 공학적인 해킹일 뿐"이라는 주장이다. 그는 주장을 뒷받침하기 위해 3줄짜리 C 프로그램이 정확하다는 데 대한 45줄짜리 증명도 포함했다. 지면상 게시 내용의 일부만 요약했다.

게시자: 프로그램 증명 제안자

날짜: 1991년 5월 15일 금요일, 12:43:52 PDT

제목: Re: 임시 변수 없이 두 변수의 값을 바꾸기

누군가 다음과 같은 프로그램 조각(2개의 값을 교환)이 제대로 동작하는지 질문했다.

```
*a ^= *b;          /* 세 개의 XOR 연산을 연속으로 수행 */
*b ^= *a;
*a ^= *b;
```

지금부터 답을 제시하겠다.

먼저 '표준 가정'으로 (1)각 절차는 원자적으로 실행되고 (2)하드웨어 오류, 메모리 제한, 수학적 오류 없이 실행된다고 가정한다. 다음 절차가 진행된 후

```
*a ^= *b; *b ^= *a; *a ^= *b;
```

다음과 같을 때 *a 및 *b는 f3(a) 및 f3(b) 값을 갖는다.

```
f3 = lambda x.(x == a? f2(a) ^ f2(b): f2(x))
f2 = lambda x.(x == b? f1(b) ^ f1(a): f1(x))
f1 = lambda x.(x == a? *a ^ *b: *x)
```

더 읽기 쉽게 고치면 다음과 같다.

```
f3(a) = f2(a) ^ f2(b), f3(x) = f2(x) else
f2(b) = f1(b) ^ f1(a), f2(x) = f1(x) else
f1(a) = *a ^ *b, f1(x) = *x else
```

(*a와 *b가 정의된 경우, 즉 a != NULL, b != NULL).

그 결과 (베타 감소로 도출된) 두 가지 결론에 도달한다.

```
a와 b가 같은 경우: f3(a) = f3(b) = 0
a와 b가 다른 경우: f3(a) = b, f3(b) = a
```

그리고 신뢰할 수 있는 검증 및 디버깅에 대하여 이야기하겠다.

수학적 검증과 증명만이 신뢰할 수 있는 유일한 기법이다. 나머지는 모두 공학적인 해킹이다. 그리고 흔히 접하는 신화와는 달리 C의 모든 것은 수학적 분석을 통해 이런 식으로 쉽게 추적할 수 있다.

표 10-3 프로그램 증명 게시물

몇 분 후 사람들은 동일한 게시자가 추가로 올린 글을 보고 더욱 깜짝 놀랐다.

게시자: 프로그램 증명 제안자

날짜:　1991년 5월 15일 금요일, 13:07:34 PDT

제목:　Re: 임시 변수 없이 두 변수의 값을 바꾸기

앞글 중 다음 내용은

　　그 결과 (베타 감소로 도출된) 두 가지 결론에 도달한다.

　　a와 b가 같은 경우: f3(a) = f3(b) = 0

　　a와 b가 다른 경우: f3(a) = b, f3(b) = a

실제로 다음과 같이 쓰려고 했다.

　　f3(a) = *b, and f3(b) = *a...

표 10-4 프로그램 증명 게시물에 대한 추가 게시물

이 증명에는 두 가지 오류가 있을 뿐 아니라 그가 '검증'한 C 프로그램은 사실 시작하기 전부터 이미 정확하지 않았다! 임시 공간(변수)을 사용하지 않고서는 (일반적으로) 두 개의 값을 교환할 수 없다는 것은 C에서 잘 알려진 내용이다. 위의 경우 a와 b가 겹치는 객체를 가리키면 알고리즘이 실패한다. 또한 비트 필드나 레지스터의 주소는 사용할 수 없기 때문에 교체할 값의 하나가 레지스터에 있거나 비트 필드인 경우에도 알고리즘을 적용할 수 없다. *a와 *b의 크기가 서로 다르거나 둘 중 하나가 배열을 가리키는 경우에도 알고리즘이 작동하지 않는다.

누구든지 확신하지 못하고 여전히 프로그램 증명이 가능하다고 믿는 경우, 다음에 재현한 것은 정확하다고 믿어지는 실제 프로그램 증명에서 나오는 일반적인 단일 검증 조항이다. 이 조항은 푸리에 변환(영리한 형태의 신호 파형 분석) 증명에서 나왔으며, 1973년 뉴욕대 커런트 연구소(Courant Institute)의 제이콥 슈워츠(Jacob Schwartz)가 작성한 'On Programming'이라는 보고서에 발표되었다.

여전히 프로그램 증명이 실용적이라고 믿는 사람을 찾는다면 그들에게 이 도전을 제안하기 바란다. 나는 이 증명을 간단히 바꾸었다. 부디 그것을 찾길 바란다. 거기에 있는 정보로부터 수정안을 확인할 수 있다. 답은 이번 장 끝에 있다.

> ### 🗂 고속 푸리에 변환 프로그램 증명에 있는 단일 검증 조건
>
> 프로그래머 건강 경고: 실제로 이것을 연구하지 말 것!
>
> 이 끔찍한 프로그램 증명의 목적은 프로그램 증명의 비현실성을 당신에게 확신시키고자 하는 것이다!

그렇게 페이지와 페이지를 넘나들며 하루를 보내고 싶은가? 여기서 조건을 재현하는 단순한 행위만으로 오류가 발생할 개연성이 상당하다. 완전성, 일관성, 정확성에 대한 증명은커녕 어떻게 이런 수많은 조건을 기반으로 하는 증명 전체가 정확하게 기록될 수 있었을까?

어떤 사람들은 복잡한 표기법이 자동화된 프로그램 보호 장치로 관리될 수 있다고 말한다. 그러나 그런 프로그램 검증기에 버그가 없다고 어떻게 확신할 수 있을까? 검증기 자체를 검증기에 넣는다면 어떨까? 잠시만이라도 충분히 고민해 보면 그것이 왜 적절치 않은지 알 수 있을 것이다. 거짓말을 할 가능성이 있는 사람에게 "거짓말을 하느냐?"라고 묻는 격이다. 부정은 믿을 수 없다.

더 읽을거리

프로그램 검증 문제에 대한 더 자세한 내용은 리처드 드밀로(Richard de Millo), 리처드 립턴(Richard Lipton), 앨런 펄리스(Alan Perlis)가 쓴 'Social Processes and Proofs of Theorems and Programs'(*ACM Communications*, vol. 22, no. 5, May, 1979)라는 매우 읽기 쉬운 논문을 참고하기 바란다. 그것은 지금 시점에서 또는 앞으로도 계속 프로그램 증명이 실용적이지 않은 이유에 대한 배경을 제공한다. 프로그램 증명이 증명하는 핵심은 현재의 프로그램 증명 절차가 실질적인 명제가 아니라는 것이다. 휴! 일단 '엔지니어링 해킹'을 계속하자.

> ### 🎯 [프로그래밍 해답] 프로그램 증명 변경 여부에 대한 답
>
> 그렇다. 고백하자면 나는 증명에서 아무것도 바꾸지 않았다. 그러나 어떻게 그 복잡한 텍스트를 검토하고는 프로그램이 맞는지 틀린지 확신할 수 있을까? 대부분의 프로그래머가 프로그램 증명을 어렵게 여기기 때문에 이것은 실용적이지 않다.

11장

E x p e r t   C   P r o g r a m m i n g

C를 알면 C++는 쉽다!

알골-68이 알골을 망쳤듯이 C++도 C를 망칠 것이다.[1]

— 데이비드 L. 존스(David L. Jones)

C++가 그다지 복잡하지 않다고 생각한다면, protected abstract virtual base pure
virtual private 소멸자가 무엇이고 마지막으로 언제 사용했는지 얘기할 수 있나?

— 톰 카길(Tom Cargill), *C++ Journal*, 1990년 가을

전진, 객체 지향 프로그래밍!

이제 C를 알고 있으니 C++는 쉽지 않을까? 어쩌면 그럴지도 모른다. 대부분의 C++
서적은 글로 빽빽하게 채운 300~400쪽짜리 책들이다. 그래서 숲속에서 길을 잃고
바이너리 트리라는 나무의 의미를 보지 못하게 된다. 반면에 C++는 실용적인 목적
으로 안시 C의 상위 집합이 되었다. 상위 집합에 포함되지 못한 것들은 이번 장 마
지막에 표로 정리했다. 그런데 프로그래밍 언어로부터 이득을 얻거나 더 나아가 그
것을 완전히 이해하기 위해서는 기본 개념을 이해해야 한다. 사람들은 C++ 프로그
래밍에 이와 같은 의미를 부여하기 위해 '객체 지향 패러다임'과 '사고의 전환'에 대

---

1 알골-68은 괴물 같은 크기의 프로그래밍 언어로, 작고 성공적인 알골-60을 기반으로 만들어졌다. 알
골-68(정형화된 형태로 작성된 공식 상세 설명이 있음에도 불구하고)은 이해하기도 구현하기도 사
용하기도 어려웠다. 그러나 그것은 '매우 강력했다'고 한다. 알골-68은 알골-60을 대체해 사실상 없
애 버린 후 비실용성이라는 파도에 휩쓸려 자폭했다. 어떤 사람들은 두 알골과 두 C 사이의 평행 이
론을 얘기하기도 한다.

해 이야기한다. 이제 우리는 이런 신비로움을 벗겨 내고, 친숙한 C의 특징과 연계하면서 C++를 간단한 말로 설명할 것이다.

이는 프로그램을 윈도 시스템 관점에서 다시 작성하는 법을 배울 때의 윈도 인터페이스 패러다임과 비슷하다. 즉, window_main_loop를 처리하기 위해 제어 로직을 뒤집은 것이다. 객체 지향 프로그래밍(object-oriented programming) 역시 같은 맥락으로, 데이터 타입 관점에서 다시 작성하는 것이다.

객체 지향 프로그래밍은 새로운 개념이 아니다. 이 개념은 1967년 시뮬라-67이 선보인 이래로 이어져 왔다. 객체 지향 프로그래밍은 (자연적으로) 객체 사용을 중심 주제로 끌어들였다. 소프트웨어 객체를 정의하는 데는 여러 가지 방법이 있다. 사람들은 데이터와 이를 처리하는 코드를 함께 그룹화하고, 이것을 하나의 단위로 처리하는 몇 가지 화려한 방법이 핵심이라는 점에 대부분 동의한다. 프로그래밍 언어에서는 이러한 유형을 '클래스(class)'라고 부른다. 여러 서적에서 객체 지향 프로그래밍에 대한 정의를 찾을 수 있다. 이 경우 대개 객체 지향 프로그래밍이 무엇인지 이미 알고 있는 경우에만 따라갈 수 있다. 일반적으로 다음과 같이 되어 있다.

객체 지향 프로그래밍의 특징은 상속과 동적 바인딩(dynamic binding)이다. C++는 클래스 파생을 통해 상속을 지원한다. 동적 바인딩은 가상 클래스 함수에 의해 제공된다. 가상 함수는 상속 계층 구조에 대한 구현 세부 사항을 캡슐화하는 방법을 제공한다.

아, 그렇지! 여기서는 C++를 빠르게 훑으면서 중요한 점 위주로 설명하려고 한다. 나는 중요하지 않은 세부 사항은 생략함으로써 언어의 틀을 뚜렷하게 부각하기 위해 노력할 것이다. 다음과 같은 방식으로 설명할 것이다. 먼저 객체 지향 프로그래밍의 핵심 개념을 살펴보고 해당 개념을 지원하는 C++의 특징을 요약한다. 여기에서 소개하는 개념은 논리적 순서대로 차곡차곡 쌓아 나갈 것이다. 프로그래밍 예제 중 일부는 의도적으로 오렌지에서 주스를 짜는 것과 같은 일상적인 동작으로 구현했다. 주스를 짜는 행동은 일반적으로 소프트웨어로 달성되지 않는다. 나는 여기에서 주스 짜기 함수를 호출하여 가장 낮은 수준의 세부 사항 구현보다는 추상화에 초점을 맞출 것이다. 먼저 용어를 요약하고 C에서 이미 알고 있는 개념의 관점에서 설명할 것이다(표 11-1 참고).

C++는 1985년경까지 'C with class'라는 이름으로 알려졌지만 지금은 이보다 훨

썬 더 많은 것을 포함하고 있다. 당시에는 C의 확장 정도로 설명하는 게 구현하기도 가르치기도 쉬웠고 납득할 만한 수준이었다. 하지만 이후 절정을 향해 치솟는 열정의 파도처럼 수많은(비유하자면 마치 온갖 것이 들어찬 부엌 싱크대 같은) 기능이 추가되었다. 이를 막기 위해 C++는 '기능 규제', 즉 아일랜드에서 시행하는 술집 허가제(술집 한 곳을 허가하기 위해 영업 중인 두 곳의 술집을 폐점하는 것)처럼 확대/축소 규제를 받아야 한다는 의견이 제기되곤 했다. 다중 상속을 원하는가? 물론 가능하다. 하지만 예외 처리와 템플릿을 포기해야 한다!

용어	정의
추상화	객체에서 중요하지 않은 세세한 부분을 덜어 내고 객체를 설명하는 핵심 특성만 남도록 하는 과정이다. 추상화는 디자인 활동이다. 여타 개념은 그것을 제공하는 객체 지향 프로그래밍 기능이다.
클래스	사용자 정의 타입이다. int 등 내장 타입과 같다. 내장 타입은 잘 정의된 연산(산술 연산 등)을 제공하며, 클래스 메커니즘에서는 프로그래머가 자신이 정의한 클래스 타입에 대한 별도의 연산을 지정할 수 있어야 한다. 클래스 내에 들어 있는 모든 것을 통틀어 그 클래스의 '멤버(member)'라고 한다. 클래스의 멤버 함수(연산)를 '메서드(method)'라고도 한다.
객체	클래스 타입의 특정 변수다. j는 int 타입의 특정 변수일 수 있다. 객체는 클래스의 '인스턴스(instance)'라고도 한다.
캡슐화	클래스를 구성하는 타입, 데이터, 함수를 그룹화하는 것이다. C에서 헤더 파일은 매우 약한 캡슐화의 예다. 헤더 파일은 순수한 어휘적 규칙일 뿐, 컴파일러는 헤더 파일을 의미 단위로 인식하지 못한다.
상속	이것은 큰 개념으로, 하나의 클래스가 더 단순한 형태의 기본 클래스에서 정의한 데이터 구조와 함수를 승계하는 개념이다. 파생 클래스는 기본 클래스의 연산과 데이터를 가져와 필요에 따라 특수화하거나 사용자화할 수 있다. 또한 새로운 데이터와 함수 멤버를 추가할 수도 있다. C는 상속 개념이 없을 뿐 아니라 그와 비슷한 개념조차 없다.

표 11-1 객체 지향 프로그래밍의 핵심 개념

이제 C++는 제법 큰 프로그래밍 언어가 되었다. 구체적인 예로, 이 책을 쓰는 현재 C 컴파일러 전처리 부분의 크기는 약 4만 줄 정도 되지만, C++ 컴파일러 전처리 부분의 크기는 두 배가 넘는다.[2]

2 (옮긴이) 21 compilers and 3 orders of magnitude in 60 minutes(*http://venge.net/graydon/talks/CompilerTalk-2019.pdf*)라는 발표 자료를 보면 최근 여러 컴파일러의 코드 규모를 살펴볼 수 있다.

추상화: 사물의 본질적인 특성 추출

객체 지향 프로그래밍의 시작은 객체 지향 설계다. 그리고 객체 지향 설계의 시작은 추상화다.

 '객체'란 무엇인가? 새로 알게 된 '추상화' 기술을 사용하여 자동차와 같은 실제 객체와 소프트웨어 객체 간의 유사점을 생각해 보자. 이것들이 공유하는 속성은 표 11-2에 나와 있다.

[프로그래밍 토막 지식] 핵심 개념: 추상화

추상화란 자동차, 견적서, 컴퓨터 프로그램 실행과 같은 '사물' 그룹을 보고 공통의 주제를 인지하는 개념이다. 공통의 주제를 인지한 다음에는 중요하지 않은 차이는 무시하고 사물들의 특성을 기술하는 핵심 데이터 항목(예: 운전면허 번호, 견적 금액, 주소 공간 경계)을 기록한다. 이러한 과정을 '추상화'라고 하며 저장하는 데이터 타입은 '추상 데이터 타입'이 된다. 추상화라는 말이 수학 개념처럼 거창하게 들리지만 이것에 현혹되면 안 된다. 추상화의 실제 의미는 단순화다.

자동차 예제	객체 특성	소프트웨어 예제: 정렬 프로그램
'자동차'	사물 전체를 나타내는 이름	'정렬'
입력: 연료 및 오일 출력: 운송	잘 정의된 입출력	입력: 정렬되지 않은 파일 출력: 정렬된 레코드 파일
엔진, 변속기, 펌프 등	작고 독립적인 객체로 구성	모듈, 헤더 파일, 함수, 자료 구조
다양한 종류의 자동차가 많이 있음	객체에 대한 여러 개의 인스턴스를 가질 수 있음	여러 사용자가 즉시 정렬할 수 있도록 구현. 예를 들어 단일 전역 임시 작업 공간에 의존하지 않음
연료 펌프는 와이퍼에 의존하지 않음	작고 독립적인 객체는 잘 정의된 인터페이스를 통하는 경우를 제외하고는 상호작용하지 않음	레코드를 읽는 루틴은 키 값 비교 루틴과는 독립적이어야 함
점화 시간을 앞당기는 것은 정상적인 운전 조작이 아니므로 운전자가 직접 조작하도록 허용하지 않음	세부 구현 정보를 직접 조작하거나 볼 수 없음	사용하는 정렬 알고리즘의 세부 내용(퀵 정렬, 힙 정렬, 셀 정렬 등)에 대해 알거나 이용할 필요가 없음
운전자가 제어 장치를 바꾸지 않고도 더 큰 엔진을 장착할 수 있음	사용자 인터페이스를 변경하지 않고 구현을 변경할 수 있음	구현자는 사용자에게 영향을 주지 않으면서 더 나은 정렬 알고리즘으로 대체할 수 있음

표 11-2 추상화의 예

소프트웨어 속성 중 많은 부분이 '해야 한다'라는 사실에 유의하기 바란다. C++와 같은 객체 지향 프로그래밍 언어는 이러한 목표를 쉽게 달성할 수 있도록 필요한 기능을 제공한다. 추상화가 소프트웨어에서 유용한 까닭은 프로그래머에게 다음과 같은 내용을 제공하기 때문이다.

- 관련 없는 세부 사항을 숨기고 필수 사항에 집중하게 한다.
- 외부 세계에 '블랙박스' 인터페이스를 제공한다. 인터페이스는 객체에 대해 유효한 연산을 지정할 수 있지만, 객체가 연산을 내부적으로 어떻게 구현하는지는 보여 주지 않는다.
- 복잡한 시스템을 독립된 구성 요소로 분해한다. 이렇게 함으로써 지식을 국소화하고 요소 간의 무분별한 상호 작용을 방지한다.
- 코드를 재사용하고 공유한다.

C는 미리 정의된 타입(int, char 등)만큼 편리하게 사용자가 새로운 타입(struct, enum)을 정의하고 비슷한 방식으로 사용하게 함으로써 추상화를 지원한다. 이때 '거의 비슷한 수준으로 편리하다'고 얘기한 이유는 C가 사용자 정의 타입에서 미리 정의한 연산자(*, <, [], + 등)를 재정의하는 것을 허용하지 않기 때문이다. 하지만 C++는 이 장벽을 제거했을 뿐 아니라 자동화되고 통제된 초기화, 데이터 수명 종료 시 정리, 암묵적 타입 변환 기능도 제공한다. 이 모든 것이 C에는 없거나 있더라도 편리한 형태로 제공되지 않는다.

추상화는 추상 데이터 타입을 생성하는데 C++는 클래스 기능을 사용하여 이를 구현한다. 이것은 하향식 관점으로 데이터 타입의 속성을 바라보는 것이다. 물론 상향식 관점으로 접근할 수도 있는데 이를 캡슐화라고 한다. 캡슐화는 타입을 구현하는 데 필요한 다양한 데이터와 메서드를 그룹화하는 것이다.

캡슐화: 관련 있는 타입, 데이터, 함수를 함께 그룹화

추상 데이터 타입을 연산과 함께 묶은 것을 '캡슐화'라고 한다. 객체 지향 프로그래밍을 제대로 지원하지 못하는 언어는 캡슐화를 위한 적절한 메커니즘이 없다. 즉, "이 세 개의 함수는 이 특정 구조체 타입에 대한 유일하면서 유효한 연산이다"라고 C 컴파일러에 말할 방법이 없다. 프로그래머는 검증되지 않고 일관성도 없이 구조체에 접근하는 함수의 정의를 막을 길이 없기 때문이다.

> 🧩 [프로그래밍 토막 지식] **핵심 개념: 클래스는 클래스와 관련된 데이터를 코드로 캡슐화(함께 묶음)한 것이다**
>
> 프로그래밍이 처음 발달했을 때 어셈블러 프로그램은 비트와 워드로만 작동할 수 있었다. 그러나 고급 언어로 발전하면서 프로그래밍 언어들은 float, double, long, char 등 다양한 하드웨어 피연산자에 쉽게 접근하게 되었다. 일부 고급 언어는 타입을 강력하게 규제해 변수 타입에 해당하는 연산만 수행했다. 이것은 데이터 항목과 허용 연산을 결합한 초보적인 형태의 클래스였다. 이 연산은 일반적으로 '부동 소수점 수 곱셈'과 같은 개별 하드웨어 연산으로 제한되었다.
>
> 프로그래밍 언어가 더욱 발전하면서 프로그래머들은 다양한 데이터 타입을 사용자 정의 레코드(C에서는 struct)로 묶었지만, 데이터를 조작하거나 개별 필드에 접근하는 함수를 제한할 방법이 없었다. struct가 조금이라도 보이면 struct 내의 그 어떤 부분도 어떤 형태로든 수정할 수 있었다. 또한 함수를 타입으로 묶어 해당 타입에서만 사용하게 할 방법이 없었다.
>
>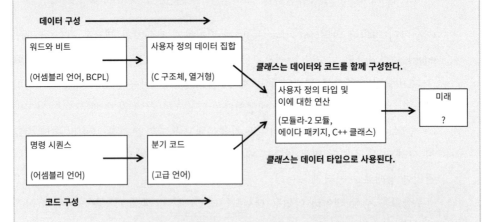
>
> 이 책을 쓰는 현재 최신 기술은 객체 지향 프로그래밍 언어로, 사용자 정의 자료 구조와 이에 대한 연산을 담당하는 사용자 정의 함수를 하나로 묶어 데이터의 무결성을 강화하는데, 그 외 다른 함수는 데이터 접근이 불가능하다. 이를 통해 데이터 타입이 내장 데이터 타입에서 사용자 정의 데이터 타입으로 강력하게 확장된다.

몇 가지 클래스 샘플: 미리 정의된 타입과 동일한 권한을 부여하는 사용자 정의 타입

C++ 클래스 메커니즘은 객체 지향 프로그래밍 캡슐화를 제공한다. 캡슐화를 소프트웨어 방식으로 현실화한 것이 바로 클래스다. 클래스는 데이터 타입이다. char, int, double 및 struct rec *도 데이터 타입이다. 따라서 클래스로 유용한 일을 하려면 변수를 선언하고 사용하면 된다. 또한 크기 확인, 변수 선언 등 데이터 타입으로 할 수 있는 거의 모든 일을 클래스로 할 수 있다. 그리고 주소 참조, 인수 전달, 함수 반환값 받기, 상수화 등 변수로 할 수 있는 모든 작업을 객체로 할 수 있다. 객체(클래스 타입의 변수)는 변수를 선언하는 것처럼 선언한다.

```
Vegetable carrot;
```

여기서 Vegetable은 클래스 이름이다(클래스 생성 방법은 곧 설명한다). carrot은 이 클래스의 객체다. 딱히 정해진 것은 아니지만 통상적으로 클래스 이름은 대문자로 시작한다.

　C++ 클래스를 사용하면 사용자 정의 타입에서 다음을 수행할 수 있다.

- 사용자 정의 타입과 그 타입에 대한 연산을 그룹으로 묶는다.
- 기본 데이터 타입과 동일한 권한 및 모양을 가진다.
- 기본 데이터 타입보다 복잡하고 정교한 타입을 만들 수 있다.

🔩 [프로그래밍 토막 지식] 핵심 개념: 클래스

클래스는 모든 연산이 포함된 사용자 정의 데이터 타입이다.

　클래스는 데이터의 구조체로 구현되기도 하며 해당 데이터에서 동작하는 함수에 대한 포인터와 함께 그룹화된다. 컴파일러는 강력한 타입을 적용하여 이러한 함수가 클래스의 객체로서만 호출되고 그 외 다른 함수로는 호출할 수 없도록 한다.

C++ 클래스는 이 모든 것을 수행한다. 구조체와 비교할 수 있으며 실제로 구조체로 편리하게 구현할 수 있다. 일반적인 형식은 다음과 같다.

```
class classname {
        availability: declarations
          ...
        availability: declarations
     };
```

가용성

'가용성(availability)'은 키워드로, 다음과 같이 어떤 그룹이 객체에 접근할 수 있는지 설명한다. 가용성은 다음 중 하나가 된다.

`public:`	뒤에 나오는 선언은 클래스 외부에서 볼 수 있으며 원하는 대로 설정, 호출, 조작이 가능하다. 일반적으로 데이터는 public으로 권장하지 않는다. 데이터를 private으로 해야 데이터에 대한 간접 접근이 유지되기 때문이다. 즉, 객체 자신만이 데이터를 변경할 수 있다. 외부 함수는 멤버 함수를 사용해야 하며 그래야 데이터를 잘 통제된 방식으로 업데이트할 수 있다.
`protected:`	이후의 선언은 클래스 내 함수와 이 클래스에서 파생된 클래스 함수에서만 보인다.
`private:`	이후의 선언은 클래스의 멤버 함수만 사용할 수 있다. private 선언은 클래스 외부에서도 볼 수 있지만(이름은 알려져 있음) 접근은 불가능하다.

가용성에 영향을 주는 또 다른 두 키워드로 friend와 virtual이 있다. 이 키워드는 위와 같이 전체 그룹이 아닌 개별 선언에 적용된다. 앞의 세 가지 가용성 통제 키워드와는 달리 friend와 virtual은 뒤에 콜론이 없다.

`friend`	함수가 클래스 멤버는 아니지만 private 및 protected 데이터에 접근할 수 있음을 뜻한다. friend는 다른 함수나 다른 클래스가 될 수 있다.
`virtual`	이것에 대해 흥미를 느끼게 해 줄 개념을 아직 다루지 않았으므로 나중에 설명할 것이다.

나는 C++ 표준 위원회에 제출한 공식 논문(문서 번호 X3J16/93-0121)을 통해 앞에서 설명한 다섯 가지 가용성 키워드를 모두 'p'로 시작하는 키워드로 바꾸자고 제안했다. 즉, friend는 protégé(이것은 국제화를 촉진할 뿐 아니라 friend에는 없는 비대칭적인 방향성도 나타낸다)로, virtual은 placeholder로 바꾸는 것이다. 아울러 설명 용어 중 가용성과 아무런 연관이 없는 'pure' 대신 'empty'를 사용하자고 제안했다. 이렇게 하면 언어의 어휘적 직교성(orthogonality)을 약간 높일 것이다. 그리고 혹시라도 위원회가 실험적인 면을 선호한다면 프로그래밍 언어의 중요한 의미론적 영역을 확장할 수 있다.[3] 그들이 그렇게 움직일지에 대해서는 아직 아무 말이 없다.[4]

---

3 이것은 경박한 제안이 아니다. 표준 C에서 이름이 잘못 붙여진 const 키워드는 매우 실질적인 문제를 야기한다. 이와 비슷한 문제를 피하고 C++의 가시 영역에 일관성을 부여할 기회다.

4 (옮긴이) 지은이의 시도는 아쉽게도 실패로 끝났으며 많은 개발자가 C++를 처음 배울 때 어려워하고 있다. 하지만 지은이의 제안도 비(非)영어권 사람이 쉽게 받아들일 수 있는 표현은 아니다.

선언

'선언'은 C에서 함수, (다른 클래스를 포함하는) 타입, 데이터를 선언하는 것과 동일하다. 클래스는 이것을 모두 묶는다. 클래스에서 각각의 함수 선언에는 구현(implementation)이 필요한데, 구현은 클래스 내부에서 하거나 (일반적으로) 분리될 수 있다. 지금까지 설명한 것을 한 번에 표현하자면 다음과 같다.

```
class Fruit { public: peel(); slice(); juice();
            private: int weight, calories_per_oz;
        };

// 클래스의 인스턴스
Fruit melon;
```

C++ 주석은 //로 시작하며 줄 끝까지 이어진다.[5]

◎ [프로그래밍 도전] C++ 프로그램 컴파일 및 실행

이제 C++ 프로그램을 사용할 시간이다. C++ 소스 파일의 확장자는 보통 .cpp 또는 .cc 또는 .C 다. 확장자 파일을 만들고 위의 코드를 입력한 다음, 'hello world' 메인 프로그램을 추가한다. 그리고 Fruit 클래스의 여러 객체를 선언한다.

많은 시스템에서 다음과 같이 C++ 컴파일러를 호출한다.[6]

```
CC fruit.cpp
```

C와 비교해 C++ 컴파일러를 호출하려면 왠지 소리를 질러야 할 것 같다. 컴파일하고 a.out 파일을 실행해 보자. 축하한다. 많은 내용이 들어 있지 않지만 C++ 클래스를 성공적으로 작성했다.

클래스 외부에서 멤버 함수를 구현하려면 앞에 특별한 간편 문법(syntactic sugar)[7]을 붙여야 한다.

간편 문법 ::는 "이봐! 이거 중요한 거야. 클래스 안의 무언가를 참조하고 있거든"이라는 뜻이다.

---

5 (옮긴이) C에서도 C99부터 // 주석을 정식으로 채용했다.
6 (옮긴이) gcc에서는 g++, clang에서는 clang++, 마이크로소프트 C++ 컴파일러에서는 cl.exe이다.
7 (옮긴이) 프로그래밍 언어 차원에서 제공하는 논리적이며 간결한 표현을 의미하며 대표적인 예로 복합 연산자, 삼항 연산자 등을 들 수 있다.

그래서 다음과 같은 보통의 C 함수 선언처럼 보이지 않는다.

```
return-type                    functionname(parameters) { ... };
```

멤버 함수('메서드'라고도 함)는 다음과 같은 형식이다.

```
return-type Classname ::     functionname(parameters) { ... };
```

::는 '범위 지정 연산자(scope resolution operator)'라고도 한다. 앞에 붙는 식별자는 참조할 클래스다. 앞에 식별자가 없으면 전역 범위를 의미한다. peel()을 클래스 내부에서 구현한 모습은 다음과 같을 것이다.

```
class Fruit { public: void peel(){ printf("in peel"); }
                        slice();
                        juice();
            private: int weight, calories_per_oz;
};
```

그러나 클래스 밖에서 구현한다면 다음과 같을 것이다.

```
class Fruit { public: void peel();
                        slice();
                        juice();
            private: int weight, calories_per_oz;
};

void Fruit::peel(){ printf("in peel"); }
```

두 가지 접근법은 의미상 동일하지만 두 번째 접근법이 더 일반적이며, 인클루드 파일을 사용해 소스를 좀 더 명확히 구성하려고 할 때 장점으로 작용한다. 첫 번째 접근법은 일반적으로 길이가 아주 짧은 함수에서 사용하며, 함수를 호출하는 대신 코드를 자동으로 확장한다.

> ◎ [프로그래밍 도전] 메서드 내용 작성
>
> Fruit 클래스의 slice()와 juice()를 비슷하게 작성하라. peel의 내용을 복사하여 시작한다.
>
> 1. 실제 시스템이라면 아마도 이러한 방법으로 원하는 과일을 준비하기 위해 로봇 팔을 작동할 것이다. 이 연습에서는 각각의 메서드가 호출되었다는 사실만 출력한다.

2. 메서드마다 가능한 한 파라미터와 반환 타입을 지정한다. 예를 들어 slice()는 원하는 조각 수를 나타내는 정수 파라미터를 받아야 하며, juice()는 짜낸 주스량(cc 단위)에 해당하는 float 값을 반환해야 한다. 당연히 클래스 정의에 대한 프로토타입은 함수 정의와 일치해야 한다.

3. 메서드 내부와 외부에서 클래스 private 부분의 데이터에 접근해 보자.

메서드 호출 방법

클래스 내에서 함수를 호출하는 흥미로운 방법을 살펴보자. 인스턴스 또는 클래스 변수를 앞에 붙여야 한다.

```
Fruit melon, orange, banana;

main() {
  melon.slice();
  orange.juice();
  return 0;
}
```

이렇게 하면 객체가 자체적으로 해당 작업을 수행한다. 이것은 마치 사전에 정의된 일부 연산자와 매우 비슷하다. i++를 작성하는 것은 "i 객체를 가져와 후치 증가 연산을 수행한다"라고 말하는 것과 같다. 클래스 객체에서 멤버 함수를 호출하는 것은 다른 객체 지향 언어에서 사용하는 '해당 객체로 메시지 보내기' 표현과 의미가 같다.[8]

모든 메서드에는 this 포인터 파라미터가 자동으로 전달되어 객체가 메서드 내부에서 자신을 참조한다. 멤버 함수 내부에서 this 포인터의 명시적 사용을 어떻게 생략하고 명시적으로 사용한다고 가정할 수 있는지 살펴보자.

```
class Fruit { public: void peel();
  private: int weight, calories_per_oz;
};

void Fruit::peel(){ printf("this ptr=%p", this);
                    this->weight--;
                    weight--;}
```

---

8 (옮긴이) 스몰토크와 오브젝티브-C에서는 메시지 전달 방식을 사용한다.

```
Fruit apple;
printf("address of apple=%x",&apple);
apple.peel();
```

> ◎ **[프로그래밍 도전] 메서드 호출**
>
> 1. 앞의 연습에서 작성한 slice()와 juice() 메서드를 호출한다.
> 2. 모든 메서드에 자동으로 전달된 첫 번째 인수 this 포인터에 접근해서 이것저것 시도한다.

생성자와 소멸자

대부분의 클래스에는 적어도 생성자(constructor)가 하나 있다. 생성자는 클래스의 객체를 생성할 때마다 자동으로 호출되는 함수로, 객체의 초깃값을 설정한다. 또한 이와 상반된 개념으로 소멸자(destructor)라고 부르는 정리 함수가 있다. 소멸자는 객체가 소멸할 때(범위를 벗어나거나 힙으로 반환됨) 호출된다. 소멸자는 생성자보다 일반적이지 않으며 개발자들은 특별한 종료, 가비지 수집 등을 처리하는 경우 소멸자 코드를 작성하게 된다. 꼼꼼한 사람들은 소멸자를 방어적으로 사용하기도 한다. 즉, 적절한 범위 밖으로 빠져나갈 때 동기화 락을 항상 해제하도록 하는 것이다. 그래서 객체와 함께 객체가 가지고 있던 락도 청소한다. 클래스 외부에서는 아무도 프라이빗(private) 데이터에 접근할 수 없기 때문에 생성자와 소멸자가 필요하다. 따라서 객체를 만들고 초기 데이터값을 채우기 위해서는 클래스 내부에 권한을 가진 함수가 필요하다.

이것은 C에 비해 비약적으로 향상된 것으로, 변수 정의 시점에서 변숫값을 할당하여 초기화하거나 심지어 초기화하지 않은 채 놓아둘 수도 있다. 여러 가지 생성자 함수를 정의하고 인수로 이것들을 구별할 수도 있다. 생성자 함수는 항상 클래스와 이름이 같으며 다음과 같다.

```
Classname :: Classname (arguments) { ... };
```

다음은 Fruit 예다.

```
class Fruit { public: peel(); slice(); juice();
        Fruit(int i, int j); // 생성자
        ~Fruit(); // 소멸자
        private: int weight, calories_per_oz;
```

```
        };
```

```
// 생성자 본문
Fruit::Fruit(int i, int j) { weight=i; calories_per_oz=j; }
```

```
// 객체 선언 시 생성자에 의해 초기화된다.
Fruit melon(4,5), banana(12,8);
```

클래스는 일반적으로 정교한 초기화가 필요한 필드를 많이 가진 구조체를 포함하기 때문에 생성자가 필요하다. 객체의 생성자 함수는 해당 클래스의 객체를 생성할 때마다 자동으로 호출되며 프로그래머가 명시적으로 호출해서는 안 된다. 전역 범위 정적 객체의 경우, 생성자는 프로그램 시작 시 자동으로 호출되고 소멸자는 프로그램 종료 시 호출된다.

생성자와 소멸자는 C의 '숨기는 것이 없어야 한다'는 접근 방식을 위반한다. 즉, 프로그래머를 대신해 런타임에 잠재적으로 많은 양의 작업이 암묵적으로 수행되어, 언어의 어떤 것도 숨겨진 런타임 루틴으로 구현해서는 안 된다는 C 언어의 철학을 깨뜨린다.

◎ [프로그래밍 도전] 소멸자를 사용하는 프로그램

printf() 문이 들어가는 Fruit 소멸자를 작성하고 내부 범위에서 Fruit 객체를 선언하라. 프로그램 시작 시 #include <stdio.h>가 필요하다. 그런 다음 다시 컴파일하고 a.out을 실행하여 객체가 범위를 벗어날 때 소멸자가 호출되는지 확인한다.

상속: 이미 정의된 작업의 재사용

단일 상속은 클래스가 단일 기본 클래스의 자료 구조 및 메서드를 상세화(specialization)하거나 구체화할 때 발생한다. 이는 과학적 분류법과 비슷한 계층 구조를 만든다. 각 단계는 상위 단계보다 더 상세화된다. 타입 상속은 객체 지향 프로그래밍의 필수 항목으로, C에는 실제로 존재하지 않는 개념이다. 그러면 '개념적 도약'을 통해 앞으로 나아가 보자!

> 🧩 **[프로그래밍 토막 지식] 핵심 개념: 상속**
>
> 어떤 클래스로부터 파생된 클래스는 기존 클래스의 모든 특성을 자동으로 사용할 수 있다. 이전에 선언된 타입의 일부 또는 모든 특성을 공유하는 새로운 타입을 선언할 수 있다. 둘 이상의 상위 타입으로부터 일부 특성을 공유하는 것도 가능하다.

상속은 일반적으로 단순 기본 클래스(예: 자동차)보다 파생 클래스(예: 승용차, 소방차, 배달용 밴)로 갈수록 점점 구체화되고 세분화된다. 동시에 사용 가능한 작업을 동일하게 부분 집합으로 만들거나 확장할 수 있다. shape 클래스는 C++ 설명에서 널리 사용되는 예제다. 기본 shape에서 circle, rectangle, pentagon 등 좀 더 특수한 구성을 도출할 수 있다. 그림 11-1에서는 '클래스 상속'의 실제 사례인 린네 동물계 분류법과 기존 C 타입 모델의 관계를 보여 주는데, 두 가지 유사 사례를 비교해 보면 이해하는 데 도움이 된다.

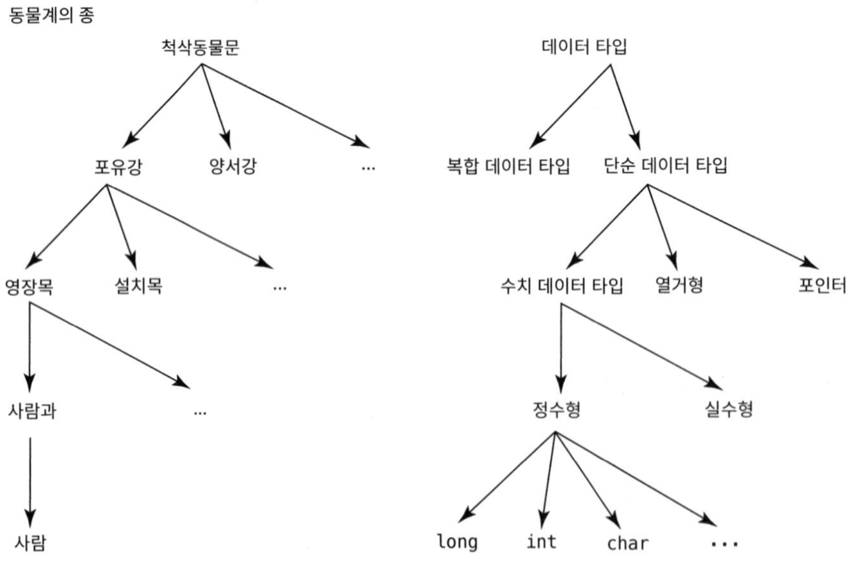

그림 11-1 상속 계층의 두 가지 실제 사례

위의 동물 종을 살펴보자.

- 척삭동물문에는 척삭(척추의 원형이 되는 기관)을 가진 모든 생물이 포함된다. 동물계에는 모두 32종류의 문이 있다.

- 모든 포유강에는 척수가 있다. 이들은 척삭동물문에서 '파생'되어 이를 상속받는다. 포유강은 여기에 별도의 특수한 특성이 있다. 새끼에게 젖을 먹이고, 아래턱뼈가 하나만 있고, 머리카락이 자라며, 내이에 특정 뼈가 있고, 유치와 영구치가 있는 것 등이다.
- 영장목은 포유강의 모든 특성(척수 등과 함께 포유강이 척삭동물문으로부터 물려받은 모든 것을 포함)을 물려받는다. 영장목은 앞으로 향하는 눈, 큰 두개골, 특정 패턴의 앞니 등 더욱 구별되는 특징이 존재한다.
- 사람과는 영장목과 그 위 조상으로부터 모든 것을 물려받는다. 이들에게는 두발로 똑바로 걷는 데 필요한 독특한 골격 특성이 많이 추가되었다. 사람(호모 사피엔스)은 이제 사람과 내에서 유일한 종이다. 다른 모든 종은 멸종되었다.

조금 더 추상화된 형태로 C의 타입 계층 구조도 비슷하게 분석할 수 있다.

- C의 모든 타입은 복합(composite) 데이터 타입(작은 요소로 구성된 배열 또는 구조체와 같은 타입)이거나 단순(scalar) 데이터 타입이다. 단순 데이터 타입은 모든 값이 원자적이라는 속성을 가지고 있다(즉, 다른 타입으로 구성되지 않는다).
- 수치 데이터 타입은 단순 데이터 타입의 모든 속성을 상속하며 산술 수량을 기록하는 추가적인 특성을 갖는다.
- 정수 타입은 수치 데이터 타입의 모든 속성을 상속하며 정수만 다룬다는 추가적인 특성을 지닌다.
- 문자 타입은 정수 타입의 모든 속성을 상속하며 더 작은 범위에 해당하는 값을 갖는다.

익숙한 C 데이터 타입으로 상속이 이론적으로 어떻게 적용되는지 보여 주면 이해하는 데 도움이 되겠지만 이 모델은 C 프로그래머에게는 실용적이지 않다. C는 프로그래머가 다른 데이터 타입의 속성을 상속하는 새 데이터 타입을 만들도록 허용하지 않는다. 따라서 프로그래머는 실제 프로그램에서 데이터 타입 계층 구조를 사용할 수 없다. 객체 지향 프로그래밍에서 중요한 것은 애플리케이션에서 추상 데이터 타입의 계층 구조를 파악하는 것이다. C++가 제공하는 주요 특성으로서, 아무리 노련한 C 사용자들도 쉽게 달성할 수 없는 것이 바로 상속이다. 상속을 통해 프로그래머는 타입 계층 구조를 명시적으로 만들고 그 관계를 통해 코드를 제어한다.

이제 과일의 모든 특성과 두 가지 고유한 작업을 갖춘 Apple 클래스를 만들어 보자. 일반적으로 다른 과일이 아닌 사과만으로 할 수 있는 두 가지는 다음과 같다.

- 사과 건지기:[9] 예를 들어 배는 사과보다 밀도가 높아 물에 가라앉기 때문에 물 수가 없다. 사과 건지기는 bob_for() 메서드로 구현한다.
- 캔디 애플(영국식으로는 '토피 애플')[10] 만들기: 캘리포니아에서도 캐러멜에 덮인 포도는 만들지 않는다. 캔디 애플 만들기는 make_candy_apple() 메서드로 구현한다.

우리는 Apple을 모든 Fruit 클래스 작업을 상속받으면서 Apple 자체의 두 가지 특성이 추가된 파생 클래스로 만들 것이다. 이 구현 과정을 끝까지 따라가기 바란다. 분명히 이 내용은 일반적인 컴퓨팅과는 동떨어져 있다. 따라서 세세한 알고리즘에 얽매이지 말고 지금 설명하는 새로운 개념에 집중하기 바란다.

[프로그래밍 토막 지식] C++에서 상속하는 방법

상속은 두 클래스 사이에서 이루어진다(개별 함수 사이에서 이뤄지지 않는다).
다음과 같은 기본 클래스가 있다.

```
class Fruit { public: peel(); slice(); juice();
            private: int weight, calories_per_oz;
          };
```

기본 클래스를 상속하는 클래스의 예를 살펴보자.

```
class Apple : public Fruit {
  public:
    void make_candy_apple(float weight);
    void bob_for(int tub_id, int number_of_attempts);
}
```

객체 선언은 다음과 같다.

```
Apple teachers;
```

---

9 (옮긴이) 대야나 큰 통에 물을 담고 그 위에 사과 여러 개를 띄운 후 입으로만 사과를 물어서 건져 내는 게임이다.
10 (옮긴이) 사과에 설탕물을 코팅한 사탕

예제는 Apple 클래스가 기본 클래스 Fruit으로부터 상세화되었다고 말한다. 상속받은 Apple 클래스의 첫 번째 줄에 있는 public 키워드는 외부 파생 클래스에서 기본 클래스에 어느 수준까지 접근할 수 있는지 제어한다. 이것은 여기서 완전히 설명하기에는 내용이 너무 많다.

상속 구문은 처음에는 불편하다. 파생 클래스 이름 뒤에 콜론과 기본 클래스 이름이 따라온다. 구문 자체가 간단하기 때문에 이것만으로는 기본 클래스와 상속받은 클래스 사이에 어떤 상세화가 이루어졌는지 알 수 없다. 기존 C 언어의 관용구를 기반으로 하지 않기 때문에 직교성이 적용되지 않는다.

하나의 클래스 안에 다른 클래스를 중첩하는 것을 상속과 혼동하면 안 된다. 중첩은 특별한 권한이나 관계를 맺지 않은 채 한 클래스를 다른 클래스로 가져온다. 중첩은 컨테이너 클래스(연결 리스트, 해시 테이블, 큐 등과 같이 일부 자료 구조를 구현하는 클래스)를 가져오는 데 자주 사용된다. C++에 템플릿이 추가되면서 템플릿을 컨테이너 클래스로도 사용한다.

상속에서 '파생 클래스는 기본 클래스의 변형'이며 서로 간의 접근 방법을 통제하는 세부적인 의미가 많이 있다. 중첩에서 작은 객체는 큰 객체가 가진 많은 부분의 일부일 뿐임을 의미하고, 상속은 하나의 객체가 일반적인 부모 객체를 상세화한 것을 말한다. 우리는 포유동물이 개 안에 중첩되었다고 말하지 않으며 오히려 개가 포유동물의 특징을 상속받았다고 말한다. 상황에 따라 정확한 용어를 사용하기 바란다.

다중 상속: 두 개 이상의 기본 클래스에서 파생

> C는 당신의 발에 쉽게 총구멍을 낼 수 있다. C++에서는 그렇게 하기 더 어렵지만
> C++는 일단 동작했다 하면 당신의 다리 전체를 날려 버릴 것이다.
> — 비아네 스트롭스트룹(Bjarne Stroustrup)

다중 상속은 두 클래스를 하나로 결합하여 상속받은 클래스의 객체가 두 클래스의 객체처럼 동작하도록 한다. 다중 상속은 트리 계층 구조를 격자 구조로 변환한다.

Fruit 예제를 계속 사용해 보자. 이번에는 Sauces 클래스를 만드는데 이때 과일 객체가 소스로도 쓰인다는 점에 주의하자. 다중 상속의 특징을 갖는 타입 계층 구조는 다음과 같이 나타낸다.

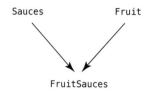

객체 선언은 다음과 같다.

FruitSauce orange, cranberry; // 소스와 과일의 인스턴스

다중 상속은 단일 상속만큼 흔하지 않으며 프로그래밍 언어에 포함되어야 할지 상당한 논쟁이 있었다. 스몰토크와 같은 객체 지향 프로그래밍 언어는 다중 상속 개념이 없으며, 에펠(Eiffel)과 같은 객체 지향 프로그래밍 언어는 다중 상속 개념이 있다. 실제 현장에서는 그림 11-3보다 그림 11-2에 해당하는 타입 계층 구조를 더 선호한다는 사실을 유념하기 바란다.

　다중 상속은 구현과 사용 측면에서 모두 어렵고 오류도 발생하기 쉽다. 다중 상속을 대신할 설득력 있는 사례가 없다고 말하는 사람들도 있다.

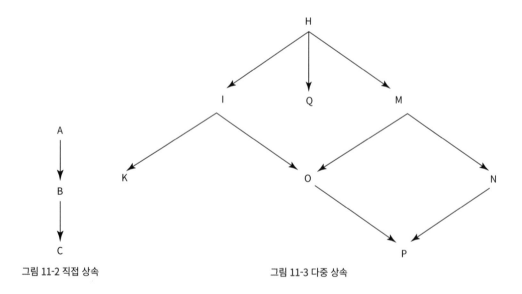

그림 11-2 직접 상속　　　　　　　　　　　그림 11-3 다중 상속

오버로딩: 한 가지 이름으로 서로 다른 타입의 동일 작업을 수행

오버로딩은 단순히 기존 이름을 다시 사용하는 게 아니라 다른 타입의 작업에도 같은 이름을 사용하는 것이다. 이름은 함수의 이름 또는 연산자 기호가 될 수 있다.

연산자 오버로딩은 이미 C에서 기본적인 형태로 존재한다. 거의 모든 프로그래밍 언어가 내장 타입에 대해 연산자 오버로딩을 지원한다.

```
double e,f,g;
int i,j,k;
 ...
e = f+g;     /* 부동 소수점 덧셈 */
i = j+k;     /* 정수 덧셈 */
```

두 경우의 + 연산은 다르다. 첫 번째는 부동 소수점 덧셈 명령어를 생성하고 두 번째는 정수 덧셈 명령어를 생성한다. 동일한 개념의 연산을 수행하기 때문에 이름이나 연산자가 동일해야 한다. C++는 새로운 타입 생성을 허용하므로 프로그래머는 새로운 타입을 위한 이름과 연산자를 너무 많이 오버로딩할 수 있다. 오버로딩을 사용하면 프로그래머는 사용자 정의 클래스 타입에 추가적인 의미를 부여하여 함수 이름과 대부분의 연산자, 이를테면 +, =, *, -, [], ()를 다시 사용할 수 있다. 이는 객체를 하나의 종합체로 취급하는 객체 지향 프로그래밍 철학의 일부다.

정의에 따른 오버로딩은 컴파일 타임에 수행된다. 컴파일러는 피연산자 타입을 보고 해당 타입에 대한 연산자 선언을 확인한다. 프로그래머가 정신적 혼란에 빠지지 않도록 비슷한 연산에 해당하는 연산자만 오버로딩하기 바란다. 즉, 나눗셈 연산을 하는 데 * 연산을 오버로딩하지 말라.

C++ 연산자 오버로딩

예제로 + 연산자를 오버로딩하고 Fruit 클래스에 더하기 연산을 정의해 보자. 먼저 연산자에 대한 프로토타입을 클래스에 추가한다.

```
class Fruit {
  public:
    void peel(); slice(); juice();

    int operator+(Fruit &f); // "+" 연산자 오버로딩

  private:
    int weight, calories_per_oz;
};
```

계속해서 오버로딩된 연산자 함수의 내용을 작성한다.

```
int Fruit::operator+(Fruit &f) {
  printf("calling fruit addition\n"); // 연산자의 동작을 알려 주기 위한 출력문
  return weight + f.weight;
}
```

앞에서와 마찬가지로 모든 메서드는 this 포인터를 자동으로 전달받기 때문에 연산자의 왼쪽 피연산자를 참조할 수 있다. 덧셈의 오른쪽 피연산자는 파라미터 f다. 이것은 Fruit의 인스턴스이며 앞에 있는 앰퍼샌드(&)는 참조로 전달되었다는 뜻이다.

오버로딩된 함수는 다음과 같이 호출한다.

```
Apple apple;
Fruit orange;

int ounces = apple+orange;
```

피연산자의 순서와 수(컴파일러 전문 용어로 '애리티'[11])는 오버로딩된 연산자의 경우 원래 연산자와 동일하다. 그래서 위와 같이 C++에서는 + 연산자를 정의해 놓으면 apple과 orange의 덧셈이 가능하다. C++는 '연산자 오류(operator error)' 절을 통해 완전히 새로운 클래스의 의미를 제공한다. 오버로딩은 다음 절에서 설명하는 C++ I/O에서도 매우 편리하게 사용된다.

C++ 입출력

C++는 C의 stdio 라이브러리뿐 아니라 C++만의 새로운 I/O 루틴과 개념을 제공한다. I/O 인터페이스는 iostream.h로 알려져 있으며, I/O를 보다 편리하고[12] 객체 지향 철학에 맞게 잘 조정하도록 돕는다.

---

11 (옮긴이) 애리티(arity)는 인수 개수 x개가 필요한 함수를 x-ary 함수라고 표현하는 표기법에서 유래했다. 참고로 인수 개수에 따른 애리티는 다음 표와 같다.

x-ary	애리티	x-ary	애리티	x-ary	애리티
0-ary	Nullary	4-ary	Quaternary	8-ary	Octonary
1-ary	Unary	5-ary	Quinary	9-ary	Novenary
2-ary	Binary	6-ary	Senary	10-ary	Denary
3-ary	Ternary	7-ary	Septenary		

12 C++ iostream(이전에는 streams로 알려짐) I/O 인터페이스를 유닉스 커널 STREAMS 프레임워크와 혼동하면 안 된다. 유닉스 커널 STREAMS 프레임워크는 장치 드라이버와 사용자 프로세스 간 통신에 사용된다.

<<(출력 또는 '삽입')와 >>(입력 또는 '추출') 연산자는 putchar()와 getchar() 대신 사용한다.

<< 및 >> 연산자는 C에서는 여전히 비트를 왼쪽과 오른쪽으로 이동하는 데 사용하지만 C++에서는 I/O용으로 오버로드되었다. 컴파일러는 피연산자의 타입을 보고 시프트와 I/O 코드 중 어떤 것을 생성할지 결정한다. 가령 맨 왼쪽 피연산자가 스트림이라면 I/O가 의도된 것으로 간주한다. 함수가 아닌 연산자를 사용하면 다음과 같은 장점이 있다.

- 모든 타입에 대해 연산자를 정의할 수 있다. 따라서 각각 다른 타입에 대해 개별 함수 또는 %d와 같은 문자열 형식 지정자가 필요하지 않다.
- 여러 메시지를 출력하는 경우, 함수보다 연산자를 사용하는 게 표기 측면에서 조금 더 편하다. i + j + k + l과 같은 표현식처럼 연산자의 좌결합성 덕분에 여러 I/O 피연산자를 합리적으로 연결할 수 있다.

  ```
  cout << "the value is " << i << endl;
  ```

- 형식 제어와 scanf() 같은 함수 사용을 단순화하는 추가 계층을 제공한다. 실제로 scanf() 함수 시리즈는 (매뉴얼이 아주 짧지만) 단순화가 분명 가능하다.
- 전체 객체를 단일 작업으로 읽고 쓰기 위해 삽입 및 추출 연산자(<<, >>를 부르는 이름)를 오버로딩하는 것이 가능하고 바람직하다. 이것은 이전 절에서 본 것처럼 오버로딩의 응용에 불과하다.

C++에서도 C의 stdio.h 함수를 사용할 수 있지만 이왕이면 시작할 때부터 C++ 함수로 전환하는 것이 좋다.

다형성: 런타임 바인딩

텍스트 기반 롤 플레잉 게임인 넷핵(nethack)을 해 본 사람은 다형성(polymorphism)이 그리스어로 '다양한 형태'를 뜻한다는 사실을 알고 있을 것이다. C++에서 다형성은 관련 객체에 대해 다른 메서드를 지원하고 적절한 객체에 런타임 바인딩을 허용한다는 것을 의미한다. C++에서 이것을 지원하는 핵심 메커니즘이 바로 '오버로딩'이다. 다형성 메서드는 동일한 이름으로 지정되며 런타임 시스템은 어느 것이 적합한지 알아낸다. 이러한 기능은 특히 상속할 때 필요하다. 컴파일 타임에는 이따금 기본 클래스의 객체인지, 상속 클래스의 객체인지 알 수 없을 때가 있다. 클래스를 정확히 파악하고 올바른 메서드를 호출하는 프로세스를 '늦은 바인딩(late binding)'이라고 하며, virtual 키워드를 메서드에 적용하여 컴파일러에 원하는 것을 알려 준다.

일반적으로 컴파일 타임에 동작하는 오버로딩의 경우, 함수 서명이 충분히 구별되어야 컴파일러가 인수 타입을 보고 어떤 함수가 필요한지 알 수 있다. 가상 함수를 사용하면 함수 서명이 동일해야 하므로 다형성은 런타임에 해결된다. 다형성은 이 책에서 다룰 C++의 마지막 하이라이트이며 텍스트보다는 코드 예제로 설명하는 것이 이해하기 더 쉽다.

> **🧱 [프로그래밍 토막 지식] 핵심 개념: 다형성**
>
> 다형성은 함수 또는 연산자에 대해 한 가지 이름을 가지고 여러 가지 파생 클래스 타입에서 사용하는 기능을 말한다. 각 객체는 그 자체에 적합한 방식으로 다른 버전으로 변형된 작업을 수행한다. 먼저 이름을 '오버로딩'하는 것으로 시작한다. 동일한 이름을 사용하여 동일한 개념을 다른 객체에도 구현한다. 그것은 비슷한 기능에 비슷한 이름을 붙인다는 점에서 유용하다. 다형성은 런타임 시스템이 같은 이름의 함수 중 정확한 함수를 선택할 때 실현된다.

익숙한 기본 클래스인 Fruit 클래스에 과일 객체의 껍질을 벗기는 메서드를 추가하는 것으로 시작해 보자. 다시 한번 peel의 세부 사항은 채우지 않고 그냥 메시지만 출력할 것이다.

```
#include <stdio.h>

class Fruit {
  public:
    void peel(){printf("peeling a base class fruit\n");}
    slice();
    juice();

  private:
    int weight, calories_per_oz;
};
```

과일 객체를 선언하고 peel() 메서드를 호출하는 형태다.

```
Fruit banana;
banana.peel();
```

실행 결과로 메시지를 얻는다.

```
peeling a base class fruit
```

여태까지는 그런대로 잘됐다. 이제 Apple 클래스를 파생해서 '껍질을 벗기는 자체 메서드를 제공해 보자!' 결국 사과는 바나나와 약간 다르게 벗겨진다. 바나나 껍질은 엄지손가락으로 벗길 수 있지만 사과 껍질은 벗기려면 칼이 필요하다. 우리는 C++가 오버로딩을 사용하기 때문에 이름이 같은 메서드를 가질 수 있다는 것을 알고 있다.

```
class Apple : public Fruit {
  public:
    void peel() {printf("peeling an apple\n");}
    void make_candy_apple(float weight);
};
```

이제 Fruit에 대한 포인터를 선언하고 이 포인터가 Apple 객체(Fruit 클래스에서 상속받은)를 가리키게 한 다음, 껍질을 벗기려고 시도할 때 어떤 일이 일어나는지 살펴보자.

```
Fruit * p;
p = new Apple;
p->peel();
```

우와! 다음과 같은 실행 결과가 나온다.

```
% CC fruits.cpp
% a.out
peeling a base class fruit
```

즉, Apple 클래스의 메서드 peel()이 아닌 기본 클래스의 peel()이 호출되었다.

설명

위와 같은 결과가 나온 이유는 C++에서는 기본 클래스 메서드를 파생 클래스 메서드로 대체할 때 그것을 명시해 달라고 요구하기 때문이다. 메서드 대체가 일어날 것을 알려 주기 위해 기본 클래스 메서드에 virtual 키워드를 사용한다. 이제 virtual이 처음 등장한 304쪽으로 돌아가 보면 왜 이 개념의 설명을 미뤘는지 이해할 것이다. 이 내용을 이해하기 위해 지금까지 다룬 많은 배경지식이 필요했다.

> 🔆 **[유용한 팁] 사실상 비실용적**
>
> virtual이 기본값이 아닌 이유는 무엇일까? 다음과 같이 하면 언제든지 기본 클래스 메서드를 가져올 수 있다.
>
> ```
> p->Fruit::peel();
> ```
>
> 이는 C가 원래 register 키워드를 사용했던 것과 거의 같은 이유다. 즉, 바보 같은 최적화다. 그래서 메서드 호출이 런타임에 별도의 간접 참조를 유발하지 않으려면, 어떤 메서드가 수행되는지 컴파일러에 알려 줘야 한다.

virtual이란 단어는 이 문맥에서 봤을 때 부적절한 이름이다. 컴퓨터 과학 전반에서 통용되는 'virtual'은 사용자가 실제로 존재하지 않는 무언가를 보게 하고, 특정 방법으로 그 환상을 지원한다는 것을 뜻한다. 하지만 여기서는 사용자가 실제로 있는 것(기본 클래스 메서드)을 보지 못하게 하는 것이다. 그래서 좀 더 의미 있는 키워드로 대체해 본다면 (너무 길어 비실용적이지만) 다음과 같다.

```
choose_the_appropriate_method_at_runtime_for_whatever_object_this_is
// 이 객체가 무엇이든 런타임에 적절한 메서드를 선택하라.
```

더 간단하게 placeholder라고 해도 좋겠다.

C++에서 다형성을 수행하는 방법

기본 클래스 메서드에 키워드 virtual을 추가하고 다른 곳은 건드리지 않는다.

```
#include <stdio.h>

class Fruit {
  public:
    virtual void peel(){printf("peeling a base class fruit\n");}
    slice(); juice();

  private:
```

```
    int weight, calories_per_oz;
};
```

그러면 컴파일 및 실행 결과는 다음과 같다.

```
% CC fruits.cpp
% a.out
peeling an apple
```

정확히 원하는 대로 실행되었다. 모두 컴파일 타임에 수행할 수도 있는 작업이지만 다형성은 런타임에 동작한다. 이는 특정 작업 수행을 위한 함수 호출을 런타임에 결정하는 C++ 객체의 프로세스 때문이다.

　런타임 시스템은 오버로드된 메서드를 호출한 객체를 보고 해당 클래스의 객체 와 함께 제공되는 메서드를 선택한다. 이 객체가 파생 객체인 경우, 기본 클래스 버 전이 아닌 파생 클래스 버전을 호출하기를 원하지만, 기본 클래스가 컴파일되었을 때 컴파일러에서 파생 클래스가 보이지 않을 수도 있다. 따라서 반드시 런타임에서 동적으로 또는 C++ 용어로 '가상적으로(virtually)' 수행되어야 한다.

　단일 상속은 일반적으로 각 객체가 함수 포인터의 벡터 vtbl에 대한 포인터 vptr 을 포함하도록 구현한다. 클래스마다 이러한 벡터 중 하나가 있으며 클래스의 각 메서드에 대한 벡터에는 하나의 항목(entry)이 있다. 이런 식으로 구현 코드는 주어 진 클래스의 모든 객체에 의해 공유된다. 주어진 함수 포인터가 클래스의 모든 서 브클래스에 대한 가상 테이블의 동일한 오프셋에 놓이도록 벡터가 배치된다. 각 메 서드 호출은 컴파일 타임에 vtbl 오프셋에 매핑될 수 있다. 그리고 런타임에는 호 출이 적절한 오프셋에서 포인터를 통해 간접적으로 이루어진다. 다중 상속의 경우 다른 간접 지정 계층이 있는 좀 더 복잡한 체계가 필요하다. 이 내용이 이해되지 않 는다면 그림을 직접 그려 보기 바란다. 그것이 이 특별한 이야기의 목적이다.

멋진 다형성

다형성으로 끌어낼 수 있는 훨씬 더 멋진 트릭이 있으며 때로는 필수 사항이기도 하다. 파생 클래스의 메서드를 기본 클래스의 메서드보다 선호하지만, 파생 클래스 가 정의되지 않았다면 여전히 기본 클래스 메서드를 사용한다. 컴파일 타임에 메서 드가 자체 클래스의 객체에서 동작하는지 아니면 파생 객체에서 동작하는지 알 수 없을 때도 있다. 이런 경우에도 제대로 동작해야 다형성이라고 할 수 있다.

```
main() {
  Apple apple;
  Fruit orange;
  Fruit * p;

  p=&apple;
  p->peel();

  p=&orange;
  p->peel();
}
```

실행 결과는 다음과 같다.

```
% a.out
peeling an apple
peeling a base class fruit
```

 [프로그래밍 토막 지식] 깊이 생각해 보기: 다형성은 인터포지셔닝과 공통점이 있다

다형성과 인터포지셔닝은 둘 다 여러 함수가 동일한 하나의 식별자를 가질 수 있게 한다. 인터포지셔닝은 조금 둔한 방식으로, 컴파일 타임에 발생하는 이름을 모두 동일한 정의에 바인딩한다. 다형성은 런타임 때 객체 단위로 바인딩을 결정하기 때문에 조금 더 식별력이 있다.

C++의 다른 측면

이번 장에서 C++의 가장 중요한 핵심 개념을 간단히 설명했지만 아직 다루지 않은 더 소소한 C++ 개념이 있다. 그리고 앞에서 설명한 개념에 적용되는 세부 규칙도 아직 많이 있다. 하지만 이번 장의 내용만 잘 숙지해도 객체 지향 프로그래밍 개념과 C++ 표현 방법에 대한 기본 지식은 익힐 수 있다. 또 실험적인 C++ 프로그램을 작성하기에 유리한 위치에 서게 될 것이다. 이것이 프로그래밍 언어를 배우는 진짜 유일한 방법이다.

여기서 다루지 않은 C++ 개념에는 다음과 같은 것이 있다.

• 예외 처리: 에이다와 클루(Clu: MIT에서 개발한 실험적인 언어로, 핵심 개념은 '클러스터')에서 사용한 개념으로, 오류 처리를 위한 제어 흐름 변경을 목적으로 한다. 예외 처리는 몇몇 오류 처리 코드를 해당 코드가 필요한 프로그램의 일부로 자동 전환하여 오류 처리를 단순화한다.

- 템플릿: 파라미터화된 타입을 지원한다. 클래스-객체 관계와 마찬가지로 템플 릿-함수는 알고리즘에 대한 '쿠키 커터'[13] 접근 방식을 제공한다고 생각하면 된다. 기본 알고리즘을 구성하면 다른 타입에 적용할 수 있다. 에이다의 generic 기능 및 클루의 파라미터 모듈과 비슷하다. 이것들은 상당히 복잡한 의미가 있다. 다음 코드를 사용하면 임의의 타입 T(< 연산자가 정의된)를 변수 a, b 그리고 함수 min에 적용할 수 있다.

```
template <class T> T min (T a, T b) { return (a < b) ? a : b; }
```

어떤 사람들은 템플릿이 컴파일 타임에 다형성을 제공하는 사례라고도 말한다. 약간 확대 해석이기는 하지만 그것이 의미하는 것은 명시된 작업을 다양한 타입 으로 수행할 수 있으며 컴파일 타임에 모두 파악한다는 것이다.

- 인라인 함수: 프로그래머는 함수를 일반적인 함수 호출로 불러오지 않고 명령 스트림에서 특정 함수가 인라인으로 확장되도록(마치 매크로인 것처럼) 규정할 수 있다.
- new와 delete 연산자: malloc()과 free() 함수를 대체하는 연산자로, 이 연산자 를 사용하면 매우 편리하다(sizeof 계산이 자동으로 이루어지며, 적절한 생성 자/소멸자가 호출된다). malloc은 단순히 메모리를 할당하는 반면 new는 실제로 객체를 만든다.
- 참조에 의한 호출: C는 값에 의한 호출만 사용한다(배열은 제외). C++는 참조에 의한 호출 개념을 언어에 도입했다.

🧱 [프로그래밍 토막 지식] C++ 디자인 목표: 그땐 그때고 지금은 지금이다

출처: *SIGPLAN Notices*, vol. 21, no. 10, October 1986, 'An Overview of C++', Bjarne Stroustrup

섹션 6. 무엇이 누락되었는가?

C++는 호환성, 내부 일관성, 효율성이라는 엄격한 제약 조건하에 설계되었으며 다음 기능들 은 포함하지 않았다.

[1] 소스 또는 링커 수준에서 C와 심각하게 호환되지 않는 기능

[2] 사용하지 않은 프로그램에 대해 런타임 또는 공간 오버헤드를 유발하는 기능

---

13 (옮긴이) 똑같은 모양으로 반죽을 자를 수 있게 만든 틀. '동그라미', '하트', '사람' 모양이 대표적이다.

[3] C 프로그램의 런타임 또는 공간 요구를 증가시키는 기능

[4] C와 비교하여 컴파일 타임을 현저히 증가시키는 기능

[5] 전통적인 C 프로그래밍 환경에서 간단하고 효율적으로 구현할 수 없는, 프로그래밍 환경
(링커, 로더 등)의 요구 사항을 작성해야만 구현할 수 있는 기능

이러한 기준 때문에 제공하지 못한 기능에는 가비지 수집, 파라미터화된 클래스, 예외 처리,
다중 상속, 동시성 지원, 프로그래밍 환경과 언어의 통합 등이 있다. 이 모든 확장 기능이 실제
로 C++에 적합한 것은 아니며, 언어 기능을 선택하고 설계하는 과정에서 강력한 제약이 없다
면, 종국에는 심각하면서도 다루기 힘들고 비효율적인 혼란이 일어날 것이다. C++ 디자인에
서 엄격한 제약은 유익하다고 보고 있으며 계속해서 C++의 발전을 이끌 것이다.

아, 이것이 언제 이야기던가! 토마토케첩이 채소였던 레이건 대통령 시절에는 나무가 오염의 주
요 원천이었다.[14] C++도 파라미터화된 클래스, 예외 처리, 다중 상속 기능에 얽매이지 않겠다고
장담했었다.

거기에 갈 생각이었다면 여기서 시작하지 않았을 것이다

프로그래밍 언어의 속성 중에 직교성이라는 것이 있다.[15] 이것은 서로 다른 기능이
동일한 기본 원칙을 따르는 정도를 나타낸다. 예를 들어 에이다에서 패키지 작동 방
식을 배운 프로그래머는 이 지식을 일반 패키지에도 적용할 수 있다. 하지만 불행히
도 C++의 상당 부분은 직교성이 현저히 떨어진다. 즉, C++에서 한 기능을 터득한다
고 해도 다른 기능에 적용할 수 있는 단서나 계기가 제공되지는 않는다. 대부분의
C++ 프로그래머는 C++의 더 단순한 하위 집합만 사용하는 접근 방식을 취한다.

 [프로그래밍 토막 지식] C++의 간단한 하위 집합

사용하는 C++ 기능은 다음과 같다.

- 클래스
- 생성자와 소멸자, 하지만 아주 간단한 내용만 구성

---

14 (옮긴이) 레이건 대통령 재임기에 복지 예산이 삭감되면서 학교 급식에 문제가 생기자 미국 농무부
가 토마토케첩을 채소로 분류해 예산 절약을 시도한 일과 레이건이 1981년 "나무가 자동차보다 공
해를 더 유발한다"라고 말했던 일을 가리킨다.

15 (옮긴이) 직교성에 대한 더 자세한 설명은 《실용주의 프로그래머》(2014, 인사이트)의 '직교성'을 참
고하자.

- 오버로딩, 연산자 오버로딩 및 C++ I/O 포함
- 단일 상속 및 다형성 함수

사용하지 않는 C++ 기능은 다음과 같다.

- 템플릿
- 예외 처리
- 가상 기본 클래스
- 다중 상속

프로그래밍 언어의 주요 목적은 컴퓨터가 처리할 수 있는 언어로 문제 해결 방법을 표현하기 위해 프레임워크를 제공하는 것이다. 이러한 사상을 잘 표현하는 프로그래밍 언어일수록 더 성공한다. 첫 번째 고급 언어 중 하나인 포트란 언어는 수학 공식을 표현하는 강력한 수단을 제공했다('Fortran'이라는 이름이 'formula translation'을 의미). 코볼 언어는 파일 처리, 십진수 산술 연산, 출력 편집에 집중했다. 그리고 그 영역에서 매우 성공했다. C는 시스템 프로그래머에게 많은 하드웨어 지원 연산자에 대한 접근 권한을 부여했다. 이 언어는 여러 추상화 계층으로 '길을 잃지' 않았다.

　프로그래밍 언어가 해당 영역의 문제를 해결하는 유용한 '구성 요소'를 갖추었을 때 그 언어는 성공한다. 언어의 '구성 요소'를 결정하는 것이 언어 디자인에서 가장 중요한 부분이다. 세미콜론을 종결자로 할지, 분리 기호로 할지 선택하는 것과 같은 세부 사항도 무시할 수 없지만 구성 요소는 아주 중요하다. C++가 얼마나 좋은 프로그래밍 언어인지는 C++의 기능이 흥미로운 문제를 해결하는 데 유용한 '구성 요소'인지, 일반 프로그래머가 C++를 신뢰하는지 여부로 결정된다.

　어떤 사람들은 C++ 클래스가 소프트웨어 재사용에 혁명을 일으킬 것이라고 말한다. 재사용은 소프트웨어 분야에서 모호한 목표다. 상속이 꼭 만병통치약일 필요는 없다. 이러한 주장을 들으면 10년 전 에이다의 주장이 과장되었다는 기억이 떠오른다. 컴퓨터 프로그램이 책과 같다고 가정해 보자. 이제 라이브러리가 두 개 있는데 프로그램 하나에서 일부 루틴을 다시 사용하려고 한다. 이는 책의 일부 단락에 해당한다.

[프로그래밍 토막 지식] 디자인 과제: C++ 머신

과거에 특정 프로그래밍 언어를 실행하는 데 매우 효과적인 특수 목적의 컴퓨터 하드웨어를 제작한 사람들이 있었다.

> 알골-60: 초기 버로스 프로세서
> 리스프: 심볼릭(Symbolics Inc.)
> 에이다: 래셔널(Rational) 컴퓨터

C++ 머신을 만든다면 어떤 형태가 될까? 왜 특수 언어 프로세서들이 모두 종말을 맞이했을까?

쉽게 답할 수 있을 것 같지만 어려운 문제다. 위 프로그래밍 언어들은 일반적인 주제를 갖고 있지 않았다. 특정 프로그래밍 언어 시장은 범용 기계 시장보다 언제나 작다. 워크스테이션은 리스프 기계를 점심으로 먹어 치웠다. 냉전이 종식되면서 에이다 기계는 죽었다. 버로스는 유니시스의 일부가 되었다.

문제는 다른 책의 전체 단락을 잘라 내어 붙여 넣었다고 해서 가치 있는 새 텍스트를 만들 수 없다는 것이다. 추상화 수준이 잘못되었다. 즉, 개별 단어나 문자 수준(코드 또는 문자의 개별 행에 해당)의 텍스트를 공유할 수는 있지만, 힘들게 잘라 내는 데 드는 노력이 새로운 작업을 위해 들어가는 노력보다 더 많다. 그리고 똑같은 방식으로, 라이브러리 수준의 소프트웨어 재사용은 당초 기대에 비해 적다는 사실이 경험적으로 밝혀졌다.

수학 라이브러리, 몇 가지 자료 구조 루틴, 정렬 및 검색 라이브러리처럼 공유가 가능한 소수의 특수 목적 루틴이 있기는 하지만 그것이 전부다. 이것들은 책의 다이어그램이나 참조 표에 해당하며 그대로 다른 곳에 옮겨 사용하는 것이 가능하다.

C++의 객체를 기반으로 하는 상속 스타일은 데이터뿐 아니라 코드도 상속하기 때문에 다른 프로그래밍 언어보다는 소프트웨어 재사용에 더 성공적일 수 있다. 에이다의 제네릭도 이것을 허용하지만 에이다의 기능은 프로그래머에게는 번거롭고 너무 추상적이다. 위의 비유를 이어 가자면 C++에서는 라이브러리에서 책을 쉽게 대출할 수는 있지만, 여전히 관련 부분을 현명하게 복사해야 한다는 문제가 남아 있다.

꽤나 복잡해서 손대고 싶지 않을 수도 있겠지만 그것은 마을에서 유일한 게임이다

이 책의 처음 몇 장에서 C의 심각한 결함을 보았으니 C++는 C의 취향을 그대로 유지하면서 그러한 문제들을 해결했다고 이야기할 수 있다면 정말 좋았을 것이다. 그러면 정말 좋겠지만 그런 일은 일어나지 않을 것이다. 결과적으로 문제를 해결하지 못했기 때문이다. C++에는 몇 가지 개선된 부분이 있지만 C의 결함이 여전히 많이 남아 있으며, 이런 상태로 그 위에 또 하나의 커다랗고 복잡한 계층을 쌓아 버렸다. 결국 '보이지 않는 런타임 지원이 필요한 기능은 없다'는 원래 C 철학은 훼손되었다.

🧩 [프로그래밍 토막 지식] C에 비해 C++에서 향상된 부분

- 마지막 nul을 위한 충분한 공간이 없어서 char 배열의 초기화 오류가 발생하기 쉬운 구조는 오류로 간주된다. char b[3]="bob"; 문장은 C++에서는 오류가 발생하지만 C에서는 오류가 발생하지 않는다.
- 타입 변환은 일반적인 형식인 float(i)뿐 아니라 좀 더 이상한 C 형식인 (float) i로도 작성할 수 있다.
- C++는 상수를 사용하여 배열 크기를 정의할 수 있다.

```
const int size = 128;
char a [size];
```

위 코드는 C++에서는 허용하지만 C에서는 오류 메시지가 발생한다.
- 선언은 문장과 혼합될 수 있으며 모든 선언이 블록의 모든 문장보다 우선해야 한다는 C의 규칙을 제거한다. 이 임의의 규칙을 삭제한 것은 대단한 일이다. 이 수정은 C와 C++의 비호환성을 야기하기 때문에 전체적으로 적용하기보다는 끔찍한 C 선언문 문법을 수정하는 간단한 대안으로 적용되기를 희망한다.

C++가 아무리 복잡하더라도 그것은 마을에서 유일한 운동 경기다. 모든 주요 선수가 그 배후에 있다. 현재 AT&T에서 새로 하는 개발은 모두 C++로 되어 있다. 윈도우 NT의 그래픽 부분(나중에는 예상보다 더 느리고 컸음)은 C++로 작성되었다. 대부분의 새로운 소프트웨어 개발 도구, 애플리케이션 라이브러리, 고급 기술은 이제 C++ 또는 적어도 안시 C 호환 버전으로 작성된다. 그러나 AT&T 네트워크 중단과 같은 놀라운 버그가 C가 아닌 C++로 인해 발생하거나 악화되기까지 얼마 걸리지 않을지도 모른다.

상관없다. C++는 그 결함에도 불구하고 널리 사용될 것이며 결국에는 더 좋은 방향으로 발전할 것이다.

💡 [유용한 팁] C에서 C++로의 전환

C++를 시작하는 가장 좋은 방법은 안시 C 하위 집합에서 프로그래밍을 시작하는 것이다.[16]기계 코드가 아닌 C 코드를 생성하는 cfront[17] 기반의 초기 컴파일러는 피해야 한다. 이식할 수 있는 기계어처럼 C를 사용하면 링크와 디버깅이 매우 복잡해진다. cfront가 인수 정보를 인코딩하기 위해 함수 이름을 모두 엉망으로 변환하기 때문이다. 이름을 변환하는 것은 끔찍한 기능인데 C++에서는 오랫동안 살아남을 것 같다. 에이다와 비교해 보면 에이다는 정상적인 형태로 이름을 부여하며 해킹 기법 구현을 통해 의미를 정의하지 않는다. 이름 변환은 일종의 해킹 기법으로, 다른 파일 간의 타입 검사를 하는 데 사용된다. 그러나 이름 변환 체계가 컴파일러마다 다를수 있으므로 C++ 규칙은 모두 동일한 컴파일러를 통해 컴파일되어야 한다. 이것은 바이너리 수준의 재사용을 사실상 방지하기 때문에 C++ 재사용 모델에 있어 큰 결함이 된다.

다음은 C가 C++의 하위 집합이 아니라는 것을 보여 주는 대표적인 예로, 잠재적으로 발생할수 있는 문제점을 알려 준다.

C에는 없으나 C++에는 존재하는 제약 사항은 다음과 같다.

- main() 루틴은 C++에서 사용자 코드로 호출되지 않는다. 매우 특이하게도 C에서는 허용된다.
- 함수 프로토타입은 C++에서는 필수지만 C에서는 선택 사항이다.
- C++에서 typedef 이름은 struct 태그와 충돌하지 않지만 C에서는 충돌한다(이것들은 별도의 이름 공간에 속한다).
- C++에서 void * 포인터를 다른 포인터 타입에 대입하려면 타입 변환이 필요하지만 C에서는 타입 변환이 필요하지 않다.
- C++의 기능 중 C 언어와 의미가 다른 것이 있다.
- C++에서 12가지 이상의 새로운 키워드가 추가되었다. 이것들을 C 프로그램에서 식별자로 사용할 수 있지만 일반적으로 이렇게 사용하면 언젠가 C++ 컴파일러를 통해 오류 메시지를 생성하게 된다.
- 선언은 C++에서 수행 가능한 모든 위치에 나타날 수 있다. C에서 선언은 블록 내의 문장 앞에 나타나야 한다.

---

16 (옮긴이) 기존 코드가 전혀 없고 처음부터 새로 개발해야 하는 상황이라면 C++11 이후 모던 C++로 시작하는 것도 방법이다.
17 (옮긴이) 최초의 C++ 컴파일러

- C++에서 내부 범위의 구조체 이름은 외부 범위의 객체 이름을 숨기지만 C에서는 그렇지 않다.
- 문자 리터럴은 C++에서 char 타입이지만 C에서는 int 타입이다. 즉, sizeof('a')의 결과는 C++에서는 1이며 C에서는 더 큰 값을 생성한다.
- C++의 // 주석 규칙과 관련한 모호한 사례(2장 참고)가 있다.

더 많은 차이점이 있지만 충분히 위험하다는 것을 알게 되었다. 그러니 이제 위험에 빠지기만 하면 된다. 안시 C 하위 집합에서 동작하는 컴파일러 및 관련 도구에 모두 익숙해지면 날개를 펼치고 자신만의 클래스를 정의하기 바란다. 좋은 C++ 서적을 하나 고른다(여러 책을 본 다음 원하는 스타일로 하나 선택하라). 이때 그 책에서 다루는 언어가 최신 버전인지 확인해야 한다. 언어는 계속 발전하기 때문이다. 이 책을 쓰는 동안에는 예외 처리와 템플릿 기능이 추가되었다.

C와 마찬가지로 C++ 표준화는 이제 ISO(워킹 그룹 21)와 안시 X3J16에서 공동으로 진행한다. 가장 낙관적인 추측으로도 언어 표준화에 약 6년이 소요되어 1996년에나 완성되리라 예상되지만 C++ 책에 안시 C++ 지침이 언급되어 있는지 확인해야 한다.[18]

🎁 그렇다면 도대체 protected abstract virtual base pure virtual private 소멸자는 무엇인가?

한 번에 이해하기는 어려우니 나누어서 조금씩 해석해 보자. 이 문구는 실제로 두 부분으로 나눌 수 있다. protected abstract virtual base로부터 상속받은 pure virtual private 소멸자다.

- private 소멸자는 객체가 범위를 벗어날 때 호출되는 함수다. private는 클래스 멤버나 friend만 호출할 수 있다는 뜻이다.
- pure virtual 함수는 코드 자체를 포함하지 않지만 상속을 통해 파생된 다른 함수의 가이드로 사용된다.
- pure virtual 소멸자는 파생 클래스에 의해 정의된 경우에만 의미가 있다. 소멸자는 호출 멤

18 (옮긴이) C++의 첫 번째 공식 표준은 지은이의 예상보다 더 늦은 1998년에 ISO/IEC 14882:1998이라는 공식 명칭으로 처음 제정되었으며 이를 줄여 C++98이라고 부른다. 이후 C++03, C++TR1(비공식, 2007년), C++11, C++14, C++17이 발표되었고 2020년에는 C++20이 발표되었다. 그동안 변화된 컴퓨팅 환경을 반영하기 위해 스마트 포인터, 정규 표현식, 멀티스레드, 코루틴, 소스 파일 모듈화, 콘셉트(템플릿 파라미터에 조건 추가) 등 많은 기능이 추가되었을 뿐 아니라 리플렉션, 네트워크 라이브러리, 2D GUI 라이브러리, 트랜잭셔널 메모리 등 향후 표준에 추가될 기능도 제시되었다.

버나 기본 소멸자처럼 클래스의 기본 정리 작업을 자동으로 수행하므로 소멸자 정의에 코드를 명시적으로 작성할 필요가 없는 경우가 많다.

어렵지 않았을 것이다. 그러면 앞부분을 해석해 보자.

- abstract virtual base는 기본 클래스가 다중 상속 클래스(virtual base)에 의해 공유되고, 한 개 이상의 pure virtual 함수를 포함하며, 상속(abstract base)을 통해 다른 클래스가 파생됨을 의미한다. 또한 virtual base 클래스는 특별한 초기화 구문을 사용한다.
- protected abstract virtual base 클래스는 protected로 상속하는 클래스로, 자식 클래스는 부모 클래스를 알지만 그 외에는 그렇지 않다.

이제 모든 것을 하나로 합친 protected abstract virtual base pure virtual private 소멸자는

- 클래스 멤버나 friend만이 호출할 수 있으며,
- 선언하는 기본 클래스에는 정의문이 없지만 나중에 파생 클래스에서 정의되는데,
- (파생 클래스는) 다중 상속 기본 클래스를 공유하고
- (기본 클래스는) protected 방식으로 상속된다.

아직 하나 남은 것이 있는데… 그렇다! 고속 푸리에 변환에 대한 프로그램 증명이 떠오르는 사람이 있는가? 이것은 고속 푸리에 변환만큼이나 복잡하다.

　C++ 코드에서 protected abstract virtual base pure virtual private 소멸자는 다음과 같이 만들 수 있다.

```
class vbc {
  protected: virtual void v()=0;
  private: virtual ~vbc()=0; // private 소멸자
};
// vbc는 추상 클래스다. 순수 가상 함수를 갖고 있기 때문이다.

class X : virtual protected vbc {
// X는 vbc를 virtual로 상속받는다. 그리고 이와 같이 하면
// vbc의 protected 멤버는 X의 protected 멤버가 된다.
// 그렇기 때문에 vbc는 X의 'protected abstract virtual base' 클래스다.
  protected: void v() {}
  ~X() { /* X 소멸 작업 수행 */ }
};

// X의 객체가 소멸될 때 X::~X가 호출된다. 그리고 나서
// X의 'protected abstract virtual base pure virtual private 소멸자'도
// 호출된다. 따라서 소멸자는 순수하게 선언되어야 하며 반드시 정의되어야 한다.
```

이것들은 C++가 지나치게 복잡하다는 명성을 얻게 된 의미 체계다. 진짜 문제는 하나의 기능이 아니라 다른 모든 기능이 상호 작용하면서 발생하는 복잡성이다. C++에 대한 이야기는 이제 여기서 멈추고 여러분이 스스로 결론을 내리기를 바란다.

쉬어 가기: 죽은 컴퓨터 사회

다양한 컴퓨터 관련 단체가 있지만 가장 이상한 상을 주는 곳을 꼽는다면 단연 '죽은 컴퓨터 사회(The Dead Computers Society)'일 것이다.

영화 〈죽은 시인의 사회〉를 모델로 한 '죽은 컴퓨터 사회'는 더 이상 존재하지 않는 컴퓨터 시스템에 대해 실제로 감사함을 표현하는 그룹이다. 죽은 컴퓨터 사회는 캘리포니아 산타클라라에서 열린 1991 ASPLOS(Architecture Support for Programming Languages and OS's) 콘퍼런스에서 비공식 토론 패널로 시작되었다. 회의에 참석한 친구들과 동료들은 많은 사람이 지금은 단종된 시스템에서 작업했다는 것을 알게 되었다.

그들은 죽은 컴퓨터 사회를 구성하고 관련 문제에 대한 공개 토론회를 개최함으로써 이를 알리기로 했다. 그리고 미래의 설계자들이 과거의 교훈을 통해 지능적인 회고를 할 수 있기를 희망했다. 죽은 컴퓨터 사회 회원은 더 이상 존재하지 않는 회사에서 일했거나 더 이상 존재하지 않는 컴퓨터 시스템을 설계, 구축하거나 프로그래밍하는 데 도움을 준 사람이라면 누구나 참여할 수 있었다. 실제로 이에 해당하는 사례가 많았으며 표 11-3은 그중 일부를 보여 준다.

다른 그룹과는 달리 죽은 컴퓨터 사회는 그룹이 추구하는 가치와 생각이 같다면 누구나 참여할 수 있도록 공개되었다. 첫 공식 회의에는 350명이 넘는 인원이 참석했다.[19]

패널 진행자는 무엇보다 '당신의 컴퓨터가 죽게 된 가장 큰 이유'에 대해 멤버들이 이야기를 털어놓도록 노력했다. Elxsi 설계자는 기술을 너무 많이 사용하려고 시도했고 아직 준비가 덜 된 ECL(emitter-coupled logic: 이미터 결합 로직, 디지털 회로에서 사용하는 논리 게이트 중 하나)을 사용했다고 말했다. 하지만 Elxsi와 비슷

---

19 (옮긴이) 죽은 컴퓨터 사회는 죽은 컴퓨터 아키텍처 사회(Dead Computer Architecture Society)로 명칭을 변경하여 2010년대까지 활동하다 현재는 활동하지 않고 있다. ASPLOS 그룹은 현재까지 활발히 활동 중이다. 죽은 컴퓨터 아키텍처 사회의 활동 흔적은 구글 그룹에서 확인할 수 있다.

죽은 컴퓨터 명예의 전당	
· American Supercomputer Inc.	· Intel iPSC/1
· Ametek/Symult	· Intel iPSC/2
· Astronautics	· Intel/Siemens BiiN
· Burroughs BSP	· Masscomp/Concurrent
· CDC 7600, Cyberplus	· Multiflow
· CHoPP	· Myrias
· Culler Scientific	· Niche
· Cydrome	· Prisma
· Denelcor	· SCS
· Elxsi	· SSI
· Evans & Sutherland CD	· Star Technologies
· ETA/CDC	· Supertek
· FLEX(Flexible Computer)	· Suprenum/Siemens
· Goodyear Aerospace/Loral DataFlow Systems	· Texas Instruments ASC
· Guiltech/SAXPY	· Topologix
· Floating Point Systems AP-line과 T-series	· Unisys ISP
· Intel 432	

표 11-3 죽은 컴퓨터

한 시기에 몰락한 멀티플로(Multiflow)의 수석 설계자는 ECL을 사용하지 않기로 한 그들의 결정이 멀티플로의 종말을 초래한 몇 가지 요인 중 하나라고 느꼈다.

이들이 유일하게 공감한 부분은 경영 환경과 시장 여건이 기술 실패보다 파산의 더 큰 요인으로 작용했다는 것이다. 이것은 충분히 이해할 수 있다. 고객의 목소리에 귀 기울이지 않는 회사는 언제나 망한다. 최신 기술을 추구하는 회사가 성공하기도 한다.

그 외에도 제품 때문에 프로그래밍이 어려워진 것과 같은 사소한 기술적 주제가 있었다(예: 두 단계 메모리 또는 1의 보수 연산 또는 잔인하고 비정상적인 60비트 워드를 사용한 CDC7600). 주요 공통 기술 주제가 도출되지 않았다는 것은 놀라운 일이 아니다. 아마 하나도 없었을 것이다. 하지만 한 가지 확실한 점은, 우리는 모두 성공보다 실패로부터 훨씬 더 많은 것을 배운다는 사실이다.

쉬어 가기 마지막: 수료증!

[사용 방법: 책에서 잘라 이름을 써서 회사에 제출한다.]

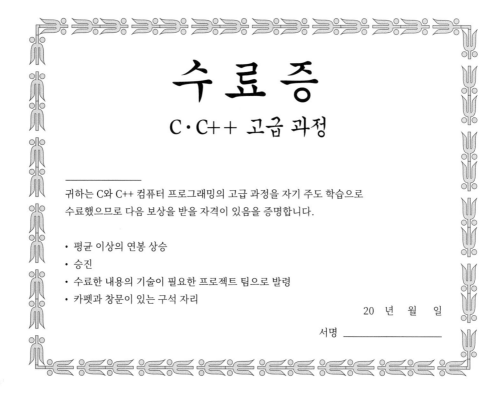

수 료 증
C · C++ 고급 과정

_____

귀하는 C와 C++ 컴퓨터 프로그래밍의 고급 과정을 자기 주도 학습으로
수료했으므로 다음 보상을 받을 자격이 있음을 증명합니다.

• 평균 이상의 연봉 상승
• 승진
• 수료한 내용의 기술이 필요한 프로젝트 팀으로 발령
• 카펫과 창문이 있는 구석 자리

20 년 월 일

서명 _____

더 읽을거리

내가 매우 유용하다고 생각한 한 권의 책은 사무엘 하비슨(Samuel P. Harbison)과
가이 스틸(Guy L. Steele)이 쓴《C, A Reference Manual》(Prentice Hall, 1991)이다.
하비슨과 스틸은 다양하고 폭넓은 아키텍처를 지원하는 C 컴파일러 제품군 개발
경험을 토대로 이 책을 저술했으며 페이지마다 실용적인 통찰력이 돋보인다.

부록

프로그래머 면접의 비밀

얕팍한 하드웨어 지식은 정말 위험하다. 어떤 프로그래머가 캐럴을 연주하는 참신한 크리스마스카드 하나를 분해해 압전 멜로디 칩을 꺼냈다. 그는 그 칩을 비밀리에 팀장의 키보드에 설치하고 LED 하나와 연결했다. 불이 켜진 LED의 전압은 이 칩 하나를 구동하기에 충분했다.

그런 다음 나는, 아니, '그'는 시스템 편집기를 수정해 편집기가 시작할 때 LED가 켜지고 편집기를 종료하면 LED가 꺼지도록 했다. 그 결과, 팀장이 편집기를 사용할 때마다 팀장의 터미널에서 크리스마스 캐럴이 끝없이 연주되었다! 30분 후 옆 사무실 사람들이 모여들어 폭동 일보 직전까지 갔고 원인이 밝혀질 때까지 팀장은 아무것도 하지 못했다.

— 《The Second Official Handbook of Practical Jokes》[1]

실리콘 밸리 프로그래머 면접

부록에서는 이름 있는 기업에서 일하고자 하는 C 프로그래머들을 위해 면접에 필요한 몇 가지 힌트를 제공한다. 첨단 컴퓨터 산업의 가장 좋은 점 하나는 팀에 합류할 신입 사원을 선택하는 방법이 독특하다는 것이다. 많은 산업 분야에서 경영진이나 관리자가 모든 채용 결정을 내린다. 실제로 이들이 취업 지원자들을 만나는 유일한 사람인 경우가 많다. 그러나 소프트웨어 개발, 특히 첨단 기술 스타트업의 경우 프로그래머가 관리자보다 채용에 더 적격인 경우가 있는데, 어떤 지원자가 '개별 기여자'로서 최고의 기술력을 가졌는지 판단할 수 있기 때문이다. 시스템 프로

---

1 Peter van der Linden, © 1991, Penguin Books USA Inc.의 Dutton Signet 허가하에 인용

그래밍을 하는 데 필요한 인재는 매우 드물고 전문적이어서, 때때로 기술적인 능력이 면접에서 가장 중요한 필요 역량이 되기도 한다.

그래서 독특한 방식의 면접이 발전했다. 관리자는 면접을 볼 지원자 선정 시 회사 정책을 따른다. 이렇게 선정된 지원자는 관리자뿐 아니라 모든 개발 팀 사람에게서 기술적으로 평가를 받는다. 6~7명으로 이루어진 여러 엔지니어와의 한 시간짜리 세션이 온종일 이어지는데, 그들 모두는 채용을 결정하기 전에 지원자가 얼마나 프로그램을 잘 짤 수 있는지 확인할 필요가 있다.

엔지니어들은 몇 가지 질문 리스트를 작성하는데 이 책에서는 엔지니어 면접관들이 즐겨 사용하는 질문이 수록되어 있다. 이러한 '비밀'을 공개하는 것은 해가 되지 않는다. 이 책을 읽는 사람들은 훌륭한 소프트웨어 회사에 고용될 만큼 충분한 지식을 이미 갖고 있을 것이기 때문이다. 이런 문제 중 많은 부분이 내가 프로그래밍하려고 했던 실제 알고리즘에서 비롯했고, 이후에는 다른 새로운 문제들로 대체되었다. 물론 면접관들은 지원자들의 답변 내용뿐 아니라 태도도 중요하게 생각한다. 지원자는 질문에 대해 신중하게 생각하고 몇 가지 가능성을 생각해 내는 것일까, 아니면 머릿속에 떠오르는 첫 번째 생각을 불쑥 내뱉는 것일까? 얼마나 설득력 있게 자기 생각을 논하는 것일까? 명백히 잘못된 전략을 고집하고 있는가, 아니면 자신의 생각을 변화시킬 수 있는 융통성을 가지고 있는가? 다음 질문들에 대해 몇몇 사람은 매우 이상한 대답을 했다. 여러분도 한번 시험해 보고 객관적으로 평가해 보기 바란다.

연결 리스트에서 사이클을 어떻게 찾을 수 있는가?

이것은 간단한 질문인 '연결 리스트에서 사이클을 어떻게 찾을 수 있는가?'로 시작하지만 질문자는 계속해서 제약 조건을 추가하고 결국에는 극악의 난이도로 발전한다.

일반적인 첫 번째 답변: 리스트를 탐색하며 요소마다 표시를 해 둔다. 표시한 요소를 만나면 사이클이 있다는 것이다.

두 번째 제약 조건: 리스트는 읽기 전용 메모리에 있기 때문에 요소에 표시할 수 없다.

일반적인 두 번째 답변: 각 요소를 방문할 때 주소를 배열에 저장한다. 연속되는 각 요소를 검사하여 배열에 이미 있는지 확인한다. 때때로 실력이 떨어지는 지원자는 배열 조회를 최적화하기 위해 해시 테이블의 세부 사항을 어떻게 할 것인지 묻는 부분에서 멈춘다.

세 번째 제약 조건: 이런! 메모리가 제한되어 필요한 크기의 배열을 다 담을 수 없다. 그러나 사이클이 존재한다면 첫 번째 N 요소 내에 있다고 가정할 수 있다.

일반적인 세 번째 답변(지원자가 여기까지 온 경우): 리스트의 시작을 가리키는 포인터를 둔 다음, 이 포인터가 리스트의 나머지 $(N-1)$개 요소와 일치하는지 확인한다. 그런 다음 포인터를 한 칸 움직인 후 나머지 $(N-2)$개 요소를 확인한다. 일치하는 요소를 발견하거나 N개의 모든 요소를 서로 비교할 때까지 이 작업을 계속한다.

네 번째 제약: 아, 참! 이 리스트는 아주 클 뿐 아니라 사이클은 리스트 내 어디에서든 일어날 수 있다(잘하던 지원자도 이 시점에서 애먹을 수 있다).

최종 답변: 먼저 두 번째 요소에서 첫 번째 요소로 순환하는 3개 요소 리스트 사례를 제거한다. 그다음 두 개의 포인터 P1, P2를 유지하는데 P1은 1번 요소에, P2는 3번 요소를 가리키도록 한다. 두 포인터가 같은지 확인한다. 서로 다르다면 P1을 한 칸씩, P2는 두 칸씩 이동시킨다. P1, P2가 같은지 확인하도록 계속 진행한다. P1 또는 P2가 널이면 리스트 내에 루프는 없다. 사이클이 있다면 확실히 발견될 것이다. 즉, 한 개의 포인터가 다른 포인터를 따라잡을 것이다(서로 같은 값을 가진다). 하지만 사이클을 여러 번 통과해야 할 수도 있다.

다른 해결 방법도 있지만 위의 방법이 가장 일반적이다.

◎ **[프로그래밍 도전] 사이클 찾기**

위의 최종 답안에 있는 알고리즘이 사이클이 있을 경우 사이클을 감지할 것이라고 확신하자. 사이클을 만들고 코드를 실행한다. 사이클을 더 길게 만들고 코드를 실행한다. 사이클이 탐지될 때까지 반복한다. 또한 사이클이 없으면 알고리즘이 종료되는지도 확인한다.

힌트: 프로그램을 작성하고 프로그램 결과를 통해 추론한다.

C에서 증가문들이 의미하는 차이는 무엇인가?

다음 네 가지 C 문장을 살펴보자.

```
x = x+1;      /* 일반적인 표현 */
++x;          /* 전치 증가 */
x++;          /* 후치 증가 */
x += 1;       /* 복합 대입 연산자 */
```

분명히 이 네 문장은 모두 똑같은 일을 한다. 즉, x의 값을 1씩 증가시킨다. 여기에 표시된 것처럼 주변에 아무것도 없다면 어떠한 차이도 없다. 응시자는 질문에 대답하고 위 문장들을 구분하기 위해 빠진 문맥을 (암묵적으로 또는 명시적으로) 제출해야 한다. 첫 번째 문장은 알고리즘 언어로 'x에 1을 더한다'고 표현하는 전통적인 방식이다. 그러므로 이것을 기준 문장으로 하여 다른 3개의 고유한 특성을 찾아야한다.

대부분의 C 프로그래머는 ++x는 ++x를 둘러싼 표현식에서 x 값을 사용하기 전에 x에 1을 더하는 전치 증가이며, 반대로 x++는 x 값을 사용한 후에 x를 늘리는 후치 증가라고 바로 얘기할 것이다. 어떤 사람들은 *p++가 PDP-11(첫 번째 C 컴파일러가 작성된 시스템)의 단일 기계 명령어이기 때문에 ++와 -- 연산자는 C에만 있다고 말하지만 사실은 그렇지 않다. 이 기능은 PDP-7의 B 언어에서 유래했으며 모든 하드웨어에서 증가 및 감소 연산자가 매우 유용하다는 것이 밝혀졌다.

일부 프로그래머는 x가 간단한 변수가 아니라 배열을 포함하는 표현식일 때 x += 1이 유용하다는 것을 간과하여 이 시점에서 포기한다. 복잡한 배열 참조가 있고 동일한 인덱스를 두 가지 참조에 모두 사용하려는 경우 다음과 같이 작성하면 된다.

```
node[i >> 3] += ~(0x01 << (i & 0x7));
```

나는 이 예제 코드를 운영 체제의 일부 코드에서 직접 가져왔는데 개발자의 잘못을 가리기 위해 데이터 이름만 바꾸었다. 좋은 응시자는 l-값(객체의 위치를 나타내는 표현식을 뜻하는 컴파일러 용어. 대개 이 값은 주소가 되지만 레지스터 또는 주소나 레지스터에 비트 필드를 더한 값일 수 있다)은 한 번만 평가된다고 지적한다. 이것이 차이를 만들어 내는데 다음 문장을 보자.

```
mango[i++] += y;
```

이 문장은 다음과 같이 처리된다.

```
mango[i] = mango[i] + y; i++;
```

그리고 다음과 같이 처리되지 않는다.

```
mango[i++] = mango[i++] + y;
```

언젠가 썬의 파스칼 컴파일러 팀에서 면접관으로서 면접을 진행하던 당시 가장 훌륭했던 지원자(그리고 그는 결국 직업을 얻었다. 반가워, 아린담!)는 컴파일러 중간 코드 측면에서 이 차이점을 설명했다. 예를 들어 ++x는 'x의 위치를 확인하여 그 내용을 증가시킨 후 이 값을 레지스터에 넣는 것'을 의미한다. x++는 'x의 위치를 확인하여 그 내용을 레지스터에 로드한 후, 메모리에 있는 x 값을 증가시키는 것'을 의미한다. 그렇다면 나머지 두 문장은 컴파일러 용어로 어떻게 설명하면 될까?

커니핸과 리치는 증가 연산이 명시적으로 1을 더하는 것보다 더 효율적이라고 말하지만(K&R2, p.18) 현대 컴파일러는 일반적으로 모든 방법을 똑같이 빠르게 만들 수 있다. 현대의 C 컴파일러는 차이점을 만들어 낼 수 있는 주변 맥락이 없다면 이 네 문장을 정확히 동일한 코드로 컴파일해야 한다. 이 코드들은 변수를 증가시키기 위한 가장 빠른 명령이어야 한다. 자주 사용하는 C 컴파일러로 시도해 보기 바란다. 아마도 그 컴파일러에는 어셈블러 코드를 생성하는 옵션이 있을 것이다. 디버깅을 위한 컴파일러 옵션까지 설정하면 어셈블러 언어와 C 문장 간의 대응 관계를 쉽게 확인할 수 있다. 문장이 최적화되지 않도록 최적화 옵션은 켜지 않는다. 썬 워크스테이션에서 마법의 주문 –S를 사용하면 명령 줄에 다음과 같이 표시된다.

```
cc -S -Xc banana.c
```

–S를 사용하면 어셈블러 단계에서 컴파일이 중지되고, 어셈블러 구문이 banana.s 파일에 남는다. 이 책을 쓸 당시 최신 컴파일러인 스팍 컴파일러 3.0은 더 향상되어 이 옵션을 사용할 때 소스에 어셈블러 구문이 일정 단위로 나타난다. 이를 통해 문제를 쉽게 해결하고 코드 생성도 진단할 수 있다.

–Xc는 안시 C가 아닌 구문을 거부하도록 컴파일러에 지시한다. 새로운 코드를 작성할 때 이 옵션을 항상 사용하는 것이 좋다. 이렇게 하면 프로그램의 이식성을 극대화하는 데 도움이 되기 때문이다.

따라서 차이점은 소스에서 무엇이 더 나은지에 대한 문제가 되곤 한다. 긴 것보다 짧은 것이 읽기 쉽다. 그러나 극도로 간결하면 가독성이 더 떨어진다(다른 사람의 APL 코드를 수정해 본 사람에게 물어보기 바란다). 대학원에서 시스템 프로그래밍 수업 조교를 할 때 한 학생이 알 수 없는 버그가 있는 코드를 가져왔는데 코드를 너무 함축해 놓은 바람에 원인을 찾을 수 없었다. 몇몇 3, 4학년 C 프로그래머의 조롱 속에서 나는 다음 문장을

```
frotz[--j + i++] += --y;
```

다음과 같이 체계적으로 풀었다.

```
--y;
--j;
frotz[j+i] = frotz[j+i] + y;
i++;
```

훈수꾼들에게 항변하기 위해 이것은 연산 한 개가 잘못된 곳에서 일어난 게 원인이라고 신속히 공지했다!

교훈: 한 문장으로 너무 많은 것을 하려고 하면 안 된다.

그러면 생성 코드를 더는 효율적으로 만들지 못할 뿐 아니라 코드를 디버깅하게 될 가능성이 커진다. 커니핸과 플로저는 다음과 같이 지적했다. "프로그램을 처음 작성하는 것보다 디버깅하기가 두 배는 힘들다는 사실을 누구나 안다. 그래서 당신이 프로그램을 작성할 때 가장 똑똑했다고 한다면 어떻게 그것을 디버깅할 수 있겠는가?"[2]

라이브러리 호출이 시스템 호출과 다른 점은 무엇인가?

지원자가 프로그래밍에 대해 알고 있는지 확인하기 위해 때때로 사용하는 한 가지 질문은 "라이브러리 호출과 시스템 호출의 차이점은 무엇인가?"이다. 의외로 많은 사람이 이 질문에 제대로 대답하지 못한다는 사실이 놀라웠다. 그 차이를 설명하는 책을 많이 보지 못했기 때문에 이 질문으로 응시자가 얼마나 많은 프로그래밍을 했는지, 이러한 문제에 대해 평소 얼마나 많은 관심을 두고 있는지 판단할 수 있다고

---

2   Brian W. Kernighan, P. J. Plauger, 《The Elements of Programming Style, Second Edition》(McGraw-Hill, 1978) p. 10.

생각한다.

간단한 대답은 라이브러리 호출은 언어 또는 애플리케이션의 일부이고 시스템 호출은 운영 체제의 일부라는 것이다. 이때 키워드 '트랩(trap)'을 말해야 한다. 시스템 호출은 '트랩'이나 인터럽트를 일으키며 커널에 들어간다. 포괄적 대답은 표 A-1에 열거된 내용과 같다.

라이브러리 호출	시스템 호출
C 라이브러리는 안시 C 구현에서 모두 동일하다.	시스템 호출은 운영 체제마다 다르다.
라이브러리 루틴을 호출하는 것이다.	서비스에 대한 커널 호출이다.
사용자 프로그램과 링크된다.	운영 체제 진입점이다.
사용자 주소 공간에서 실행된다.	커널 주소 공간에서 실행된다.
'사용자' 시간의 일부로 간주한다.	'시스템' 시간의 일부로 간주한다.
프로시저 호출의 오버헤드가 낮다.	커널로의 문맥 교환 시 오버헤드가 높다.
C 라이브러리 libc에는 약 300개의 루틴이 있다.	유닉스에는 약 90개의 시스템 호출이 있다 (마이크로소프트 도스는 더 적다).
유닉스 운영 체제 매뉴얼의 섹션 3에 설명되어 있다.	유닉스 운영 체제 설명서의 섹션 2에 설명되어 있다.
일반적인 C 라이브러리 호출: system, fprintf, malloc	일반적인 시스템 호출: chdir, fork, write, brk

표 A-1 라이브러리 호출 대 시스템 호출

라이브러리 루틴은 일반적으로 서브루틴 호출 오버헤드 때문에 인라인 코드보다 느리지만 시스템 호출은 커널로의 문맥 교환으로 인해 훨씬 느리다. 스팍 스테이션 1에서 오버헤드 시간을 측정해 보니 라이브러리 호출(즉, 프로시저 호출 시간)은 약 $0.5\mu s$가 걸리는 데 반해 시스템 호출은 70배나 더 오래 걸렸다($35\mu s$). 최대한의 성능을 얻기 위해서는 시스템 호출 수를 가능한 한 최소화해야 한다. 하지만 C 라이브러리의 많은 루틴은 시스템 호출을 통해 작업을 수행한다는 점도 주의해야 한다. 마지막으로 미스터리 서클[3]이 외계인의 작품이라고 믿는 사람들은 system() 호출이 실제로 라이브러리 호출이라는 개념에 어려움을 겪을 것이다.

---

3 (옮긴이) 미스터리 서클 또는 크롭 서클(crop circle)은 밭이나 논의 곡물을 일정한 방향으로 눕히거나 잘라 내서 어떠한 형태를 나타낸 것을 말한다. 과거에는 외계인의 메시지라는 논란도 있었다.

> ◎ [프로그래밍 도전] 펄리스 교수의 골치 아픈 과제
>
> **주의: 이 프로그래밍 도전은 일부 학생에게 커다란 시련이 될 수 있다.**
>
> 일부 대학원에서는 신입생들을 테스트하기 위해 프로그래밍 문제를 이용한다. 예일대의 앨런 펄리스 교수(알골-60의 아버지 중 한 사람)는 대학원 신입생에게 다음과 같은 과제(일주일 기한)를 부여했다.
>
>   다음 문제에 대해
>
> 1. 문자열을 읽고 그 문자의 모든 조합을 출력한다.
> 2. '8퀸' 문제(8개의 여왕 말이 서로를 잡을 수 없도록 놓는 모든 경우의 체스 배치 상태를 출력해 보자)
> 3. 자연수 N에 대해 N 이하의 모든 소수를 나열한다.
> 4. 임의의 크기의 두 행렬을 곱하는 서브루틴을 작성한다.
>
> 다음 프로그래밍 언어로 프로그램을 각각 작성하라.
>
> 1. C
> 2. APL
> 3. 리스프
> 4. 포트란
>
> 제시된 프로그래밍 문제 중 한 개만 주어져도 대학원 수업의 합리적인 과제 하나로 충분할 것이다. 하지만 나는 지금까지 전혀 보지 못했던 다양한 프로그래밍 언어로 단 일주일 만에 모든 것을 할 수밖에 없었다!
>
>   물론 나는 펄리스 교수가 학생들을 테스트하고 있었다는 것을 알지 못했고 실제로 누구에게도 불이익을 주지 않았다. 신입생 대부분은 과제를 하기 위해 늦은 밤까지 터미널 앞에서 정신없이 일주일을 보냈다. 펄리스 교수는 수업 시간에 칠판에 프로그래밍 언어 하나로 문제를 풀어 보라고 했다.
>
>   문제 중 일부는 한 줄 프로그래머[4]처럼 관용구로 해결하기도 했는데 문제 3번에 대한 APL 답을 다음과 같이 작성했다.
>
> (2=+.0=T∘.|T)/T← ιN

---

4 '난독 APL 대회'가 왜 없는지 그 이유를 알 수 있을 것이다. 사실 그런 대회가 필요 없다. 이미 그렇게 하고 있기 때문이다.

결국 과제의 일부라도 시도한 사람은 그것을 보여 줄 기회가 있었다. 문제에 압도당해 아무런 시도도 하지 않은 사람도 대학원에서는 잘리지 않는다는 점도 아마 배웠을 것이다. 나도 일주일 동안 미친 듯이 문제를 풀었는데, 12년 전 또는 그 이후에 배웠던 것보다 그 일주일 동안 APL과 리스프에 대해 더 많은 것을 배웠다.

파일 기술자가 파일 포인터와 다른 점은 무엇인가?

이 질문은 앞의 질문과 자연스럽게 이어진다. 파일을 다루는 모든 유닉스 코드는 '파일 포인터' 또는 '파일 기술자'를 사용하여 작업 중인 파일을 식별한다. 이것들은 무엇이며 각각 언제 사용되는가? 대답은 실제로 간단하며 답을 통해 유닉스 I/O 및 다양한 I/O 전환에 얼마나 익숙한지 알게 된다.

파일을 다루는 모든 시스템 호출은 '파일 기술자'를 인수로 사용(또는 반환)한다. '파일 기술자'는 조금 잘못된 이름이다. 파일 기술자는 썬에서 구현한 인덱스 번호로서 프로세스별로 열려 있는 파일에 대한 테이블을 관리하는데 그 값은 작은 크기의 정수(일반적으로 0~255)다. 시스템 I/O 호출에는 creat(), open(), read(), write(), close(), ioctl() 등이 있다. 이러한 시스템 호출은 안시 C의 일부가 아니며 유닉스 환경이 아니라면 사용하지 않기 때문에 이것들에 의존하면 프로그램 이식성이 파괴될 수 있다. 따라서 안시 C에서는 일련의 표준 I/O 라이브러리 호출을 지정했으며 이제 모든 호스트가 이를 지원하도록 요구한다.

프로그램 이식성을 보장하기 위해 표준 I/O 호출인 fopen(), fclose(), putc(), fseek()을 사용하기 바란다. 이러한 함수 이름은 대부분 'f'로 시작한다. 이러한 호출은 FILE 구조체(때로는 스트림 포인터라고도 함)에 대한 포인터를 인수로 사용한다. FILE 포인터는 〈stdio.h〉에 정의된 스트림 구조체를 가리킨다. 구조체의 내용은 구현마다 다르며 유닉스에서는 일반적으로 프로세스별로 열려 있는 파일에 대한 테이블 항목을 나타낸다. 일반적으로 스트림 버퍼, 버퍼의 몇 바이트가 실제 파일 데이터인지 나타내는 데 필요한 모든 변수, 스트림 상태를 나타내는 플래그(예: ERROR, EOF) 등이 있다.

- 파일 기술자는 프로세스별로 열려 있는 파일에 대한 테이블의 오프셋(예: '3')이다. 이것은 유닉스 시스템 호출에서 파일을 식별하는 데 사용된다.
- FILE 포인터는 열려 있는 I/O 스트림(예: 십육진수 20938)을 나타내는 데 사용하

는 파일 구조체의 '주소'를 포함한다. 이것은 파일을 식별하기 위해 안시 C stdio 라이브러리 호출에서 사용된다.

C 라이브러리 함수 fdopen()을 사용하여 새로운 FILE 구조체를 생성해 지정된 파일 기술자와 연결한다(이렇게 하면 열린 파일 목록을 갖는 테이블에 목록을 추가로 생성하게 되더라도 정숫값의 파일 기술자와 파일 구조체의 스트림 포인터를 효과적으로 변환한다).

부호 있는 변수인지 아닌지 알아내는 코드를 작성하라

마이크로소프트에서 면접을 본 동료는 '변수가 부호가 있는지 없는지 판단할 수 있는 코드를 작성하라'는 질문을 받았다. 해석의 여지가 너무 많아 꽤 어려운 질문이다. 어떤 사람들은 '부호 있음'을 '음수'와 같은 것으로 잘못 이해하여 문제를 변숫값이 0보다 작은지 아닌지 알아내는 간단한 함수 또는 매크로로 작성하면 된다고 오해한다.

그렇지 않다. 문제는 특정 구현에서 주어진 '타입'이 signed인지 unsigned인지 구분하라는 것이다. 안시 C에서 char는 구현에 따라 signed 또는 unsigned가 된다. 이것은 다양한 플랫폼에서 호환되는 코드를 작성할 때 유용하며, 특히 컴파일 타임에 상수로 작용하는지 아닌지 아는 것이 이상적이다.

함수로는 답을 구할 수 없다. 함수의 형식적 파라미터 타입은 함수 내에 정의되어 있어서 호출을 통해서는 전달하지 못한다. 따라서 인수 '선언'에 따라 인수에 대해 동작하는 매크로를 작성해야 한다.

이때 핵심은 매크로의 인수가 타입인지 아니면 타입에 대한 값인지 명확히 하는 것이다. 인수가 값이라고 가정하면 부호 없는 값의 본질적인 특성은 결코 음수가 될 수 없다는 것이며, 부호 있는 값의 본질적인 특성은 최상위 비트에 대해 보수를 취하면 부호가 바뀐다는 것이다(2의 보수 표현을 가정하면 이 방식이 안전하다). 다른 비트는 이 테스트와 관련이 없기 때문에 전체 비트에 대해 보수를 취해도 같은 결과를 얻는다. 따라서 다음과 같이 하면 되겠다.

```
#define ISUNSIGNED (a) (a> = 0 && ~ a> = 0)
```

반대로 인수가 타입이라고 가정하면 타입 변환을 사용하는 것이 한 가지 방법이 된다.

```
#define ISUNSIGNED (type) ((type) 0 - 1> 0)
```

정확한 해석이 핵심이다! 신중하게 읽어 보고 이해가 잘 안 되거나 명확하지 않은 내용은 분명하게 추가 설명을 요청해야 한다. 첫 번째 코드 예제는 K&R C에서만 동작한다. 그 말은 새로운 타입 승격 규칙은 안시 C에서 동작하지 않는다는 것을 의미한다. 연습 문제: 그 이유를 설명하고 안시 C에 적용할 수 있는 해답을 구해 보라.

마이크로소프트의 대다수 면접 질문은 여러분이 압박감 속에서도 얼마나 잘 생각할 수 있는지 알아내려는 요소들을 가지고 있지만 기술적인 질문만은 아니다. 기술적이지 않은 전형적인 질문들로 '미국에는 주유소가 몇 개나 있는가?' 또는 '미국에는 이발소가 몇 개나 있는가?' 등이 있다.[5] 면접관들은 여러분이 적절한 추정치를 추론하고 정당화하는지, 아니면 더 신뢰할 수 있는 답을 찾는 좋은 방법을 제시하는지 평가한다. 제안하는 한 가지 방법은 주별 인허가 기관에 전화하는 것이다. 이 방법을 사용하면 여러분은 전화 50통만으로 정확한 답을 얻게 될 것이다. 아니면 대표적인 6개 주에 전화를 걸어서 추정치를 구할 수도 있다. 심지어 "주유소가 몇 개나 있는가?"라고 물었을 때 환경 보호를 의식하는 한 후보가 그랬던 것처럼 "너무 많습니다!"라고 심각하게 대답할 수도 있다.

이진트리에서 값을 인쇄할 때의 시간 복잡도는 얼마나 되는가?

이 질문은 인텔 컴파일러 팀에서 나왔다. 자, 먼저 복잡도 이론에서 배워야 하는 첫 번째 사실은 $O(N)$ 표기법으로, N(일반적으로 처리되는 것의 개수)이 증가함에 따라 걸리는 시간이 선형적으로 증가한다는 것을 뜻한다. 같은 논리로 $O(N^2)$는 N이 증가함에 따라 처리 시간이 사실상 N의 제곱으로 훨씬 더 빠르게 증가한다는 것을 의미한다. 두 번째로 복잡도 이론에서 배우는 것은 이진트리의 '모든 것'이 $O(\log(n))$이라는 것이다. 따라서 대부분의 지원자는 자연스럽게 $O(\log(n))$이라고 답할 것이다. 하지만 틀렸다!

이것은 댄 래더(Dan Rather)의 유명한 "주파수는 뭐지, 케네스?"와 같은 질문이다.[6] 즉, 정보를 얻으려는 게 아니라 지원자를 당황하고 혼란스럽게 하고 성가시게

---

5   (옮긴이) 구글에서는 이런 유형의 질문이 지원자의 업무 능력을 알아보는 데 어떤 도움도 되지 않는다고 판단해서 더 이상 이런 질문을 하지 않는다.
6   (옮긴이) 1986년 CBS의 기상 뉴스 앵커 댄 래더가 한 남자에게 이유 없이 폭행을 당했는데 폭행을 가한 남자가 의미를 이해할 수 없는 "주파수는 뭐지, 케네스?"라는 질문을 계속했던 사건을 가리킨다.

하기 위해 고안된 질문이다. 이진트리의 모든 노드를 '출력'하려면 결국 모든 노드를 방문해야 한다! 따라서 복잡도는 $O(n)$이다.

몇몇 동료는 HP의 전자 공학자 선발을 위한 면접 질문에서 비슷한 속임수가 있었다고 알려 주었다. 면접 문제는 저항이 없는 이상적인 회로에서 하나는 충전되고 다른 하나는 충전되지 않은 콘덴서가 함께 연결된 형태로 제시되었다. 기계 공학자들도 같은 질문을 받았는데, 질량이 없는 두 개의 용수철이 평형 상태에 있다가 늘어난 상황에 대한 것이었다. 면접관은 이어 두 가지 다른 물리적 법칙(즉, 콘덴서의 경우는 전하 보존 및 에너지 보존 법칙)을 사용해 일관성 없는 두 가지 최종 상태를 도출한 후, 응시자에게 안타깝게도 왜 이것이 일치하지 않는지 질문한다.

이 질문에서의 속임수는 최종 상태에 대한 적어도 한 가지 표현은 시작 조건과 종료 조건을 구분하는 사건에 대해 통합을 수반하는 공식을 사용한다는 것이다. 현실에서는 이것이 문제가 되지 않지만, 이론적인 실험에서는 조절 효과가 이상화되어 있기 때문에 불연속성에 대한 통합이 야기된다. 따라서 이 공식은 쓸모가 없다. 엔지니어들은 이전에 이와 같은 일을 겪었을 가능성이 거의 없다. 그렇다. 저 질량이 없는 용수철과 저항이 없는 회로가 여러분을 혼란스럽게 만든 것이다!

또 다른 커브 볼은 대기업 경영 컨설팅 회사의 소프트웨어 컨설턴트를 뽑는 면접 자리에서 던져졌다. 질문은 '시스템 호출 execve가 성공적으로 동작했다면 무엇을 반환하는가?'였다. execve()가 호출 프로세스 이미지를 명명된 실행 파일로 대체하고 실행을 시작한다는 것을 떠올려 보면, 성공적으로 execve가 실행된다면 반환이 발생하지 않기 때문에 반환값이 없다. 이러한 트릭 질문은 재미로 친구들을 놀리는 데 사용할 수 있지만 면접 질문으로는 어울리지 않는다.

이 파일에서 임의의 문자열을 꺼내시오

마이크로소프트에서 선호하는 또 다른 질문이다. 면접관은 응시자에게 문자열 파일에서 무작위로 한 문자열을 선택하는 코드를 작성하도록 요청한다. 이 작업을 수행하는 일반적인 방법은 파일을 읽고 문자열을 계산한 다음 각 문자열이 시작되는 오프셋을 기록하는 것이다. 그런 다음 1부터 전체 개수에 해당하는 숫자 사이에서 임의의 숫자를 선택하고 파일에서 해당 오프셋으로 이동하면 문자열을 얻을 수 있다.

하지만 면접관은 파일을 한 번만 읽을 수 있으며, 오프셋 테이블 같은 추가 정보를 저장할 수 없다는 제약을 둔다. 이제 문제는 해결하기가 매우 어려워졌다. 이것은 여러분이 어떻게 문제를 해결하는지 관심 있게 보기 위해 면접관들이 제시하는 또 다른 형태의 질문이다. 면접관은 여러분이 힌트를 요청하면 아마도 힌트를 줄 것이다. 그래서 결국 대부분의 응시자는 힌트를 얻게 될 것이다. 얼마나 잘하느냐는 얼마나 빨리 힌트를 얻느냐에 달려 있다.

이 문제를 해결하는 기본적인 기법은 다음과 같다. 우선 생존자를 선택한 다음 진행하면서 다시 (생존자 선택을) 계산하는 것이다. 이 방법은 연산 관점에서는 너무 비효율적이기 때문에 간과하기 쉽다. 우선 파일을 열고 첫 번째 문자열을 저장한다. 이 시점에서 여러분은 100%의 확률을 가진 문자열 후보 한 개를 획득했다. 첫 번째 문자열을 기억한 상태로 다음 문자열을 읽는다. 이제 각각 50%의 확률을 가진 두 개의 후보가 있다. 그중 하나를 골라 저장하고 다른 하나를 버린다. 다음 문자열을 읽은 뒤 이 문자열과 저장된 문자열 중 하나를 선택하는데, 이때 새로운 문자열은 33%, 생존자(이전 단계에서 선택된 것)는 67%의 확률을 적용한다. 그리고 새로운 생존자를 저장한다.

이 과정을 전체 파일에 대해 진행하면서 단계마다 문자열 N을 읽고 새로운 문자열에는 $1/N$의 확률을, 생존자에는 $(N-1)/N$의 확률을 적용하여 새로운 생존자를 선택한다. 파일 끝에 도달했을 때 현재 생존자가 바로 무작위로 선택한 문자열이다!

이것은 어려운 문제이며 면접 과정에서 최소한의 힌트로 답을 찾아내거나 이 책을 읽고 미리 영리하게 준비해야 한다.

쉬어 가기: 기압계로 건물을 측정하는 방법

이런 종류의 질문들이 너무 재미있어서 심지어 컴퓨팅과는 관계없는 맥락에서 자기 자신에게 질문을 던지기도 한다. 썬에는 직원들이 다양한 관심사를 공유할 수 있는 '정크 메일(junk mail)'이라는 별명이 붙은 이메일이 있다. 때때로 사람들이 이 메일로 문제를 올리면 다른 엔지니어 도전자들이 최고의 답변을 제출하기 위해 서로 경쟁한다. 최근에 올라온 퍼즐을 하나 소개하겠다.

기압계를 사용해 새로운 방법으로 건물 높이를 측정하는 물리학 전공 학생에 대한 오래된 이야기다. 이 이야기는 알렉산더 컬랜드라(Alexander Calandra)가 쓴

《The Teaching of Elementary Science and Mathematics》[7]에서 재인용했다.

학생이 수업에서 배운 것을 앵무새처럼 되뇌기를 거부하여 시험에서 떨어졌다. 학생은 항의했고 중재자 역할을 맡게 된 나는 교수실에 가서 시험 문제를 읽었다.

"기압계를 사용하여 고층 건물의 높이를 측정하시오."

학생은 다음과 같이 대답했다.

"기압계를 건물 꼭대기로 가져간 후 긴 로프에 매달아 기압계를 땅에 닿을 때까지 늘어뜨리고는 다시 기압계를 끌어올려 로프의 길이를 측정합니다. 로프의 길이가 건물의 높이입니다."

높은 점수를 받기 위해서는 물리학적인 능력을 증명해야 했지만 이 대답만으로는 그것을 확인할 수 없었다. 그래서 나는 학생에게 다른 대답을 할 것을 제안하며 물리학에 대한 지식이 포함되어야 한다고 주의를 주었다. 그리고는 6분의 시간을 주었는데 1분이 지나자마자 학생은 대답했다.

"기압계를 건물 꼭대기로 가져와서 옥상 가장자리에 댑니다. 기압계를 떨어뜨리며 스톱워치로 땅에 떨어지는 시간을 잽니다. 그리고는 자유 낙하 공식 $S = 1/2at^2$으로 건물의 높이를 계산합니다."

이 시점에서 나는 학생에게 만점을 주었다.

학생은 기압계를 사용해 건물의 높이를 측정하는 세 가지 다른 방법도 제안했다.

화창한 날 기압계를 꺼내서 기압계의 높이, 그림자의 길이, 건물의 그림자를 측정한다. 비율을 사용하여 간단하게 건물의 높이를 잰다.

기압계를 가지고 계단을 올라간다. 계단을 오르면서 벽을 따라 기압계의 길이를 표시한다. 그런 다음 표시 개수를 세면 건물의 높이를 알 수 있다.

건물 관리인에게 건물의 높이를 알려 주면 마지막으로(그리고 아마 적어도) 기압계를 선물로 주겠다는 제안을 한다.

이 오래된 이야기가 '과학 수수께끼'로 썬에서 회자되면서 독창적인 측정 방법 열여섯 가지가 새로 제안되었다! 새로운 대답들은 다음과 같다.

7 St. Louis, Washington University, 1961.

압력 방법: 건물 바닥과 꼭대기의 기압을 측정한 다음, 기압 차를 이용해 건물의 높이를 계산한다. 이것이 기압계의 본래 기능을 사용하는 유일한 방법이다. 항공기의 고도계가 이 원리에 따라 동작하지만, 건물의 높이를 측정하는 가장 정확하지 않은 방법 중 하나이기도 하다.

진자 방법: 건물 옥상으로 가서 기압계를 줄에 매달아 거의 땅에 닿을 때까지 내린다. 기압계를 흔들어 진자의 진동 주기를 측정한다. 이를 통해 진자의 길이, 즉 건물의 높이를 계산할 수 있다.

사기꾼 방법: 기압계를 저당 잡혀 행운의 편지 발송을 위한 종잣돈을 마련한다. 그리고 행운의 편지를 통해 받은 돈을 건물에 쌓아 돈 두께를 이용해 건물 높이를 측정한다. 건물을 측정할 수 있을 만큼 오랫동안 경찰을 따돌릴 방법에 대해서는 언급이 없었다.

마피아 방법: 기압계를 무기로 사용해 건물 관리인으로부터 건물의 높이를 알아낸다.

탄도 방법: 건물 꼭대기에 도달할 만큼의 사거리를 가진 박격포로 지상에서 기압계를 발사한다. 폭약의 양과 정확한 발사 고도를 얻기 위해 몇 차례 시험 발사를 할 수도 있다. 표준 탄도 계산표를 이용하면 발사체가 도달한 높이를 알 수 있다.

서진 방법: 기압계를 서진(書鎭)으로 사용하여 건물 설계도를 본다.

음속 방법: 건물 꼭대기에서 기압계를 떨어뜨려 기압계가 지상에 닿는 소리를 들을 때까지의 시간을 측정한다. 통상적인 거리에서 빛은 시간이 거의 걸리지 않기 때문에 소리의 속도(평균 해수면 높이의 표준 온도와 압력하에서 350m/s)를 이용해 높이를 잰다.

반사 방법: 기압계의 유리면을 거울로 사용해 빛이 건물 꼭대기에서 지면 사이를 왕복하는 시간을 잰다. 빛의 속도는 알려져 있으므로 이동 거리를 계산할 수 있다.

상업 방법: 기압계를 팔아 적절한 장비를 산다.

전력량 방법: 기압계를 줄에 매달고 소형 발전기 축에 줄을 감은 후, 기압계가 건물 꼭대기에서 지면으로 떨어지면서 생산한 전기 에너지의 양을 측정한다. 생성

된 에너지는 발전기 축의 회전수에 비례하므로 이를 통해 지면까지의 거리를 계산할 수 있다.

삼각법: 건물에서 알려진 거리만큼 떨어진 지상의 지점을 선택하고 나서 기압계와 각도기를 가지고 건물 꼭대기로 이동하여 태양이 수평선에 도달할 때까지 기다린다. 그런 다음 기압계를 거울로 사용해 앞서 선택한 장소의 일조 지점을 겨냥하고 거울의 각도를 측정한다. 삼각법을 사용하여 건물의 높이를 계산한다.

비율 방법: 기압계의 높이를 측정한다. 친구를 데려오고 줄자를 가져온다. 건물에서 알려진 거리만큼 떨어져 서서 기압계와 건물을 같은 시야에 둔다. 기압계의 위쪽과 아래쪽이 건물의 상단과 하단에 닿을 때까지 기압계를 앞뒤로 움직인다. 그런 다음 친구에게 기압계에서 눈까지의 거리를 측정하도록 한다. 비율에 따라 빌딩 높이를 계산한다.

사진 방법: 건물에서 알려진 거리만큼 떨어진 곳에 카메라가 부착된 삼각대를 설치한다. 기압계를 카메라로부터 일정 거리에 두고 사진을 찍는다. 사진상의 기압계와 건물의 길이를 바탕으로 건물 높이를 계산할 수 있다.

중력 방법 I: 1m 줄에 기압계를 매단다. 건물 꼭대기와 바닥에서 진자의 진동 주기를 측정한다. 중력 가속도의 차이를 이용해 건물의 높이를 계산한다.

중력 방법 II: 용수철저울을 사용해 건물 꼭대기와 지표면에서 기압계의 무게를 잰다(이 경우 양팔 저울은 동작하지 않는다!). 측정값이 차이 나는 이유는 지구 중심과의 거리 차로 인한 중력 가속도 차이 때문이다(라코스트 중력계가 필요한 정확도를 얻는 실질적인 방법을 제공한다고 어떤 사람이 알려 주었다). 두 측정값을 가지고 건물의 높이를 계산한다.

열량 방법: 꼭대기에서 기압계를 좁은 슬릿으로 덮은 물통에 떨어뜨려 물이 튀는 것을 최소화한다. 물의 온도 상승은 기압계가 충격을 가했을 때의 에너지와 같으므로 이를 통해 기압계가 떨어진 높이를 구할 수 있다.

그리고 여러분은 이런 질문들이 대수학 문제에서만 나온다고 생각했다!

더 읽을거리

이 책을 재미있게 읽었다면 닥터 수스[8]의 《Bartholomew and the Oobleck》(Random House, 1973)도 좋아할 것이다.

닥터 수스의 설명을 빌리자면 우블릭(Oobleck)은 "고무로 만든 미끄러운 감자만두처럼 주먹을 휘감는다." 닥터 수스는 우블릭을 만드는 법에 대해 말하지 않았으므로 여기서 설명할 것이다.

우블릭 만드는 법

1. 옥수수 전분 가루 한 컵을 큰 그릇에 담는다.
2. 녹색 식용 색소를 몇 방울 떨어뜨린다. 우블릭은 항상 초록색이어야 한다.
3. 물 반 컵을 천천히 부어 주며 반죽한다.

우블릭은 매우 이상하고 뉴턴적이지 않은 속성을 지닌다. 물처럼 손가락 사이를 흐르다가도 반죽하면 즉시 덩어리로 유지된다. 다시 반죽을 멈추면 액체로 돌아간다. 무언가 딱딱한 것으로 빠르게 때리면 산산조각이 날 수도 있다!

닥터 수스의 다른 책과 마찬가지로 《Bartholomew and the Oobleck》은 여러 단계로 읽고 즐길 수 있다. 예를 들어 《One Fish Two Fish, Red Fish Blue Fish》(Random House, 1960)는 이진수 셈법으로 분해될 수 있다. 소프트웨어 엔지니어는 《Bartholomew and the Oobleck》을 꼼꼼하게 읽으면 혜택을 볼 수 있다.

모든 프로그래머가 가끔 우블릭을 가지고 놀면 세상이 더 좋아질 것이다. 좋은 프로그래머라면 푹 쉬면서 생기를 되찾을 것이고, 나쁜 프로그래머라면 머리가 아마 테이블에 붙어 버릴 것이다. 하지만 여러분이 낮게 또는 높게 평가된 해커라 할지라도 여러분은 디스크 컨트롤러나 스택 프레임 메커니즘(6장에서 긴 시간 동안 설명함)에 못지않은 우주의 하위 프로세스라는 사실을 항상 기억하기 바란다.

심연을 깊이 들여다보면 심연도 자신을 응시한다고 한다. 그러나 이 책을 깊이 들여다보면 아마도 응시하기가 힘들뿐더러 두통이나 그 비슷한 것들도 생길 것이다.

나는 컴퓨터 프로그래밍 일 외에는 다른 일이 생각나지 않는다. 온종일 형태가 없는 void에서 패턴과 구조를 만들고 그 과정에서 수십 개의 더 작은 퍼즐을 푼다.

---

8 (옮긴이) 미국 동화 작가인 시어도어 수스 가이절의 필명이다.

인간 두뇌의 재치와 독창성은 전자두뇌의 대책 없는 속도와 정확성에 맞선다.

지금까지 그렇게 해 왔다. 인류의 더 높은 목적은 노력하고 추구하고 창조하는 것이다. 컴퓨터 프로그래머는 누구나 기회를 찾고 또 찾아야 한다. 아이고! 글이 너무 길어졌다.

찾아보기